数智化时代会计专业
融合创新系列教材

WPS Office 2019 在会计与财务管理中的应用

微课版

吴雯洁　周荣虎◎主编
戴云　王海萍　刘思雨◎副主编

人民邮电出版社
北京

图书在版编目（ＣＩＰ）数据

WPS Office 2019在会计与财务管理中的应用 : 微课版 / 吴雯洁，周荣虎主编. -- 北京 : 人民邮电出版社，2022.5
数智化时代会计专业融合创新系列教材
ISBN 978-7-115-58852-4

Ⅰ. ①W… Ⅱ. ①吴… ②周… Ⅲ. ①表处理软件－应用－会计－高等学校－教材②表处理软件－应用－财务管理－高等学校－教材 Ⅳ. ①F232②F275-39

中国版本图书馆CIP数据核字(2022)第042015号

内 容 提 要

本书遵照最新版《企业会计准则》编写，对 WPS Office 软件中的 WPS 表格在会计核算、财务管理和管理会计中的应用进行了详细讲述。

本书详细介绍了如何应用 WPS 表格解决企业在会计核算、财务管理和管理会计中发生的问题，内容涵盖 WPS 表格在账务处理、报表编制、工资管理、固定资产管理、进销存管理、财务分析、资金筹集管理、投资管理及本量利分析等方面的应用。

本书可作为应用型本科院校、高等职业院校经管类专业的教材，也可供相关技术人员、财会人员参考、学习、培训使用。

◆ 主　　编　吴雯洁　周荣虎
副 主 编　戴　云　王海萍　刘思雨
责任编辑　刘　尉
责任印制　王　郁　彭志环

◆ 人民邮电出版社出版发行　　北京市丰台区成寿寺路 11 号
邮编　100164　　电子邮件　315@ptpress.com.cn
网址　https://www.ptpress.com.cn
北京七彩京通数码快印有限公司印刷

◆ 开本：787×1092　1/16
印张：15.25　　2022 年 5 月第 1 版
字数：380 千字　　2025 年 7 月北京第 4 次印刷

定价：49.80 元

读者服务热线：(010) 81055256　印装质量热线：(010) 81055316
反盗版热线：(010) 81055315

前　言

WPS Office 是北京金山办公软件股份有限公司自主研发的一款办公软件套装，包括 WPS 文字、WPS 表格和 WPS 演示三大功能板块，其中，WPS 表格在财务人员的工作中被广泛使用。应用 WPS 表格制作会计凭证、会计账簿、会计报表及管理职工薪酬、固定资产、进销存等，不仅可以减少烦琐的重复计算，而且在建立好一个工作底稿之后，如果数据清单中的任意数据发生了变化，都可以轻松地自动重新计算出结果。使用 WPS 表格进行会计核算，一方面可以减少会计核算的工作量；另一方面可以降低财务成本，特别是可以满足中小型企业不购置大型财务软件便可实现会计电算化的需求。

在本书编写过程中，编者将党的二十大精神与财务会计的实际工作相结合，始终贯彻以工作流程为导向，以一个财经类专业实习生在丰源公司的实习经历为主线，采用项目教学的方式，循序渐进地安排教学内容，每个项目均分为多个典型任务来实施。全书共 11 个项目，其中前 10 个项目的内容构成为：知识目标、能力目标、思政目标、工作情境与分析、任务、项目小结、项目实训，第 11 个项目为综合实训，用以巩固前面所学的知识。在工作情境与分析部分，本书给学生创造了一个真实的企业工作环境，引导学生进入财务人员角色，为其主动学习相关知识和技能做好心理准备，使学生认识到这个项目在企业核算中的重要性，明确该项目包括哪些核算内容、应分为哪几个任务；在各任务环节，本书带领学生逐步实施任务，教给学生完成相关任务直接、简单的方法；在项目实训部分，本书精心设计了贯穿整个项目的综合实训，让学生把各个任务衔接起来，真正做到融会贯通，实现 WPS 表格和财务技能的完美结合。

本书教学参考学时为 60 学时，建议采用理论实践一体化的教学模式。各项目的学时分配如下表所示。

项目	学时
项目一　认识 WPS 表格	4
项目二　WPS 表格在账务处理中的应用	8
项目三　WPS 表格在报表编制中的应用	4
项目四　WPS 表格在工资管理中的应用	6
项目五　WPS 表格在固定资产管理中的应用	6
项目六　WPS 表格在进销存管理中的应用	6
项目七　WPS 表格在财务分析中的应用	4
项目八　WPS 表格在资金筹集管理中的应用	6
项目九　WPS 表格在投资管理中的应用	6
项目十　WPS 表格在本量利分析中的应用	4
项目十一　综合实训	6
总计	60

本书所有操作讲解内容均已录制成视频，读者只需扫描书中提供的二维码，便可以查看，轻松掌握相关知识。同时，为了方便教学，读者可以通过人邮教育社区（www.ryjiaoyu.com）下载本书的 PPT 课件、项目效果文件等相关教学配套资源。

本书由盐城工业职业技术学院吴雯洁、周荣虎担任主编，由戴云、王海萍、刘思雨担任副主编。顾国巧、孙海成、顾珂里、陶涛参与了部分项目的编写工作。限于编者水平，书中不妥之处敬请读者批评指正。

编 者

2023 年 4 月

目　录

项目九　WPS 表格在投资管理中的应用……182

项目十　WPS 表格在本量利分析中的应用……198

项目十一　综合实训……213

项目一

认识 WPS 表格

知识目标

1．认识 WPS 表格的工作界面，掌握各种工具的功能和使用方法。

2．了解工作簿、工作表、数据清单、公式和函数的概念。

3．认识图表的基本样式，掌握公式的输入方法。

能力目标

1．学会使用 WPS 表格创建和编辑表格，以及数据的输入、编辑、计算、复制、移动、设置格式、打印表格等操作。

2．掌握 WPS 表格处理数据和分析数据的功能，可以运用公式和函数处理数据，能对工作表中的数据进行排序、筛选、对比、分类汇总、统计和查询、创建数据透视表等操作。

3．能够根据工作表中的数据快速生成图表，并学会编辑和修改图表的操作。

素质目标

1．提高使用 WPS 表格处理会计数据的正确性和规范性。

2．遵循会计职业道德，努力提高自身业务水平，在实际工作中探索会计信息化的发展意义。

工作情境与分析

一、情境

李娜是某职业学院会计专业三年级的学生，即将到山东丰源有限责任公司（以下简称“丰源公司”）的财务岗位进行为期 4 个月的实习。由于该公司未购买专用财务软件，而手工记账烦琐且易出错，所以该公司计划从 2022 年 1 月开始使用 WPS 表格进行会计核算工作。李娜为了适应该岗位的要求，决定开始学习 WPS 表格的基础操作知识及相关技能。

二、分析

要想学好 WPS 表格的基础知识和相关技能，需要完成以下 8 个任务：认识 WPS 表格—管理工作簿和工作表—输入与编辑数据—编辑、美化与打印工作表—数据管理与分析—使用图表—使用公式和函数—多人协作编辑 WPS 表格。

任务一　认识 WPS 表格

WPS Office 是北京金山办公软件股份有限公司自主研发的一款办公软件套装，包括 WPS 文字、WPS 表格和 WPS 演示三大功能板块，从其研发至今，已被大多数人知悉并广泛使用，且随着技术的不断发展，该软件也越来越符合用户的多种办公需求。在这三大功能板块中，WPS 文字可以用来处理文档，WPS 表格可以用来处理数据，WPS 演示可以用来处理演示文稿，其中，在会计与财务管理中较为常用的是 WPS 表格。

WPS 表格的基本功能是创建和编辑电子表格，电子表格是由若干行和若干列构成的二维表格。通过 WPS 表格，用户可以较为方便地创建工作表、输入和编辑工作表中的数据、对数据进行各种运算，以及对表格进行各种格式的设置等；用户还可以利用工作表中的数据快速生成各种图表，即用图表将工作表中的各项数据直观、形象地表示出来。

除此之外，WPS 表格还提供了强大的数据管理功能和多人协作编辑功能。通过数据管理功能，用户可以较为方便地对工作表中的数据进行对比、排序、筛选和分类汇总等操作，从而实现数据的管理与分析，以获取更多有用的信息；通过多人协作编辑功能，多人可同时在线编辑同一个文档，避免了线下的反复修订与反复发送，极大地提高了团队的工作效率；而且只要文档不删除，用户就能长期对该文档进行编辑。

一、WPS 表格的启动与退出

微课 1-1　WPS 表格的启动与退出

启动代表着一项程序的开始，而退出则代表着一项程序的结束。在 WPS 表格的各种操作中，启动与退出是较为基础的一项操作。

1. WPS 表格的启动

由于 WPS Office 可以在一个窗口中同时打开 WPS 文字、WPS 表格和 WPS 演示等多种文档，所以在启动 WPS 表格之前，需要先启动 WPS Office，然后再启动 WPS 表格。WPS 表格的启动方法有以下 3 种。

方法一：单击计算机桌面左下角的“开始”按钮■，在打开的“开始”菜单中选择“WPS Office”文件夹，在打开的下拉列表中选择“WPS Office”选项。打开 WPS Office 后，选择“首页”菜单中的“新建”命令，在打开的“新建”窗口中选择“新建表格”选项。

方法二：双击计算机桌面上的 WPS Office 快捷方式图标■，打开 WPS Office 后，选择“首页”菜单中的“新建”命令，在打开的“新建”窗口中选择“新建表格”选项。

方法三：在计算机桌面空白处单击鼠标右键，在弹出的快捷菜单中选择“新建”命令，在弹出的子菜单中选择“XLS 工作表”或“XLSX 工作表”命令，计算机桌面上将会出现以“新建 XLS 工作表.xls”或“新建 XLSX 工作表.xlsx”为名称的工作簿。

2. WPS 表格的退出

退出 WPS 表格工作界面的方法有以下 5 种。

方法一：单击“文件”菜单，在打开的下拉列表中选择“退出”选项，系统将自动返回至 WPS Office 的启动界面。

方法二：单击“文件”菜单右侧的下拉按钮，在打开的下拉列表中选择“文件”选项，在打开的子列表中选择“关闭”选项，系统将自动返回至 WPS Office 的启动界面。

方法三：单击 WPS 表格文件标签右侧的“关闭”按钮×，系统将自动返回至 WPS Office 的启动界面。

方法四：在打开的 WPS 表格工作界面中按【Alt+F4】组合键，退出 WPS Office。

方法五：单击 WPS 表格工作界面右上角的“关闭”按钮×，退出 WPS Office。

二、WPS 表格的工作界面

在“新建”窗口选择“新建表格”选项后，首先会进入一个存放着各种表格模板的窗口，包括工作计划、财务会计、个人常用、人事行政、供应链等模板，用户可根据需要进行选择，选择好后即可进入 WPS 表格的工作界面。

WPS 表格的工作界面由首页、文件标签、控制按钮、“文件”菜单、快速访问工具栏、功能区选项卡、搜索框、功能区、编辑栏、工作表编辑区、状态栏等组成，如图 1-1 所示。

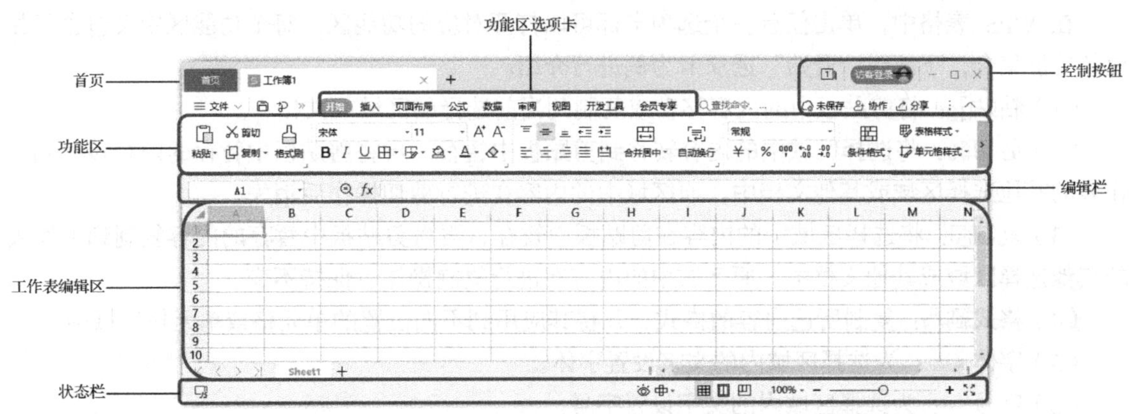

图 1–1　WPS 表格的工作界面

1. 首页

首页用于管理 WPS 表格，包括新建表格、打开表格、查看最近打开的表格、创建共享表格、查看云端保存的表格等功能。

2. 文件标签

文件标签用于显示当前新建或打开的 WPS 表格名称。单击某个文件标签，就可切换到相应的表格编辑窗口。

3. 控制按钮

控制按钮位于工作界面的右上角，包括“工作区/工作列表”按钮（用于显示当前窗口中文件标签的数量）、按钮、“最小化”按钮、“最大化”按钮（“向下还原”按钮）、“关闭”按钮×、“同步”按钮（表格未保存时显示为“未保存”）、“协作”按钮、“分享”按钮、“更多操作”按钮和“隐藏功能区”按钮。

4. “文件”菜单

“文件”菜单为用户提供了“新建”“打开”“保存”“另存为”“输出为 PDF”“输出为图片”“打印”“分享”“文档加密”“备份与恢复”“文档定稿”“帮助”“退出”等选项，用户可以通过该菜单进行相应的操作。

5. 快速访问工具栏

常用命令（如“保存”“输出为 PDF”“打印”“打印预览”“撤消”“恢复”等）均位于快速访问工具栏，也可以根据需要自行添加命令。

6. 功能区选项卡

功能区选项卡位于文件标签下方，包括“开始”选项卡、“插入”选项卡、“页面布局”选项卡、“公式”选项卡、“数据”选项卡、“审阅”选项卡、“视图”选项卡、“开发工具”选项卡和“会员专享”选项卡。用户可根据需要自行选择选项卡中功能区的各项工具来制作工作表。

7. 搜索框

搜索框位于功能区选项卡的右侧，用户可通过搜索框搜索需要执行的操作命令，还可以选择获取有关查找内容的模板或帮助，或者查看搜索内容的操作技巧。

8. 功能区

在 WPS 表格中，单击任意一个选项卡都可以打开对应的功能区，每个功能区中又包含了相应的功能集合，下面以“开始”选项卡为例进行介绍。

（1）粘贴：将剪贴板中的内容移动或复制到当前选择的区域或文档中。

（2）剪切：将选择区域中的内容转移到剪贴板中暂存，再将剪贴板中暂存的内容转移到工作表的其他选择区域或其他文档中，原区域中的内容在进行剪切操作后消失。

（3）复制：将选择区域中的内容在剪贴板中暂存，再将剪贴板中暂存的内容复制到工作表的其他选择区域或其他文档中，原区域中的内容在进行复制操作后保持不变。

（4）格式刷：复制所选内容的格式，并将其应用到不同位置的单元格或单元格区域中。

（5）字体宋体：为选择区域内的文字设置字体。

（6）字号11：为选择区域内的文字设置字号。

（7）增大字号A⁺：增大选择区域内文字的字号。

（8）减小字号A⁻：减小选择区域内文字的字号。

（9）加粗B：将选择区域内的文字加粗。

（10）倾斜I：将选择区域内的文字倾斜。

（11）下划线U：在选择区域内的文字下方增加下划线。

（12）边框：为选择区域增加框线。

（13）绘图边框：为选择区域手动绘制框线

（14）填充颜色：为选择区域设置背景颜色。

（15）字体颜色A：为选择区域内的文字设置颜色。

（16）清除：清除单元格中的所有内容，或者选择性地只清除格式、内容、批注或特殊字符等。

（17）顶端对齐：沿单元格顶端对齐选择区域内的内容。

（18）垂直居中：使选择区域内的内容在单元格中上下居中。

（19）底端对齐：沿单元格底部对齐选择区域内的内容。

（20）减少缩进量：减少单元格中边框与文字之间的距离。

（21）增加缩进量：增大单元格中边框与文字之间的距离。

（22）左对齐：将选择区域内的内容靠左对齐。

（23）水平居中：将选择区域内的内容居中对齐。

（24）右对齐：将选择区域内的内容靠右对齐。

（25）两端对齐：将文字左右两端同时对齐，并根据需要增加字间距。

（26）分散对齐：将段落两端同时对齐，并根据需要增加字符间距。

（27）合并居中：将选择的多个单元格合并为一个单元格，且将合并后的单元格内容居中显示。

（28）自动换行：当单元格中内容过多时，自动显示为多行，以显示单元格中的全部内容。

（29）数字格式常规：为选择区域内单元格中的内容设置格式，如数值、文本、百分比、货币、日期或时间等。

（30）中文货币符号¥：为选择区域内各单元格中的数值型数据前加上中文货币符号。

（31）百分比样式%：将选择区域内各单元格中的数值型数据设置为百分比，小数位数为0。

（32）千位分隔样式：为选择区域内各单元格中的数值型数据添加千分位分隔符，小数位数为2。

（33）增加小数位数：使选择区域内各单元格中的数值型数据的小数位数增加。

（34）减少小数位数：使选择区域内各单元格中的数值型数据的小数位数减少。

（35）条件格式：根据条件使用数据条、色阶和图标集，以突出显示相关单元格、强调异常值，以及实现数据的可视化效果。

（36）表格样式：将单元格区域快速转换为具有自己样式的表格。

（37）单元格样式：突出显示单元格，让工作表上的重要数据更加醒目。

（38）求和∑：对选择的连续单元格中的数值进行求和。

（39）筛选：快速提取表格中需要的信息，

（40）排序：将选择区域内的内容按升序或降序排列。

（41）填充：按照一定的规则，朝任意方向将单元格的内容填充至相邻单元格中。

（42）单元格：更改所选单元格的格式，将文本格式的单元格内容转换为数值格式或者超链接。

（43）行和列：对所选行列进行调整行高列宽、插入、填充、隐藏等操作。

（44）工作表：对当前工作表进行插入、删除、更改名称、更改工作表标签颜色等操作。

（45）冻结窗格（取消冻结窗格）：锁定工作表中某一部分的行和列，使其在滚动其他部分时可见（取消所有行和列的锁定，以滚动整张工作表）。

（46）表格工具：将选择区域内的文本型数字转换为数字或将数字转换为文本型数字，或在选择单元格中录入当前日期。

（47）查找：对工作表中文本或其他内容进行查找。

（48）符号：在工作表中插入键盘中未提供的符号，如序号、单位、表情符号等。

9. 编辑栏

编辑栏从左到右依次是名称框、工具按钮和编辑区。

（1）名称框

名称框可用于显示当前单元格的地址（也称单元格的名称）。单元格地址由行和列组成，如A2单元格表示的是第一行第二列所在的单元格。另外，也可在输入公式时单击名称框右侧的下拉按钮▾，在打开的下拉列表中选择常用函数。

（2）工具按钮

当用户在单元格中输入内容时，名称框右侧的工具按钮就会出现“取消”按钮×、“输入”按钮✓和“插入函数”按钮fx，分别用于撤销和确认在当前单元格中的操作，以及在当前单元格中插入函数。

当公式输入完成后，若用户想在选择运用公式的单元格时，编辑区内只显示结果而不显示公式，则可以单击“浏览公式结果”按钮，运用公式的单元格中将只显示结果，再次单击该按钮则可以返回公式的表现形式。

（3）编辑区

编辑区也称为公式栏区，用于显示当前单元格中的内容，也可以直接在栏内对当前单元格进行输入和编辑操作。

10. 工作表编辑区

工作表编辑区是由多条垂直和水平的线段组成的表格区域，位于编辑栏的下方。表格中行与列的交叉部分叫作单元格，是组成表格的最小单位，单个数据的输入和修改都可在单元格中进行。工作表编辑区的左上角是全选按钮，右上角是水平拆分框，顶部是列标签，底部是工作表标签、水平滚动条与滚动框和垂直拆分框，左侧是行标签，右侧是垂直滚动条与滚动框，它们可以用于单元格和工作表的编辑操作。

（1）“全选”按钮◢

“全选”按钮◢位于行标签与列标签的交叉位置，单击该按钮可选中工作表中的全部单元格，相当于按【Ctrl+A】组合键的操作效果。

（2）拆分框

当工作表内容较多、不能完全显示但又希望看到多个位置的数据时，可以通过单击拆分框来实现拆分窗口的操作。拆分后的工作表右侧和底部各自形成一个新的垂直/水平滚动条或滚动框，再次单击拆分框则可取消拆分。

（3）行标签

行标签用于显示工作表中的行，以1、2、3、4…的形式编号。

（4）列标签

列标签用于显示工作表中的列，以A、B、C、D…的形式编号。

（5）工作表标签

打开新建的WPS表格时，系统默认只有一张工作表Sheet 1（Sheet 1是WPS表格打开的一个空白工作簿的工作表标签暂定名）。工作表名称显示于工作表标签上，单击工作表标签可进行工作表的切换；双击工作表标签可重命名该工作表；选择工作表标签，单击鼠标右键，在弹出的快捷菜单中可对当前工作表进行插入、删除、复制、移动、重命名、保护、隐藏或取消隐藏等操作。

（6）滚动条与滚动框

滚动条与滚动框有垂直与水平之分：单击垂直滚动条，可使工作表在垂直方向移动；单击水平滚动条，则可使工作表在水平方向移动。利用滚动条，用户可以很方便地在工作界面中查看整张工作表的内容。滚动条与滚动框的使用方法如下。

① 单击上、下、左、右箭头，表格将往上、下、左、右各移动一个单位。

② 拖曳滚动条，移到想要的位置上。

③ 单击滚动框：如在滚动框上方区域处单击，则往上移动一个屏幕；如在滚动框下方区域处单击，则往下移动一个屏幕；左右移动方式与之类似。

11. 状态栏

状态栏位于工作界面的底部，包括“JS 宏”按钮、自定义状态栏、“护眼模式”按钮、“阅读模式”按钮、视图切换按钮、缩放滑块和“全屏显示”按钮。

（1）“JS 宏”按钮

单击“JS 宏”按钮可执行录制宏的命令，然后系统将根据设置的一系列预定义规则来替换一定的文本模式，但其在会计与财务管理中使用较少。

（2）自定义状态栏

在状态栏空白区域处单击鼠标右键，在弹出的快捷菜单中可更改状态栏中所显示的信息，如平均值、计数、最大值、最小值和求和等。当用户选择了单元格或单元格区域后，其相应的计算结果将会根据用户在快捷菜单中选择的选项在状态栏中显示。

（3）“护眼模式”按钮

在日常办公中，长时间使用计算机会造成使用者用眼疲劳，不利于后续的工作，此时，可单击“护眼模式”按钮，工作表编辑区将变为绿色的背景，可以很好地缓解使用者的用眼疲劳，再次单击该按钮则可取消护眼模式。

（4）“阅读模式”按钮

财务工作者常常会面临数据庞大的表格，查找数据时很容易出现差错，此时，可单击“阅读模式”按钮，然后会发现当前单元格同一行和列的数据都被填充颜色突出显示，查找数据也更方便。同时，用户还可通过该按钮右侧的下拉按钮来改变填充的颜色，再次单击该按钮则可取消阅读模式。

（5）视图切换按钮

视图切换按钮包括“普通”按钮、“页面布局”按钮和“分页预览”按钮3 种，通过单击该按钮可快速更改工作表的显示方式。

（6）缩放滑块

拖曳缩放滑块可以缩放整个工作表编辑区。

（7）“全屏显示”按钮

单击该按钮可以全屏显示工作表，退出时可单击 关闭全屏显示(C) 按钮或按【Esc】键。

注意

若用户不想显示状态栏，则可将其取消。其操作方法为：单击“文件”菜单，在打开的下拉列表中选择“选项”选项，打开“选项”对话框，在对话框左侧单击“视图”选项卡，在对话框右侧的“显示”栏下取消选中“状态栏”复选框。另外，在“视图”选项卡下除了可以设置是否显示外，还可以设置窗口选项，以及网格线颜色等，具体如图 1-2 所示。

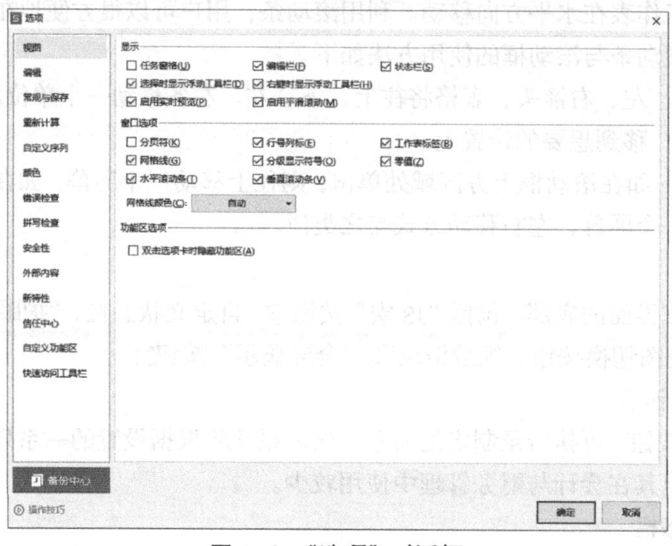

图 1–2 “选项”对话框

任务二　管理工作簿和工作表

在 WPS 表格中，工作表是一张由行和列组成的表格，工作簿是工作表的集合，是存储并处理数据、数据运算公式、数据格式等信息的文件，在 WPS 表格中处理的各种数据最终都会以工作簿的形式存储在磁盘上。工作表不能单独存盘，只有工作簿才能以文件的形式存盘。一个工作簿可以建立多张工作表，因此，用户可以在一个工作簿中管理各种类型的相关信息。

一、工作簿管理

工作簿的管理较为简单，主要有新建、打开、删除、保存、保护、共享等。

微课 1-2　工作簿管理

1. 新建工作簿

在 WPS 表格中新建工作簿的方法有以下 5 种。

方法一：启动 WPS 表格后，将自动建立一个新的工作簿——工作簿 1。

方法二：打开任意一个工作簿，通过在“文件”菜单中选择“新建”命令来创建新工作簿。

方法三：打开任意一个工作簿，单击“文件”菜单右侧的下拉按钮，在打开的下拉列表中选择“文件”选项，在打开的子列表中选择“新建”选项。

方法四：打开任意一个工作簿，通过按【Ctrl+N】组合键来创建新工作簿。

方法五：通过单击快速访问工具栏中的“新建”按钮来创建新工作簿。

2. 打开工作簿

打开一个已经保存过的工作簿，可以用下面任意一种方法。

方法一：单击快速访问工具栏中的“打开”按钮。

方法二：单击“文件”菜单，在打开的下拉列表中选择“打开”选项。

方法三：单击“文件”菜单右侧的下拉按钮，在打开的下拉列表中选择“文件”选项，在打开的子列表中选择“打开”选项。

方法四：在“此电脑”或者资源管理器中找到需要打开的工作簿，双击将其打开。

WPS 表格允许同时打开多个工作簿，并且可以在不关闭当前工作簿的情况下打开其他工作簿，方便用户在不同工作簿之间进行切换，同时对多个工作簿进行操作。

3. 删除工作簿

删除工作簿的前提是要删除的工作簿已被保存，如果没有保存，则直接单击“关闭”按钮，在打开的“是否保存文档”对话框中单击不保存(N)按钮即可。删除工作簿的方法有以下 3 种。

方法一：选择要删除的工作簿，单击鼠标右键，在弹出的快捷菜单中选择“删除”命令。

方法二：选择要删除的工作簿，将其直接拖曳至“回收站”中。

方法三：选择要删除的工作簿，按【Delete】键。

4. 保存工作簿

保存未命名的新工作簿：选择“文件”菜单中的“保存”或“另存为”命令（或按【Ctrl+S】组合键），在打开的“另存为”对话框中确定保存位置和文件名后单击保存(S)按钮。

保存已有的工作簿：选择“文件”菜单中的“保存”命令（或按【Ctrl+S】组合键）。

需要注意的是，WPS 表格保存的格式是“WPS 表格文件（*.et）”（WPS Office 特有的一种保存格式），因此，使用该格式保存的工作簿只能用 WPS Office 打开，没有安装 WPS Office 的计算机则不能打开。若想让保存的工作簿在 Excel 中也能打开，则需要将 WPS 表格默认的保存格式设置为“Microsoft Excel 文件（*.xlsx）”或“Microsoft Excel 97-2003 文件（*.xls）”。

5. 保护工作簿

单击“审阅”选项卡下的“保护工作簿”按钮，打开“保护工作簿”对话框，在“密码（可选）”文本框中输入保护密码，单击确定按钮后，打开“确认密码”对话框，在“重新输入密码”文本框中再次输入密码，然后单击确定按钮，即可对该工作簿进行保护。

6. 共享工作簿

WPS 表格的共享工作簿功能可以将本地工作簿设置为共享工作簿保存在共享网络中，以便于多位用户查看、编辑。其操作方法为：单击“审阅”选项卡下的“共享工作簿”按钮，打开“共享工作簿”对话框，单击选中“允许多用户同时编辑，同时允许工作簿合并”复选框，单击确定按钮，打开“另存文件”对话框，将其保存在共享网络中即可。

在 WPS 表格中，用户不仅可以共享工作簿，还可以设置密码保护共享工作簿，并记录共享工作簿中的修订操作。其操作方法为：单击“审阅”选项卡下的“保护并共享工作簿”按钮，打开“保护共享工作簿”对话框，在“密码（可选）”文本框中输入保护密码，单击确定按钮后，打开“确认密码”对话框，在“重新输入密码”文本框中再次输入密码，然后单击确定按钮，打开“另存文件”对话框，将其保存在共享网络中即可。

7. 分享工作簿

在实际办公过程中，有些表格数据需要多人录入、编辑，或多个领导审核、查看，此时，可以采用 WPS 表格的分享功能将表格分享给他人。其操作方法为：登录 WPS 账号后，选择“文件”

菜单中的“分享”命令或单击工作界面右上角的“分享”按钮，打开“另存云端开启‘分享’”对话框，选择上传位置后单击上传到云端按钮，然后将生成的链接复制给他人即可。

二、工作表管理

微课 1-3　工作表管理

工作表管理主要有选择工作表、插入新工作表、删除工作表、重命名工作表、复制工作表、移动工作表、保护工作表、隐藏与取消隐藏工作表、给工作表标签添加颜色、改变工作表标签字号等操作。

1. 选择工作表

单击某个工作表标签，可以选择该工作表为当前工作表；按住【Ctrl】键后分别单击工作表标签，可同时选择多张工作表；按住【Shift】键后选择首个工作表标签和末尾工作表标签，可同时选择包括首尾工作表标签中的多个工作表标签。

2. 插入新工作表

方法一：单击工作表标签区的“新建工作表”按钮+，可在当前工作表后面插入一张新工作表。

方法二：选择任意一个工作表标签，单击鼠标右键，在弹出的快捷菜单中选择“插入工作表”命令，打开“插入工作表”对话框，如图 1-3 所示，选择插入工作表的数目和位置后单击确定按钮。

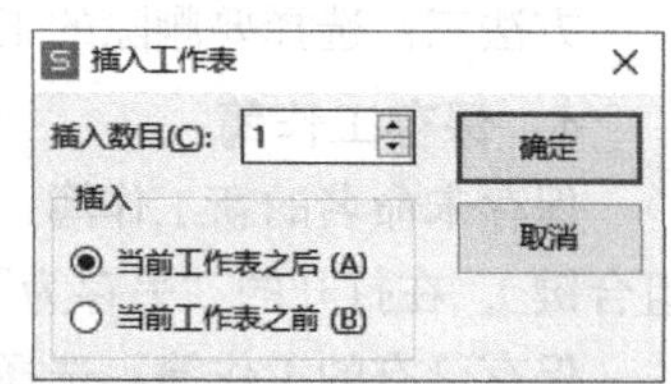

图 1-3　“插入工作表”对话框

方法三：单击“开始”选项卡下的“工作表”按钮，在打开的下拉列表中选择“插入工作表”选项，在打开的“插入工作表”对话框中选择插入工作表的数目和位置后单击确定按钮。

注意

除了上述方法可以插入工作表外，还可直接设置工作簿内的工作表数，减少建表的时间。其操作方法为：单击“文件”菜单，在打开的下拉列表中选择“选项”选项，打开“选项”对话框，在对话框左侧单击“常规与保存”选项卡，在对话框右侧的“新工作簿内的工作表数”数值框中输入需要的工作表数目，然后单击确定按钮，如图 1-4 所示。重启 WPS 表格后，工作簿中的工作表数目即为设置的数目。

另外，单击“新工作簿内的工作表数”数值框右侧的高级(V)...按钮，还可对工作簿名和工作表名进行设置，如图 1-5 所示。

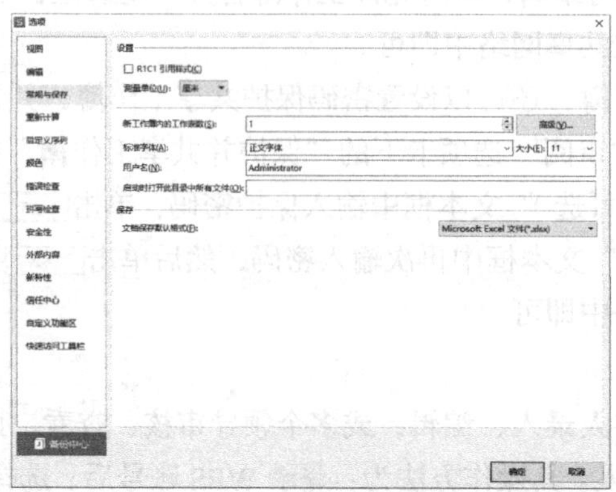

图 1-4　设置工作表数

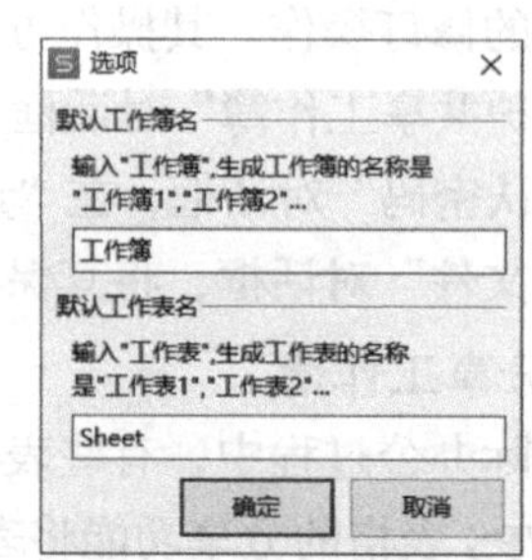

图 1-5　设置工作簿名与工作表名

3. 删除工作表

方法一：选择想要删除的工作表对应的工作表标签，单击“开始”选项卡下的“工作表”按钮，在打开的下拉列表中选择“删除工作表”选项。

方法二：选择想要删除的工作表对应的工作表标签，单击鼠标右键，在弹出的快捷菜单中选择“删除工作表”命令。

4. 重命名工作表

方法一：双击想要重命名的工作表对应的工作表标签。

方法二：选择想要重命名的工作表对应的工作表标签，单击鼠标右键，在弹出的快捷菜单中选择“重命名”命令。

方法三：选择想要重命名的工作表对应的工作表标签，单击“开始”选项卡下的“工作表”按钮，在打开的下拉列表中选择“重命名”选项。

5. 复制工作表

方法一：选择想要复制的工作表对应的工作表标签，按住【Ctrl】键的同时拖曳鼠标。

方法二：选择想要复制的工作表对应的工作表标签，单击鼠标右键，在弹出的快捷菜单中选择“移动或复制工作表”命令。

方法三：选择想要复制的工作表对应的工作表标签，单击“开始”选项卡下的“工作表”按钮，在打开的下拉列表中选择“移动或复制工作表”选项。

6. 移动工作表

方法一：选择想要移动的工作表对应的工作表标签，按住鼠标左键将其拖曳到目标位置处。

方法二：选择想要移动的工作表对应的工作表标签，单击鼠标右键，在弹出的快捷菜单中选择“移动或复制工作表”命令，打开“移动或复制工作表”对话框，选择移动的位置后单击确定按钮即可。若要在当前工作簿中保留移动的工作表，则可在“移动或复制工作表”对话框中单击选中“建立副本”复选框。

方法三：选择想要移动的工作表对应的工作表标签，单击“开始”选项卡下的“工作表”按钮，在打开的下拉列表中选择“移动或复制工作表”选项，在打开的“移动或复制工作表”对话框中进行相应设置。

7. 保护工作表

为防止他人在未经授权的情况下编辑或修改工作表中的数据，可以为工作表设置保护密码，其操作方法为：单击“审阅”选项卡下的“保护工作表”按钮，打开图1-6所示的“保护工作表”对话框，在“允许此工作表的所有用户进行”下拉列表中单击选中相应的复选框，在“密码（可选）”文本框中输入密码后，单击确定按钮，打开图1-7所示的“确认密码”对话框，在“重新输入密码”文本框中再次输入密码，然后单击确定按钮进行保护。

完成保护工作表的操作后，“审阅”选项卡下的“保护工作表”按钮名将变成“撤消工作表保护”，并且在编辑工作表时，会打开对话框提示需先撤销工作表保护，如图1-8所示。如果不需要使用密码保护工作表，则可单击“撤消工作表保护”按钮，打开“撤消工作表保护”对话框，在“密码”文本框中输入设置的保护密码后，单击确定按钮撤销保护。

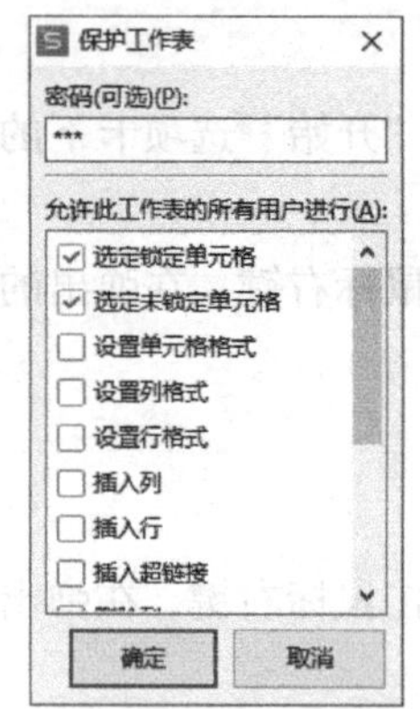

图 1-6 “保护工作表”对话框

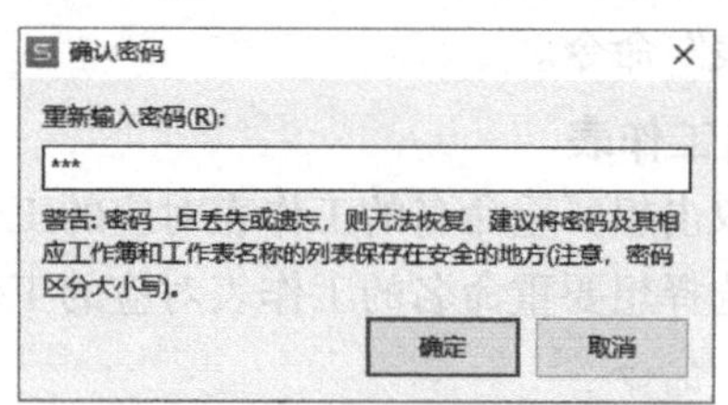

图 1-7 “确认密码”对话框

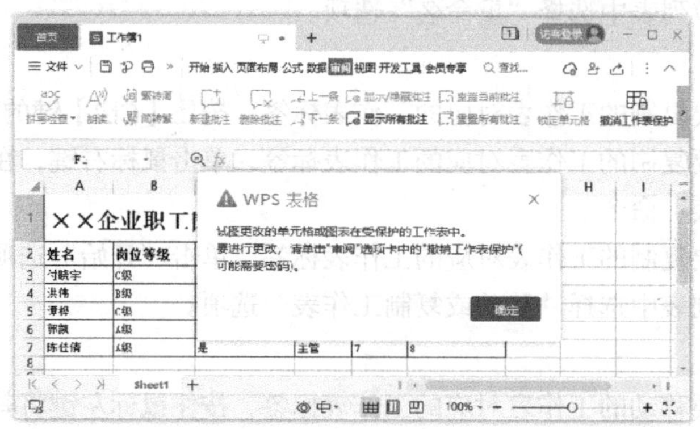

图 1-8 对话框

8. 隐藏与取消隐藏工作表

隐藏工作表的操作方法为：选择想要隐藏的工作表对应的工作表标签，单击鼠标右键，在弹出的快捷菜单中选择“隐藏工作表”命令；或者选择想要隐藏的工作表对应的工作表标签，单击“开始”选项卡下的“工作表”按钮，在打开的下拉列表中选择“隐藏工作表”选项。需要注意的是，当工作簿内只有一张工作表时，不能执行该命令。

取消隐藏工作表的操作方法为：选择任意一个工作表对应的工作表标签，单击鼠标右键，在弹出的快捷菜单中选择“取消隐藏工作表”命令（或选择任意一个工作表对应的工作表标签，单击“开始”选项卡下的“工作表”按钮，在打开的下拉列表中选择“取消隐藏工作表”选项），打开“取消隐藏”对话框，在“取消隐藏工作表”列表框内选择需要显示的工作表后，单击确定按钮。

9. 给工作表标签添加颜色

选择想要改变颜色的工作表标签，单击鼠标右键，在弹出的快捷菜单中选择“工作表标签颜色”命令，打开“主题颜色”面板，如图 1-9 所示，选择颜色后，可为工作表标签添加颜色。

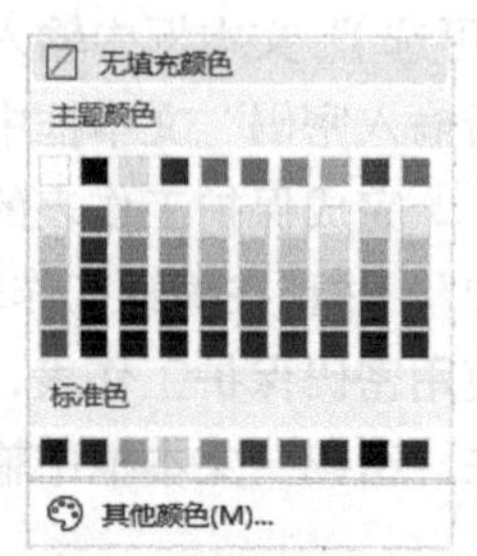

图 1-9 “主题颜色”面板

10. 改变工作表标签字号

选择想要改变字号的工作表标签，单击鼠标右键，在弹出的快捷菜单中选择“字号”命令，在弹出的子菜单中可以选择相应的命令来调整工作表标签的字号大小。

任务三　输入与编辑数据

微课 1-4　输入与编辑数据

在 WPS 表格工作表的单元格中，既可以输入文本、数字、日期和时间等，又可以对输入的内容进行编辑。

一、输入数据

在 WPS 表格工作表的单元格中，可以使用两种基本的数据格式，即常数和公式。常数是指文本、数字、日期、时间等，公式则是指包含“=”的函数、宏命令等。在向单元格中输入数据时，需要掌握以下 3 种基本输入方法。

方法一：单击需要输入数据的单元格，直接输入数据。

方法二：双击需要输入数据的单元格，在单元格中出现闪烁的光标后输入数据。这种方法多用于修改单元格中的数据。

方法三：单击需要输入数据的单元格，再单击编辑栏，当编辑栏中出现闪烁的光标时，即可编辑或修改数据。

1. 输入文本

文本包括汉字、字母、特殊符号、数字、空格及其他能通过键盘输入的符号等。

在单元格中输入文本时，如果相邻的单元格中没有数据，则 WPS 表格允许长文本覆盖在其右侧相邻的单元格；如果相邻单元格中有数据，则当前单元格中只显示该文本的开头部分。如果要取消输入，可单击编辑栏中的“取消”按钮×，或按【Esc】键；如果要结束输入，可单击编辑栏中的“输入”按钮✓，或按【Enter】键。另外，按【Backspace】键可以删除光标左侧的字符，按【Delete】键可以删除光标右侧的字符。

如果要把数字作为文本输入（如身份证号码、电话号码、=5+8、1/3 等），则应先输入一个英文状态下的单引号“'”，再输入相应的字符。

2. 输入数字

和输入文本一样，在工作表中输入数字时，只需先选择输入单元格，然后在该单元格中输入数字，最后按【Enter】键。

3. 输入日期和时间

用户可以使用多种方式来输入日期，如用“/”或“-”来分隔日期中的年、月、日。在单元格中输入的时间格式有两种，即 12 小时制和 24 小时制。如果按 12 小时制输入时间，则要在时间数字后输入“AM”或“PM”，其中，“AM”表示上午，“PM”表示下午；如果按 24 小时制输入时间，则可直接输入。

二、编辑数据

在单元格中输入数据后，还可以对数据进行修改、删除、复制和移动。

1. 修改数据

在编辑栏中修改数据时，只需先选择需要修改的单元格，然后在编辑栏中进行相应修改，单击“输入”按钮✓或【Enter】键确认修改，单击“取消”按钮×或【Esc】键放弃修改。此种方法适合内容较多的情况或者修改公式。

在单元格内修改数据时，只需双击需要修改的单元格，当单元格内出现闪烁的光标后，即可对该单元格进行修改。此种方法适合内容较少的情况。

如果要以新数据替代原来的数据，则只需单击该单元格，然后再输入新的数据。

2. 删除数据

在 WPS 表格中，数据删除有两个概念：数据清除和数据删除。

数据清除的对象是数据，而单元格本身不受影响。数据清除时，首先选择需要清除数据的单元格或单元格区域，然后单击“开始”选项卡下的“清除”按钮，在打开的下拉列表中选择“全部”“格式”“内容”“特殊字符”等选项来完成数据清除的操作，数据清除后的单元格仍保留在原位置。

数据删除的对象是单元格，删除后的单元格及其数据都将从工作表中消失。

3. 复制数据

WPS 表格中复制数据的方法多种多样，可以利用剪贴板、鼠标、选择性粘贴功能进行粘贴，也可以利用组合键进行粘贴。

（1）利用剪贴板复制数据时，执行复制命令的数据源区域周围会出现闪烁的虚线，只要闪烁的虚线不消失，就可以多次粘贴；一旦闪烁的虚线消失，则无法粘贴。如果只需粘贴一次，则直接在目标区域按【Enter】键。

（2）使用鼠标复制数据的操作方法为：选择数据源区域的同时按住【Ctrl】键，当鼠标指针指向数据源区域的边框时，鼠标指针将会变成形状，通过拖曳操作可以进行数据的复制。

（3）如果一个单元格中含有多种特性（如内容、格式、批注等）时，可以使用选择性粘贴功能复制它的部分特性。其操作方法为：先将数据复制到剪贴板，再选择待粘贴目标区域中的第一个单元格，单击鼠标右键，在弹出的快捷菜单中选择“选择性粘贴”命令，打开“选择性粘贴”对话框，如图 1-10 所示，选择相应选项后，单击确定按钮。

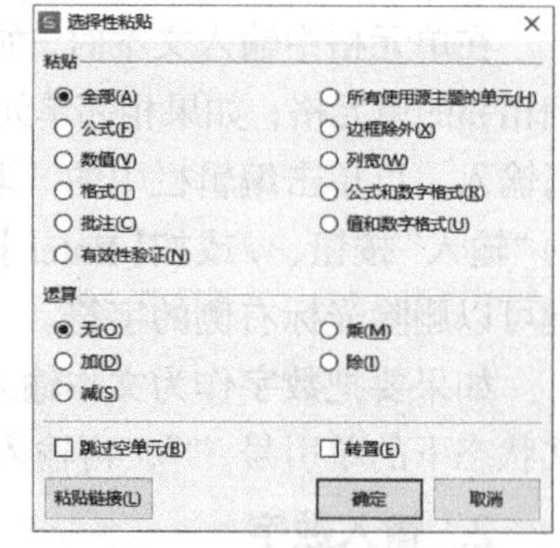

图 1-10 “选择性粘贴”对话框

（4）使用组合键可提高工作效率，也是日常办公中较为常用的一种复制数据的方法，即按【Ctrl+C】组合键复制，按【Ctrl+V】组合键粘贴。

4. 移动数据

移动数据的方法较为简单，与复制数据一样，也有 4 种方法，即用剪贴板、鼠标指针、选择性粘贴功能、组合键进行粘贴。

用剪贴板、选择性粘贴功能移动数据的方法与复制数据的方法类似，只需将执行的复制命令换为移动命令，因此不赘述。

用鼠标移动数据时，只需选择要移动的单元格或单元格区域，然后将鼠标指针指向数据源区域的边框，当鼠标指针变成形状时，再将其移动到目标区域。需要注意的是，该种方法只适用于同一工作表内的数据移动。

使用组合键移动数据的操作方法为：按【Ctrl+X】组合键剪切，按【Ctrl+V】组合键粘贴。

该种方法适用于在不同工作簿与工作表之间移动数据。

任务四 编辑、美化与打印工作表

了解了输入与编辑数据的基本方法后，还需要在工作表中输入数据并修改错误，直至数据无误，然后再对工作表进行操作，以达到美化、突出重点的效果，必要时还需将该表格打印出来，以便查阅、留档。

一、编辑工作表

用户若要编辑工作表，则需要用到选择工作区域、插入与删除单元格、插入与删除行或列，以及合并单元格等操作。

微课 1-5 编辑工作表

1. 选择工作区域

在编辑工作表或执行命令之前，要选择相应的单元格或单元格区域。表 1-1 所示为常用的选择工作区域的操作。

表 1-1 常用的选择工作区域的操作

选择内容	具体操作
选择单个单元格	单击相应的单元格
选择某个单元格区域	单击该区域的第一个单元格，然后拖曳鼠标直至要选择最后一个单元格
选择工作表中的所有单元格	单击全选按钮或按【Ctrl+A】组合键
选择不相邻的单元格或单元格区域	单击第一个单元格或单元格区域，然后按住【Ctrl】键选择其他的单元格或单元格区域
选择较大范围的单元格区域	单击选择该区域的第一个单元格，然后按住【Shift】键，再单击该区域的最后一个单元格，拖动滚动条可以查看单元格
选择整行	单击行号
选择整列	单击列标
选择相邻的行或列	沿行号或列标拖曳鼠标；或者先选择第一行或第一列，然后按住【Shift】键再选择其他相邻的行或列
选择不相邻的行或列	先选择第一行或第一列，然后按住【Ctrl】键选择其他不相邻的行或列

2. 插入与删除单元格

选择想要插入单元格的单元格处，单击鼠标右键，在弹出的快捷菜单中选择“插入”命令，可以在该单元格的上方或左侧插入一个单元格，如图 1-11 所示。

选择想要删除的单元格，单击鼠标右键，在弹出的快捷菜单中选择“删除”命令，可以删除该单元格，如图 1-12 所示。

3. 插入与删除行或列

选择想要插入行或列的位置，单击鼠标右键，在弹出的快捷菜单中选择“插入”命令，可以在该行的上方或该列的左侧插入多行或多列，如图 1-13 所示。

选择想要删除行或列的位置，单击鼠标右键，在弹出的快捷菜单中选择“删除”命令，可以删除该行或该列，如图 1-14 所示。

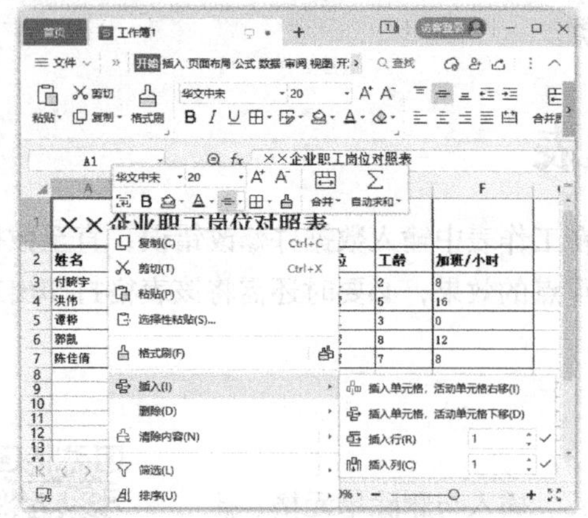

图 1-11　插入单元格

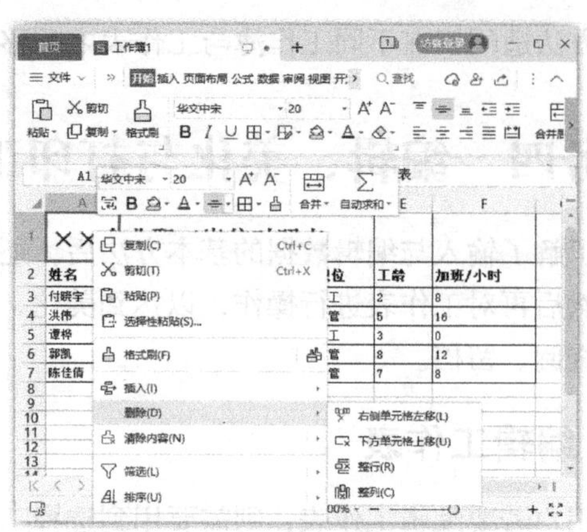

图 1-12　删除单元格

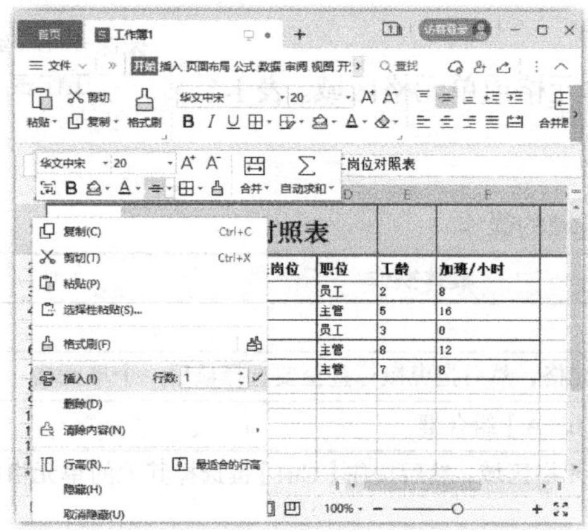

图 1-13　插入行或列

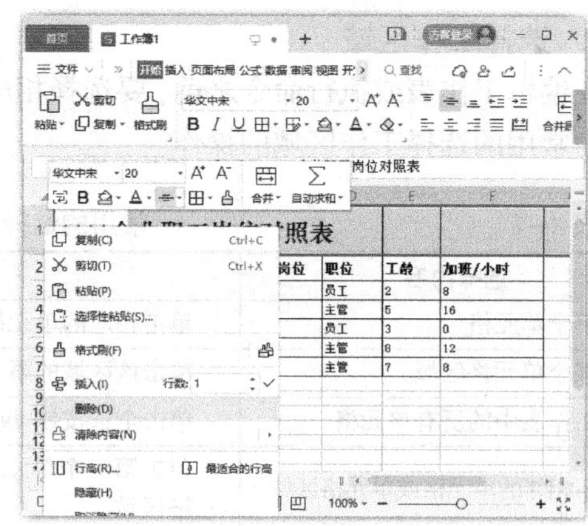

图 1-14　删除行或列

4. 合并单元格

在制作表格标题和不规则表格时，经常需要将多个连续的单元格合并为一个单元格，此时，就需要用到 WPS 表格中的合并功能。其操作方法为：选择需要合并的单元格区域后，单击“开始”选项卡下“合并居中”按钮下方的下拉按钮，在打开的下拉列表中有多个合并选项，用户可根据情况进行选择。另外，如果选择的多个单元格在同一列，则“合并居中”下拉列表提供 4 个选项，如图 1-15 所示；如果选择的多个单元格在多列，则“合并居中”下拉列表提供 5 个选项，如图 1-16 所示。

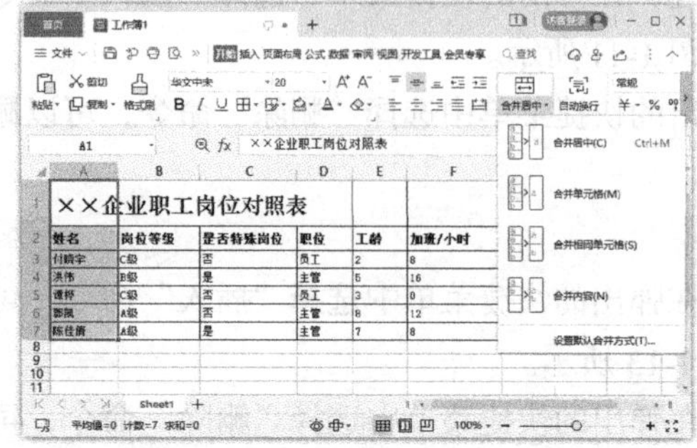

图 1-15　同列单元格合并选项

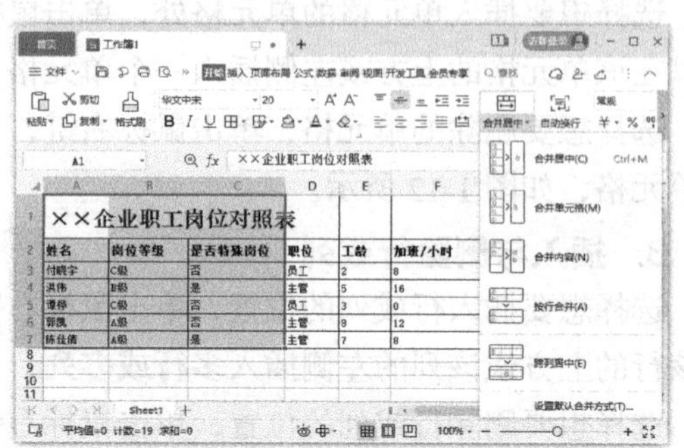

图 1-16　多列单元格合并选项

（1）合并居中

其功能是将选择的多个单元格合并为一个大单元格，且单元格中只显示第一个单元格中的内容，并自动居中对齐显示，如图 1-17 所示。

（2）合并单元格

其功能是将选择的多个单元格合并为一个大单元格，且单元格中只显示第一个单元格中的内容，并按照默认的方式对齐，如图 1-18 所示。

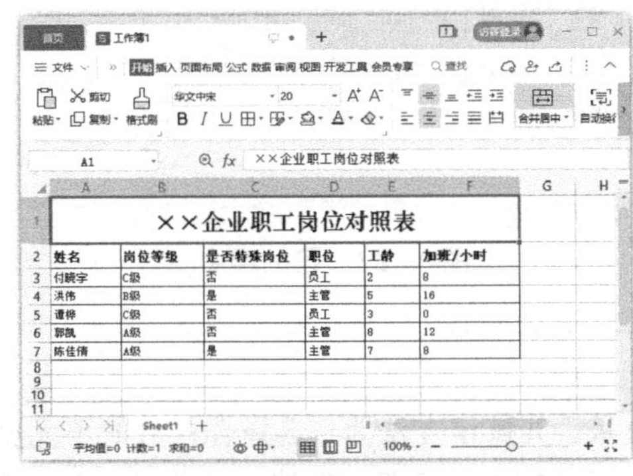

图 1–17　合并居中

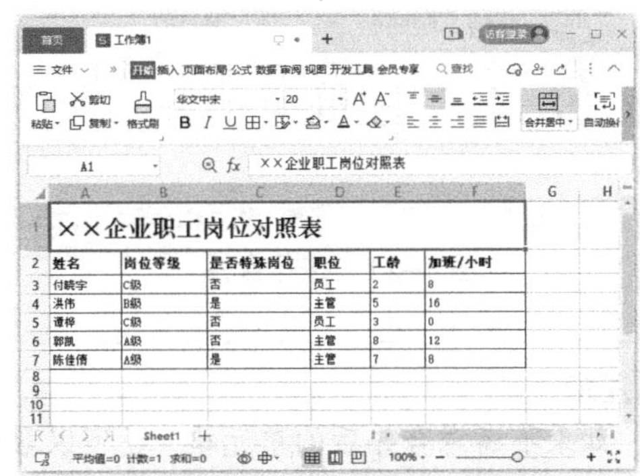

图 1–18　合并单元格

（3）合并相同单元格

其功能是根据所选单元格中的内容合并单元格，且只合并连续且内容相同的单元格，如图 1-19 所示。

（4）合并内容

其功能是将选择的多个单元格合并为一个大单元格，且所选单元格中的内容将在大单元格中显示，如图 1-20 所示。

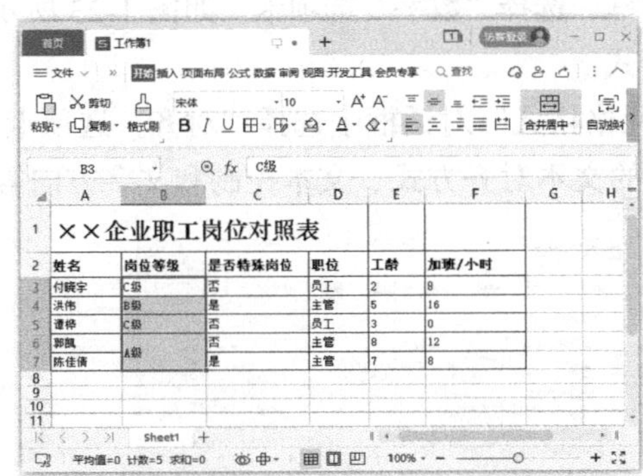

图 1–19　合并相同单元格

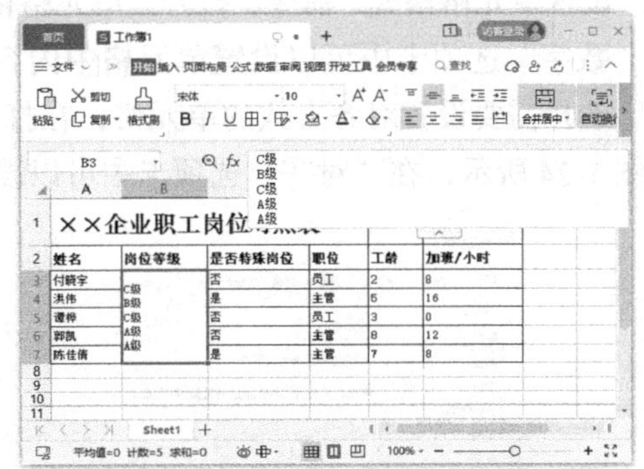

图 1–20　合并内容

（5）按行合并

其功能是按所选的多个单元格所在行合并单元格，且合并行中的内容只显示所选单元格第一列单元格中的内容，如图 1-21 所示。

（6）跨列居中

其功能是不合并所选的多个单元格，只将单元格中的文本居中对齐，如图 1-22 所示。与合并居中不同的是，合并居中会将多个单元格合并为一个大单元格，而跨列居中则不会合并选择的多个单元格。

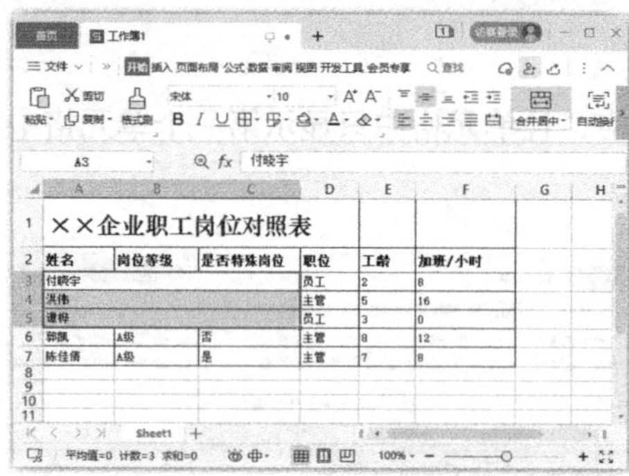

图 1–21　按行合并

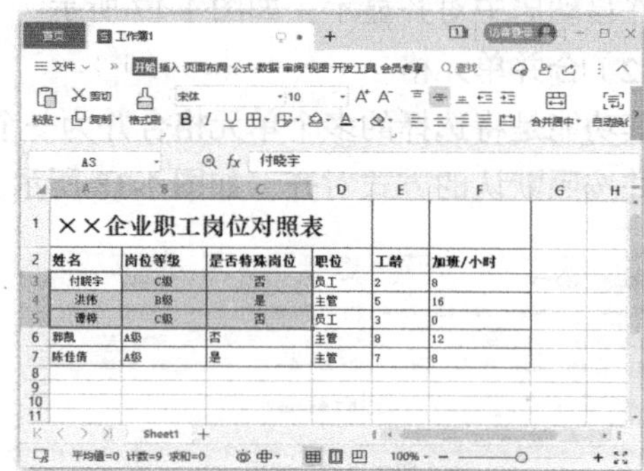

图 1–22　跨列居中

注意

如果不满意合并后的单元格，还可以取消合并效果。其操作方法为：选择合并后的单元格，单击“合并居中”按钮下方的下拉按钮，在打开的下拉列表中选择“取消合并单元格”选项。

二、美化工作表

微课 1-6　美化工作表

若想使制作出来的表格美观、整齐，则可以设置工作表的数据格式与对齐方式、字体与边框、底纹与保护、表格样式、列宽和行高等。

1. 设置数据格式与对齐方式

选择需要设置数据格式的单元格，单击鼠标右键，在弹出的快捷菜单中选择“设置单元格格式”命令，打开“单元格格式”对话框，选择“数字”选项卡，如图 1-23 所示，在“数字”选项卡中可以设置单元格中内容的表现形式。

选择需要设置对齐方式的单元格，在打开的“单元格格式”对话框中选择“对齐”选项卡，如图 1-24 所示，在“对齐”选项卡中可以设置单元格的文本对齐方式、文本控制和文字方向等。

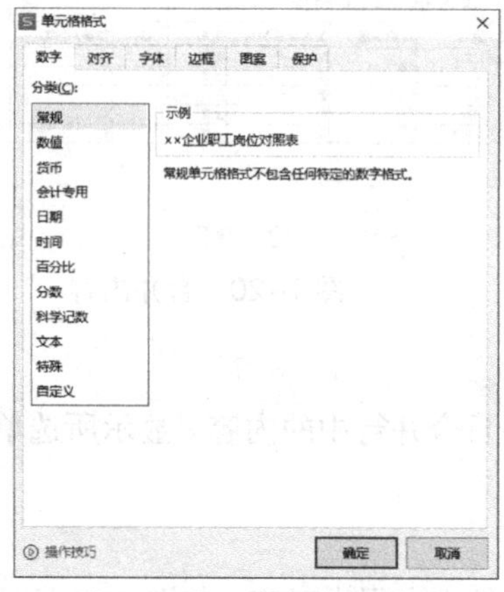

图 1–23　“数字”选项卡

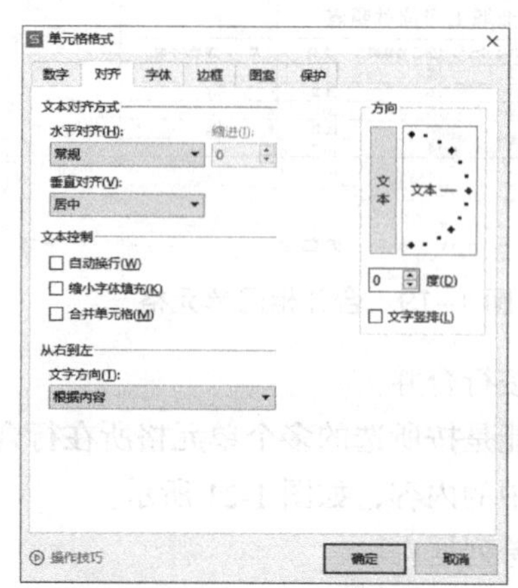

图 1–24　“对齐”选项卡

2. 设置字体与边框

选择需要设置字体的单元格，在打开的“单元格格式”对话框中选择“字体”选项卡，如图 1-25 所示，在“字体”选项卡中可以设置单元格中内容的字体、字形、字号、特殊效果等。

选择需要设置边框的单元格，在打开的“单元格格式”对话框中选择“边框”选项卡，如图 1-26 所示，在“边框”选项卡中可以设置单元格边框的线条样式、线条颜色和边框类型等。

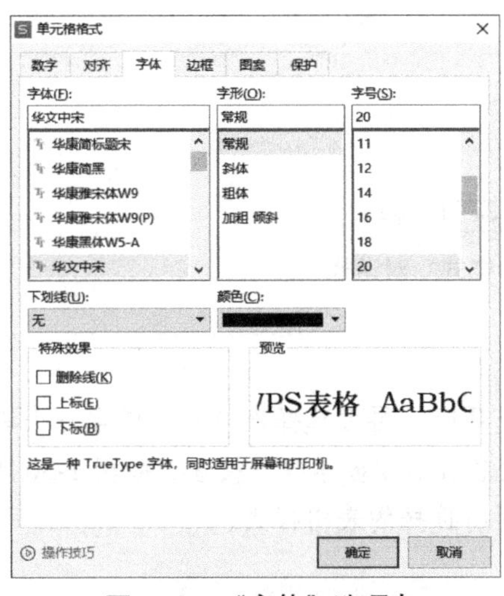

图 1–25　“字体”选项卡

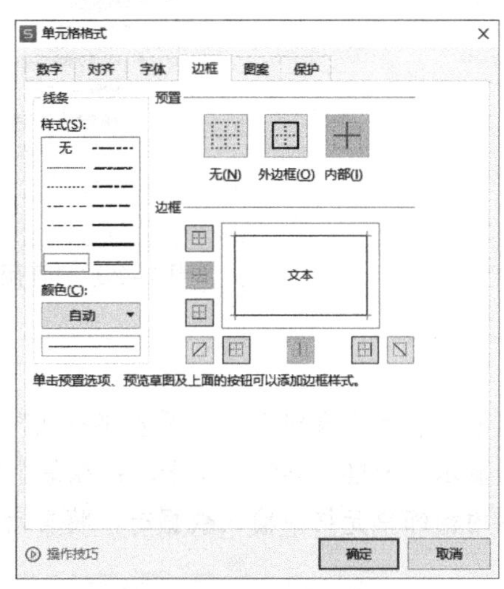

图 1–26　“边框”选项卡

3. 设置底纹与保护

选择需要设置底纹的单元格，在打开的“单元格格式”对话框中选择“图案”选项卡，如图 1-27 所示，在“图案”选项卡中可以设置单元格的背景色。

选择需要保护的单元格或单元格区域，在打开的“单元格格式”对话框中选择“保护”选项卡，如图 1-28 所示。需要注意的是，“保护”选项卡必须与“审阅”选项卡下的保护工作表功能结合使用，才可使某些单元格或单元格区域中的内容不被编辑或者公式不被显示。

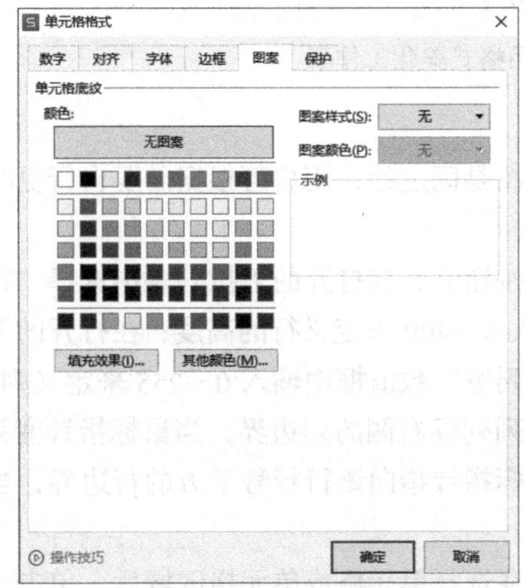

图 1–27　“图案”选项卡

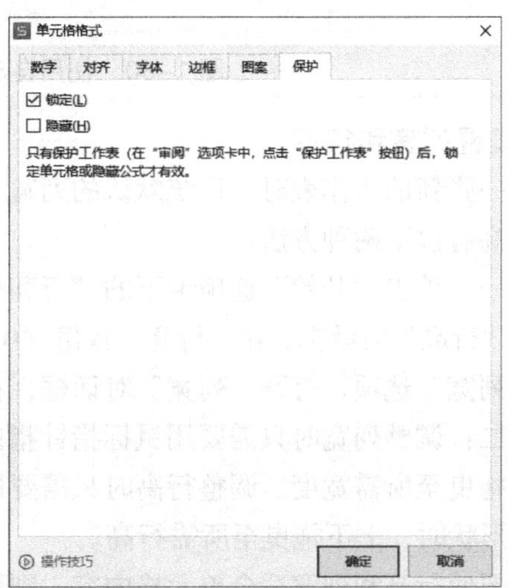

图 1–28　“保护”选项卡

4．设置表格样式

单击“开始”选项卡下的“表格样式”按钮，在打开的下拉列表中选择需要的样式，打开图 1-29 所示的“套用表格样式”对话框，在“表数据的来源”参数框中输入需要美化的单元格区域，然后选中“仅套用表格样式”或“转换成表格，并套用表格样式”单选项，单击按钮。

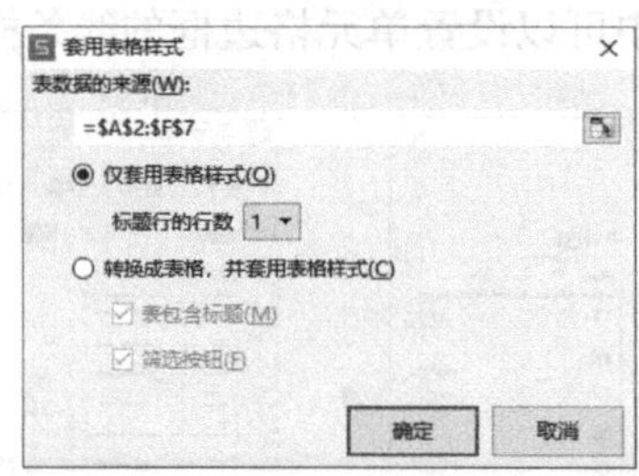

图 1–29 “套用表格样式”对话框

注意

当选中“转换成表格，并套用表格样式”单选项时，再去选择表格中的任意一个单元格，都将自动显示“表格工具”选项卡，并在每个字段名右下角显示筛选按钮，如图 1-30 所示。在最后一列的相邻单元格中输入数据时，将自动套用所选择的表格样式。

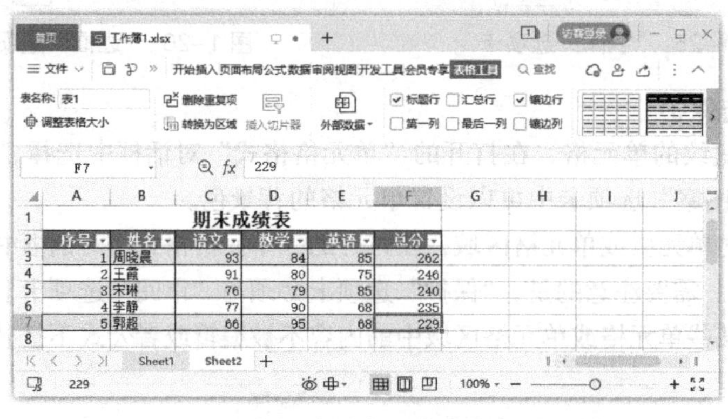

图 1–30 使用自动套用格式美化工作表

5．设置列宽和行高

打开一张新的工作表时，系统默认的列宽和行高是固定的，用户可根据需要自行更改。设置列宽和行高有以下两种方法。

方法一：单击“开始”选项卡下的“行和列”按钮，在打开的下拉列表中选择“行高”选项，打开“行高”对话框，在“行高”数值框中输入 0～409 来定义行的高度；在打开的下拉列表中选择“列宽”选项，打开“列宽”对话框，在“列宽”数值框中输入 0～255 来定义列的宽度。

方法二：调整列宽时只需要用鼠标指针指向该列列标右侧的列边界，当鼠标指针变为✛形状时，左右拖曳至所需宽度。调整行高时只需要用鼠标指针指向该行行号下方的行边界，当鼠标指针变为✛形状时，上下拖曳至所需行高。

如果要使行高和列宽适合单元格内容，则可以在选择单元格或单元格区域后，单击“开始”选项卡下的“行和列”按钮，在打开的下拉列表中选择“最适合的行高”或“最适合的列宽”

选项，系统将根据单元格中的内容自动调整到合适的行高和列宽。

三、打印工作表

微课 1-7 打印工作表

创建好工作表后，为了方便提交或留存查阅，经常需要把它们打印出来。打印工作表的操作步骤一般是先设置打印区域和分页，再进行页面设置，然后进行打印预览，最后打印输出。

1. 设置打印区域和分页

选择需要打印的区域，单击“页面布局”选项卡下的“打印区域”按钮，在打开的下拉列表中选择“设置打印区域”选项，选择打印的区域边框上会出现水平分页虚线，表示打印区域已设置好（只有选择区域中的数据才能进行打印）。

WPS表格一般会自动为工作表分页，如果用户不满意其默认的分页方式，也可以根据需要自行对工作表进行分页。分页包括水平分页和垂直分页。

（1）水平分页的操作方法为：选择要另起一页的起始行行号，单击“页面布局”选项卡下的 “插入分页符”按钮，在打开的下拉列表中选择“插入分页符”选项，如果在选择起始行的上方出现了一条水平分页线，表示分页成功。

（2）垂直分页的操作步骤与水平分页类似，但需要注意的是，垂直分页时必须选择另起一页的起始列列标或者选择该列最上方的单元格，分页成功后将在该列左侧出现一条垂直分页线。如果选择的不是最左侧或最上方的单元格，则插入分页符后将在该单元格的左侧和上方各产生一条分页线。

删除分页符时，可以先选择分页线下方或右列的任一单元格，然后单击“页面布局”选项卡下的“插入分页符”按钮，在打开的下拉列表中选择“删除分页符”选项；也可以先选择任意单元格，然后再选择“插入分页符”下拉列表中的“重置所有分页符”选项，删除工作表中的所有人工分页符。

分页后，单击“分页预览”按钮，可以进入分页预览视图；单击“普通视图”按钮，可以结束分页预览，回到普通视图。

2. 页面设置

工作表制作完成后，用户可以直接打印，如有特殊要求，也可以在“页面设置”对话框中设置工作表的打印方向、缩放比例、纸张大小、页边距、页眉、页脚等。单击“页面布局”选项卡下“打印区域”按钮右下角的对话框启动器按钮，打开“页面设置”对话框，该对话框共有4个选项卡。

（1）“页面”选项卡。在“页面”选项卡中可以设置纸张方向、缩放比例、纸张大小、打印质量、起始页码等，如图1-31所示。

（2）“页边距”选项卡。在“页边距”选项卡中可设置版心与页面4个边界间的距离、页眉和页脚的上下边距、打印区域的居中方式等，如图1-32所示。

（3）“页眉/页脚”选项卡。如果要设置页眉和页脚，可在“页眉”和“页脚”的下拉列表中选择内置的页眉和页脚格式，也可分别单击自定义页眉(C)...按钮或自定义页脚(U)...按钮，在打开的“页眉”或“页脚”对话框中进行自定义设置，此外，还可以设置页眉和页脚的显示方式，如“奇偶页不同”“首页不同”等，如图1-33所示。

图 1–31 “页面”选项卡

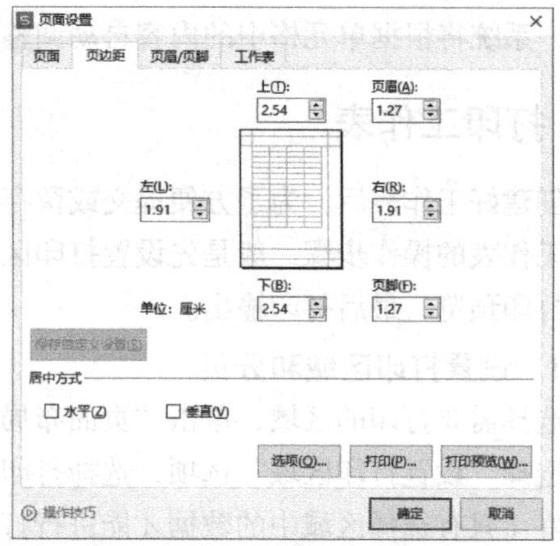
图 1–32 “页边距”选项卡

（4）“工作表”选项卡。在“工作表”选项卡中可以设置打印区域、打印标题、打印方式及打印顺序等，如图 1-34 所示。

图 1–33 “页眉/页脚”选项卡

图 1–34 “工作表”选项卡

① 打印区域。若不设置，则默认打印当前整张工作表；若需设置，则单击“打印区域”右侧的折叠按钮，在工作表中选择打印区域后，单击右侧的展开按钮返回对话框，单击确定按钮。

② 打印标题。如果要使打印的工作表上每一页都显示行标题，则可将文本插入点定位到“顶端标题行”参数框中，然后在工作表中选择要打印的行标题；如果要使打印的工作表上每一页上都显示列标题，则在将文本插入点定位到“左侧标题列”参数框中后，在工作表中选择要打印的列标题。

注意

如果要使打印的工作表上每一页都显示行号和列标，则单击选中“打印”栏下的“行号列标”复选框。

3. 打印预览

单击“分页预览”按钮，进入“分页预览”视图，拖曳分页虚线可直接改变分页的位置。

4. 打印输出

经过设置打印区域和分页、页面设置、打印预览后，就可以正式打印了。打印方法为：单击“页面设置”对话框中的打印(P)...按钮，或选择“文件”菜单中的“打印”命令，或选择快速工具栏中的“打印”按钮，打印输出工作表。

任务五　数据管理与分析

数据管理即利用计算机对数据进行收集、存储与处理，而数据分析则是对收集的数据进行分析，从中提取有用的信息并形成结论，两者的结合使用可以有效地提高工作效率。

一、创建数据清单

微课 1-8　创建数据清单

数据清单即为表格，其第一行必须为文本类型。用户只有执行了数据库命令，WPS 表格才会自动将数据清单默认为一个数据库。数据清单中的列是数据库中的字段，数据清单中的列标志是数据库中的字段名，数据清单中的一行则对应数据库中的一条记录。

1. 创建数据清单时应遵循的原则

创建数据清单时应遵循以下 8 条原则。

（1）一个数据清单最好只占用一张工作表。

（2）数据清单是一片连续的数据区域，不允许出现空行或空列。

（3）每一列应包含相同类型的数据。

（4）将关键数据置于清单的顶部或底部，避免将关键数据放到数据清单的左右侧，因为在筛选数据记录时这些数据可能会被隐藏。

（5）显示行和列。在修改数据清单之前，要确保隐藏的行和列已经被显示。如果清单中的行和列未被显示，那么数据有可能会被删除。

（6）使用带格式的列标。在输入列标前，应先将单元格设置为文本格式。对于列标而言，需要使用与清单中数据不同的字体、对齐方式、格式、填充色等以做区分。

（7）使数据清单独立。工作表中的数据清单与其他数据间至少应留出一个空行和一个空列。排序、筛选和自动汇总等功能有利于 WPS 表格检测和选择数据清单。

（8）不要在单元格前面或后面输入空格，不然将影响排序和搜索操作。

2. 创建数据清单

创建数据清单时，首先要创建字段名，然后才能输入数据。若担心出现输入错误的情况，则可以设置数据有效性。

（1）创建字段名。选择任意一行的第一个单元格并在其中输入文本，然后在其右侧的单元格中输入其他字段名。创建字段名后，可在各字段名下直接输入数据。

（2）输入数据。在输入数据时，除了可以直接在数据清单中输入数据外，还可以使用“记录单”来输入或追加数据。使用记录单功能可以减少在行与列之间的不断切换，从而提高输入的速度和准确性，其操作步骤如下。

① 单击“数据”选项卡下的“记录单”按钮，打开“记录单”对话框，然后在每个字段后

的文本框中输入数据，按【Tab】键可以在各个字段间切换。输完一条记录的内容后，单击 新建(W) 按钮，可以继续添加新的记录。

② 输入完所有的记录后，单击 关闭(L) 按钮返回到工作表中，新输入的记录将列在清单的底部。

（3）设置数据有效性。为数据设置有效性的操作步骤如下。

① 选择需要设置数据有效性字段所在的列。

② 单击“数据”选项卡下的“有效性”按钮，打开“数据有效性”对话框。在“数据有效性”对话框中有3个选项卡，分别是“设置”选项卡、“输入信息”选项卡和“出错警告”选项卡，如图1-35所示。

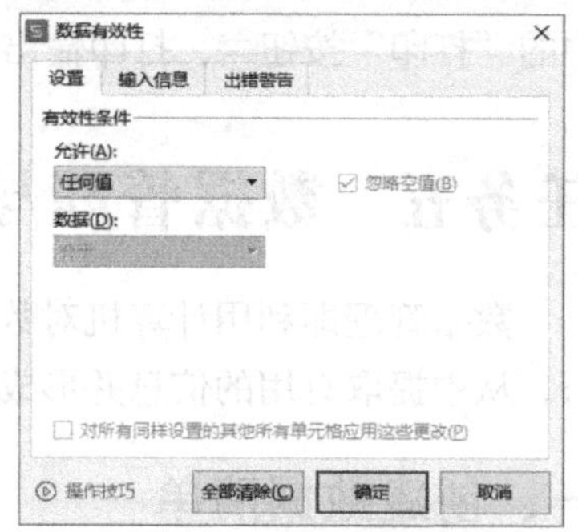

图1-35 设置数据有效性

③ 在“设置”选项卡中的“允许”下拉列表中选择一个选项；在“数据”下拉列表中选择一个选项。

④ 单击 确定 按钮完成操作。

> **注意**
> 工作表中显示的参数依赖于“允许”和“数据”中的选项，以及输入的限制参数。大多数情况下是最小值和最大值，如最小数字和最大数字，或者是允许的最早日期和最晚日期。

3. 删除或编辑记录

选择数据清单中的任意一个单元格，单击“数据”选项卡下的“记录单”按钮，在打开的对话框中单击 上一条(P) 按钮或 下一条(N) 按钮来查找所要删除的记录，也可以滑动对话框中间的滚动条到要删除的记录处，然后单击 删除(D) 按钮将其删除。

编辑记录通常指的是对数据进行修改。在记录单中编辑记录的具体操作方法与删除记录的方法基本一致，在找到所要修改的记录后，直接在相应的文本框中进行编辑修改。

二、数据排序和筛选

排序是指将单元格中的数字或文本按一定顺序排列，筛选是指从众多数据中找到符合条件的记录。与排序不同，筛选并不会重排清单，只是暂时隐藏了不必显示的行。

微课1-9 数据排序和筛选

1. 排序

数字按照数字本身大小排序，而文本则按照汉字拼音字母的先后顺序排序，并且可以将相同的内容放在一起，从而达到分类的目的。例如，某班学生成绩情况如表1-2所示。

表1-2 某班学生成绩情况

学号	姓名	性别	语文	数学	英语	信息技术	体育	总分
1	钱梅	女	98	82	85	89	88	442
2	张光	男	98	100	97	100	100	495
3	许明	男	87	87	85	92	89	440
4	唐琳	女	96	89	99	96	98	478

续表

学号	姓名	性别	语文	数学	英语	信息技术	体育	总分
5	宋强	男	79	87	97	88	91	442
6	罗松	男	78	77	69	80	78	382
7	郭峰	男	94	89	90	90	97	460

若要将表 1-2 中的总分按从小到大的顺序排列，则应先选择“总分”列的任意一个单元格，然后单击“开始”选项卡下“排序”按钮下方的下拉按钮，在打开的下拉列表中选择“升序”选项。

如果要进行多个关键字排序，则在打开的“排序”下拉列表中选择“自定义排序”选项，打开“排序”对话框，在“主要关键字”下拉列表中确定排序的第一依据，以及排序的标准是递增还是递减；若通过主要关键字排不出顺序，则单击按钮，在“次要关键字”下拉列表中确定排序的第二依据及排序的标准是递增还是递减，最后单击按钮。

2. 筛选

筛选是指根据给定的条件从数据清单中找出并显示满足条件的记录，不满足条件的记录将被隐藏。数据筛选包括自动筛选和高级筛选。

（1）自动筛选

自动筛选的操作步骤如下。

①“在“Sheet 2”工作表后面插入一张新工作表，并将其重命名为“学生成绩情况表”，然后输入表 1-2 中的数据。

② 选择 A2:I9 单元格区域，单击“数据”选项卡下的“自动筛选”按钮（或单击“开始”选项卡下的“筛选”按钮），每个字段名所在的单元格右下角将会出现一个下拉按钮，如图 1-36 所示，单击该按钮可显示该列的筛选条件。或者在选择数据清单中的单元格区域后，在搜索框中输入“筛选”，在打开的下拉列表中选择“筛选”选项，每个字段名所在的单元格右下角同样会出现一个下拉按钮。

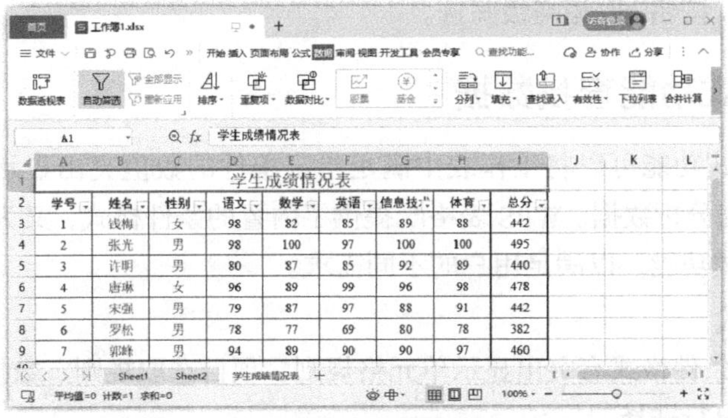

图 1–36　自动筛选

如果要取消某一列数据的筛选状态，则单击该列字段名右下方的下拉按钮，在打开的下拉列表中单击选中“全选”复选框；如果要在数据清单中取消对所有列的筛选，则再次单击“筛选”按钮，或再次在搜索框中输入“筛选”后选择“筛选”选项。

（2）高级筛选

高级筛选能快速地将满足多重条件的信息筛选并显示出来。当数据管理过程中遇到一些复杂的筛选条件时，自动筛选功能将不能满足要求，因此，必须使用高级筛选功能来满足筛选要求，即建立筛选条件区域，并在该区域中设置相应的筛选条件。下面介绍在“学生成绩情况表”工作表中运用高级筛选功能筛选出语文成绩、数学成绩均大于 85 的数据，其操作步骤如下。

① 在 A11 单元格中输入“语文”，在 B11 单元格中输入“数学”，在 A12、B12 单元格中均输入“>85”。

② 单击“开始”选项卡下“筛选”按钮下方的下拉按钮，在打开的下拉列表中选择“高级筛选”选项，打开“高级筛选”对话框，在“方式”栏下单击选中“将筛选结果复制到其他位置”单选项；在“列表区域”参数框中输入“$A$2:$I$9”；在“条件区域”参数框中输入“$A$11:$B$12”；在“复制到”参数框中输入“$A$14”，如图 1-37 所示，单击确定按钮，即可筛选出满足条件的数据。结果如图 1-38 所示。

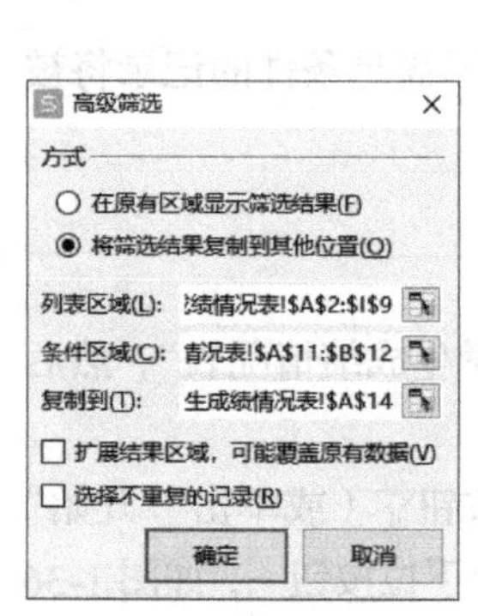

图 1-37　高级筛选

学号	姓名	性别	语文	数学	英语	信息技术	体育	总分
2	张光	男	98	100	97	100	100	495
4	唐琳	女	96	89	99	96	98	478
7	郭峰	男	94	89	90	90	97	460

图 1-38　筛选结果

若要取消图 1-38 中的高级筛选结果，则可在选择高级筛选区域后执行删除行的操作；如果筛选结果在原有区域中显示，则在“筛选”下拉列表中选择“全部显示”选项，或单击“数据”选项卡下的“全部显示”按钮取消高级筛选。

三、利用条件格式功能查找数据

微课 1-10　利用条件格式功能查找数据

用户使用条件格式功能可以将工作表中满足指定条件的数值突出显示出来，便于直观地查找与分析数据。WPS 表格既提供了内置的条件格式，又为用户提供了新建条件格式功能，以满足用户的不同需求。

1. 内置条件格式

WPS 表格内置的条件格式有突出显示单元格规则、项目选取规则、数据条、色阶和图标集 5 种，用户可根据需要自行选择。

（1）突出显示单元格规则

运用突出显示单元格规则，可以突出显示工作表中满足某个条件的数据，包括大于、小于、介于、等于、文本包含、发生日期和重复值等。其操作方法为：选择需要突出显示的单元格区域，单击“开始”选项卡下的“条件格式”按钮，在打开的下拉列表中选择“突出显示单元格规则”

选项，在打开的子列表中选择某个条件，在打开的对应对话框中设置满足的条件和格式后单击确定按钮。

（2）项目选取规则

运用项目选取规则，可以突出显示工作表中前几项、后几项、高于平均值或低于平均值的数据，包括前10项、前10%、最后10项、最后10%、高于平均值和低于平均值等。其操作方法为：选择需要突出显示的单元格区域，在“条件格式”下拉列表中选择“项目选取规则”选项，在打开的子列表中选择某个条件，在打开的对话框中设置满足的条件和格式后单击确定按钮。

（3）数据条

数据条可用于表示单元格中值的大小，数据条越长，单元格中的值越大；反之，值越小。填充方式包括渐变填充和实心填充。其操作方法为：选择需要突出显示的单元格区域，在“条件格式”下拉列表中选择“数据条”选项，在打开的子列表中选择需要的数据条选项。

（4）色阶

为单元格区域添加渐变颜色，用以表示每个单元格中的值在该区域内的位置。其操作方法为：选择需要突出显示的单元格区域，在“条件格式”下拉列表中选择“色阶”选项，在打开的子列表中选择需要的色阶选项。

（5）图标集

以不同的形状或颜色表示数据的大小，包括方向、形状、标记和等级等。其操作方法为：选择需要突出显示的单元格区域，在“条件格式”下拉列表中选择“图标集”选项，在打开的子列表中选择需要的图标集选项。

2. 新建条件格式

若WPS表格内置的条件格式不能满足需求，用户也可以通过新建规则功能来自定义条件格式。其操作方法为：选择需要突出显示的单元格区域，在“条件格式”下拉列表中选择“新建规则”选项，打开图1-39所示的“新建格式规则”对话框，在该对话框中设置满足需要的条件和格式后单击确定按钮。

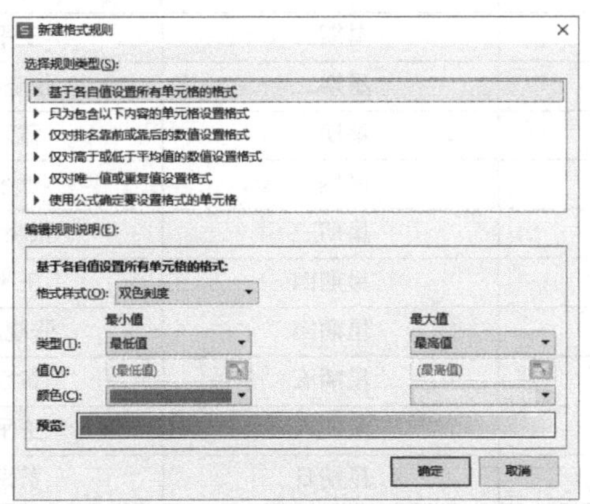

图1-39 “新建格式规则”对话框

四、数据的分类汇总

使用分类汇总可以对数据清单中的某一个字段进行汇总（如求和、求平均值等），并对分类汇总值进行计算，将计算结果分级显示出来。例如，数据清单包含产品名称、地区、销售量等字段信息，用户可以根据需要使用分类汇总功能，生成按产品名称、地区和销售量分类的数据清单。

微课 1-11 数据的分类汇总

在执行分类汇总命令前，必须先对数据清单进行排序，且数据清单的第一行中必须有列标记。

1. 创建分类汇总

打开存有数据清单的工作簿，选择数据清单中的任意一个单元格，单击“数据”选项卡下的“分类汇总”按钮，打开“分类汇总”对话框，在“分类字段”下拉列表中选择需要进行分类汇总的列，在“汇总方式”下拉列表中选择分类汇总的计算方式，在“选定汇总项”下拉列表中单击选中相应的复选框，单击确定按钮，得到分类汇总的结果。

2. 删除分类汇总

如果对分类汇总的结果不满意，还可以将其删除，以回到数据清单的初始状态。其具体操作方法为：选择数据清单中的任意一个单元格，单击“数据”选项卡下的“分类汇总”按钮，打开“分类汇总”对话框，单击全部删除(R)按钮。

五、创建数据透视表

数据透视表是一种对大量数据进行快速汇总和建立交互列表的交叉式表格，用于多种来源的数据汇总。建立表格后，可以对其进行重新排列，深入分析数据，并且还可以回答一些预料之外的数据问题，以使用户从不同的透视角度观察数据。

微课 1-12 创建数据透视表

例如，某公司加班情况统计如表 1-3 所示。

表 1-3 某公司加班情况统计

日期	星期	姓名	小时
2022 年 3 月 1 日	星期二	黄京	1.5
2022 年 3 月 1 日	星期二	王平	0.5
2022 年 3 月 1 日	星期二	张晓晨	0.5
2022 年 3 月 2 日	星期三	黄京	0.8
2022 年 3 月 2 日	星期三	王平	0.6
2022 年 3 月 2 日	星期三	张晓晨	0.8
2022 年 3 月 3 日	星期四	王平	0.5
2022 年 3 月 3 日	星期四	张晓晨	0.8
2022 年 3 月 4 日	星期五	黄京	1
2022 年 3 月 5 日	星期六	王平	0.5
2022 年 3 月 6 日	星期日	黄京	1
2022 年 3 月 7 日	星期一	黄京	0.5
2022 年 3 月 7 日	星期一	王平	0.5
2022 年 3 月 7 日	星期一	张晓晨	0.6
2022 年 3 月 8 日	星期二	张晓晨	0.8

利用表 1-3 中的数据创建数据透视表的操作步骤如下。

（1）在“学生成绩情况表”工作表后面插入一张新工作表，并将其重命名为“公司加班情况统计表”，将表 1-3 中的数据输入该工作表中，然后选择数据列表中的任意一个单元格，单击“插入”选项卡下的“数据透视表”按钮，打开“创建数据透视表”对话框。

（2）确认数据区域正确后，在“请选择放置数据透视表的位置”栏下单击选中“新工作表”单选项。

（3）单击确定按钮后，将自动在当前工作表左侧添加新工作表，同时显示“分析”“设计”选项卡，并在工作表右侧提供了“数据透视表”任务窗格，如图 1-40 所示。

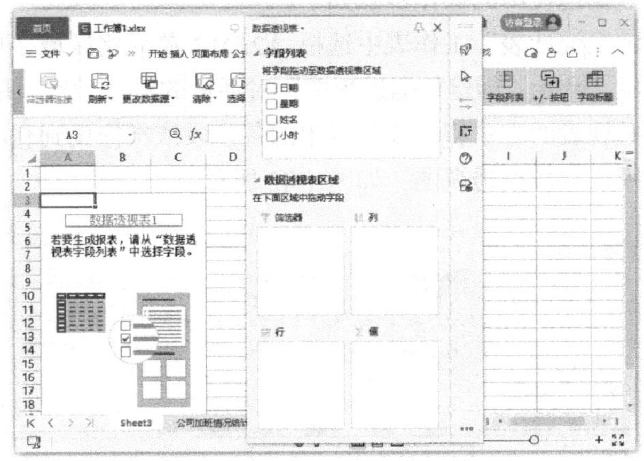

图 1-40　设置数据透视表

注意

如果不小心关闭了“数据透视表”任务窗格，可以单击“分析”选项卡下的“字段列表”按钮，重新打开该任务窗格；另外，也可以选择数据透视表中的任意一个单元格，单击鼠标右键，在弹出的快捷菜单中选择“显示字段列表”命令重新打开该任务窗格。

（4）将“数据透视表”中的字段名依次拖曳至对应的区域中，此时数据透视表的结果将显示于新工作表中，然后将 Sheet 3 工作表重命名为“数据透视表”，效果如图 1-41 所示。

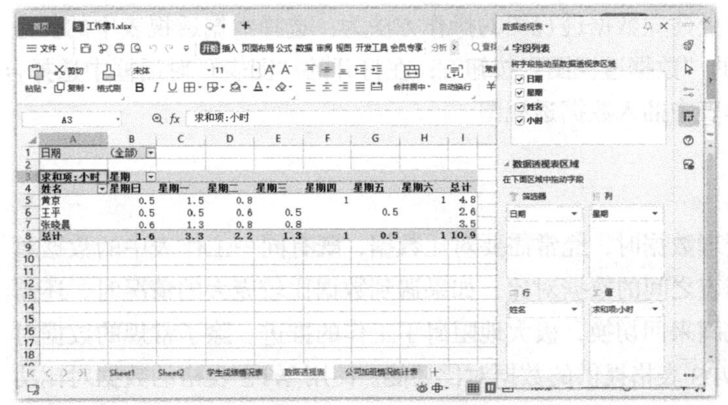

图 1-41　数据透视表

六、创建数据透视图

微课 1-13　创建数据透视图

数据透视图可以以图表的形式直观地分析数据透视表中的数据，与数据透视表息息相关，无论哪一个对象发生了变化，另一个对象也会发生相同的变化。数据透视图的创建方法有两种：第一种方法是在数据清单的基础上创建数据透视图，第二种方法是在数据透视表的基础上创建数据透视图，后者操作起来更为简单。

1．在数据清单上建立数据透视图

在数据清单上建立数据透视图的操作步骤如下。

（1）在“公司加班情况统计表”工作表中选择 A2:D17 单元格区域，单击“插入”选项卡下的“数据透视图”按钮，保持“创建数据透视图”对话框的默认设置，单击确定按钮。

（2）按照创建数据透视表的方法将字段列表中的各字段依次拖曳到相应的区域中，当前工作表中将自动出现数据透视表和数据透视图，如图 1-42 所示。

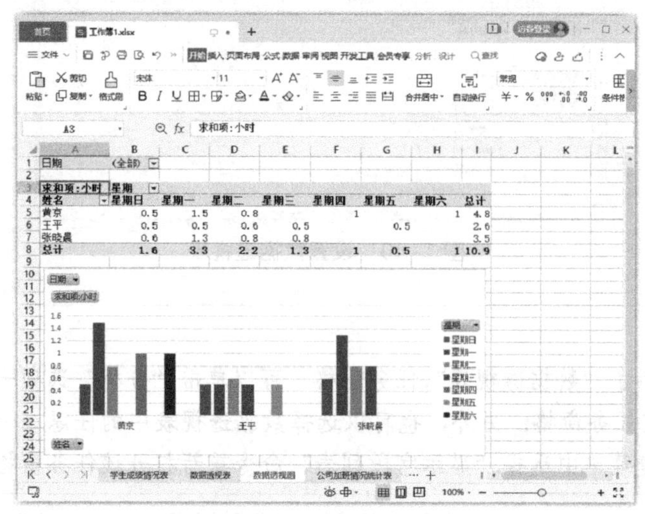

图 1-42　数据透视图

2．在数据透视表上建立数据透视图

在数据透视表上建立数据透视图的操作方法为：选择数据透视表中的任意一个单元格，单击“插入”选项卡下的“数据透视图”按钮，在打开的“图表”对话框中选择合适的图表类型后，将自动在当前工作表中插入数据透视图。

七、数据对比

微课 1-14　数据对比

财务人员在处理数据时，经常需要对比数据，既有同一工作表中的数据对比，又有不同工作表之间的数据对比，如果遇到数据比较庞大的情况时，还需要在不同工作表之间来回切换，极大地阻碍了工作的推进。除了常规的数据对比方法外，还有 WPS 表格提供的数据对比功能。使用 WPS 表格的数据对比功能不仅能对比一个或两个区域（包括多列）中的数据，还能将数据中的重复值或唯一值标识或提

取出来。

1. 同一工作表之间的数据对比

方法一：按【Ctrl+G】组合键快速定位对比。选择需要对比的两列数据，按【Ctrl+G】组合键打开“定位”对话框，在“选择”栏下单击选中“行内容差异单元格”单选项，单击定位(T)按钮，返回工作表后可看到两列数据中的差异单元格已被标出。

方法二：利用 IF 函数进行对比。在需要进行数据对比单元格的相邻单元格中输入公式“=IF(D1=E1,"相同","不相同")”，该公式表示若对比的数据相同，则显示的结果是“相同”，否则显示为“不相同”。

2. 不同工作表之间的数据对比

当两个表格的样式相同只是部分数据不同时，可以使用选择性粘贴功能来对比数据。其操作方法为：按【Ctrl+C】组合键复制第一个表格，然后在第二个表格的第一个单元格处单击鼠标右键，在弹出的快捷菜单中选择“选择性粘贴”命令，在打开的“选择性粘贴”对话框中单击选中“运算”栏下的“减”复选框，单击确定按钮，返回工作表后可看到相同的数据运算结果为 0，而不同的数据其运算结果不为 0，从而实现了数据对比的目的。

3. 不同工作簿之间的数据对比

打开需要进行数据对比的两个工作簿，单击“视图”选项卡下的“并排比较”按钮（只打开一个工作簿时，该按钮为未激活状态），两个工作簿将显示在同一个窗口中，然后进行对比即可。如果不想两个工作簿同时滚动，则可单击“视图”选项卡下的“同步滚动”按钮，再次单击“并排比较”按钮或关闭其中一个工作簿可退出对比状态。

4. 突出显示重复项

当需要查找表格中相同的数据时，可以使用高亮显示重复项功能，便于快速查找。其操作方法为：选择需要查找重复项的单元格区域，单击“数据”选项卡下的“重复项”按钮，在打开的下拉列表中选择“设置高亮重复项”选项，打开“高亮显示重复值”对话框，确认单元格区域选择正确后，单击确定按钮，返回工作表后可看到重复数据的单元格背景变成了橙色。

5. WPS 表格内置的数据对比功能

登录 WPS 账号，单击“数据”选项卡下的“数据对比”按钮，在打开的下拉列表中根据需要选择“标记重复数据”“提取重复数据”“标记唯一数据”“提取唯一数据”选项，然后打开相应的对话框，进行相应的设置后单击确认标记按钮，返回工作表后可看到所选的单元格区域中已用颜色突出显示对比结果。

任务六　使用图表

企业内外部的统计信息错综复杂、千变万化，为了更直观地展示其内在关系，可以将这些数据制作成图表，以有助于数据分析。

一、认识图表

WPS 表格为用户提供了多种图表类型，可以帮助用户将单元格中的数据以各种统计图表的形式展现出来，使得数据更加直观。

- 柱形图：柱形图是一种以长方形的高度为变量的图表，柱形图包括簇状柱形图、堆积柱形图和百分比堆积柱形图 3 种。
- 折线图：在折线图中，每一个 x 值都有一个 y 值与其对应，就像数学函数一样。折线图常用于表示一段时间内的数据变化。折线图包括折线图、堆积折线图、百分比堆积折线图、带数据标记的折线图、带数据标记的堆积折线图和带数据标记的百分比堆积折线图 6 种。
- 饼图：饼图的绘制局限于一个单一的数据系列中，不能用于显示更复杂的数据系列，但饼图通常容易理解。饼图包括饼图、三维饼图、复合饼图、复合条饼图和圆环图 5 种。
- 条形图：条形图使用水平条的长度表示它所代表值的大小。条形图包括簇状条形图、堆积条形图和百分比堆积条形图 3 种。
- 面积图：面积图表现了数据在一段时间内或者在一个类型中的相对关系，一个值所占的面积越大，那么它在整体关系中所占的比重就越大。面积图包括面积图、堆积面积图和百分比堆积面积图 3 种。
- XY（散点图）：XY（散点图）常用于显示多项数据系列中各数值之间的关系。XY（散点图）包括散点图、带平滑线和数据标记的散点图、带平滑线的散点图、带直线和数据标记的散点图、带直线的散点图、气泡图和三维气泡图 7 种。
- 股价图：股价图常用于绘制股票的价值。股价图包括盘高-盘低-收盘图、开盘-盘高-盘低-收盘图、成交量-盘高-盘低-收盘图和成交量-开盘-盘高-盘低-收盘图 4 种。
- 雷达图：雷达图常用球评价企业的经营状况，如收益性、流动性、安全性等。雷达图包括雷达图、带数据标记的雷达图和填充雷达图 3 种。
- 组合图：如果上述的图表类型不能满足需要，用户还可以进行自定义组合，自由组合各种图表类型。需要注意的是，创建组合图时，至少要选择两个数据系列。

微课 1-15　创建图表

二、创建图表

下面以某公司的产品销售表（见表 1-4）为例说明图表的创建步骤。

表 1-4　　产品销售表　　单位：万元

	产品一	产品二	产品三
一季度	8 900	5 780	2 320
二季度	15 612	4 870	5 210
三季度	11 055	8 250	4 860
四季度	9 099	3 550	6 500

在“公司加班情况统计表”工作表后插入一张新工作表，并将其重命名为“产品销售表”，将表 1-4 中的数据输入该工作表中，然后选择 A2:D6 单元格区域，单击“插入”选项卡下的“插入柱形图”按钮，在打开的下拉列表中选择“二维柱形图”栏下的“簇状柱形图”选项，当前工作表中将生成一个柱形图表，如图 1-43 所示。当用户选择图表的任意位置时，功能区选项卡中将自动打开“绘图工具”选项卡、“文本工具”选项卡和“图表工具”选项卡。

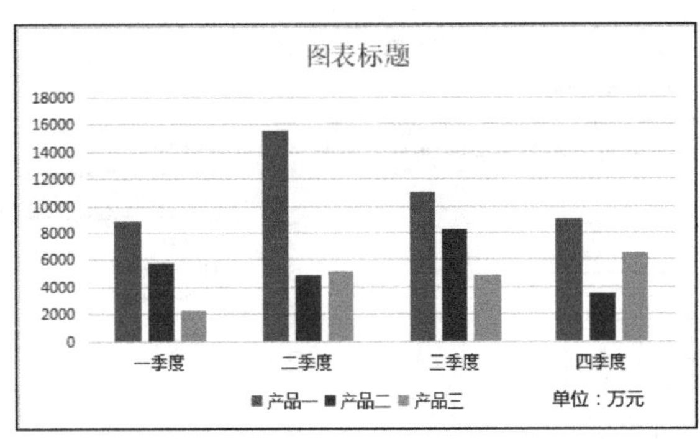

图 1–43 生成图表

三、图表的编辑与修改

若想要图表变得更加美观，则可以更改图表样式、设置图表格式、添加迷你图等。同时，数据清单中的数据并不是固定不变的，而是会根据实际情况进行数据源的增减，生成的图表数据也会随之改变，因此，图表的编辑与修改也是一项需要掌握的操作技能。

微课 1-16 图表的编辑与修改

（1）选择图表中的任意一处，单击“图表工具”选项卡下的“快速布局”按钮，在打开的下拉列表中选择“布局 1”选项，结果如图 1-44 所示。

（2）将“图表标题”修改为“产品销售表”，并将字体设置为隶书、加粗、14 号、红色；选择 x 轴，单击鼠标右键，在弹出的快捷菜单中选择“字体”命令，打开“字体”对话框，将字体设置为黑体、10 号、蓝色，结果如图 1-45 所示。

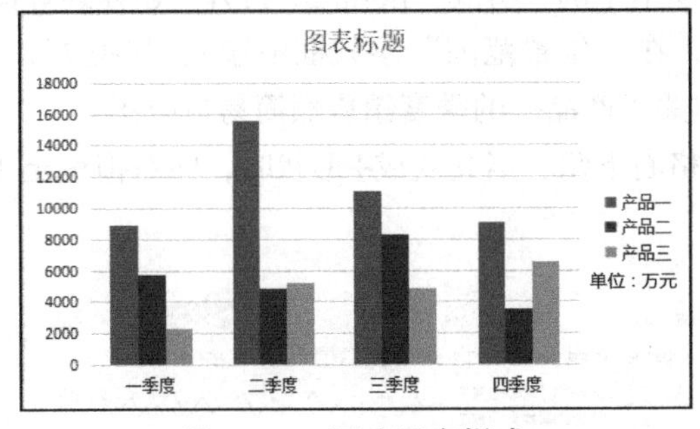

图 1–44 更改图表样式

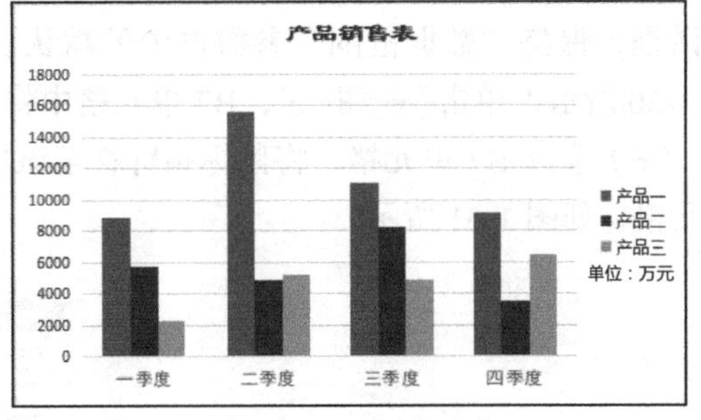

图 1–45 设置字体

（3）增加一列，输入产品四的相关信息，如图 1-46 所示。选择图表中的任意一处，单击鼠标右键，在弹出的快捷菜单中选择“选择数据”命令，打开“编辑数据源”对话框，如图 1-47 所示，在“图表数据区域”参数框中重新选择数据源，单击 确定 按钮，在图表中添加产品四的数据系列，结果如图 1-48 所示。

（4）选择图表中的任意一处，单击“图表工具”选项卡下的“移动图表”按钮，打开“移动图表”对话框，如图 1-49 所示，选择放置图表的位置后，单击 确定 按钮移动图表。

注意

图表的修改方法与图表的编辑方法一致，只需在需要修改的地方单击鼠标右键，在弹出的快捷菜单中选择相应的命令进行修改即可。

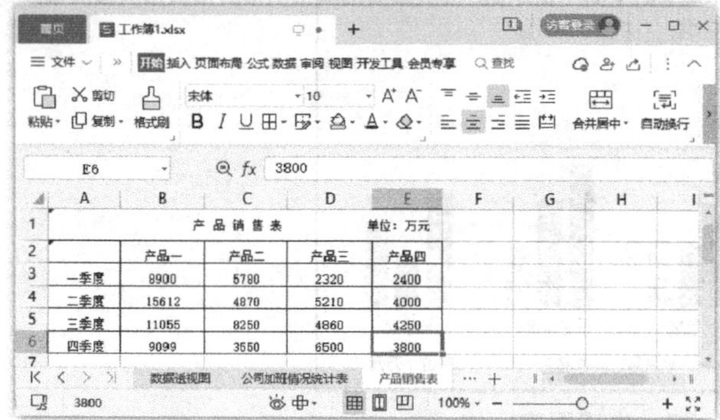
图 1–46　增加“产品四”列

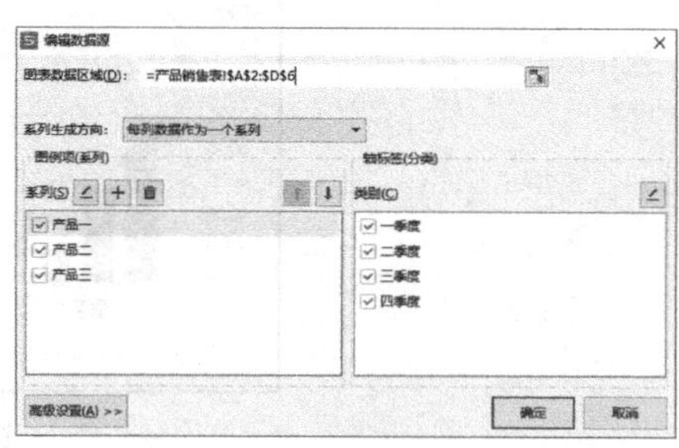
图 1–47　“选择数据源”对话框

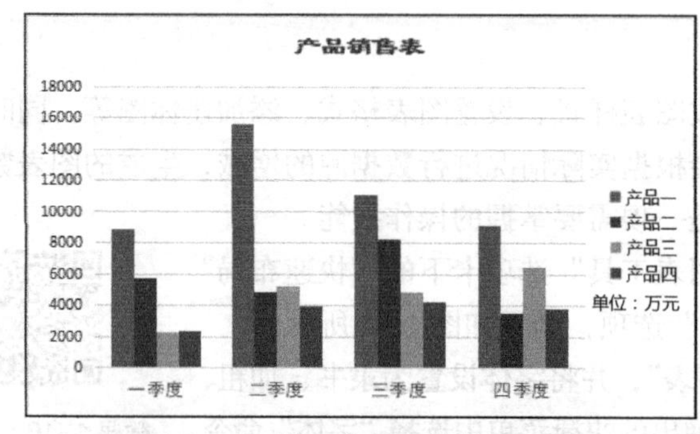

图 1–48　添加产品四的数据系列

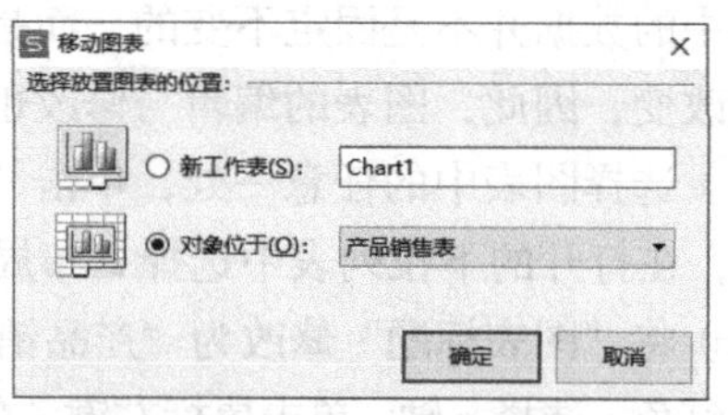

图 1–49　“移动图表”对话框

（5）选择 B3:B6 单元格区域，单击“插入”选项卡下的“折线”按钮，打开“创建迷你图”对话框，保持“数据范围”参数框中的默认设置，在“位置范围”参数框中输入“$B$7”，如图 1-50 所示，单击 确定 按钮，B7 单元格中将创建关于产品一的季度销售额简易折线图。

（6）选择 B7 单元格，将鼠标指针移至该单元格右下角，当其变成+形状时，向右拖曳至 E7 单元格，如图 1-51 所示。

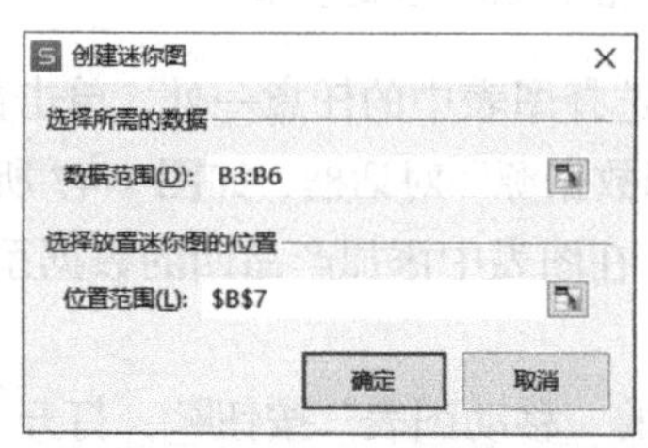

图 1–50　“创建迷你图”对话框

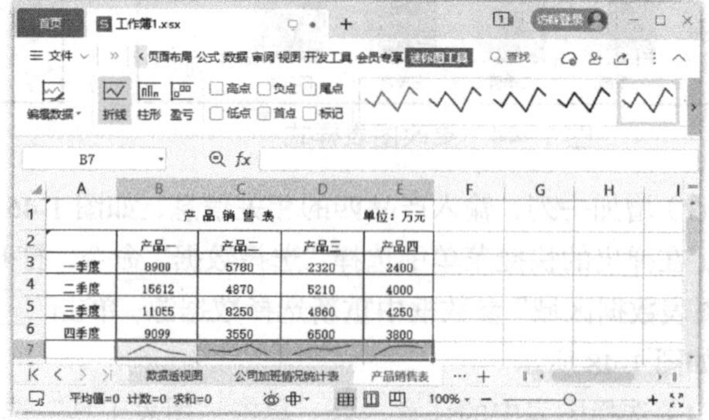
图 1–51　填充迷你图

注意

若要删除某个迷你图，则需要先选择想要删除的迷你图，然后单击“迷你图工具”选项卡下的“清除”按钮进行删除，常规的方法如按【Backspace】键或【Delete】键不能删除迷你图。

任务七 使用公式和函数

在实际工作中，时常会遇到某些较为复杂的计算，人工计算可能会导致结果不准确，而使用WPS表格中的函数功能则可以很好地解决这个问题。WPS表格为方便用户计算，几乎提供了所有的函数，包括财务函数、日期与时间函数、数学与三角函数、统计函数、查找与引用函数等。其中，财务人员常用的便是财务函数，它可以进行数据的简单求和、现值和终值的计算及固定资产折旧额的计算等，减少了财务人员的核算时间。

一、公式及其应用

公式可以用来执行各种运算，如加法、减法或比较工作表数值等，灵活地运用公式，可以实现数据处理的自动化。运用公式时，可以引用同一工作表中的其他单元格、同一工作簿中不同工作表中的单元格，或者其他工作簿的工作表中的单元格。

1. 公式的构成

公式由运算符、常量、单元格引用值、名称、工作表函数等元素构成。

（1）运算符

运算符包括算术运算符、比较运算符、文本运算符、括号和引用运算符。

① 算术运算符包括加号（+）、减号或负号（–）、星号或乘号（*）、除号（/）、百分号（%）、乘方（^），用于完成基本的数学运算，返回值为数值。例如，在单元格中输入“=5+2^2”后，按【Enter】键确认，结果是9。

② 比较运算符包括等于（=）、大于（>）、小于（<）、大于等于（>=）、小于等于（<=）、不等于（< >）。符号两边为同类数据时才能比较，其运算结果是True或False。例如，在单元格中输入“=5<6”，结果是True。

③ 文本运算符是&（连接）符号，符号两边均为文本型数据时才能连接，连接的结果仍是文本型数据。例如，在单元格中输入“="职业"&"学院"”（注意文本输入时需加英文半角引号）后，按【Enter】键，结果是“职业学院”。

④ 括号“( )”用于表示优先运算。

⑤ 引用运算符包括空格、逗号和冒号。空格为交叉运算符，逗号（,）为联合运算符，冒号（:）为区域运算符。

按照比较运算符、文本运算符、算术运算符、引用运算符和括号的顺序排列，优先级越来越高。对于同类运算符，顿号分隔的运算符为相同优先级，以分号为界时为不同优先级，分号右边的运算符比左边的运算符优先。

（2）常量

常量是数学函数中的某一个量，它不会根据公式或函数的变化而变化。常量包括整型常量、实型常量和字符常量等。

（3）单元格引用值

单元格引用指的是单元格在工作表中的坐标位置。在工作表中输入函数时，时常需要引用其他单元格中的数值。选择引用数值的单元格，当该单元格周围出现闪烁的框线时，则表明该单元格已被引用。

（4）名称

名称是指公式的名字，如面积“S”、周长“C”等。

（5）工作表函数

工作表函数是指使用于工作表中的函数，有直接在单元格中输入函数、利用编辑栏上的“插入函数”按钮fx、利用“插入”选项卡下的“插入函数”按钮fx 3 种输入方法。

选择需要输入公式的单元格，输入以等号（=）或加号（+）为开头的公式，然后输入公式名或表达式。输入运算符时，注意优先级和前后数据类型，公式中不能有多余的空格。按【Enter】键或单击“输入”按钮✓即完成输入，按【Esc】键或单击“取消”按钮×则取消输入。

2. 求和公式的使用

在“产品销售表”工作表后面插入一张新工作表，并将其重命名为“小组同学成绩表”，试在F3 单元格中计算出张丽丽的课堂成绩总分。

计算求和的操作方法为：选择 F3 单元格，输入公式“=C3+D3+E3”后按【Enter】键，得到结果 277；或者选择 F3 单元格，单击“开始”选项卡下“求和”按钮∑右侧的下拉按钮▾，在打开的下拉列表中选择“求和”选项，F3 单元格中将自动出现 SUM 函数公式，在该函数中确认需要求和的数据区域后，按【Enter】键或单击编辑栏中的“输入”✓按钮，得到结果为 277，如图 1-52 所示。

输入公式时需要注意的是：第一，运算符必须在英文半角状态下输入；第二，公式的运算尽量使用单元格地址，以便于复制引用公式。公式中单元格的地址可以用键盘输入，也可以选择单元格得到相应的单元格地址。

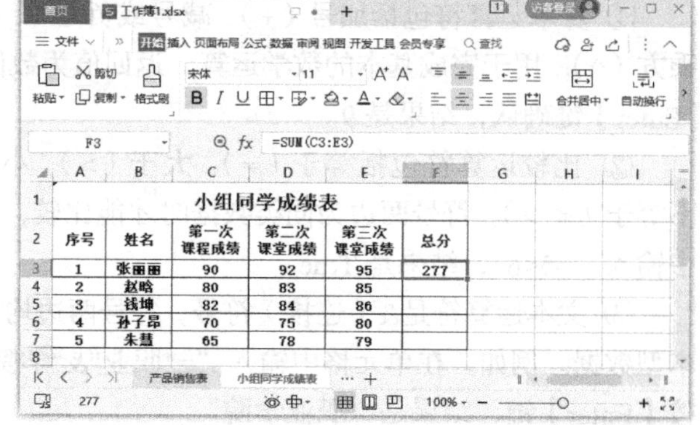

图 1-52 求和

3. 相对引用和绝对引用

单元格的引用是为了把单元格中的数据和公式联系起来，标识工作表中的单元格或单元格区域，指明公式中使用数据的位置。单元格的引用有两种基本方式：相对引用和绝对引用。通常情况下，单元格的引用方式默认的是相对引用。

（1）相对引用

相对地址是以某一特定单元格为基准来对其他单元格进行定位的位置。相对地址的表示方法为“A5”“C8”等，用行、列地址作为它的名字。第 3 列第 8 行单元格的相对地址为 C8，第 2 列第 2 行到第 8 列第 12 行单元格区域的相对地址为 B2:H12。

相对引用是指公式中的参数以单元格的相对地址表示，复制或移动含公式的单元格时，单元格的引用会随着公式所在单元格位置的变更而改变。例如，A4 单元格中用了相对引用，公式为“=A1+A2+A3”，将公式复制到 B4 单元格，则 B4 单元格中的公式为“=B1+B2+B3”。

（2）绝对引用

绝对地址为某些单元格在工作表中的确切位置。绝对地址的表示方法为“\$A\$5”“\$C\$8”等，用行、列地址加\$作为它的名字。第 3 列第 8 行单元格的绝对地址为\$C\$8，第 2 列第 2 行到第 8 列第 12 行单元格区域的绝对地址为\$B\$2:\$H\$12。

绝对引用是指公式中的参数以单元格的绝对地址表示，复制或移动含公式的单元格时，公式中的绝对引用不会随着公式所在单元格位置的变更而改变。例如，C4单元格中用了绝对引用，公式为“=$C$1+$C$2+$C$3”，将该公式复制到D4单元格，则D4单元格中的公式为“=$C$1+$C$2+$C$3”，没有发生变化。

（3）混合引用

混合引用是指需要固定行引用而改变列引用，或固定列引用而改变行引用，如$B5、B$5等。混合引用综合了相对引用与绝对引用的功能。例如，E4单元格中用了混合引用，公式为“=E$1+$E2+E$3”，将该公式复制到F5单元格，则F5单元格中的公式为“=F$1+$E3+F$3”。

若要快速改变单元格的引用方法，可将鼠标指针移至编辑栏中需要改变的引用地址，按【F4】键，每按一次【F4】键即改变一次表示方法。

二、常用函数及其应用

函数是预定义的内置模式，可以在公式中直接调用。其格式为函数名(参数1,参数2,…)。

WPS表格提供了多种函数，涉及数学、统计学、财务等各个方面，功能比较齐全，可以进行各种复杂的计算、检索和数据处理。下面介绍财务中比较常用的几种函数。

（1）财务函数，如PV（现值函数）、FV（终值函数）等。

（2）日期与时间函数，如TODAY（当前日期函数）、NOW（当前日期和时间函数）等。

（3）数学与三角函数，如ROUND（四舍五入函数）、ABS（取绝对值函数）等。

（4）统计函数，如AVERAGE（算术平均值函数）、MIN（求最小值函数）。

（5）查找与引用函数，如VLOOKUP（查找函数）等。

（6）逻辑函数，如AND（逻辑与函数）、NOT（逻辑非函数）、OR（逻辑或函数）等。

1. 函数输入

方法一：直接输入。选择需要输入公式的单元格，输入“=”，然后按照函数的语法直接输入。例如，在A6单元格中输入A1:A5单元格区域的求和函数，其操作方法为：选择A6单元格，输入“=SUM(A1:A5)”。

方法二：使用“插入函数”按钮*fx*。例如，在B6单元格中输入B1:B5单元格区域的平均值函数，其操作方法为：选择B6单元格，单击编辑栏中的“插入函数”按钮*fx*，在打开的“插入函数”对话框中选择求平均值的函数AVERAGE，再选择需要求平均值的B1:B5单元格区域，单击[确定]按钮。

方法三：单击“公式”选项卡下的“插入函数”按钮*fx*。例如，在B6单元格中输入B1:B5单元格区域的平均值函数，其操作方法为：选择B6单元格，单击“公式”选项卡下的“插入函数”按钮*fx*，打开“插入函数”对话框，其余步骤同方法二。

2. 常用函数简介

常用的逻辑类函数是条件函数IF，其格式为IF(测试条件,真值,假值)。IF函数的功能是执行真假值判断，根据逻辑测试的真假值，返回不同的结果。因此，可以用IF函数来对数值和公式进行条件检测。

常用的数学与三角类函数是SUM函数。利用SUM函数可以计算出指定区域中数据的总和。使用这个函数时，要在函数名SUM后面的括号中输入用冒号隔开的地址，如SUM(B4:E4)。冒号前的地址是指定区域的起点单元格的地址，冒号后面的地址是指定区域的终点单元格的地址。

常用的统计类函数是 AVERAGE 函数。利用 AVERAGE 函数，可以计算指定区域中数据的平均值。输入这个函数时，要在函数名 AVERAGE 后面的括号中输入用冒号隔开的两个单元格地址，如同求和函数。

任务八　多人协作编辑 WPS 表格

在日常办公中，经常需要多人共同处理某个项目，并互相了解其他人的项目进程，如果通过文件传输，则会导致接收的文件过多，从而分不清哪个是最终文件，也不利于文件的管理。WPS 表格提供的协作功能可以很好地解决这一问题，更好地实现多人同时在线编辑这一目的。

微课 1-17　多人协作编辑 WPS 表格

（1）登录 WPS 账号，打开需要多人协作编辑的工作簿，单击“会员专享”选项卡下的“协作”按钮（或单击控制按钮区域中的“协作”按钮），打开“另存云端开启‘加入多人编辑’”对话框，如图 1-53 所示，选择上传位置后单击上传到云端按钮开始上传工作簿。

（2）上传完成后，将在线打开该表格，如图 1-54 所示。

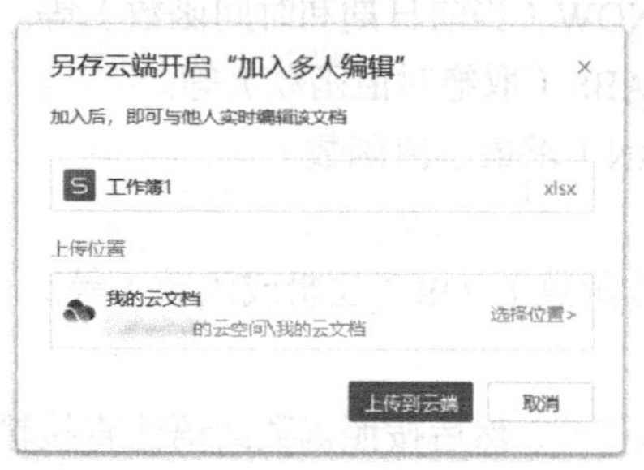

图 1–53　上传表格

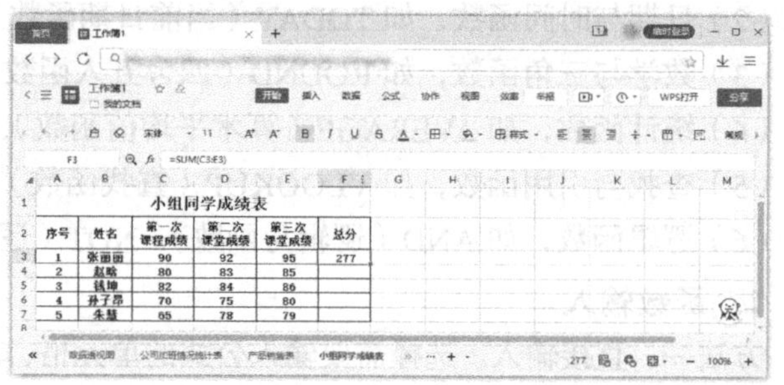

图 1–54　打开在线表格

（3）单击分享按钮，打开“分享”对话框，如图 1-55 所示，选好分享方式后，单击创建并分享按钮。

（4）打开“分享”对话框，如图 1-56 所示，在该对话框中显示了邀请他人加入分享的链接，单击复制链接按钮分享该链接。

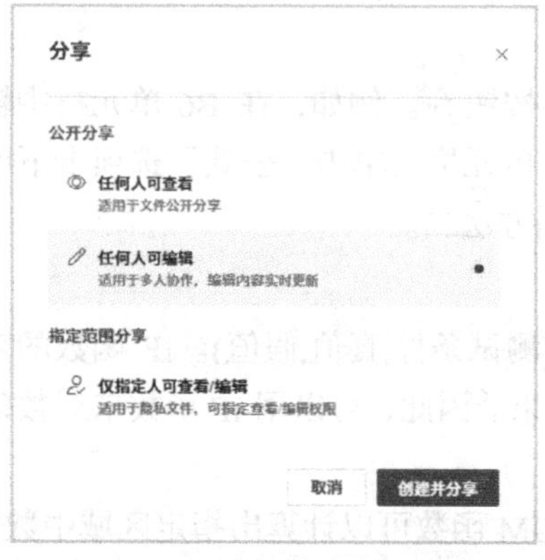

图 1–55　选择分享方式

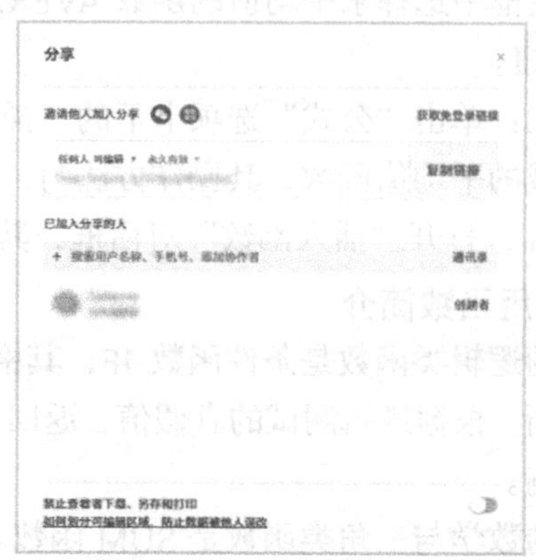

图 1–56　复制分享链接

（5）成员在收到链接后单击该链接，将打开邀请页面，在邀请页面可查看邀请人、表格名称等信息，确认加入即可。

在打开的页面中邀请成员登录 WPS 账号且登录成功后，就可在线编辑表格，同时表格中还会显示在线协作编辑的成员。

注意

在多人协作页面中还可查看文档协作记录，其操作方法为：单击“历史记录”按钮，在打开的下拉列表中选择“协作记录”选项，页面右侧将显示“协作记录”窗格，详细记录了多人协作的时间。

项目小结

本项目介绍了 WPS 表格的常用操作，包括单元格和工作表编辑的各种操作方法，以及 WPS 表格中的计算功能、图表、公式、函数、协作办公等。通过对本项目的学习，学生能学会用 WPS 表格创建和编辑表格，对数据进行输入、编辑、计算、复制、移动及设置格式、打印等操作；能够运用公式和函数处理数据，能对工作表中的数据进行排序、筛选、对比、分类汇总、统计和查询等操作；能够根据工作表中的数据快速生成图表，学会编辑和修改常用图表；能够准确运用 WPS 表格中的协作功能，提高工作效率。

项目实训

1. 实训目的

（1）掌握 WPS 表格启动及退出等基本操作方法。

（2）学会 WPS 表格工作表建立及编辑的基本操作方法。

（3）掌握打印过程中页面设置、打印区域设置及打印预览的方法。

（4）掌握数据填充、筛选、排序、对比等基本操作方法。

（5）学会创建图表，掌握常用图表的编辑、修改方法。

（6）掌握公式输入的格式，能够运用公式进行常规的数据计算。

（7）掌握函数与公式的输入方法，能熟练地进行数据的统计与分析操作。

（8）掌握多人协作办公的基本操作方法。

2. 实训资料

（1）WPS Office 中的 WPS 表格。

（2）自行设计一个班的期末考试成绩统计表，如图 1-57 所示。

3. 实训要求

（1）启动 WPS 表格，建立一个工作簿，并将其命名为“成绩统计表”。

（2）把 Sheet 1 工作表重命名为“学生成绩表”，输入标题和表头之后输入 10 条记录。

（3）将 A1 单元格的内容作为表格标题并居中，设置其文本格式为“加粗”“20”。

（4）为 A3:E13 单元格区域添加边框，并设置行高为 20，列宽为 12，字体为“楷体_GB2312”，字号为“16”。

学生成绩表				
学号	姓名	平时成绩	期末成绩	总成绩
6	田丽	6	68	74
10	杨波	7	67	74
5	马强	7	74	81
9	李娜	8	76	84
2	赵娜娜	9	78	87
3	张亮	8	82	90
4	周青	9	84	93
7	李文刚	9	86	95
1	张琳	10	87	97
8	赵璐	10	88	98
平均分		8.3	79	87.3

图 1–57　学生成绩表

（5）选择 E4:E13 单元格区域，输入公式“=C4+D4”，并向下填充。

（6）选择 E4:E13 单元格区域，按升序方式排序。

（7）将 A3:E13 单元格区域的对齐方式设置为居中。

（8）在学生成绩表的最后添加一行，利用函数计算这 10 名学生平时成绩、期末成绩和总成绩的平均分。

项目二

WPS 表格在账务处理中的应用

知识目标

1. 了解使用 WPS 表格实现账务电算化的步骤和方法。
2. 掌握 SUMIF 函数、IF 函数、ABS 函数、VLOOKUP 函数和 LEFT 函数的格式。

能力目标

1. 学会使用 WPS 表格进行账务处理的操作。
2. 学会使用 WPS 表格生成总账、明细账等操作。

素质目标

1. 遵守会计职业道德和企业精神，秉持客观公正的做账原则，做到爱岗敬业、不做假账。
2. 保持严肃认真的工作态度，认真处理企业各项账务，规范编制企业各项会计报表。

工作情境与分析

一、情境

李娜在熟练地掌握了 WPS 表格的基础操作之后，开始尝试在 WPS 表格中为丰源公司 2022 年 1 月所发生的经济业务设置账簿。

丰源公司为增值税一般纳税人，适用的增值税税率为 13%，所得税税率为 25%，该公司采用先进先出法来核算原材料的发出，并且坏账准备仅与应收账款有关。2022 年 1 月，该公司的账户期初余额如表 2-1 所示。

表 2-1　丰源公司 2022 年 1 月的账户期初余额　单位：元

科目编码	科目名称	期初借方余额	期初贷方余额
1001	库存现金	5 000	
1002	银行存款	2 660 000	
100201	工行	1 560 000	
100202	建行	1 100 000	

续表

科目编码	科目名称	期初借方余额	期初贷方余额
1012	其他货币资金	128 000	
101201	外埠存款	11 000	
101203	银行汇票	117 000	
1101	交易性金融资产	25 000	
1121	应收票据	246 000	
1122	应收账款	400 000	
112201	龙华公司	151 000	
112202	华东计算机厂	149 000	
112203	华成公司	100 000	
1123	预付账款	100 000	
1221	其他应收款	4 000	
122101	李强	3 000	
122102	张明	1 000	
1231	坏账准备		1 200
1402	在途物资	245 000	
1403	原材料	550 000	
1405	库存商品	1 700 000	
1411	周转材料	98 050	
141101	包装物	38 050	
141102	低值易耗品	60 000	
1511	长期股权投资	250 000	
151101	股票投资	250 000	
1601	固定资产	2 000 000	
1602	累计折旧		400 000
1604	在建工程	1 500 000	
1606	固定资产清理		
1701	无形资产	600 000	
1702	累计摊销		
1801	长期待摊费用	200 000	
2001	短期借款		240 000
2201	应付票据		300 000
2202	应付账款		916 850
220201	中新公司		366 740
220202	程华公司		550 110
2211	应付职工薪酬		110 000
221101	工资		100 000
221102	福利费		10 000
2221	应交税费		30 000
222101	应交增值税		

续表

科目编码	科目名称	期初借方余额	期初贷方余额
22210101	销项税额		
22210102	进项税额		
22210103	已交税金		
222102	未交增值税		
222103	应交所得税		30 000
222108	应交城市维护建设税		
222110	应交教育费附加		
2231	应付利息		
2241	其他应付款		57 600
2501	长期借款		1 600 000
250101	本金		1 600 000
250102	应付利息		
4001	实收资本		6 000 000
4002	资本公积		593 000
400201	资本溢价		593 000
4101	盈余公积		250 000
410101	法定盈余公积		250 000
4103	本年利润		
4104	利润分配		212 400
410401	未分配利润		212 400
5001	生产成本		
500101	基本生产成本		
500102	辅助生产成本		
5101	制造费用		
6001	主营业务收入		
6111	投资收益		
6401	主营业务成本		
6402	其他业务成本		
6403	税金及附加		
6601	销售费用		
6602	管理费用		
6603	财务费用		
6702	信用减值损失		
6711	营业外支出		
6801	所得税费用		
合计		10 711 050	10 711 050

该公司原材料月初库存量为 500 吨，2022 年 1 月发生的具体业务如下。

（1）1 月 1 日，收到银行通知，用工行存款支付到期的商业承兑汇票 100 000 元。

（2）1 月 2 日，购入原材料 160 吨，用工行存款支付货款 160 000 元，以及购入材料应付的增值税税额 20 800 元，款项已付，材料未到。

（3）1 月 3 日，收到原材料一批，数量 110 吨，材料成本 110 000 元，材料已验收入库，货款已于上月支付。

（4）1 月 4 日，用银行汇票支付采购材料价款，公司收到开户银行转来的银行汇票多余款收账通知，通知上填写的多余款为 232 元，材料为 100 吨，购入材料为 99 800 元，支付的增值税税额为 12 974 元，原材料已验收入库。

（5）1 月 5 日，基本生产领用原材料 600 吨，车间领用计入产品成本的低值易耗品 50 000 元。

（6）1 月 6 日，向龙华公司销售产品一批，销售价款 300 000 元（不含应收取的增值税），该批产品实际成本 180 000 元（月末结转），产品已发出，价款未收到。

（7）1 月 7 日，公司将交易性金融资产（全部为股票投资）25 000 元卖出，收到本金 25 000 元，投资收益 5 000 元，均存入工行。

（8）1 月 8 日，购入不需安装设备 1 台，价款 85 470 元，支付增值税 11 111.1 元，支付包装费、运费 1 000 元。价款及包装费、运费均以建行存款支付。设备已交付使用。

（9）1 月 9 日，一项工程完工，交付生产使用，已办理竣工手续，固定资产价值 1 400 00 元。

（10）1 月 10 日，基本生产车间的 1 台机床报废，原价 200 000 元，已计提折旧 180 000 元，清理费用 500 元，残值收入 1 800 元，均通过工行存款收支。该项固定资产清理完毕。

（11）1 月 11 日，归还短期借款本金 150 000 元，当月利息 2 500 元，由工行存款支付。

（12）1 月 13 日，用工行存款支付工资 500 000 元，其中包括支付给在建工程人员工资 200 000 元（该企业不计提在建工程人员的工资和福利费，直接在发放时计入相关科目）。

（13）1 月 14 日，分配应支付的职工工资 300 000 元（不包括在建工程应负担的工资），其中，生产人员工资 275 000 元，车间管理人员工资 10 000 元，行政管理部门人员工资 15 000 元。

（14）1 月 14 日，提取职工福利费 42 000 元（不包括在建工程应负担的福利费 28 000 元），其中，生产工人福利费 38 500 元，车间管理人员福利费 1 400 元，行政管理部门福利费 2 100 元。

（15）1 月 15 日，提取应计入本期损益的借款利息共 21 500 元。其中，短期借款利息 11 500 元，长期借款利息共 10 000 元。

（16）1 月 16 日，销售产品一批，销售价款 700 000 元，应收的增值税税额为 91 000 元，销售产品的实际成本为 420 000 元（月末结转），货款工行已收妥。

（17）1 月 17 日，摊销无形资产 10 000 元。

（18）1 月 18 日，计提固定资产折旧 100 000 元，其中，计入制造费用 80 000 元，计入管理费用 20 000 元。

（19）1 月 19 日，收到龙华公司应收账款 151 000 元，存入工行，并针对本公司的应收账款计提坏账准备 600 元。

（20）1 月 20 日，用工行存款支付产品展览费 10 000 元。

（21）1 月 31 日，将制造费用结转计入生产成本。

（22）1 月 31 日，计算并结转本期完工产品成本 1 104 900 元。

（23）1 月 31 日，广告费 10 000 元，已用工行存款支付。

（24）1 月 31 日，计提本月应缴纳的城市维护建设税 5 958.05 元，教育费附加 2 553.45 元。

（25）1 月 31 日，用工行存款缴纳增值税 85 114.9 元，城市维护建设税 5 958.05 元，教育费附加 2 553.45 元。

（26）1 月 31 日，结转本期产品销售成本 600 000 元。

（27）1 月 31 日，将各损益类科目结转计入本年利润。

（28）1 月 31 日，计算并结转应交所得税（不考虑纳税调整事项，税率为 25%）。

二、分析

丰源公司 2022 年 1 月的账务处理流程可以分为以下 6 项：建账—设置账户—输入期初余额—输入记账凭证—生成总账—生成明细账。

1. 建账

建立一个“2201 总账”工作簿，并在该工作簿内建立若干张工作表，分别用以存放该公司的会计科目及其期初余额、记账凭证，以及根据记账凭证自动生成的总账和明细账。

2. 设置账户

建立“2201 会计科目及余额表”工作表。

3. 输入期初余额

输入期初余额即在“2201 会计科目及余额表”工作表中输入该公司各个会计科目的期初数据，并在填入数据后实现试算平衡。

4. 输入记账凭证

根据设计的凭证模板建立“2201 凭证”工作表，并在此表中输入该公司 1 月所有业务的记账凭证。

5. 生成总账

建立“2201 总账及试算平衡表”工作表，在此表中汇总该公司 1 月份所有记账凭证的数据，并根据记账凭证自动生成总账。

6. 生成明细账

建立“2201 明细账”工作表，并在此表中利用 WPS 表格的数据透视表功能自动生成明细账。

任务一　建账

企业在新的会计年度开始时，应根据本企业核算工作的需要设置账簿，即平常所说的“建账”。账主要是指会计账簿，会计账簿是记录会计核算信息的载体，而建账就是会计工作得以开展的基础环节。《中华人民共和国会计法》第九条规定：“各单位必须根据实际发生的经济业务事项进行会计核算，填制会计凭证，登记会计账簿，编制财务会计报告。任何单位不得以虚假的经济业务事项或者资料进行会计核算。”

微课 2-1　建账

从《中华人民共和国会计法》和其他相关法律规定可以看出，建账不仅是国家的法律要求，也是企业加强自身经营管理的客观需要。通过建立会计账簿，企业不仅可以进行会计信息的搜集、整理、加工以及存储，还可以连续、系统、全面地反映企业的财务状况和经营成果，使企业经营者及时发现问题、采取措施，以弥补不足、改进企业经营管理方式等。

建账之前首先要做好准备工作，如新建文件夹、新建工作簿与工作表等，便于能够合理、规范地管理文件。

1. 新建文件夹

新建文件夹的操作步骤如下。

（1）双击计算机桌面上的“此电脑”图标，打开“此电脑”对话框，在“设备和驱动器”栏中双击“本地磁盘（E:）”选项，然后在打开的“本地磁盘（E:）”对话框空白处单击鼠标右键，在弹出的快捷菜单中选择“新建”命令，在弹出的子菜单中选择“文件夹”命令，该对话框中将会出现以“新建文件夹”为名称的空白文件夹。

（2）选择该文件夹，再次单击鼠标右键，在弹出的快捷菜单中选择“重命名”命令，将其重命名为“丰源公司”，按【Enter】键确认。

（3）双击打开“丰源公司”文件夹，使用相同的方法在该文件夹下建立“总账”文件夹。

2. 新建工作簿与工作表

新建工作簿与工作表的操作步骤如下。

（1）在“总账”文件夹下建立“2201 总账”工作簿。

（2）打开“2201 总账”工作簿，双击 Sheet 1 工作表标签，将其重命名为“封面”。

（3）在“封面”工作表中输入“单位名称：山东丰源有限责任公司”“启用日期：2022 年 1 月 1 日”“单位地址：山东省滨海市迎宾路 6 号”，如图 2-1 所示。

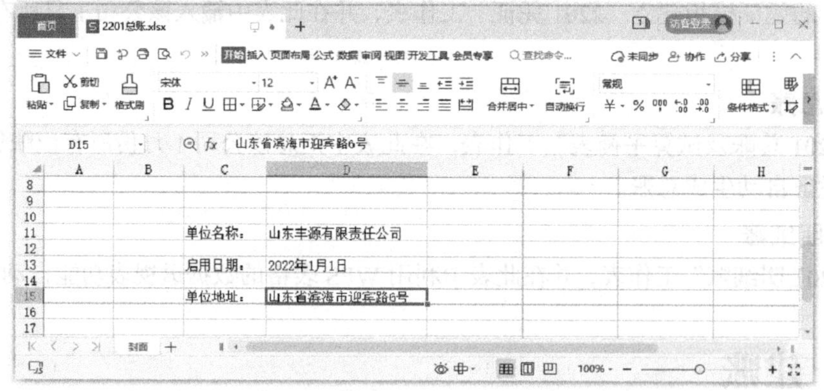

图 2-1　建立总账封面

（4）单击工作表标签栏中的“新建工作表”按钮+5 次，增加 Sheet 2、Sheet 3、Sheet 4、Sheet 5、Sheet 6 工作表，并分别重命名为“2201 会计科目及余额表”“凭证模板”“2201 凭证”“2201 总账及试算平衡表”“2201 明细账”，如图 2-2 所示。

> **注意**
>
> 企业应将营业执照签发日或营业执照变更日作为其建账基准日。但在实际工作中，由于会计核算分期进行，一般会以企业成立的当月月初或当月月末作为建账基准日。如果企业的设立时间在月度中的某一天，则一般以下月月初作为建账基准日。

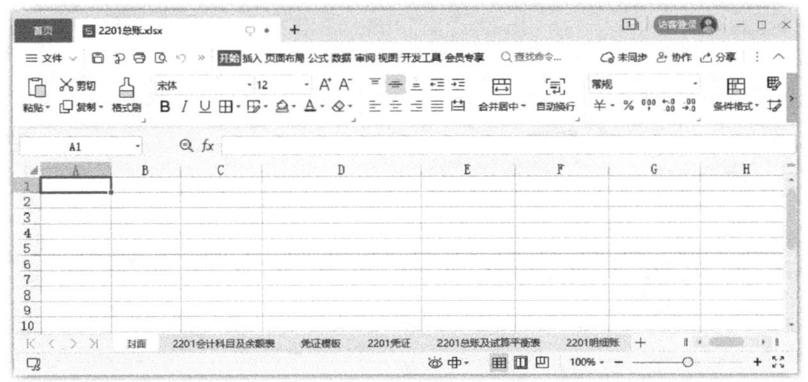

图 2-2　建立工作表

任务二　设置账户

设置账户即建立“2201 会计科目及余额表”工作表。会计科目主要有 3 个功能：一是作为会计分录的对象，二是作为记账的标准，三是作为制表的纲目。在日常的会计核算中，会计科目一般分为一级科目、二级科目及明细科目，其中，一级科目由财政部统一规定。

微课 2-2　设置账户

根据《企业会计准则》的相关规定，各企业在不违反会计准则中确认、计量和报告规定的前提下，可以根据本企业的实际情况自行增设、分拆、合并相关会计科目。企业不存在的交易或者事项，可不设置相关会计科目。对于明细科目，企业可以比照《企业会计准则》附录中的规定自行设置。基于此规定，本次任务中使用的会计科目也将按照新企业会计准则科目体系设置，可在其下设置明细科目，并继承其上级科目的编码。为了提高工作效率，通常以“科目编码”取代“科目名称”作为输入会计科目的依据。

1. 建立会计科目表

会计科目表是指企业按照经济业务内容和经济管理要求，对会计要素的具体内容进行分类核算的会计科目所构成的集合。为了编制会计凭证、查阅账目等，还应为每一个会计科目设定一个固定的科目编码，科目编码能清晰地反映会计科目的所属类别及其位置。建立会计科目表的操作步骤如下。

（1）单击“2201 会计科目及余额表”工作表标签，从“封面”工作表切换至该工作表，然后在 A1 单元格中输入“科目编码”，在 B1 单元格中输入“科目名称”。

（2）选择 A 列单元格区域，单击“开始”选项卡下“数字格式”按钮 常规 右侧的下拉按钮▾，在打开的下拉列表中选择“文本”选项。

（3）在“2201 会计科目及余额表”工作表的 A2:A79 单元格区域中分别输入新企业会计准则体系的科目编码及相应的明细科目编码，在 B2:B79 单元格区域中分别输入新企业会计准则体系的科目名称及相应的明细科目名称，并适当调整列宽。需要注意的是，为区分总账科目名称和明细科目名称，应在输入明细科目名称时，在该单元格前空一个字符的距离以示不同，如图 2-3 所示。

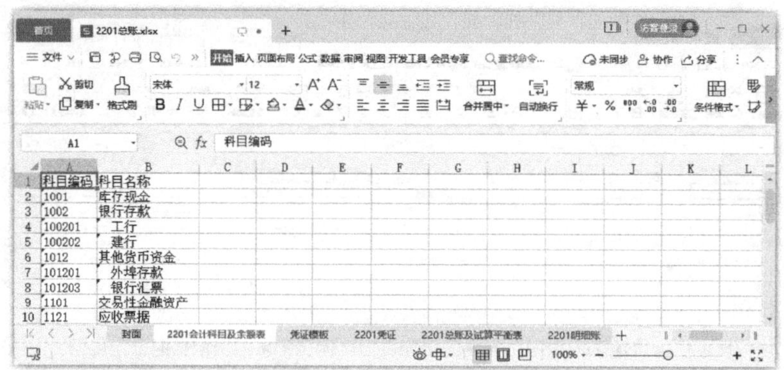

图 2–3　建立会计科目表

2. 美化会计科目表

为了使制作出来的会计科目表更加美观、易于阅读、突出主题，还需要对其进行美化。美化会计科目表的操作步骤如下。

（1）选择 A1:B1 单元格区域，单击“开始”选项卡下“填充颜色”按钮右侧的下拉按钮，在打开的“主题颜色”面板中选择“其他颜色”选项，打开“颜色”对话框，单击“自定义”选项卡，在“颜色模式”下拉列表中选择“RGB”选项，在“红色”数值框中输入“204”，在“绿色”和“蓝色”数值框中均输入“255”，单击 确定 按钮，即可将所选择单元格的颜色填充为天蓝色。

（2）保持 A1:B1 单元格区域的选择状态，将字体格式设置为“加粗”“水平居中”，并适当调整行高。选择第 2 行至第 79 行行号，将该单元格区域的行高设置为 19.5。

（3）选择 A1:B79 单元格区域，单击“开始”选项卡下“边框”按钮右侧的下拉按钮，在打开的下拉列表中选择“所有框线”选项。

（4）选择 C2 单元格，单击“视图”选项卡下的“冻结窗格”按钮，在打开的下拉列表中选择“冻结至第 1 行 B 列”选项。设置完成后，可以看到 C2 单元格的上框线和左框线位置均出现了一条绿色的实线，表示已将 A 列、B 列和第 1 行固定在现有位置，不随行列的翻动而隐藏，完成后的效果如图 2-4 所示。

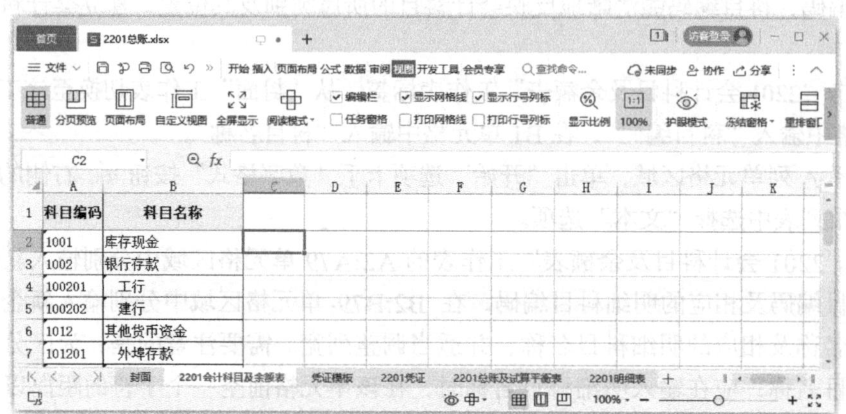

图 2–4　2201 会计科目及余额表

任务三　输入期初余额并进行试算平衡

微课 2-3　输入期初余额并进行试算平衡

输入期初余额，即在“2201 会计科目及余额表”工作表中输入丰源公司 2022 年 1 月各账户的期初数据，并实现试算平衡。在输入期初数据时，需要注意总账科目余额与下级明细科目余额之间的关系，即总账科目余额=下级明细科目余额之和。

一、输入期初余额

建账并设置账户后，接下来就是在“2201 会计科目及余额表”工作表中输入各科目借方和贷方的期初余额，其操作步骤如下。

（1）选择 C1 单元格，输入“期初借方余额”；选择 D1 单元格，输入“期初贷方余额”。

（2）设置单元格格式。选择 C2:D79 单元格区域，单击“开始”选项卡下“数字格式”按钮常规右侧的下拉按钮，在打开的下拉列表中选择“其他数字格式”选项，打开“单元格格式”对话框，单击“数字”选项卡，在对话框左侧选择“数值”选项，在对话框右侧单击选中“使用千位分隔符”复选框。

（3）定义有明细科目的总账科目的计算公式。由于在输入金额时只要求输入最低级别的明细科目余额，而总账科目余额会根据设置的公式自动计算，因此，总账科目的单元格数值是通过其他单元格数据加总得出的。C 列单元格区域中的取值公式如下。

C3=C4+C5

C6=C7+C8

C11=C12+C13+C14

C17=C18+C19

C22=C23+C24

C26=C27

C37=C38+C39

C40=C41+C42

C43=C44+C48+C49+C50+C51

C54=C55+C56

C58=C59

C60=C61

C65=C66+C67

公式设置完成后，用填充柄把 C 列单元格区域中的公式复制到 D 列单元格区域。

（4）根据表 2-1 中的数据输入丰源公司 2022 年 1 月的期初账户余额。

（5）选择 A1 单元格，单击“开始”选项卡下的“格式刷”按钮，当 A1 单元格的四周出现闪烁的虚线以及鼠标指针变成形状时，表示格式刷功能已被激活，然后拖曳鼠标选择 C1:D1 单元格区域，将该区域设置成与 A1 单元格相同的样式。

（6）选择 C1:D79 单元格区域，设置该单元格区域的边框类型为“所有框线”，完成后的效果如图 2-5 所示。

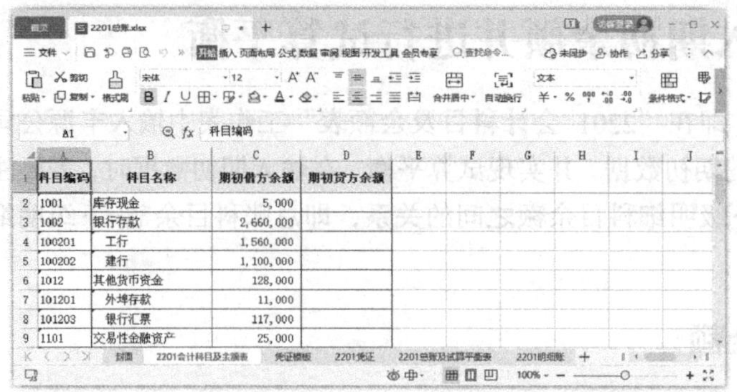

图 2–5 输入期初余额

二、进行试算平衡

试算平衡即通过对公司所有账户的发生额和余额进行计算和比较，来检查账户记录是否正确的有效方法。运用该方法可以提高账簿记录的准确性，及时发现错误之处。下面将对“2201 会计科目及余额表”工作表中的数据进行试算平衡，其操作步骤如下。

（1）选择 A80:B80 单元格区域，单击“开始”选项卡下的“合并居中”按钮，输入“合计”二字，然后为 A80:D80 单元格区域添加边框线，再将 C80:D80 单元格区域设置为数值型数字格式。

（2）在 C80 单元格中输入“=”，在编辑栏中单击“插入函数”按钮 fx，打开“插入函数”对话框，在“或选择类别”下拉列表中选择“数学与三角函数”选项，在下方的“选择函数”列表中选择“SUMIF”选项，单击确定按钮，打开“函数参数”对话框，如图 2-6 所示，输入参数后单击确定按钮，得出借方余额之和为 10 711 050。

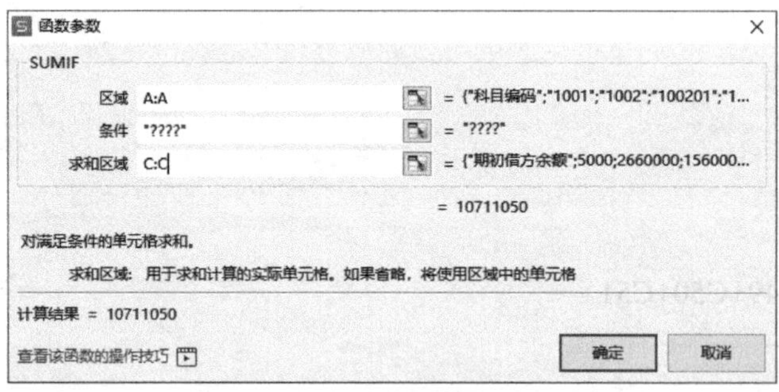

图 2–6 “函数参数”对话框

- SUMIF()函数。

【类型】数学与三角函数。

【格式】SUMIF(区域,条件,求和区域)。

【功能】对满足条件的单元格求和。

例如，公式“C80=SUMIF(A:A,"????",C:C)”的含义如下。

区域：A:A，即所有科目。

条件：编码为 4 位的所有科目，即一级科目。

求和区域：C:C，即 C 列。

C80 单元格中的 SUMIF 函数运用了通配符的概念，通配符是一类键盘字符，有星号（*）和问号（?）。当查找文件或文件夹时，可以使用它来代替一个或多个字符。星号（*）可以代替 0 个或多个字符。

如果正在查找以“AE”开头的一个文件，但不记得文件名其余部分，可以输入“AE*”，表示查找以“AE”开头的所有类型的文件，如 AE.txt、AEWU.exe、AEWI.dll 等。若要缩小查找范围，可以输入“AE*.txt”，表示查找以“AE”开头的并且扩展名为“.txt”的所有文件，如 AEWIP.txt、AEWDF.txt 等。问号（?）可以代替任意一个字符，输入“love?”，表示查找以“love”开头的、一个字符结尾的所有类型的文件，如 lovey、lovei 等；可以输入“love?.docx”，表示查找以“love”开头的、一个字符结尾的并且扩展名为“.docx”的文件，如 lovey.docx、loveh.docx 等。

（3）选择 C80 单元格，在编辑栏中选择“A:A”，按【F4】键，把相对地址切换为绝对地址，再按【Enter】键确认。

（4）选择 C80 单元格，将鼠标指针移至该单元格右下角，当鼠标指针变成✚形状时，向右拖曳至 D80 单元格，得到贷方余额之和为 10 711 050，如图 2-7 所示。

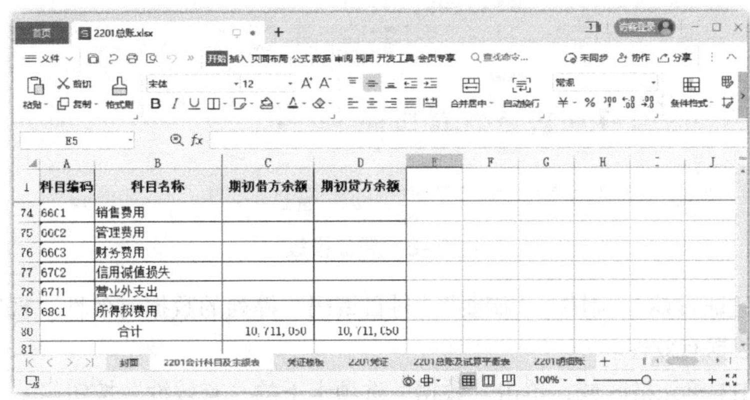

图 2-7　试算平衡结果

任务四　输入、审核记账凭证及记账

输入记账凭证即在“2201 凭证”工作表中输入丰源公司 1 月所有业务的记账凭证。记账凭证清单应具有记账凭证的所有信息，包括类别编号、凭证日期、附件、摘要、科目编码、总账科目、明细科目、借方金额、贷方金额、制单人、审核人、记账人等。此外，在输入过程中还要运用一定的数据校验功能，如日期格式、金额格式、科目编码和科目名称的有效性等功能。

借贷记账法规则：有借必有贷，借贷必相等。

会计电算化的优势在于，在输入科目编码后系统将自动给出总账科目名称和明细科目名称。

一、制作凭证模板

填制记账凭证前，需要先准备一个模板，通过在模板内填入相关信息来减少大量重复性的工作，提高工作效率。凭证模板一般包括凭证日期、科目编码、会计科目、借方与贷方的金额、制单人、审核人、记账人等内容，其余内容可根据具体情况进行增减。下面将制作适用于丰源公司的凭证模板，其操作步骤如下。

微课 2-4 制作凭证模板

（1）选择“凭证模板”工作表，在 A1:L1 单元格区域中分别输入“类别编号”“凭证日期”“附件”“摘要”“科目编码”“总账科目”“明细科目”“借方金额”“贷方金额”“制单人”“审核人”“记账人”等字段名，然后将 A1:L1 单元格区域的背景颜色设置为天蓝色。

（2）选择 A1:L3 单元格区域，单击“开始”选项卡下“边框”按钮田右侧的下拉按钮▾，在打开的下拉列表中选择“其他边框”选项，打开“单元格格式”对话框，单击“边框”选项卡，在“样式”下拉列表中选择第 2 行第 1 个选项，在“颜色”下拉列表中选择“钢蓝，着色 1”选项，然后单击“预置”栏下方的“内部”按钮；再选择“样式”下拉列表中第 7 行第 1 个选项，仍然在“颜色”下拉列表中选择“钢蓝，着色 1”选项，然后单击“预置”栏下方的“外边框”按钮，完成 A1:L3 单元格区域的边框设置，单击确定按钮完成设置。凭证模板效果如图 2-8 所示。

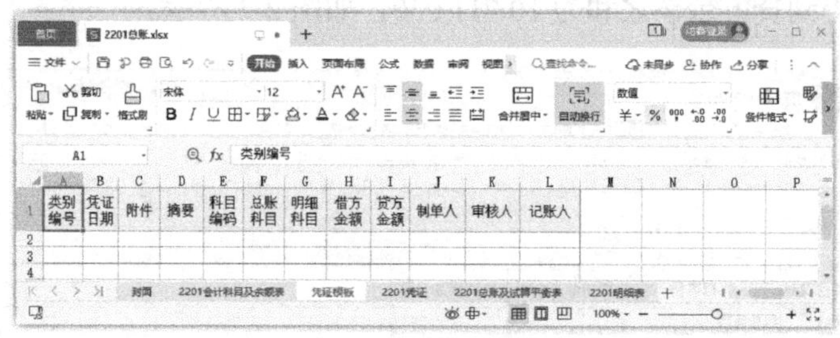

图 2–8 凭证模板

（3）设置“凭证日期”“附件”“摘要”“科目编码”等列的数据有效性。现以“凭证日期”列为例，设置其数据有效性。

① 选择 B2:B3 单元格区域，单击“数据”选项卡下的“有效性”按钮，打开“数据有效性”对话框，单击“设置”选项卡，在“允许”下拉列表中选择“日期”选项，在“数据”下拉列表中选择“介于”选项，在“开始日期”参数框中输入“2022/1/1”，在“结束日期”参数框中输入“2100/12/31”，如图 2-9 所示。

② 单击“输入信息”选项卡，在“输入信息”文本框中输入“请输入日期，格式为YYYY-MM-DD”，如图 2-10 所示，然后单击确定按钮。

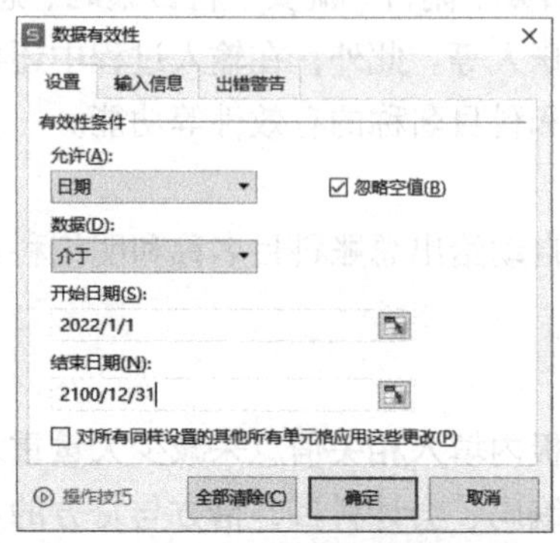

图 2–9 设置日期的范围

图 2–10 设置日期的输入信息

注意

设置数据有效性是为了对单元格或单元格区域的输入内容进行限制，避免输入错误的内容。当用户选择设置了数据有效性的单元格时，系统会自动显示用户在“输入信息”选项卡下设置的提示信息；如果输入的内容不在设置的范围内，则会弹出错误提示，如图 2-11 所示，此时，只需按【Backspace】键删除错误内容，然后再输入正确的内容即可。

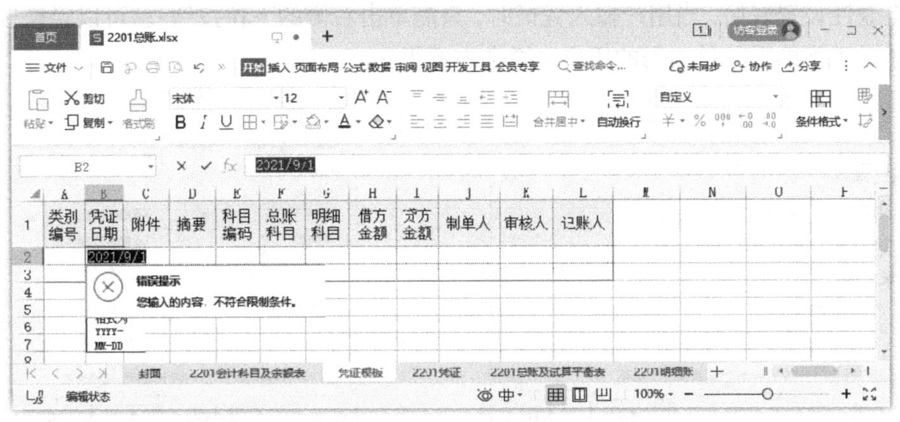

图 2–11　错误提示

（4）按照“凭证日期”列的数据有效性设置方法，分别为“附件”“摘要”等列设置数据有效性。

① 选择 C2:C3 单元格区域，单击“数据有效性”对话框中的“设置”选项卡，在“允许”下拉列表中选择“整数”选项，在“数据”下拉列表中选择“介于”选项，在“最小值”参数框中输入“1”，在“最大值”参数框中输入“1 000”；然后在“输入信息”选项卡中的“输入信息”文本框中输入“请输入 0～1 000 的整数!”，最后单击 确定 按钮完成设置。

② 选择 D2:D3 单元格区域，选择“数据有效性”对话框中的“设置”选项卡，在“允许”下拉列表中选择“文本长度”选项，在“数据”下拉列表中选择“介于”选项，在“最小值”参数框中输入“1”，在“最大值”参数框中输入“50”；然后在“输入信息”选项卡中的“输入信息”文本框中输入“请输入 50 个字以内的摘要!”，最后单击 确定 按钮完成设置。

（5）“科目编码”列的数据有效性有别于以上各列的数据有效性，需要先对“2201 会计科目及余额表”工作表中的 A 列单元格区域定义名称，再设置数据有效性。

① 单击“公式”选项卡下的“名称管理器”按钮，打开“名称管理器”对话框，单击 新建(N)... 按钮，打开“新建名称”对话框，在“名称”文本框中输入“科目编码”，在“引用位置”参数框中输入“='2201 会计科目及余额表'!$A:$A”，如图 2-12 所示，单击 确定 按钮返回“名称管理器”对话框，再单击 关闭 按钮返回工作表。

“名称管理器”对话框可以展示当前工作簿中创建的所有名称，还可对已有名称进行删除、编辑操作。在①中创建的名称表示的是“科目编码”列的取数区域为“2201 会计科目及余额表”工作表的 A 列单元格区域，这样设置的原因是“2201 会计科目及余额表”工作表的 A 列单元格区域存放的数据就是预设的会计科目。

② 选择 E2:E3 单元格区域，单击“数据”选项卡下的“有效性”按钮，打开“数据有效性”对话框，在“设置”选项卡下的“允许”下拉列表中选择“序列”选项，在“来源”参数框中输入“=科目编码”（数据来源就是刚才设置的名称“科目编码”），同时单击选中“忽略空值”和“提供下拉箭头”复选框，如图 2-13 所示。单击“输入信息”选项卡，在“输入信息”文本框中输入“输入一级科目左对齐，输入下级科目右对齐”，以便在输入会计科目时可以清晰地区分一级科目和下级科目，单击确定按钮完成设置。

数据有效性设置好后，当用户输入凭证时，只需单击右侧的下拉按钮就可以轻松选择会计科目编码，这对于不熟悉科目编码的用户来说会方便很多。

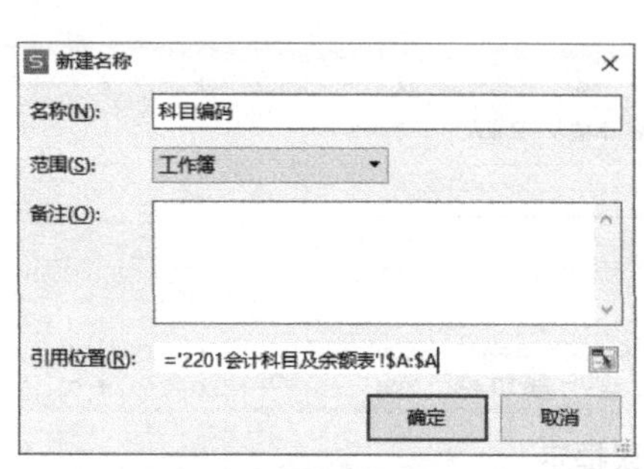

图 2–12　新建科目编码名称

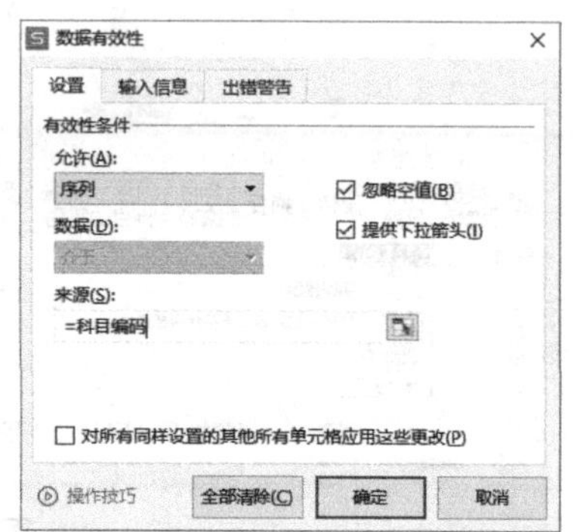

图 2–13　设置科目编码的数据有效性

（6）设置“总账科目”列和“明细科目”列的取值公式。为了简化凭证输入时的汉字输入工作，可以设置“总账科目”列和“明细科目”列的取值公式，只要输入会计科目编码，系统即可自动填入相应总账科目和明细科目的名称。在取值时，需要用到两个函数：VLOOKUP 函数和 LEFT 函数，下面对这两个函数做简单介绍。

- VLOOKUP()函数。

【类型】查找与引用函数。

【格式】VLOOKUP(查找值,数据表,序列数,匹配条件)。

【功能】在表格或数值数组的首列查找指定的数值，并由此返回表格或数组当前行中指定列处的数值。（默认情况下，表格呈升序排列）

查找值（查找目标）：需要在数组第一列中查找的数值。查找值可以为数值、引用或者文本字符串。

数据表（查找范围）：需要在其中查找数据的数据表。可以使用对区域或区域名称的引用，如数据库或列表。

序列数（返回值的列数）：数据表中待返回匹配值的序列号。序列数为 1，返回数据表第一列中的数值；序列数为 2，返回数据表第二列中的数值，以此类推。

匹配条件（精确或模糊查找）：指定在查找时是要求精确匹配还是大致匹配。如果是 FALSE，则为精确匹配；如果是 TRUE 或忽略，则为大致匹配。

- LEFT()函数。

【类型】文本函数。

【格式】LEFT(字符串,字符个数)。

【功能】从一个文本字符串的第一个字符开始返回指定个数的字符。

字符串：要提取字符的文本字符串。

字符个数：指定要由 LEFT 函数提取的字符数。字符个数必须大于或等于 0，默认值为 1。

① 选择 F2 单元格，输入公式“=VLOOKUP(LEFT(E2,4),'2201 会计科目及余额表'!A:B,2,0)”。其含义是在“2201 会计科目及余额表”工作表的 A 列单元格区域中查找 LEFT(E2,4)的值的位置，并给出 A 到 B 列单元格区域中第 2 列相应位置的单元格的值。其中，LEFT(E2,4)是指从 E2 单元格左边取 4 个字符。公式中右边的 0 表示要求函数给出精确的值。

② 选择 G2 单元格，输入公式“=VLOOKUP(E2,'2201 会计科目及余额表'!A:B,2,0)”。其含义是在“2201 会计科目及余额表”工作表的 A 列单元格区域中查找 E2 的值的位置，并给出 A 到 B 列单元格区域中第 2 列相应位置的单元格的值。

③ 设置完成后，使用填充柄将各公式复制到同一列的其他单元格中，效果如图 2-14 所示。出现#N/A 是因为引用的 E2 单元格目前无值。

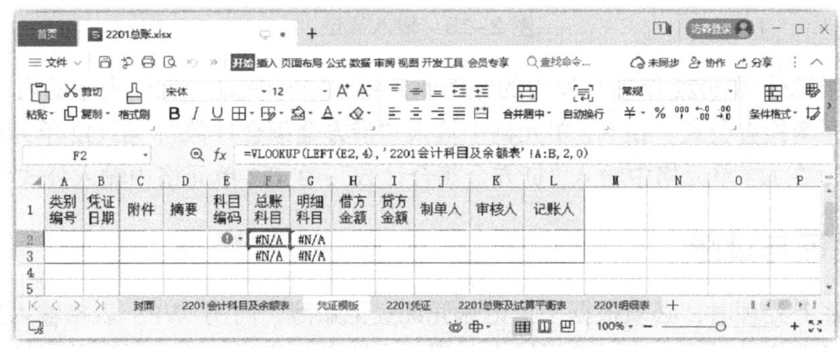

图 2–14　凭证模板

（7）凭证模板制作完成后，还需要对某些单元格的格式进行设置，以确保输入的数据不会出现问题，也不会影响其他工作表中的数据。

① 选择 E 列单元格区域，单击“开始”选项卡下“数字格式”按钮常规右侧的下拉按钮▾，在打开的下拉列表中选择“文本”选项。

② 选择 H 列和 I 列，单击“开始”选项卡下的“单元格”按钮，在打开的下拉列表中选择“设置单元格格式”选项，打开“单元格格式”对话框，单击“数字”选项卡，在“分类”下拉列表中选择“数值”选项，单击选中“使用千位分隔符”复选框，其他保持默认设置，然后单击确定按钮。

二、输入记账凭证

微课 2–5　输入记账凭证

凭证模板制作好之后，就可以根据公司当月发生的具体经济业务来填制记账凭证。填制记账凭证时应该时刻保持认真、仔细的态度，不可填制未发生的经济业务，也不可以遗漏已发生的经济业务。下面将输入丰源公司 2022 年 1 月的记账凭证，其操作步骤如下。

（1）根据凭证模板制作记账凭证。将“凭证模板”工作表中的内容复制到“2201 凭证”工作表中。根据业务需要，如果是一借一贷，可直接使用模板；如果是一借多贷、一贷多借或多借多贷，可直接在模板中插入所需的行数，再输入分录。

（2）根据公司发生的业务，输入会计分录。选择 A2 单元格，输入“记 001”；选择 B2 单元格，输入“2022/1/1”；选择 C2 单元格，输入“2”；选择 D2 单元格，输入“支付汇票”；选择 E2 单元格，输入或选择“2201”，F2 和 G2 单元格中的内容会根据 E2 单元格的选择自动匹配；选择 H2 单元格，输入“100,000”；选择 J2 单元格，输入“李娜”。采用同样的方式输入贷方项目，如图 2-15 所示。

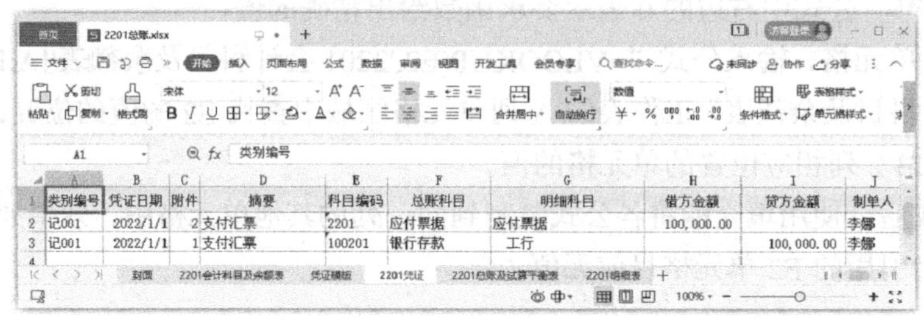

图 2–15　输入凭证

（3）根据丰源公司 2022 年 1 月发生的经济业务将“2201 凭证”工作表中的内容补充完整。

（4）定义平衡检查公式。在 N2 单元格中输入“借方金额合计数”；在 O2 单元格中输入公式“=SUM(H:H)”；在 N3 单元格中输入“贷方金额合计数”；在 O3 单元格中输入公式“=SUM(I:I)”。

三、审核凭证与过账

进行手工账务处理时，必须根据手工记账凭证登记账簿，而用 WPS 表格输入凭证的过程其实就是登记电子账簿的过程。为了确保输入无误，在账务处理过程中，凭证的审核和记账显得尤为重要。

审核是指由具有审核权限的操作员按照会计制度规定，对制单人填制的记账凭证进行检查。审核凭证的目的是防止错弊，凭证审核后才能进行记账处理。审核凭证时，可直接根据原始凭证来核对计算机中的记账凭证，可通过填充颜色来表示已经审核的记账凭证正确无误，并在凭证上的审核栏中填入审核人的名字或代码。

为了清晰地表明凭证是否审核或是否记账，可以灵活地使用为单元格填充颜色的方法来表示是否审核或是否记账。例如，无填充颜色表示未审核，蓝色填充表示已经审核，黄色填充表示已经记账。当然，颜色可以根据用户的喜好自由选择，填充颜色就是为了区分凭证是否审核或是否记账。在图 2-16 中，“2201 凭证”工作表中分别标识了凭证输入、审核和记账 3 种状态。

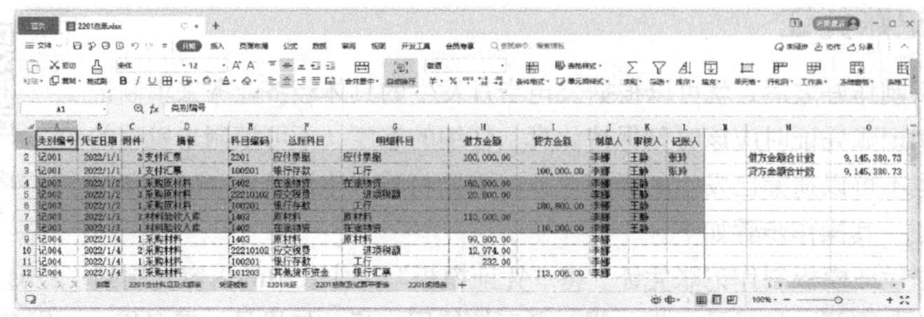

图 2–16　凭证的 3 种状态

任务五　生成总账及试算平衡表

总分类账简称总账，是根据总账科目（一级科目）开设账户，用来登记全部经济业务、进行总分类核算、提供总括核算资料的分类账簿。总分类账所提供的核算资料，是企业编制会计报表的主要依据，任何单位都必须设置总分类账。总分类账一般按照总分类账户的分类进行登记，登记方法取决于企业采用的账务处理程序。其项目应包括科目编码、科目名称、期初借贷余额、本期借贷发生额和期末借贷余额。资产类科目余额的计算公式如下。

微课 2-6　生成总账及试算平衡表

期末借方余额=期初借方余额+本期借方发生额−本期贷方发生额

负债及所有者权益类科目余额的计算公式如下。

期末贷方余额=期初贷方余额+本期贷方发生额−本期借方发生额

试算平衡表是列有总分类账中所有账户及余额的简单表格。这份表格有助于检查记录的准确性和编制财务报表。试算平衡的基本公式如下。

全部账户的借方期初余额合计数=全部账户的贷方期初余额合计数

全部账户的借方发生额合计=全部账户的贷方发生额合计

全部账户的借方期末余额合计=全部账户的贷方期末余额合计

输入记账凭证并审核记账后，就可以制作总账及试算平衡表了，其操作步骤如下。

（1）在“2201 会计科目及余额表”工作表中单击工作表编辑区左上角的“全选按钮”◢，按【Ctrl+C】组合键复制，再切换至“2201 总账及试算平衡表”工作表，选择 A1 单元格，按【Ctrl+V】组合键粘贴，即可将“2201 会计科目及余额表”工作表整体复制粘贴至“2201 总账及试算平衡表”工作表中，然后删除明细科目所在行。

（2）选择 E1 单元格，输入“本期借方发生额合计”；选择 F1 单元格，输入“本期贷方发生额合计”；选择 G1 单元格，输入“期末借方余额”；选择 H1 单元格，输入“期末贷方余额”。

（3）选择 A1:H1 单元格区域，将背景颜色填充为天蓝色；选择 A1:H49 单元格区域，设置边框类型为“所有框线”。

（4）选择 E2 单元格，输入公式“=SUMIF('2201 凭证'!F:F,B2,'2201 凭证'!H:H)”。其含义是：在“2201 凭证!H:H”范围内查找出科目名称为“库存现金”的行，并对所在行的 H 列（即借方发生额）进行求和。

（5）选择 F2 单元格，输入公式“=SUMIF('2201 凭证'!F:F,B2,'2201 凭证'!I:I)”。其含义是：在“2201 凭证!I:I”范围内查找出科目名称为“库存现金”的行，并对所在行的 I 列（即贷方发生额）进行求和。

（6）选择 G2 单元格，输入公式“=IF((C2−D2)+(E2−F2)>=0,(C2−D2)+(E2−F2),0)”。其含义是：如果“库存现金”科目的借方期初余额减去贷方期初余额与“库存现金”科目的本期借方发生额减去贷方发生额之和大于或等于 0，G2 单元格的值等于“库存现金”科目的借方期初余额减去贷方期初余额与“库存现金”科目的本期借方发生额减去贷方发生额之和，否则等于 0。

（7）选择 H2 单元格，输入公式“=IF((C2−D2)+(E2−F2)<0,ABS((C2−D2)+(E2−F2)),0)”。其含义是：如果“库存现金”科目的借方期初余额减去贷方期初余额与“库存现金”科目的本期借方发生额减去贷方发生额之和小于 0，则 H2 单元格的值等于“库存现金”科目的借方期初余额

减去贷方期初余额与“库存现金”科目的本期借方发生额减去贷方发生额之和的绝对值，否则等于 0。这里的 ABS 函数的作用是求绝对值。

- IF()函数。

【类型】逻辑函数。

【格式】IF(测试条件,真值,假值)。

【功能】判断一个条件是否满足需要。如果满足则返回一个值，如果不满足则返回另外一个值。

测试条件：计算结果可判断为 TRUE 或 FLASE 的数值或表达式。

真值：当测试条件为 TRUE 时的返回值，如果忽略，则返回 TRUE。IF 函数最多可嵌套 7 层。

假值：当测试条件为 FLASE 时的返回值，如果忽略，则返回 FLASE。

- ABS()函数。

【类型】数学与三角函数。

【格式】ABS(数值)。

【功能】返回给定数字的绝对值。（即不带符号的数值）

（8）选择 E2:H2 单元格区域，将鼠标指针移至 H2 单元格右下角，当鼠标指针变成+形状时，向下拖曳至 H48 单元格进行数据的填充。

（9）选择 E49 单元格，单击“开始”选项卡下的“求和”按钮∑，E49 单元格中将出现公式“=SUM(E2:E48)”，确认取值区域正确后按【Enter】键，并将公式横向填充至 H49 单元格。

（10）选择 I2 单元格，单击“视图”选项卡下的“冻结窗格”按钮，在打开的下拉列表中选择“冻结第 1 行至 H 列”选项，将 A1:H1 单元格区域、H 列及内容固定在原来位置，不随行列的翻动而隐藏。

通过以上的操作，即可完成该工作表的制作，最终结果如图 2-17 所示。

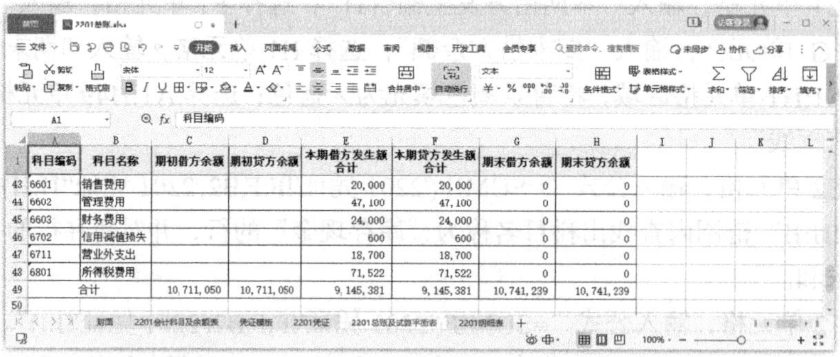

科目编码	科目名称	期初借方余额	期初贷方余额	本期借方发生额合计	本期贷方发生额合计	期末借方余额	期末贷方余额
6601	销售费用			20,000	20,000	0	0
6602	管理费用			47,100	47,100	0	0
6603	财务费用			24,000	24,000	0	0
6702	信用减值损失			600	600	0	0
6711	营业外支出			18,700	18,700	0	0
6801	所得税费用			71,522	71,522	0	0
	合计	10,711,050	10,711,050	9,145,381	9,145,381	10,741,239	10,741,239

图 2-17　2201 总账及试算平衡表

注意

“2201 总账及试算平衡表”工作表的结果与“2201 会计科目及余额表”工作表和“2201 凭证”工作表的数据密不可分，为了让所有工作表中的数据重新计算，可设置 WPS 表格的手动重算功能。其操作方法为：选择“文件”菜单中的“选项”命令，打开“选项”对话框，在对话框左侧单击“重新计算”选项卡，在对话框右侧的“重新计算”栏中单击选中“手动重算”单选项和“保存工作簿前重新计算”复选框，单击 确定 按钮完成设置。返回工作表后可直接按【F9】键重算所有工作表或重算活动工作表。

任务六　生成明细账

微课 2-7　生成明细账

明细分类账简称明细账，是指根据总账科目设置的，由其所属的明细科目开设的明细分类账户组成，用于记录某一类经济业务明细核算资料的分类账簿，能够提供有关经济业务的详细资料。明细分类账应根据经济业务的种类和经营管理的要求分别设置。按其外表形式，明细账可分为活页式账簿和订本式账簿；按其账页格式，明细账一般分为三栏式明细分类账簿、数量金额式明细分类账簿和多栏式明细分类账簿 3 种。

明细账在总账的基础上生成，其中的数据与填制的记账凭证密不可分，所以在生成明细账前，要确保记账凭证的准确性，否则会影响之后的操作。生成明细账的操作步骤如下。

（1）选择“2201 明细账”工作表中的 A3 单元格，单击“插入”选项卡下的“数据透视表”按钮，打开“创建数据透视表”对话框，如图 2-18 所示。

（2）在“请选择要分析的数据”栏下单击选中“请选择单元格区域”单选项，在其下方的参数框中输入要汇总的数据区域“'2201 凭证'!$A$1:$L$200”，其中，“$”表示绝对单元格地址的引用，行号设置到 200 的目的是保证以后输入的数据也能使用。然后在“请选择放置数据透视表的位置”栏下单击选中“现有工作表”单选项，单击确定按钮，如图 2-19 所示。

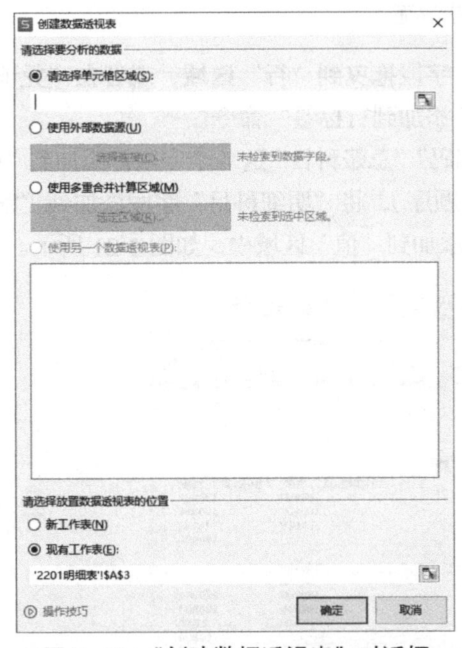

图 2–18　“创建数据透视表”对话框

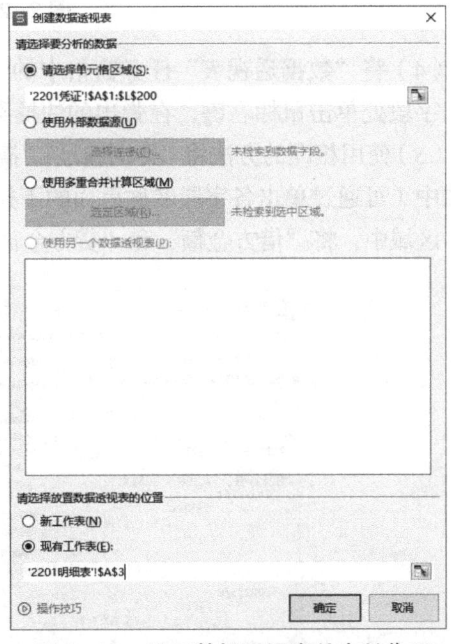

图 2–19　设置数据透视表的存放位置

（3）打开图 2-20 所示的数据透视表界面，界面右侧的“数据透视表”任务窗格中包括了“筛选器”区域、“行”区域、“列”区域和“值”区域。数据透视表是交互式二维报表，其中的“筛选器”是本页报表的过滤条件，“行”是本页报表的行记录信息，“列”是本页报表的列记录信息，“值”是本页报表汇总和统计的数据源。“数据透视表”任务窗格中的字段皆来源于“2201 凭证”工作表。

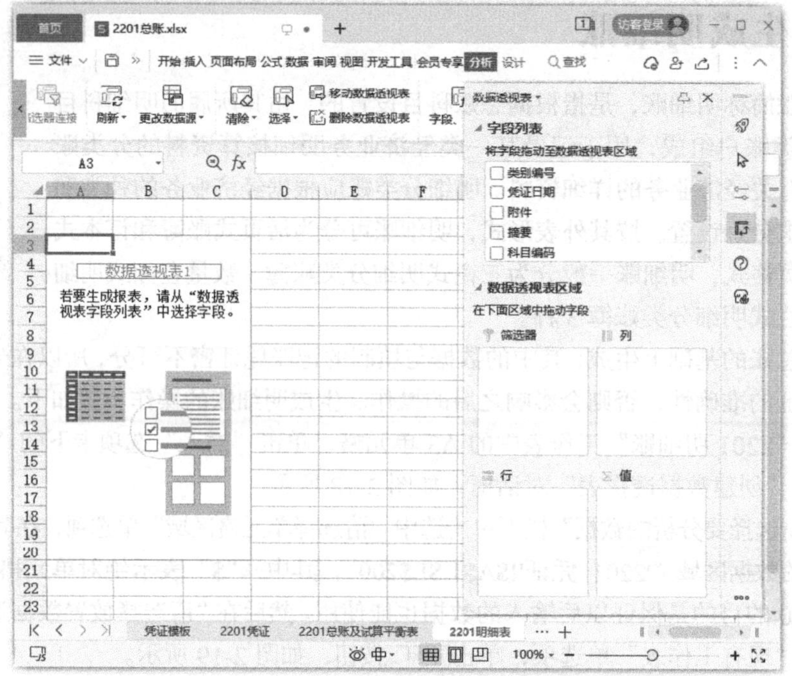

图 2–20　数据透视表界面

（4）将“数据透视表”任务窗格中的“凭证日期”字段拖曳到“行”区域，或者在“凭证日期”字段处单击鼠标右键，在弹出的快捷菜单中选择“添加到行标签”命令。

（5）使用相同的方法将“类别编号”“摘要”“科目编码”“总账科目”这 4 个字段都添加到“行”区域中（可通过单击各字段名称后面的下拉按钮▾调整顺序），将“明细科目”字段添加到“筛选器”区域中，将“借方金额”和“贷方金额”两个字段添加到“值”区域中，如图 2-21 所示。

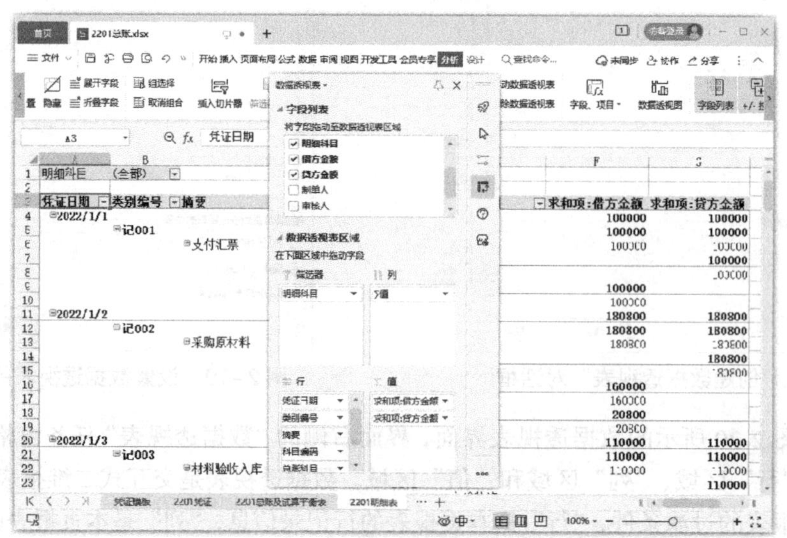

图 2–21　设置数据透视表的各区域字段

（6）选择数据透视表中任意一个单元格，单击鼠标右键，在弹出的快捷菜单中选择“数据透视表选项”命令，打开“数据透视表选项”对话框，单击“显示”选项卡，单击选中“显示”栏中的“经典数据透视表布局”复选框，再单击[确定]按钮。

（7）选择数据透视表中任意一个单元格，单击“设计”选项卡下的“报表布局”按钮，在打开的下拉列表中选择“以表格形式显示”选项，效果如图 2-22 所示。

明细科目	(全部)					
凭证日期	类别编号	摘要	科目编码	总账科目	求和项:借方金额	求和项:贷方金额
2022/1/1	记001	支付汇票	100201	银行存款		100000
			100201 汇总			100000
			2201	应付票据	100000	
			2201 汇总		100000	
		支付汇票 汇总			100000	100000
	记001 汇总				100000	100000
2022/1/1 汇总					100000	100000
2022/1/2	记002	采购原材料	100201	银行存款		180800
			100201 汇总			180800
			1402	在途物资	160000	
			1402 汇总		160000	
			22210102	应交税费	20800	
			22210102 汇总		20800	
		采购原材料 汇总			180800	180800
	记002 汇总				180800	180800
2022/1/2 汇总					180800	180800
2022/1/3	记003	材料验收入库	1402	在途物资		110000
			1402 汇总			110000

图 2-22　数据透视表布局效果

（8）整理数据透视表，让表格看起来更直观整洁。选择数据透视表中任意一个单元格，单击“设计”选项卡下的“分类汇总”按钮，在打开的下拉列表中选择“不显示分类汇总”选项，效果如图 2-23 所示。

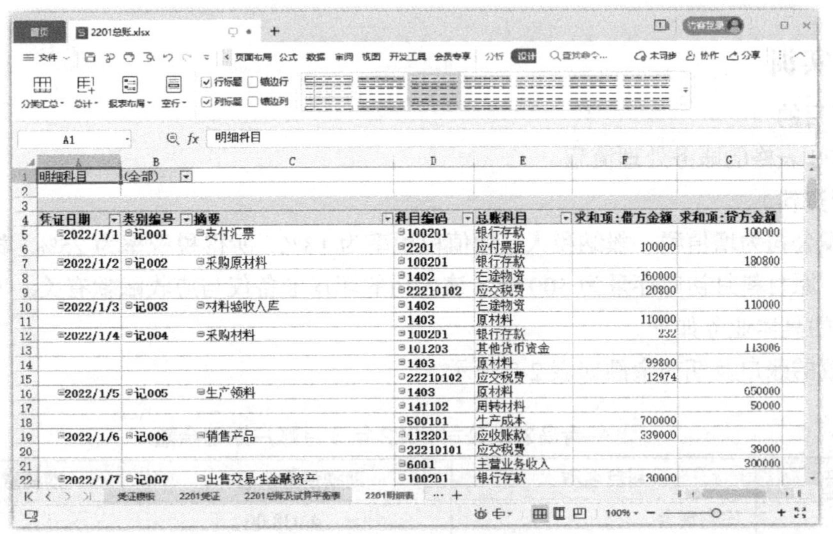

明细科目	(全部)					
凭证日期	类别编号	摘要	科目编码	总账科目	求和项:借方金额	求和项:贷方金额
2022/1/1	记001	支付汇票	100201	银行存款		100000
			2201	应付票据	100000	
2022/1/2	记002	采购原材料	100201	银行存款		180800
			1402	在途物资	160000	
			22210102	应交税费	20800	
2022/1/3	记003	材料验收入库	1402	在途物资		110000
			1403	原材料	110000	
2022/1/4	记004	采购材料	100201	银行存款	232	
			101203	其他货币资金		113006
			1403	原材料	99800	
			22210102	应交税费	12974	
2022/1/5	记005	生产领料	1403	原材料		650000
			141102	周转材料		50000
			500101	生产成本	700000	
2022/1/6	记006	销售产品	112201	应收账款	339000	
			22210101	应交税费		39000
			6001	主营业务收入		300000
2022/1/7	记007	出售交易性金融资产	100201	银行存款	30000	

图 2-23　更改汇总方式

完成以上各操作后，只要在 B1 单元格中选择需要显示的明细科目，表格中就会自动显示所选择明细科目对应的明细账，如图 2-24 所示。

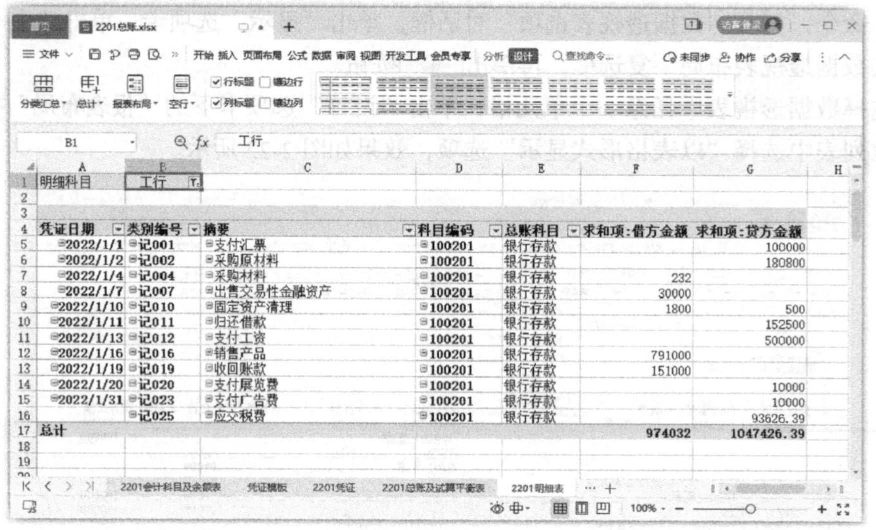

明细科目	工行					
凭证日期	类别编号	摘要	科目编码	总账科目	求和项:借方金额	求和项:贷方金额
2022/1/1	记001	支付汇票	100201	银行存款		100000
2022/1/2	记002	采购原材料	100201	银行存款		180800
2022/1/4	记004	采购材料	100201	银行存款	232	
2022/1/7	记007	出售交易性金融资产	100201	银行存款	30000	
2022/1/10	记010	固定资产清理	100201	银行存款	1800	500
2022/1/11	记011	归还借款	100201	银行存款		152500
2022/1/13	记012	支付工资	100201	银行存款		500000
2022/1/16	记016	销售产品	100201	银行存款	791000	
2022/1/19	记019	收回账款	100201	银行存款	151000	
2022/1/20	记020	支付展览费	100201	银行存款		10000
2022/1/31	记023	支付广告费	100201	银行存款		10000
	记025	应交税费	100201	银行存款		93626.39
总计					974032	1047426.39

图 2-24　生成的明细账

本任务是会计工作中比较常见的工作之一。利用 WPS 表格函数和数据透视表工具，可以帮助会计人员简化会计账务处理过程，提高生成总账和明细账的工作效率。

项目小结

本项目介绍了使用 WPS 表格实现财务电算化的过程，尚未购买专用财务软件的企业，可以通过运用 WPS 表格中的公式和函数功能完成建账、设置账户、输入期初余额、输入记账凭证、生成总账和明细账的工作。

项目实训

1. 实训目的

掌握 WPS 表格的账务处理流程。

2. 实训资料

青岛宏发公司为增值税一般纳税人，增值税税率为 13%，所得税税率为 25%。材料核算采用先进先出法，原材料月初库存量为 500 吨。该公司的坏账准备仅与应收账款有关。青岛宏发公司 2022 年 3 月的具体业务如下。

（1）设置的账户及期初余额如表 2-2 所示。

表 2-2　青岛宏发公司 2022 年 3 月账户期初余额　单位：元

科目编码	科目名称	期初借方余额	期初贷方余额
1001	库存现金	4 038.00	
1002	银行存款	672 038.10	
100201	工行	469 668.10	
100202	建行	202 370.00	

续表

科目编码	科目名称	期初借方余额	期初贷方余额
1012	其他货币资金	1 000 000.00	
1101	交易性金融资产		
1121	应收票据	292 300.00	
1122	应收账款	1 268 000.00	
112201	北京汽配厂	200 000.00	
112202	南京物资公司	400 000.00	
112203	济南水泥制品厂	668 000.00	
1231	坏账准备		6 340.00
1123	预付账款	180 000.00	
1221	其他应收款	4 400.00	
122101	李强	4 400.00	
1402	在途物资		
1403	原材料	1 414 708.00	
1411	周转材料	43 797.00	
141101	包装物	43 797.00	
1405	库存商品	372 040.00	
1511	长期股权投资	250 000.00	
151101	股票投资	250 000.00	
1601	固定资产	6 686 000.00	
1602	累计折旧		1 952 514.00
1604	在建工程		
1606	固定资产清理		
1701	无形资产	143 000.00	
1702	累计摊销		
1801	长期待摊费用		
2001	短期借款		500 000.00
2201	应付票据		204 750.00
2202	应付账款		1 058 756.00
220201	烟台铁合金厂		45 810.00
220202	北京汽配厂		45 946.00
220203	滨海煤炭公司		26 700.00
220204	北京工具厂		940 300.00
2211	应付职工薪酬		173 323.40
221101	工资		25 000.00
221102	福利费		148 323.40
2221	应交税费		150 387.40
222101	应交增值税		

续表

科目编码	科目名称	期初借方余额	期初贷方余额
22210101	销项税额		
22210102	进项税额		
22210103	已交税金		
222102	未交增值税		53 466.00
222103	应交所得税		90 808.21
222104	应交城建税		3 742.00
222201	应交个人所得税		2 371.19
222110	应交教育费附加		
2231	应付利息		
2241	其他应付款		86 454.00
2501	长期借款		860 400.00
250101	本金		700 000.00
250102	应付利息		160 400.00
2502	应付债券		100 000.00
2701	长期应付款		68 695.30
4001	实收资本		6 200 000.00
4002	资本公积		582 701.00
4101	盈余公积		300 000.00
410101	法定盈余公积		300 000.00
4103	本年利润		
4104	利润分配		126 000.00
410401	未分配利润		126 000.00
5001	生产成本	40 000.00	
500101	基本生产成本	40 000.00	
500102	辅助生产成本		
5101	制造费用		
6001	主营业务收入		
6111	投资收益		
6401	主营业务成本		
6402	其他业务成本		
6403	税金及附加		
6601	销售费用		
6602	管理费用		
6603	财务费用		
6711	营业外支出		
6801	所得税费用		
	合计	12 370 321.10	12 370 321.10

（2）2022 年 3 月发生以下经济业务。

① 3 月 2 日，从工行提取备用金 2 000 元。

借：库存现金　　2 000
　　贷：银行存款——工行　　2 000

② 3 月 5 日，购入材料价款 5 000 元，增值税税额 650 元。

借：原材料　　5 000
　　应交税费——应交增值税（进项税额）　　650
　　贷：银行存款——工行　　5 650

③ 3 月 6 日，销售部李强预借差旅费 1 000 元。

借：其他应收款——李强　　1 000
　　贷：库存现金　　1 000

④ 3 月 10 日，计提生产工人工资 16 000 元，管理人员工资 9 000 元。

借：生产成本——基本生产成本　　16 000
　　管理费用　　9 000
　　贷：应付职工薪酬——工资　　25 000

⑤ 3 月 11 日，车间领用材料 2 100 元。

借：生产成本——基本生产成本　　2 100
　　贷：原材料　　2 100

⑥ 3 月 12 日，销售部销售商品收到 72 320 元（含增值税）。

借：银行存款——建行　　72 320
　　贷：主营业务收入　　64 000
应交税费——应交增值税（销项税额）　　8 320

⑦ 3 月 31 日，用工行存款支付本月电话费 400 元。

借：管理费用　　400
　　贷：银行存款——工行　　400

⑧ 3 月 31 日，使用建行存款支付本月借款利息 120 元。

借：财务费用　　120
　　贷：银行存款——建行　　120

⑨ 3 月 31 日，计提本月固定资产折旧 3 000 元，其中，生产部门计提固定资产折旧 2 000 元，行政部门计提固定资产折旧 1 000 元。

借：生产成本　　2 000
　　管理费用　　1 000
　　贷：累计折旧　　3 000

⑩ 3 月 31 日，结转本月完工产品成本。

借：库存商品　　30 100
　　贷：生产成本——基本生产成本　　30 100

⑪ 3 月 31 日，结转本月销售成本。

借：主营业务成本　　20 100

贷：库存商品 20 100

⑫ 3 月 31 日，结转本月损益。

借：主营业务收入 64 000

贷：本年利润 64 000

借：本年利润 30 620

贷：主营业务成本 20 100

管理费用 10 400

财务费用 120

⑬ 3 月 31 日，计算并结转应交所得税（不考虑纳税调整事项，税率为 25%）。

借：所得税费用 8 345

贷：应交税费—— 应交所得税 8 345

借：本年利润 8 345

贷：所得税费用 8 345

⑭ 3 月 31 日，计算本年利润。

借：本年利润 25 035

贷：利润分配—— 未分配利润 25 035

3. 实训要求

（1）用 WPS 表格为该公司建账，要求包括封面、会计科目及其期初余额、记账凭证，以及根据记账凭证自动生成的总账和明细账等工作表。

（2）建立“封面”工作表以及设置科目编码和科目名称后，在“2203 会计科目及余额表”工作表中输入该公司的期初数据，并实现试算平衡。

（3）根据设计的凭证模板在“2203 凭证”工作表中输入所有业务的会计凭证。

（4）汇总该公司所有的凭证数据，并根据记账凭证自动生成总账。

（5）利用 WPS 表格的数据透视表功能自动生成明细账。

项目三

WPS 表格在报表编制中的应用

知识目标

1．掌握会计报表的概念、内容和格式。

2．掌握编制会计报表的方法。

能力目标

1．学会使用 WPS 表格编制资产负债表。

2．学会使用 WPS 表格编制利润表。

素质目标

1．编制的会计报表要做到数字真实、内容完整、计算准确以及报送及时。

2．每个会计期间的会计报表项目列报应保持一致，不得随意变更。

工作情境与分析

一、情境

李娜在完成了建账的工作之后，开始着手练习用 WPS 表格编制会计报表。

在项目二中已经生成了丰源公司 2022 年 1 月的总账及试算平衡表，如表 3-1 所示。

表 3-1　丰源公司 2022 年 1 月的总账及试算平衡表　单位：元

科目编码	科目名称	期初借方余额	期初贷方余额	本期借方发生额合计	本期贷方发生额合计	期末借方余额	期末贷方余额
1001	库存现金	5 000				5 000	
1002	银行存款	2 660 000		974 032	1 145 007	2 489 025	
1012	其他货币资金	128 000			113 006	14 994	
1101	交易性金融资产	25 000			25 000		
1121	应收票据	246 000				246 000	
1122	应收账款	400 000		339 000	151 000	588 000	

续表

科目编码	科目名称	期初借方余额	期初贷方余额	本期借方发生额合计	本期贷方发生额合计	期末借方余额	期末贷方余额
1123	预付账款	100 000				100 000	
1221	其他应收款	4 000				4 000	
1231	坏账准备		1 200		600		1 800
1402	在途物资	245 000		160 000	110 000	295 000	
1403	原材料	550 000		209 800	650 000	109 800	
1405	库存商品	1 700 000		1 104 900	600 000	2 204 900	
1411	周转材料	98 050			50 000	48 050	
1511	长期股权投资	250 000				250 000	
1601	固定资产	2 000 000		1 486 470	200 000	3 286 470	
1602	累计折旧		400 000	180 000	100 000		320 000
1604	在建工程	1 500 000		200 000	1 400 000	300 000	
1606	固定资产清理			20 500	20 500		
1701	无形资产	600 000				600 000	
1702	累计摊销				10 000		10 000
1801	长期待摊费用	200 000				200 000	
2001	短期借款		240 000	150 000			90 000
2201	应付票据		300 000	100 000			200 000
2202	应付账款		916 850				916 850
2211	应付职工薪酬		110 000	300 000	342 000		152 000
2221	应交税费		30 000	138 511	210 034		101 522
2231	应付利息				11 500		11 500
2241	其他应付款		57 600				57 600
2501	长期借款		1 600 000		10 000		1 610 000
4001	实收资本		6 000 000				6 000 000
4002	资本公积		593 000				593 000
4101	盈余公积		250 000				250 000
4103	本年利润			790 434	1 005 000		214 566
4104	利润分配		212 400				212 400
5001	生产成本			1 104 900	1 104 900		
5101	制造费用			91 400	91 400		
6001	主营业务收入			1 000 000	1 000 000		
6111	投资收益			5 000	5 000		
6401	主营业务成本			600 000	600 000		
6402	其他业务成本						
6403	税金及附加			8 511	8 511		

续表

科目编码	科目名称	期初借方余额	期初贷方余额	本期借方发生额合计	本期贷方发生额合计	期末借方余额	期末贷方余额
6601	销售费用			20 000	20 000		
6602	管理费用			47 100	47 100		
6603	财务费用			24 000	24 000		
6702	信用减值损失			600	600		
6711	营业外支出			18 700	18 700		
6801	所得税费用			71 522	71 522		
合计		10 711 050	10 711 050	9 145 381	9 145 381	10 741 239	10 741 239

二、分析

财务报告包括会计报表和其他应当在财务报告中披露的相关信息和资料等，它是对企业财务状况、经营成果和现金流量的结构性表述。一份完整的会计报表应当包括下列内容：①资产负债表；②利润表；③现金流量表；④所有者权益（或股东权益，下同）变动表；⑤附注。

编制会计报表的目的是为会计报表使用者提供有用的决策信息，包括企业的财务状况、经营成果及现金流量等资料。在本项目中，仅限于介绍 WPS 表格在编制资产负债表和利润表时的应用。

用 WPS 表格编制资产负债表和利润表时，可以分成以下 3 项任务：编制资产负债表—编制利润表—编排会计报表。

1. 编制资产负债表

资产负债表是反映企业在某一特定日期财务状况的会计报表，它反映了企业在某一特定日期内所拥有或控制的经济资源、所承担的现时义务和所有者对净资产的要求权。资产负债表属于静态会计报表，它将企业在某一特定时期的资产、负债、所有者权益等会计科目分为“资产”和“负债及所有者权益”两大部分，便于报表使用者在短时间内了解企业的财务状况。

资产负债表采用左右结构，左侧为流动资产和非流动资产，右侧为流动负债、非流动负债以及所有者权益（或股东权益）。其编制原理是“资产=负债+所有者权益”这一会计平衡等式。

2. 编制利润表

利润表是反映企业在一定会计期间经营成果的会计报表。利润表的报表结果表现为企业实现的利润或形成的亏损，属于动态会计报表，主要为报表使用者提供企业经营成果方面的信息。

会计报表列报准则规定，企业应当采用多步式列报利润表，对不同性质的收入和费用类别进行对比，从而可以得出一些中间性的利润数据，以便于使用者了解企业经营成果的不同来源。其编制原理是“收入-费用=利润”这一会计平衡等式。

3. 编排会计报表

编制完会计报表之后，为了使报表的外观更加美观、数据格式更加符合财务人员的习惯，还应该对会计报表进行编排，如调整列宽、行高、数字格式等。

任务一　编制资产负债表

资产负债表分为表头和表体两部分。表头部分包括报表的标题、报表的编号、编制单位、编制日期及计量单位等，编制日期应为某年某月某日。

表体部分一般为账户式，资产负债表的左侧为资产类科目，右侧为负债及所有者权益科目。编制资产负债表时，科目主要按其流动性大小排列。

一、资产负债表的基本格式和内容

资产负债表的基本格式和内容如表 3-2 所示。

表 3–2　　资产负债表的基本格式和内容

资产负债表

会企 01 表

编制单位：　　年　　月　　日　　单位：元

行次	资产	期末余额	上年年末余额	行次	负债和所有者权益（或股东权益）	期末余额	上年年末余额
001	流动资产：			001	流动负债：		
002	货币资金			002	短期借款		
003	交易性金融资产			003	交易性金融负债		
004	衍生金融资产			004	衍生金融负债		
005	应收票据			005	应付票据		
006	应收账款			006	应付账款		
007	应收款项融资			007	预收款项		
008	预付款项			008	合同负债		
009	其他应收款			009	应付职工薪酬		
010	存货			010	应交税费		
011	合同资产			011	其他应付款		
012	持有待售资产			012	持有待售负债		
013	一年内到期的非流动资产			013	一年内到期的非流动负债		
014	其他流动资产			014	其他流动负债		
015	流动资产合计			015	流动负债合计		
016	非流动资产：			016	非流动负债：		
017	债权投资			017	长期借款		
018	其他债权投资			018	应付债券		
019	长期应收款			019	其中：优先股		
020	长期股权投资			020	永续债		
021	其他权益工具投资			021	租赁负债		
022	其他非流动金融资产			022	长期应付款		
023	投资性房地产			023	预计负债		
024	固定资产			024	递延收益		

续表

行次	资产	期末余额	上年年末余额	行次	负债和所有者权益（或股东权益）	期末余额	上年年末余额
025	在建工程			025	递延所得税负债		
026	生产性生物资产			026	其他非流动负债		
027	油气资产			027	非流动负债合计		
028	使用权资产			028	负债合计		
029	无形资产			029	所有者权益（或股东权益）:		
030	开发支出			030	实收资本（或股本）		
031	商誉			031	其他权益工具		
032	长期待摊费用			032	其中：优先股		
033	递延所得税资产			033	永续债		
034	其他非流动资产			034	资本公积		
035	非流动资产合计			035	减：库存股		
036				036	其他综合收益		
037				037	专项储备		
038				038	盈余公积		
039				039	未分配利润		
040				040	所有者权益（或股东权益）合计		
041	资产总计			041	负债和所有者权益（或股东权益）总计		

二、资产负债表的编制方法

资产负债表主要根据资产账户和负债、所有者权益账户的期末余额和其他有关资料编制而成，具体编制方法如下。

（1）根据总账科目的余额直接填列。资产负债表中的大部分数据都可以根据总账科目的余额直接填列，如“短期借款”“应付票据”“应付职工薪酬”等科目。

（2）根据总账科目的余额计算填列。例如，“货币资金”科目需要根据“库存现金”“银行存款”“其他货币资金”3 个总账科目的余额合计数填列。

（3）根据有关明细科目的余额计算填列。例如，“应付账款”科目需要根据“应付账款”和“预付账款”两个科目所属明细科目的期末贷方余额合计数填列。

（4）根据总账科目和明细科目的余额分析计算填列。例如，“长期借款”科目需要根据“长期借款”总账科目余额，扣除“长期借款”科目所属的明细科目中将在资产负债表日起一年内到期，且企业不能自主地将清偿义务展期的长期借款后的金额计算填列。

（5）根据总账科目与其备抵科目抵销后的净额填列。例如，资产负债表中的“长期股权投资”科目需要根据“长期股权投资”科目的期末余额减去“长期股权投资减值准备”科目余额后的金额填列；“固定资产”科目需要根据“固定资产”科目期末余额减去“累计折旧”“固定资产减值准备”科目期末余额后的金额填列；“无形资产”科目需要根据“无形资产”科目期末余额减去“累计摊销”“无形资产减值准备”科目余额后的金额填列。

（6）综合运用上述填列方法分析填列。例如，“应收账款”科目需要根据“应收账款”科目的期末借方余额减去“坏账准备”科目中相关坏账准备期末余额后的金额分析填列；“存货”科目需要根据“材料采购”“在途物资”“原材料”“发出商品”“库存商品”“周转材料”“委托加工物资”“生产成本”“受托代销商品”等科目的期末余额合计，减去“受托代销商品款”“存货跌价准备”科目期末余额后的金额填列。

注意

资产负债表的“上年年末余额”栏应根据上年年末资产负债表的“期末余额”栏填列，“期末余额”栏应根据当前年度的总账科目及其所属明细科目余额填列。如果当前年度规定的资产负债表项目名称和内容与以前年度的不一致，则按当前的编报口径来对上年年末资产负债表各项目的名称和数字进行调整，然后将其填入当前编制的资产负债表“上年年末余额”栏内。

资产负债表必须定期对外公布，并将其报送给外部或与企业有经济利害关系的各个集团，包括股票持有者、长期债权人、短期债权人、政府有关机构等。当资产负债表列有上期期末余额时，称为“比较资产负债表”，通过前后期资产负债的比较，可以反映企业财务变动状况；与股权有密切联系的几个独立企业的资产负债表汇总编制的资产负债表，则称为“合并资产负债表”，它可以综合反映企业以及与其股权有联系的企业的全部财务状况。

三、进行资产负债表的编制

下面根据丰源公司“2201 总账及试算平衡表”工作表中的数据来编制资产负债表。

微课 3-1 编制资产负债表

1. 建立表头

为资产负债表建立表头可以为报表建立基本框架，让报表使用者快速明白表格的基本信息。

（1）复制“2201 总账”工作簿，把新工作簿重命名为“2201 总账报表”，打开“2201 总账报表”工作簿，选择“2201 总账及试算平衡表”工作表，选择第一行，插入一行，在 A1 单元格中输入标题“丰源公司 2022 年 1 月总账及试算平衡表”，选择 A1:H1 单元格区域，将标题行的对齐方式设置为“合并居中”，并将字体格式设置为“加粗”“12”。

（2）在“2201 总账及试算平衡表”工作表后面插入一张新工作表，并将其重命名为“2201 资产负债表”，在该工作表的 A1 单元格中输入标题“资产负债表”，选择 A1:H1 单元格区域，将对齐方式设置为“合并居中”。

（3）选择 A3:B3 单元格区域，先将该单元格区域的对齐方式设置为合并居中，再设置为左对齐，然后在 A3 单元格中输入“编制单位：丰源公司”；选择 C3:F3 单元格区域，设置该单元格区域的对齐方式为“合并居中”，在 C3 单元格中输入“2022 年 1 月 31 日”；选择 H2:H3 单元格区域，设置该单元格区域的对齐方式为居中，在 H2 单元格中输入“会企 01 表”，在 H3 单元格中输入“单位：元”。

2. “科目”名称栏及“行次”栏的输入

根据表 3-2 资产负债表的基本格式和内容，在 A4:H45 单元格区域中输入各科目的名称及其行次，并为表格添加框线，如图 3-1 所示。

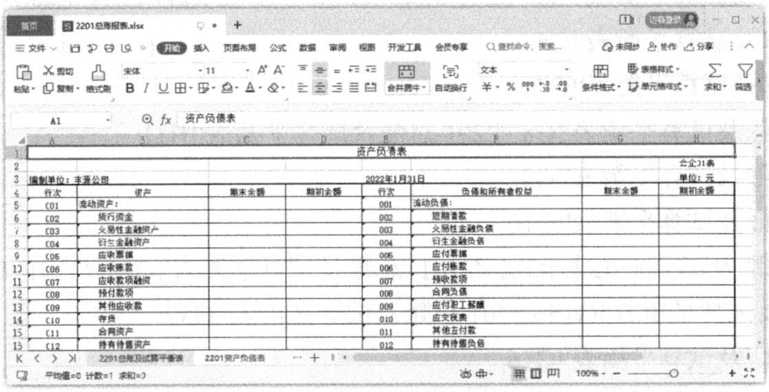

图 3–1　建立资产负债表框架

3. 数据的填充

完成表格文字的输入和格式设置后，下一步就是填充表格中的数据。资产负债表中的“期末余额”科目可以以数据链接的方式得到，即引用“2201 总账及试算平衡表”工作表中的相关数据。

（1）“货币资金”科目的期末余额需要根据“库存现金”“银行存款”“其他货币资金”这 3 个总账科目的期末余额合计数填列，而这几项的数据分别对应“2201 总账及试算平衡表”工作表中的 G3、G4、G5 单元格。此时，可在“2201 资产负债表”工作表中“货币资金”期末余额对应的 C6 单元格中输入相应的数据计算公式，具体的操作步骤如下。

① 单击 C6 单元格后，直接输入“=”符号。

② 选择“2201 总账及试算平衡表”工作表。

③ 单击“2201 总账及试算平衡表”工作表中的 G3 单元格，输入“+”符号；再单击该表中的 G4 单元格，输入“+”符号；最后单击该表中的 G5 单元格；按【Enter】键后，会自动切换至“2201 资产负债表”工作表，并在 C6 单元格中显示出计算结果。此时，在公式编辑栏中将会显示出 C6 单元格中所采用的计算公式，其公式表示为“='2201 总账及试算平衡表'!G3+'2201 总账及试算平衡表'!G4+'2201 总账及试算平衡表'!G5”。该公式表明，“2201 资产负债表”工作表 C6 单元格中的数据是“2201 总账及试算平衡表”工作表中 G3、G4、G5 单元格的数据之和，如图 3-2 所示。用同样的方法填制其他科目的数据。

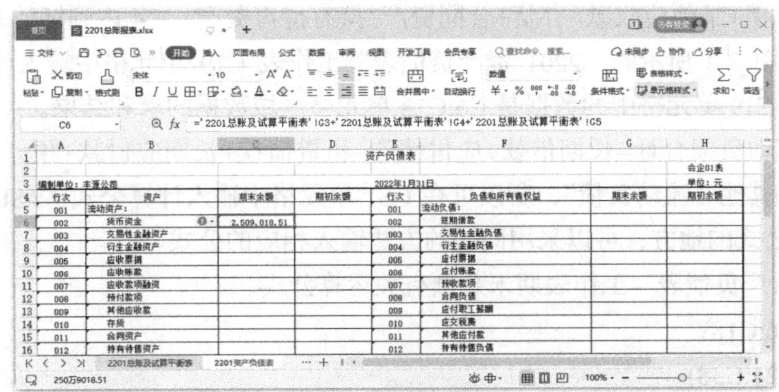

图 3–2　填充数据

附：“2201 资产负债表”工作表期末余额有关取数公式。

C6='2201 总账及试算平衡表'!G3+'2201 总账及试算平衡表'!G4+'2201 总账及试算平衡表'!G5

C7='2201 总账及试算平衡表'!G6

C9='2201 总账及试算平衡表'!G7

C10='2201 总账及试算平衡表'!G8-'2201 总账及试算平衡表'!H11

C12='2201 总账及试算平衡表'!G9

C13='2201 总账及试算平衡表'!G10

C14='2201 总账及试算平衡表'!G12+'2201 总账及试算平衡表'!G13+'2201 总账及试算平衡表'!G14+'2201 总账及试算平衡表'!G15+'2201 总账及试算平衡表'!G37

C24='2201 总账及试算平衡表'!G16

C28='2201 总账及试算平衡表'!G17-'2201 总账及试算平衡表'!H18

C29='2201 总账及试算平衡表'!G19

C33='2201 总账及试算平衡表'!G21-'2201 总账及试算平衡表'!H22

C36='2201 总账及试算平衡表'!G23

G6='2201 总账及试算平衡表'!H24

G9='2201 总账及试算平衡表'!H25

G10='2201 总账及试算平衡表'!H9+'2201 总账及试算平衡表'!H26

G13='2201 总账及试算平衡表'!H27

G14='2201 总账及试算平衡表'!H28

G15='2201 总账及试算平衡表'!H29+'2201 总账及试算平衡表'!H30

G21='2201 总账及试算平衡表'!H31-H17

G34='2201 总账及试算平衡表'!H32

G38='2201 总账及试算平衡表'!H33

G42='2201 总账及试算平衡表'!H34

G43='2201 总账及试算平衡表'!H35+'2201 总账及试算平衡表'!H36

（2）“2201 资产负债表”工作表中还有一部分单元格中的数据需要用本工作表中的数据计算得到。

例如，“流动资产合计=货币资金+交易性金融资产+衍生金融资产+应收票据+应收账款+应收款项融资+预付款项+其他应收款+存货+合同资产+持有待售资产+一年内到期的非流动资产+其他流动资产”，可在图 3-3 所示的“2201 资产负债表”工作表 C19 单元格中输入计算公式“=SUM(C6:C18)”，表明 C19 单元格中的数据是 C6:C18 单元格区域数据的求和结果。

又如，“非流动负债合计=长期借款+应付债券+租赁债权+长期应付款+预计负债+递延收益+递延所得税负债+其他非流动负债”，所以可在 G31 单元格中输入计算公式“=SUM(G21:G30)”。在其他需要输入公式的地方，可以采用同样的方法输入相应的公式。

附：“2201 资产负债表”工作表期末余额有关运算公式。

C19=SUM(C6:C18)

C39=SUM(C21:C38)

C45=C19+C39

G19=SUM(G6:G18)

G31=SUM(G21:G30)

G32=G19+G31

G44=SUM(G34:G43)

G45=G32+G44

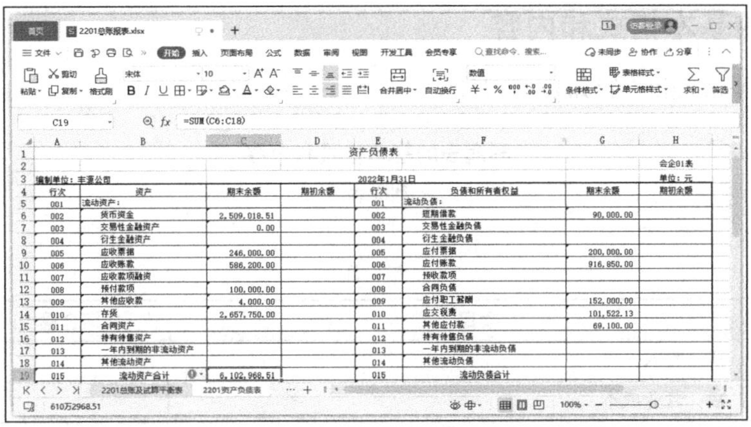

资产负债表

编制单位：丰源公司　　2022年1月31日　　会企01表　单位：元

行次	资产	期末余额	期初余额	行次	负债和所有者权益	期末余额	期初余额
001	流动资产：			001	流动负债：		
002	货币资金	2,509,018.51		002	短期借款	90,000.00	
003	交易性金融资产	0.00		003	交易性金融负债		
004	衍生金融资产			004	衍生金融负债		
005	应收票据	246,000.00		005	应付票据	200,000.00	
006	应收账款	586,200.00		006	应付账款	916,850.00	
007	应收款项融资			007	预收款项		
008	预付款项	100,000.00		008	合同负债		
009	其他应收款	4,000.00		009	应付职工薪酬	152,000.00	
010	存货	2,657,750.00		010	应交税费	101,522.13	
011	合同资产			011	其他应付款	69,100.00	
012	持有待售资产			012	持有待售负债		
013	一年内到期的非流动资产			013	一年内到期的非流动负债		
014	其他流动资产			014	其他流动负债		
015	流动资产合计	6,102,968.51		015	流动负债合计		

图 3–3　输入公式

由以上操作可以看出，资产负债表中的数据不需要用键盘输入，只要前期相关的表格资料齐全，均可通过链接得到。参考上述期末余额公式的设置方法，设置期初余额的公式，得出期初余额的数据，编制结果如图 3-4 所示。

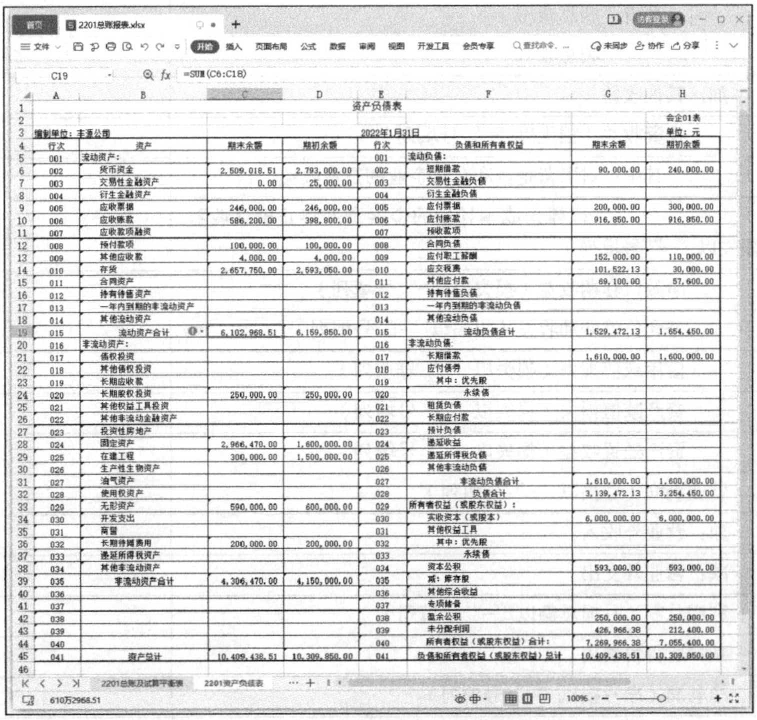

资产负债表

编制单位：丰源公司　　2022年1月31日　　会企01表　单位：元

行次	资产	期末余额	期初余额	行次	负债和所有者权益	期末余额	期初余额
001	流动资产：			001	流动负债：		
002	货币资金	2,509,018.51	2,793,000.00	002	短期借款	90,000.00	240,000.00
003	交易性金融资产	0.00	25,000.00	003	交易性金融负债		
004	衍生金融资产			004	衍生金融负债		
005	应收票据	246,000.00	246,000.00	005	应付票据	200,000.00	300,000.00
006	应收账款	586,200.00	398,800.00	006	应付账款	916,850.00	916,850.00
007	应收款项融资			007	预收款项		
008	预付款项	100,000.00	100,000.00	008	合同负债		
009	其他应收款	4,000.00	4,000.00	009	应付职工薪酬	152,000.00	110,000.00
010	存货	2,657,750.00	2,593,050.00	010	应交税费	101,522.13	30,000.00
011	合同资产			011	其他应付款	69,100.00	57,600.00
012	持有待售资产			012	持有待售负债		
013	一年内到期的非流动资产			013	一年内到期的非流动负债		
014	其他流动资产			014	其他流动负债		
015	流动资产合计	6,102,968.51	6,159,850.00	015	流动负债合计	1,529,472.13	1,654,450.00
016	非流动资产：			016	非流动负债：		
017	债权投资			017	长期借款	1,610,000.00	1,600,000.00
018	其他债权投资			018	应付债券		
019	长期应收款			019	其中：优先股		
020	长期股权投资	250,000.00	250,000.00	020	永续债		
021	其他权益工具投资			021	租赁负债		
022	其他非流动金融资产			022	长期应付款		
023	投资性房地产			023	预计负债		
024	固定资产	2,966,470.00	1,600,000.00	024	递延收益		
025	在建工程	300,000.00	1,500,000.00	025	递延所得税负债		
026	生产性生物资产			026	其他非流动负债		
027	油气资产			027	非流动负债合计	1,610,000.00	1,600,000.00
028	使用权资产			028	负债合计	3,139,472.13	3,254,450.00
029	无形资产	590,000.00	600,000.00	029	所有者权益（或股东权益）：		
030	开发支出			030	实收资本（或股本）	6,000,000.00	6,000,000.00
031	商誉			031	其他权益工具		
032	长期待摊费用	200,000.00	200,000.00	032	其中：优先股		
033	递延所得税资产			033	永续债		
034	其他非流动资产			034	资本公积	593,000.00	593,000.00
035	非流动资产合计	4,306,470.00	4,150,000.00	035	减：库存股		
036				036	其他综合收益		
037				037	专项储备		
038				038	盈余公积	250,000.00	250,000.00
039				039	未分配利润	426,966.38	212,400.00
040				040	所有者权益（或股东权益）合计：	7,269,966.38	7,055,400.00
041	资产总计	10,409,438.51	10,309,850.00	041	负债和所有者权益（或股东权益）总计	10,409,438.51	10,309,850.00

图 3–4　资产负债表编制结果

任务二　编制利润表

利润表的结构主要有单步式和多步式两种。在我国，企业利润表多采用多步式结构，即通过对当期的收入、费用、支出科目按性质归类，按利润形成的主要环节列示一些中间性利润指标，分步计算当期净损益。

一、利润表的基本格式和内容

利润表的基本格式和内容如表 3-3 所示。

表 3-3　　利润表的基本格式和内容

利润表

会企 02 表

编制单位：　　　　年　月　　　　单位：元

行次	项目	本期金额	上期金额
001	一、营业收入		
002	减：营业成本		
003	税金及附加		
004	销售费用		
005	管理费用		
006	研发费用		
007	财务费用		
008	其中：利息费用		
009	利息收入		
010	加：其他收益		
011	投资收益（损失以“–”号填列）		
012	其中：对联营企业和合营企业的投资收益		
013	以摊余成本计量的金融资产终止确认收益（损失以“–”号填列）		
014	净敞口套期收益（损失以“–”号填列）		
015	公允价值变动收益（损失以“–”号填列）		
016	信用减值损失（损失以“–”号填列）		
017	资产减值损失（损失以“–”号填列）		
018	资产处置收益（损失以“–”号填列）		
019	二、营业利润（亏损以“–”号填列）		
020	加：营业外收入		
021	减：营业外支出		
022	三、利润总额（亏损总额以“–”号填列）		
023	减：所得税费用		
024	四、净利润（净亏损以“–”号填列）		
025	（一）持续经营净利润（净亏损以“–”号填列）		

续表

行次	项目	本期金额	上期金额
026	（二）终止经营净利润（净亏损以“-”号填列）		
027	五、其他综合收益的税后净额		
028	（一）不能重分类进损益的其他综合收益		
029	1. 重新计量设定受益计划变动额		
030	2. 权益法下不能转损益的其他综合收益		
031	3. 其他权益工具投资公允价值变动		
032	4. 企业自身信用风险公允价值变动		
033	……		
034	（二）将重分类进损益的其他综合收益		
035	1. 权益法下可转损益的其他综合收益		
036	2. 其他债权投资公允价值变动		
037	3. 金融资产重分类计入其他综合收益的金额		
038	4. 其他债权投资信用减值准备		
039	5. 现金流量套期准备		
040	6. 外币财务报表折算差额		
041	……		
042	六、综合收益总额		
043	七、每股收益：		
044	（一）基本每股收益		
045	（二）稀释每股收益		

利润表可以反映企业在一定会计期间的收入实现情况、费用耗费情况，以及企业生产经营活动的成果。同时，报表使用者将利润表中的信息与资产负债表中的信息相结合，有助于进行财务分析，便于判断企业未来的发展趋势，做出准确的经济决策。

二、利润表的编制方法

企业可以分 3 个步骤编制利润表。

第一步，以营业收入为基础，减去营业成本、税金及附加、销售费用、管理费用、研发费用、财务费用、信用减值损失、资产减值损失，加上公允价值变动收益和资产处置收益（减去公允价值变动损失和投资损失），计算出营业利润。

第二步，以营业利润为基础，加上营业外收入，减去营业外支出，计算出利润总额。

第三步，以利润总额为基础，减去所得税费用，计算出净利润（或净亏损）。

普通股或潜在普通股已公开交易的企业，以及正处于公开发行普通股或潜在普通股过程中的企业，还应当在利润表中列示每股收益信息。

注意

利润表的“本期金额”栏反映的是各科目的本期实际发生数。如果上年度利润表的科目名称和内容与本年度利润表的科目名称和内容不一致，则应对上年度利润表的科目名称和内容按本年度的规定进行调整，填入利润表的“上期金额”栏。利润表中的各科目主要根据各损益类科目的发生额分析填列。

三、进行利润表的编制

微课 3-2 编制利润表

利润表的编制方法与资产负债表类似，其操作步骤为：在“2201 资产负债表”工作表后面插入一张新的工作表并将其重命名为“2201 利润表”，在该工作表中，按照表 3-3 所示的利润表基本格式和内容填写报表科目。

与“2201 资产负债表”工作表的编制方法类似，利润表科目的数据同样需要引用“2201 总账及试算平衡表”工作表中的数据。具体操作步骤不赘述，其取数公式如下。

附：利润表中本期金额取数公式。

C5='2201 总账及试算平衡表'!E39

C6='2201 总账及试算平衡表'!E41+'2201 总账及试算平衡表'!E42

C7='2201 总账及试算平衡表'!E43

C8='2201 总账及试算平衡表'!E44

C9='2201 总账及试算平衡表'!E45

C11='2201 总账及试算平衡表'!E46

C12='2201 总账及试算平衡表'!E46

C15='2201 总账及试算平衡表'!E40

C23=C5-C6-C7-C8-C9-C10-C11+C14+C15

C25='2201 总账及试算平衡表'!E48

C26=C23+C24-C25

C27='2201 总账及试算平衡表'!E49

C28=C26-C27

C46=C28

利润表的编制结果如图 3-5 和图 3-6 所示。

利润表

会企02表

编制单位：丰源公司　　2022年1月　　单位：元

行次	项目	本期金额	上期金额（略）
001	一、营业收入	1,000,000.00	
002	减：营业成本	600,000.00	
003	税金及附加	8,511.49	
004	销售费用	20,000.00	
005	管理费用	47,100.00	
006	研发费用		
007	财务费用	24,000.00	
008	其中：利息费用	24,000.00	
009	利息收入		
010	加：其他收益		
011	投资收益（损失以“-”号填列）	5,000.00	
012	其中：对联营企业和合营企业的投资收益		
013	以摊余成本计量的金融资产终止确认收益（损失以“-”号填列）		
014	净敞口套期收益（损失以“-”号填列）		
015	公允价值变动损益（损失以“-”号填列）		
016	信用减值损失（损失以“-”号填列）		
017	资产减值损失（损失以“-”号填列）		
018	资产处置收益（损失以“-”号填列）		
019	二、营业利润（亏损以“-”号填列）	305,388.51	
020	加：营业外收入		
021	减：营业外支出	18,700.00	

图 3–5　利润表编制结果（1）

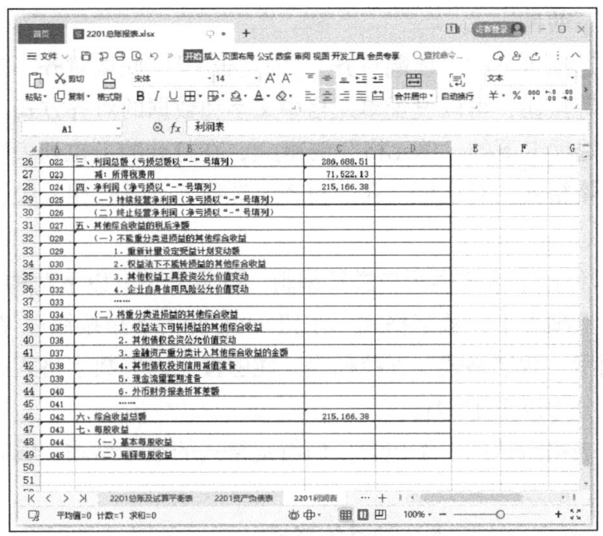

	A	B	C	D
26	022	三、利润总额（亏损总额以“-”号填列）	286,688.51	
27	023	减：所得税费用	71,522.13	
28	024	四、净利润（净亏损以“-”号填列）	215,166.38	
29	025	（一）持续经营净利润（净亏损以“-”号填列）		
30	026	（二）终止经营净利润（净亏损以“-”号填列）		
31	027	五、其他综合收益的税后净额		
32	028	（一）不能重分类进损益的其他综合收益		
33	029	1．重新计量设定受益计划变动额		
34	030	2．权益法下不能转损益的其他综合收益		
35	031	3．其他权益工具投资公允价值变动		
36	032	4．企业自身信用风险公允价值变动		
37	033	……		
38	034	（二）将重分类进损益的其他综合收益		
39	035	1．权益法下可转损益的其他综合收益		
40	036	2．其他债权投资公允价值变动		
41	037	3．金融资产重分类计入其他综合收益的金额		
42	038	4．其他债权投资信用减值准备		
43	039	5．现金流量套期准备		
44	040	6．外币财务报表折算差额		
45	041	……		
46	042	六、综合收益总额	215,166.38	
47	043	七、每股收益		
48	044	（一）基本每股收益		
49	045	（二）稀释每股收益		

图 3-6　利润表编制结果（2）

任务三　编排会计报表

会计报表编制完成后，还应该加以编排，如调整列宽、行高、数字格式等，以使报表的外观更加美观，数据格式更加符合财务人员的习惯。

一、编排会计报表的各项操作

通常来说，美化表格时会用到的工具主要有“开始”选项卡下的各组按钮、“单元格格式”对话框等，会计报表的编排美化也不例外。

1.“开始”选项卡下的各组按钮

“开始”选项卡下的各组按钮在项目一中已做详细介绍，在此不赘述。

2.“单元格格式”对话框

“单元格格式”对话框集中了对单元格进行编辑的命令，该对话框下又提供了多种选项卡，有“数字”选项卡、“对齐”选项卡、“字体”选项卡、“边框”选项卡、“图案”选项卡和“保护”选项卡 6 种。

3. 调整列宽

打开一张新的工作表时，系统产生的标准列宽是 8 个字符，任何工作表的标准列宽都能改变。调整列宽的方法在项目一中已做详细介绍，在此不赘述。

4. 调整行高

打开一张新的工作表时，系统产生的标准行高是根据工作表中默认的字体、字号设置的。需要注意的是，行高以“磅”为单位而不是以字符为单位。调整行高的方法在项目一中已做详细介绍，在此不赘述。

5. 设置对齐方式

WPS 表格自动把文字的对齐方式设置为左对齐，把数据的对齐方式设置为右对齐。设置单元格对齐方式的方法有以下两种。

（1）单击“开始”选项卡下的“顶端对齐”“垂直居中”“底端对齐”“左对齐”“水平居中”“右对齐”“自动换行”等按钮，可以设置单元格中文字和数据的对齐方式。

（2）单击“开始”选项卡下的“单元格”按钮，在打开的下拉列表中选择“设置单元格格式”选项，打开“单元格格式”对话框，在“对齐”选项卡下进行相关设置。

6. 编辑数字

WPS 表格提供了多种数字格式供用户进行编辑。编辑数字有以下两种方式。

（1）单击“开始”选项卡下“数字格式”按钮常规右侧的下拉按钮，在打开的下拉列表中选择合适的数字格式。利用“数字格式”下拉列表，能够按照内置数字格式或用户的习惯格式来编排数字。内置数字格式分为以下 12 类。

① 常规。即 WPS 表格默认的、不包含任何特定格式的数字格式，输入文本就显示为文本，输入数字就显示为数字。

② 数值。数值格式可定义为以下几种具体格式。

整数，如 365、9、456。

两位小数，如 456.12。

加千分位号的整数，如 1 674。

加千分位号的小数，如 1 090 456.15。

负数红字，如−389.88 表示为红色的 389.88。

③ 货币。在数值前加美元或人民币符号，如¥100、$100 等。

④ 会计专用。其为会计专用的数字格式，如 12 565 表示为（¥12,565.00）。

⑤ 日期。其为日期格式，如 2/12/22 表示 2022 年 2 月 12 日。

⑥ 时间。其为时间格式，如 3:45 表示 3 时 45 分。

⑦ 百分比。将单元格中的数值乘以 100%，以百分数形式显示。

⑧ 分数。如 0.5 表示为 1/2。

⑨ 科学计数。如 1.23E+04 表示 12 300。

⑩ 文本。在文本单元格格式中，数字将作为文本处理。单元格显示的内容与输入的内容完全一致。

⑪ 特殊。可用于跟踪数据列表及数据库的值，有“邮政编码”“中文小写数字”“中文大写数字”3 种类型。如选择“邮政编码”数字格式，则 25 679 显示为 025 679。

⑫ 自定义。以现有格式为基础，生成自定义的数字格式。

（2）单击“开始”选项卡下的“单元格”按钮，在打开的下拉列表中选择“设置单元格格式”选项，打开“单元格格式”对话框，在“数字”选项卡下进行相关设置。

7. 改变字体

字体是指在屏幕上显示和在打印机上打印的字符样式。每种字体都有一个名字（如宋体、楷体），又有不同的大小（如 12 号）和格式（如粗体、斜体）。改变字体的方法有以下两种。

（1）单击“开始”选项卡下的“字体”“字号”“增大字号”“减小字号”“加粗”“倾斜”等按钮。

（2）单击“开始”选项卡下的“单元格”按钮，在打开的下拉列表中选择“设置单元格格式”选项，打开“单元格格式”对话框，在“字体”选项卡下进行相关设置。

8. 改变背景颜色

WPS 表格提供了多种背景颜色，方便用户改变单元格或单元格区域的背景颜色。改变单元格背景颜色的方法有以下两种。

（1）单击“开始”选项卡下的“填充颜色”按钮。

（2）单击“开始”选项卡下的“单元格”按钮，在打开的下拉列表中选择“设置单元格格式”选项，打开“单元格格式”对话框，在“图案”选项卡下进行相关设置。

9. 改变字体颜色

WPS 表格提供了多种字体颜色，方便用户改变单元格或单元格区域中字体的颜色。改变字体颜色的方法有以下两种。

（1）单击“开始”选项卡下的“字体颜色”按钮A。

（2）单击“开始”选项卡下的“单元格”按钮，在打开的下拉列表中选择“设置单元格格式”选项，打开“单元格格式”对话框，在“字体”选项卡下进行相关设置。

二、进行会计报表的编排

微课 3-3 编排会计报表

会计报表需要向外展示，所以需要突出表中的重要数据。以在任务一中制作的资产负债表为例进行会计报表的简单编排。

（1）选择 A1 单元格，设置字体为“方正兰亭刊黑_GBK”“加粗”“16”。

（2）将 A4:H4、B5、B19:B20、B39、B45、F5、F19:F20、F31:F33、F44:F45 单元格区域中的文本加粗显示。

（3）将 A1、H2、A3、C3、E3、H3、A4:H4、A5:B45、E5:F45 单元格区域中的字体颜色设置为“深蓝，文字 2”。

（4）分别选择 A4:H4、A5:B45、E5:F45 单元格区域，设置单元格底纹为“白色，背景 1，深色 25%”。

上述操作完成后的效果如图 3-7 所示。

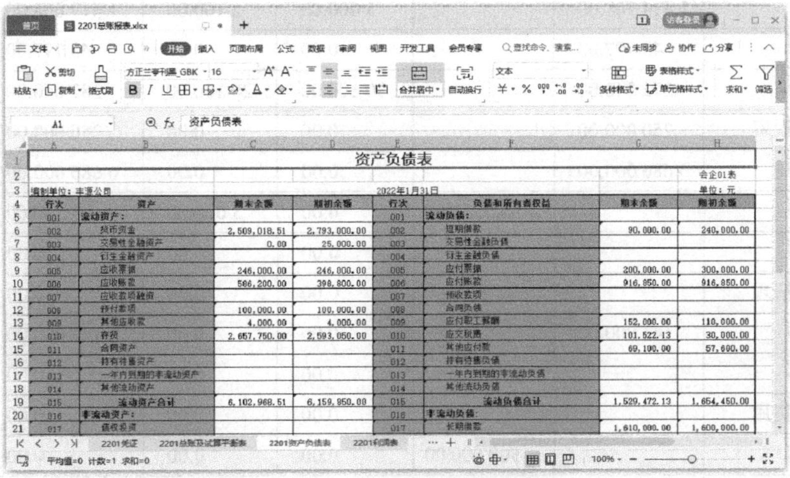

图 3-7 资产负债表编排结果

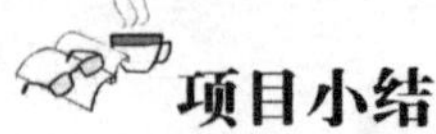

项目小结

本项目介绍了如何运用 WPS 表格编制会计报表，首先介绍了会计报表的概念、内容和格式，接着介绍了如何运用 WPS 表格的各种功能编制资产负债表、利润表。通过对本项目的学习，要求学生学会使用 WPS 表格编制资产负债表和利润表。

项目实训

1. 实训目的

学会用 WPS 表格编制资产负债表和利润表。

2. 实训资料

接项目二的项目实训相关资料完成账务处理的流程，生成“2203 总账及试算平衡表”，如表 3-4 所示。

表 3-4　　青岛宏发公司 2022 年 3 月的总账及试算平衡表　　单位：元

科目编码	科目名称	期初借方余额	期初贷方余额	本期借方发生额合计	本期贷方发生额合计	期末借方余额	期末贷方余额
1001	库存现金	4 038.00		2 000.00	1 000.00	5 038.00	0.00
1002	银行存款	672 038.10		72 320.00	8 170.00	736 188.10	0.00
1012	其他货币资金	1 000 000.00		0.00	0.00	1 000 000.00	0.00
1101	交易性金融资产			0.00	0.00	0.00	0.00
1121	应收票据	292 300.00		0.00	0.00	292 300.00	0.00
1122	应收账款	1 268 000.00		0.00	0.00	1 268 000.00	0.00
1123	预付账款	180 000.00		0.00	0.00	180 000.00	0.00
1221	其他应收款	4 400.00		1 000.00	0.00	5 400.00	0.00
1231	坏账准备		6 340.00	0.00	0.00	0.00	6 340.00
1402	在途物资			0.00	0.00	0.00	0.00
1403	原材料	1 414 708.00		5 000.00	2 100.00	1 417 608.00	0.00
1411	周转材料	43 797.00		0.00	0.00	43 797.00	0.00
1405	库存商品	372 040.00		30 100.00	20 100.00	382 040.00	0.00
1511	长期股权投资	250 000.00		0.00	0.00	250 000.00	0.00
1601	固定资产	6 686 000.00		0.00	0.00	6 686 000.00	0.00
1602	累计折旧		1 952 514.00	0.00	3 000.00	0.00	1 955 514.00
1604	在建工程			0.00	0.00	0.00	0.00
1606	固定资产清理			0.00	0.00	0.00	0.00
1701	无形资产	143 000.00		0.00	0.00	143 000.00	0.00
1702	累计摊销			0.00	0.00	0.00	0.00
1801	长期待摊费用			0.00	0.00	0.00	0.00
2001	短期借款		500 000.00	0.00	0.00	0.00	500 000.00
2201	应付票据		204 750.00	0.00	0.00	0.00	204 750.00

续表

科目编码	科目名称	期初借方余额	期初贷方余额	本期借方发生额合计	本期贷方发生额合计	期末借方余额	期末贷方余额
2202	应付账款		1 058 756.00				1 058 756.00
2211	应付职工薪酬		173 323.40	0.00	25 000.00	0.00	198 323.40
2221	应交税费		150 387.40	650.00	16 665.00	0.00	166 402.40
2231	应付利息			0.00	0.00	0.00	0.00
2241	其他应付款		86 454.00	0.00	0.00	0.00	86 454.00
2501	长期借款		860 400.00	0.00	0.00	0.00	860 400.00
2502	应付债券		100 000.00	0.00	0.00	0.00	100 000.00
2701	长期应付款		68 695.30	0.00	0.00	0.00	68 695.30
4001	实收资本		6 200 000.00	0.00	0.00	0.00	6 200 000.00
4002	资本公积		582 701.00	0.00	0.00	0.00	582 701.00
4101	盈余公积		300 000.00	0.00	0.00	0.00	300 000.00
4103	本年利润			64 000.00	64 000.00	0.00	0.00
4104	利润分配		126 000.00	0.00	25 035.00	0.00	151 035.00
5001	生产成本	40 000.00		20 100.00	30 100.00	30 000.00	0.00
5101	制造费用			0.00	0.00	0.00	0.00
6001	主营业务收入			64 000.00	64 000.00	0.00	0.00
6111	投资收益			0.00	0.00	0.00	0.00
6401	主营业务成本			20 100.00	20 100.00	0.00	0.00
6402	其他业务成本			0.00	0.00	0.00	0.00
6403	税金及附加			0.00	0.00	0.00	0.00
6601	销售费用			0.00	0.00	0.00	0.00
6602	管理费用			10 400.00	10 400.00	0.00	0.00
6603	财务费用			120.00	120.00	0.00	0.00
6711	营业外支出			0.00	0.00	0.00	0.00
6801	所得税费用			8 345.00	8 345.00	0.00	0.00
合计		12 370 321.10	12 370 321.10	298 135.00	298 135.00	12 439 371.10	12 439 371.10

3. 实训要求

（1）编制青岛宏发公司 2022 年 3 月的资产负债表。

（2）编制青岛宏发公司 2022 年 3 月的利润表。

（3）编排会计报表，使之更符合财务人员的习惯。

项目四

WPS 表格在工资管理中的应用

知识目标

1．掌握工资核算系统的业务处理流程。

2．掌握工资的计算方法。

能力目标

1．学会使用 WPS 表格设计工资核算系统。

2．学会使用 WPS 表格制作工资条。

3．学会运用筛选及数据分析工具进行工资数据的汇总和查询。

素质目标

1．树立精益求精、严谨务实的工作作风，严格遵守企业内部章程。

2．遵守职业道德、依法办事、保守秘密，不随意泄露企业的基本情况及员工工资。

工作情境与分析

一、情境

李娜用 WPS 表格完成了建账、编制会计报表的工作之后，体会到了用 WPS 表格代替手工操作的好处——不仅能减少重复性工作，提高工作效率，还能够从繁重的日常核算工作中解脱出来。于是，她又有了新的想法——尝试用 WPS 表格设计工资核算系统。

丰源公司主要有 7 个部门——企划部、财务部、后勤部、组装部、机修部、销售部和供应部；共有 20 名员工，主要有 7 种职工类别——公司经理、管理人员、部门经理、基本生产人员、辅助生产人员、销售人员和采购人员。每名员工的工资项目包括基本工资、岗位工资、职务津贴、奖金、事假扣款、病假扣款、住房公积金和个人所得税。2022 年 2 月该公司职工的基本工资信息如表 4-1 所示。

表 4-1　　丰源公司职工的基本工资信息

职工代码	职工姓名	性别	年龄	部门	工作岗位	职工类别	事假天数	病假天数	基本工资/元
001	杨丰源	男	42	企划部	公司经理	公司经理	1		5 000
002	李丽	女	35	企划部	职员	管理人员			3 000
003	张静	女	34	财务部	部门经理	部门经理		2	4 000
004	李娜	女	22	财务部	职员	管理人员			3 000
005	刘敏	女	43	后勤部	职员	管理人员			2 500
006	赵辉	男	38	组装部	部门经理	部门经理			4 000
007	李明	男	26	组装部	生产人员	基本生产人员			3 600
008	张永	男	31	组装部	生产人员	基本生产人员			3 000
009	李立强	男	27	组装部	生产人员	基本生产人员			2 600
010	周国庆	男	30	组装部	生产人员	基本生产人员			2 400
011	李佳佳	女	29	组装部	生产人员	基本生产人员	1	2	2 400
012	张路	男	32	机修部	部门经理	部门经理			4 000
013	赵林	男	30	机修部	生产人员	辅助生产人员			3 000
014	李辉	男	26	销售部	部门经理	部门经理			3 500
015	宋涛	男	30	销售部	销售员	销售人员			1 600
016	王亮	男	25	销售部	销售员	销售人员	2		1 600
017	马帅	男	22	销售部	销售员	销售人员			1 600
018	赵伟	女	28	销售部	销售员	销售人员			1 600
019	章小蕙	女	32	供应部	部门经理	部门经理			3 600
020	梁冰	女	25	供应部	职员	采购人员		8	2 200

其他工资项目的发放情况及有关规定如下。

（1）岗位工资根据职工类别进行设置，具体标准如表 4-2 所示。

表 4-2　　岗位工资标准

职工类别	岗位工资/元
公司经理	2 000.00
管理人员	1 600.00
部门经理	1 800.00
基本生产人员	1 200.00
辅助生产人员	1 200.00
销售人员	1 200.00
采购人员	1 200.00

（2）职务津贴是基本工资与岗位工资之和的 10%。

（3）奖金根据职工所在部门的不同分别设置，具体标准如表 4-3 所示。

表 4-3　　奖金标准　　单位：元

部门	奖金
企划部	1 000.00
财务部	800.00
后勤部	800.00
组装部	900.00
机修部	900.00
销售部	600.00
供应部	800.00

（4）请事假按日基本工资扣款。

（5）请病假每天扣款 50 元。

（6）住房公积金为应发工资的 15%。

（7）个人所得税根据应发工资的数额确定，具体规定如表 4-4 所示。

表 4-4　　个人所得税计算表　　单位：元

全月应纳税所得额	税率	速算扣除数
全月应纳税所得额不超过 3 000 元	3%	0
全月应纳税所得额超过 3 000 元至 12 000 元	10%	210
全月应纳税所得额超过 12 000 元至 25 000 元	20%	1 410
全月应纳税所得额超过 25 000 元至 35 000 元	25%	2 660
全月应纳税所得额超过 35 000 元至 55 000 元	30%	4 410
全月应纳税所得额超过 55 000 元至 80 000 元	35%	7 160
全月应纳税所得额超过 80 000 元	45%	15 160

二、分析

职工工资管理是企业财务管理中不可或缺的组成部分。传统的工资核算和记录是依靠手工操作来完成的，计算比较复杂，业务量大，常常需要花费大量的人力和时间。利用 WPS 表格来编制和管理职工的工资，不仅能确保工资核算的准确性，还能减少重复性的统计工作，提高工资管理的效率。

做好工资管理工作、正确计算职工工资、如实地反映和监督工资资金的使用情况，以及职工工资的结算情况，是加强工资资金管理、降低工资费用的一个重要手段。工资管理的主要任务是：通过工资资金计划反映工资的使用情况，监督企业严格执行国家颁布的有关工资政策和制度；正确计算每名职工应得的工资，反映和监督企业与职工的工资结算情况，贯彻按劳分配的原则；按照工资的用途，合理地分配工资费用。

利用 WPS 表格进行工资管理的基本工作过程一般为：输入工资数据—设置工资项目—制作工资条—工资数据的查询与统计分析—编制工资费用分配表。

任务一　输入工资数据

输入工资数据即用 WPS 表格建立工资结算单。工资结算单也称工资单，一般按车间、部门分别填制，每月一张，按职工姓名分行填写应发工资、代扣款项和实发工资等。工资结算单的用途如下。

微课 4-1　输入工资数据

（1）按职工姓名裁成工资条，连同工资发放给职工，以便职工核对。

（2）作为财务部门进行工资统计的依据。

（3）作为工资结算和支付的凭证，并据以进行工资结算的汇总核算。

职工工资数据是进行工资管理的基础，所以，需要建立一个工作簿来记录这些数据。输入工资数据有 3 种方法：直接在工作表中输入数据、用记录单输入数据和用查找录入功能输入数据。

一、直接在工作表中输入数据

直接在工作表输入数据的操作步骤如下。

（1）在“丰源公司”文件夹下新建一个 WPS 表格工作簿，并将其命名为“工资核算”。打开“工资核算”工作簿，将 Sheet 1 重命名为“基本工资信息表”，将丰源公司职工的基本工资信息、岗位工资标准、奖金标准、个人所得税计算表和职工信息等相关资料录入其中，然后在“基本工资信息表”工作表后面插入一张新工作表，并将其重命名为“工资结算单”。

（2）在“工资结算单”工作表的 A1 单元格中输入“工资结算单”，选择 A1:S1 单元格区域，将对齐方式设置为“合并居中”。在 A3:S3 单元格区域中输入以下工资项目：职工代码、职工姓名、性别、年龄、部门、工作岗位、职工类别、事假天数、病假天数、基本工资、岗位工资、职务津贴、奖金、事假扣款、病假扣款、应发工资、住房公积金、个人所得税和实发工资。输入完成后，为 A3:S3 单元格区域添加边框，并将其对齐方式设置为居中，如图 4-1 和图 4-2 所示。

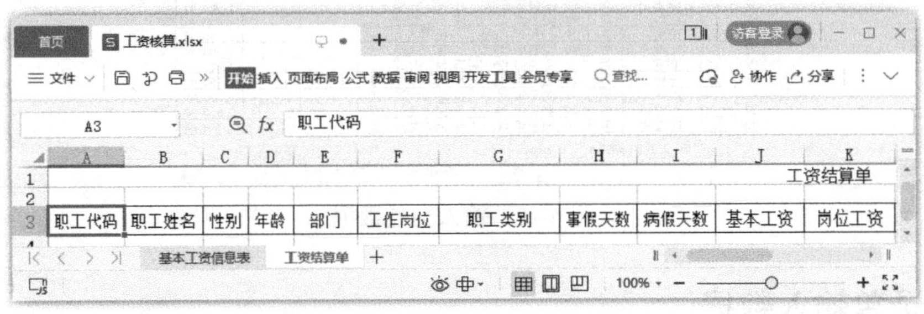

图 4-1　工资初始数据（1）

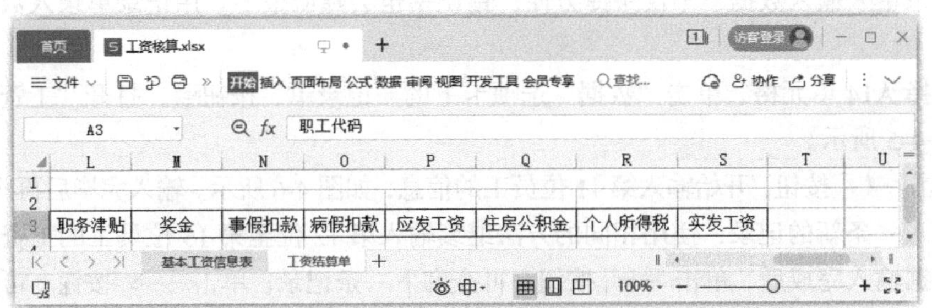

图 4-2　工资初始数据（2）

（3）为了输入方便并防止出错，可对某些数据列设置数据有效性。首先对“性别”列设置数据有效性，其操作方法为：选择C4单元格，单击“数据”选项卡下的“有效性”按钮，打开“数据有效性”对话框，在“设置”选项卡下的“允许”下拉列表中选择“序列”选项，在“来源”参数框中输入“男，女”，然后单击确定按钮，如图4-3所示。

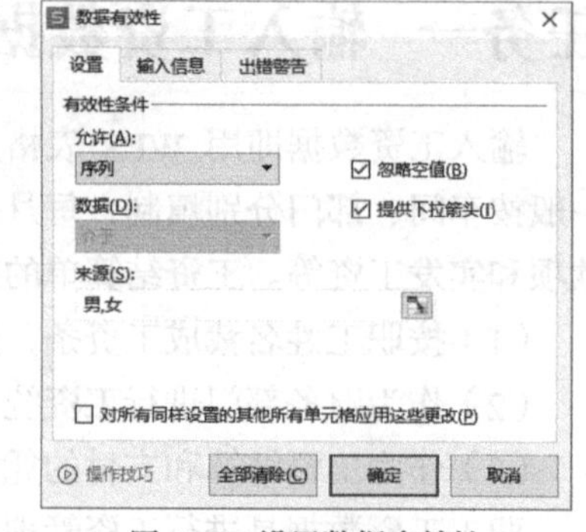

图 4–3　设置数据有效性

设置完毕后，将鼠标指针移动到C4单元格右下角，当指针变为+形状时，按住鼠标左键不放，向下拖曳，将C4单元格中的数据有效性复制到C列的其他单元格中。

（4）采用同样的方法为“部门”“工作岗位”“职工类别”列进行数据有效性设置。“部门”列的数据有效性来源为：企划部、财务部、后勤部、组装部、机修部、销售部、供应部；“工作岗位”列的数据有效性来源为：公司经理、职员、部门经理、生产人员、销售员；“职工类别”列的数据有效性来源为：公司经理、管理人员、部门经理、基本生产人员、辅助生产人员、销售人员、采购人员。

（5）根据表4-1中所给数据分别输入前10位员工的“职工代码”“职工姓名”“性别”“年龄”“部门”“工作岗位”“职工类别”“事假天数”“病假天数”“基本工资”信息，其他数据项的信息暂不输入，如图4-4所示。

职工代码	职工姓名	性别	年龄	部门	工作岗位	职工类别	事假天数	病假天数	基本工资
C01	杨丰源	男	42	企划部	公司经理	公司经理	1		5,000.00
C02	李丽	女	35	企划部	职员	管理人员			3,000.00
C03	张静	女	34	财务部	部门经理	部门经理		2	4,000.00
C04	李娜	女	22	财务部	职员	管理人员			3,000.00
C05	刘敏	女	43	后勤部	职员	管理人员			2,500.00
C06	赵辉	男	38	组装部	部门经理	部门经理			4,000.00
C07	李明	男	26	组装部	生产人员	基本生产人员			3,600.00
C08	张永	男	31	组装部	生产人员	基本生产人员			3,000.00
C09	李立强	男	27	组装部	生产人员	基本生产人员			2,600.00
C10	周国庆	男	30	组装部	生产人员	基本生产人员			2,400.00

图 4–4　输入初始数据

二、用记录单输入数据

利用记录单来输入数据，不仅快捷方便，错误率也会降低很多。用记录单录入数据的操作步骤如下。

（1）选择A14单元格，单击“数据”选项卡下的“记录单”按钮，打开“工资结算单”对话框，如图4-5所示。

（2）单击新建(W)按钮，开始输入第11位员工的信息，如图4-6所示。输入完毕后再次单击新建(W)按钮，可输入一条新的记录，使用相同的方法继续输入第12位至第15位员工的工资结算数据。

全部数据输入完成后，单击下一条(N)按钮，可查询下一条记录；单击上一条(P)按钮，可查询上一条记录。

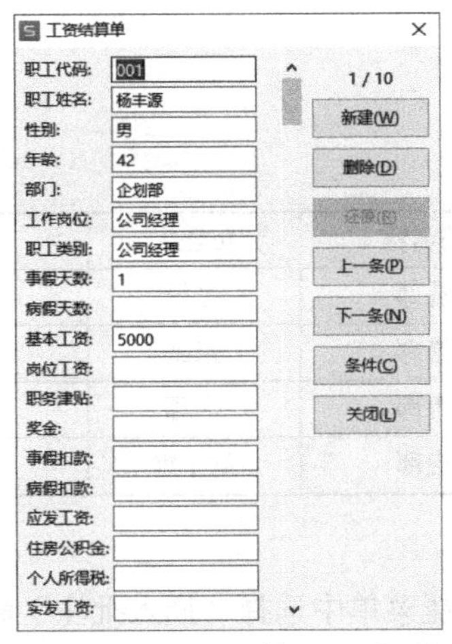

图 4-5　“工资结算单”对话框

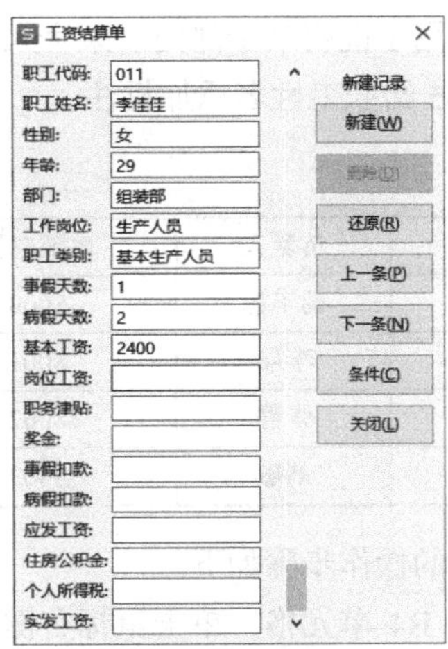

图 4-6　记录单输入

三、用查找录入功能输入数据

使用查找录入功能输入数据的前提是有基础数据，因此，基础数据必须要正确，只有这样，才能确保输入数据的正确性。使用查找录入功能输入数据的操作步骤如下。

（1）在 A19:A23 单元格区域中接着“015”继续编号，然后单击“数据”选项卡下的“查找录入”按钮，打开“查找录入”对话框，如图 4-7 所示。

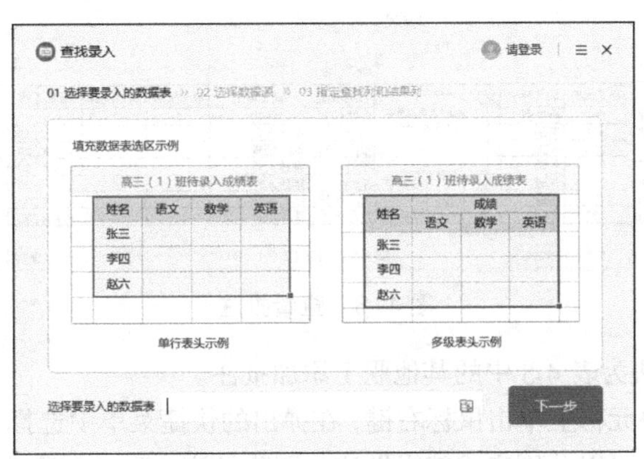

图 4-7　“查找录入”对话框

（2）在“选择要录入的数据表”参数框中输入“=工资结算！$A$3:$J$23”，然后单击按钮。

（3）单击“选择数据源”右侧的“折叠”按钮，切换到“基本工资信息表”工作表，在该工作表中拖曳鼠标选择“A2:J22”单元格区域，单击“展开”按钮，单击按钮，然后再单击按钮完成第 16 位至第 20 位员工的工资结算数据录入工作。

需要注意的是，使用查找录入功能输入数据时，不仅要保证数据的正确性，还要保证选择录入的数据区域和数据源中都包含相同的字段名。

四、添加批注

给工作表添加批注主要是为了说明表格中的公式是如何产生的，是用哪些数据来制作图表或报告的，或者用于说明某个部门、某个人员的辅助信息。

根据表 4-5 给职工姓名添加批注。

表 4-5　　职工信息

部门名称	负责人	内部电话	部门名称	负责人	内部电话
企划部	杨丰源	8000	组装部	赵辉	8201
企划部	李丽	8001	机修部	张路	8202
财务部	张静	8002	销售部	李辉	8301
后勤部	刘敏	8003	供应部	章小蕙	8302

添加批注的操作步骤如下。

（1）选择 B4 单元格，单击鼠标右键，在弹出的快捷菜单中选择“插入批注”命令，打开批注框，此时，该批注框处于编辑状态。

（2）输入批注内容“为法人代表，主管企划部，内部电话：8000”。

（3）添加了批注的单元格右上角会显示批注指示。若要查看单元格的批注，只需要移动鼠标指针至该单元格上即可，如图 4-8 所示。

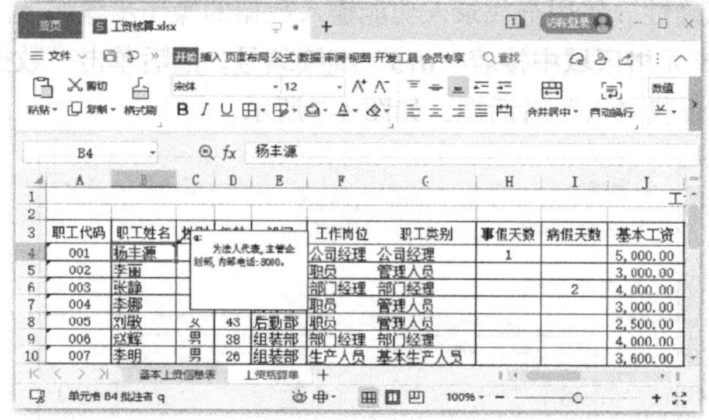

图 4–8　查看批注

（4）使用相同的方法为表 4-5 中的其他职工添加批注。

（5）在带有批注的单元格上单击鼠标右键，在弹出的快捷菜单中选择“编辑批注”“删除批注”“显示/隐藏批注”命令，可以分别完成编辑批注、删除批注、显示和隐藏批注等操作。

任务二　设置工资项目

工资是指雇主或者用人单位根据法律或行业的规定，或根据与员工之间的约定，以货币形式对员工的劳动所支付的报酬，是劳务报酬中的主要形式。

微课 4-2　设置工资项目

一、分析工资项目

工资结算单的构成项目中部分项目是各企业都有的，为必备项目；部分项目是某类企业特有的；部分项目的数据长期不变，属于固定项目；部分项目可能每月都有变动，属于变动项目。因此，可以在 WPS 表格数据列表中预先设置一些必备的工资项目，如应发工资、病假扣款、实发工资等，其他项目可根据需要自行增删和修改。

二、设置具体工资项目

因工种、岗位的区别，企业需要选择适合其劳动特点的工资制度。下面根据前面提供的有关信息为工资结算单设置具体项目。

1. 设置“岗位工资”项目

根据丰源公司的规定，岗位工资根据职工类别进行设置。其操作步骤如下。

（1）选择 K4 单元格，单击编辑栏中的“插入函数”按钮 fx，打开“插入函数”对话框，在“选择函数”下拉列表中选择 IF 函数，单击 确定 按钮，打开“函数参数”对话框。

（2）在“测试条件”参数框中输入公式“G4="公司经理"”；在“真值”参数框中输入“2000”；在“假值”参数框中输入公式“IF(G4="管理人员",1600,IF(G4="部门经理",1800,1200))”，如图 4-9 所示。其含义是：如果 G4 单元格中的值为“公司经理”，则返回的值是 2 000，否则又有 3 种情况，所以在第 3 个参数里继续使用 IF 函数进行进一步判断。如果 G4 单元格中的值为“管理人员”，则返回的值为 1 600；如果不是，则继续使用 IF 函数进行判断；如果 G4 单元格中的值为“部门经理”，则返回的值为 1 800；如果不是，则 IF 函数的值为 1 200。

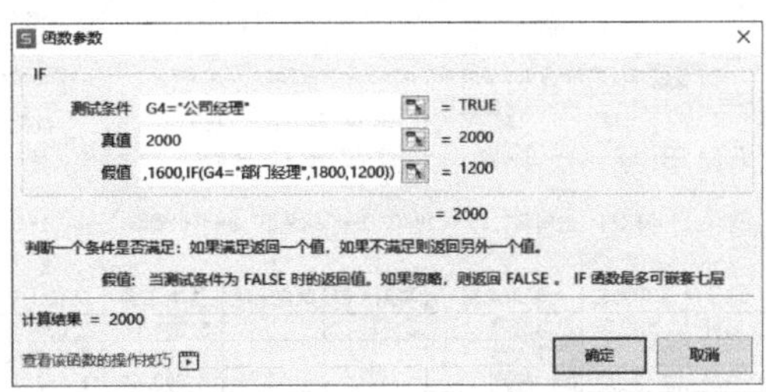

图 4-9　IF 函数参数

（3）因为 G4 单元格中的内容为“公司经理”，所以 K4 单元格中返回的值为 2 000，再将 K4 单元格中的公式复制到 K 列的其他单元格中，结果如图 4-10 所示。

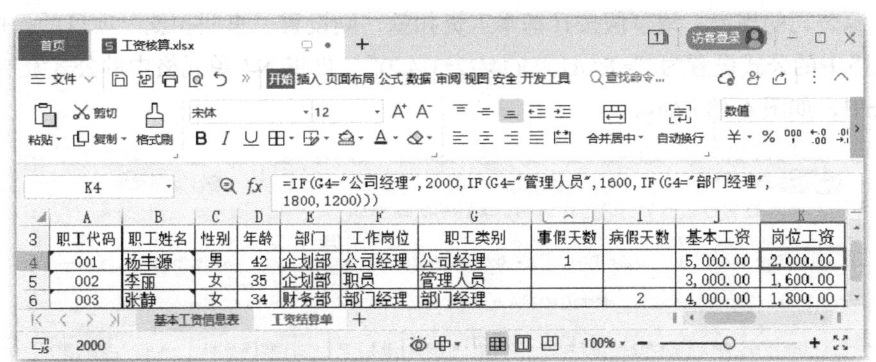

图 4-10　设置“岗位工资”项目

2. 设置“职务津贴”项目

根据丰源公司的规定，职务津贴是基本工资与岗位工资之和的 10%，则设置“职务津贴”项目的操作方法为：将 L4 单元格中的公式设置为“=(J4+K4)*0.1”，再将 L4 单元格中的公式复制到 L 列的其他单元格中，如图 4-11 所示。

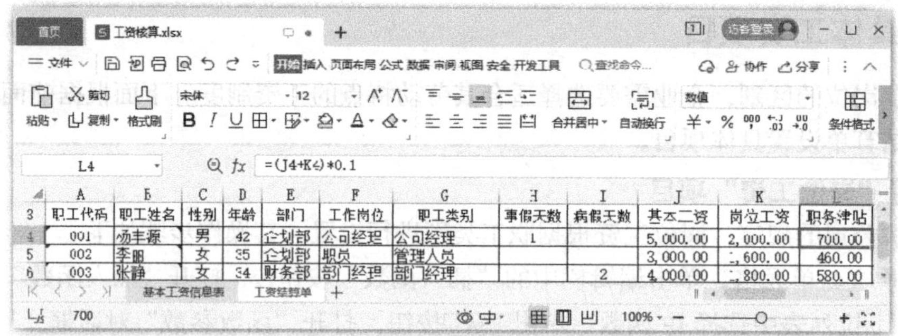

	A	B	C	D	E	F	G	H	I	J	K	L
3	职工代码	职工姓名	性别	年龄	部门	工作岗位	职工类别	事假天数	病假天数	基本工资	岗位工资	职务津贴
4	001	杨丰源	男	42	企划部	公司经理	公司经理	1		5,000.00	2,000.00	700.00
5	002	李丽	女	35	企划部	职员	管理人员			3,000.00	1,600.00	460.00
6	003	张静	女	34	财务部	部门经理	部门经理		2	4,000.00	1,800.00	580.00

图 4-11　设置“职务津贴”项目

3. 设置“奖金”项目

设置“奖金”项目的操作方法为：将 M4 单元格中的公式设置为“=IF(E4="企划部",1000,IF(OR(E4="组装部",E4="机修部"),900,IF(E4="销售部",600,800)))”，然后将 M4 单元格中的公式复制到 M 列的其他单元格中，如图 4-12 所示。

	B	C	D	E	F	G	H	I	J	K	L	M
3	职工姓名	性别	年龄	部门	工作岗位	职工类别	事假天数	病假天数	基本工资	岗位工资	职务津贴	奖金
4	杨丰源	男	42	企划部	公司经理	公司经理	1		5,000.00	2,000.00	700.00	1,000.00
5	李丽	女	35	企划部	职员	管理人员			3,000.00	1,600.00	460.00	1,000.00
6	张静	女	34	财务部	部门经理	部门经理		2	4,000.00	1,800.00	580.00	800.00

图 4-12　设置“奖金”项目

4. 设置“事假扣款”项目

根据丰源公司的规定，请事假按日基本工资扣款，则设置“事假扣款”项目的操作方法为：将 N4 单元格中的公式设置为“=ROUND(J4/22*H4,2)”，再将 N4 单元格中的公式复制到 N 列的其他单元格中，如图 4-13 所示。

	C	D	E	F	G	H	I	J	K	L	M	N
3	性别	年龄	部门	工作岗位	职工类别	事假天数	病假天数	基本工资	岗位工资	职务津贴	奖金	事假扣款
4	男	42	企划部	公司经理	公司经理	1		5,000.00	2,000.00	700.00	1,000.00	227.27
5	女	35	企划部	职员	管理人员			3,000.00	1,600.00	460.00	1,000.00	0
6	女	34	财务部	部门经理	部门经理		2	4,000.00	1,800.00	580.00	800.00	0

图 4-13　设置“事假扣款”项目

5. 设置“病假扣款”项目

根据丰源公司的规定，请病假每天扣款 50 元，则设置“病假扣款”项目的操作方法为：将 O4 单元格中的公式设置为“=I4*50”，再将 O4 单元格中的公式复制到 O 列的其他单元格中，如图 4-14 所示。

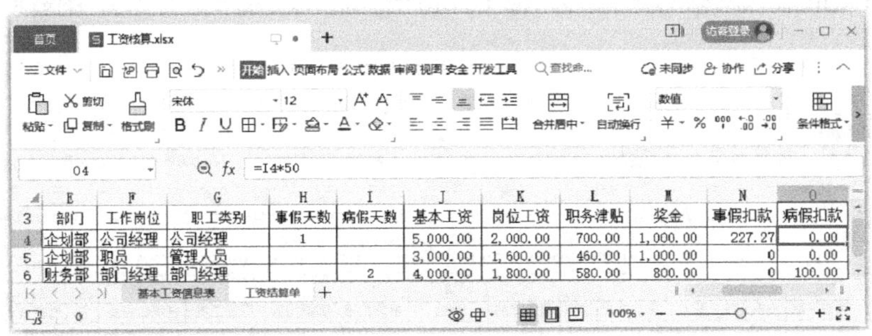

图 4–14　设置“病假扣款”项目

6. 设置“应发工资”项目

应发工资为基本工资、岗位工资、职务津贴与奖金之和减去事假扣款和病假扣款，则设置“应发工资”项目的操作方法为：将 P4 单元格中的公式设置为“=SUM(J4:M4)–N4–O4”，再将 P4 单元格中的公式复制到 P 列的其他单元格中，如图 4-15 所示。

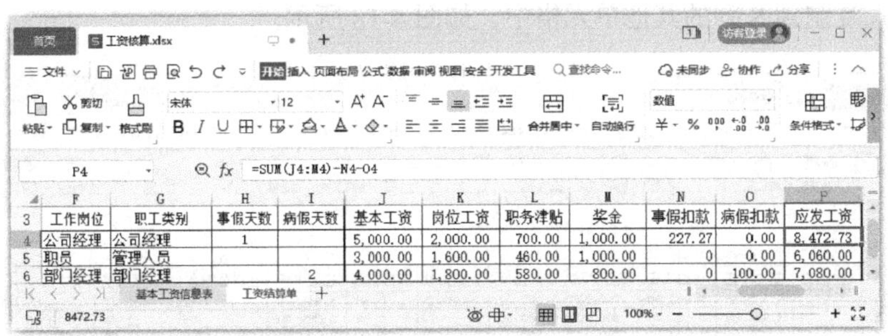

图 4–15　设置“应发工资”项目

7. 设置“住房公积金”项目

根据丰源公司的规定，住房公积金为应发工资的 15%，则设置“住房公积金”项目的操作方法为：将 Q4 单元格中的公式设置为“=ROUND(P4*0.15,2)”，再将 Q4 单元格中的公式复制到 Q 列的其他单元格中，如图 4-16 所示。

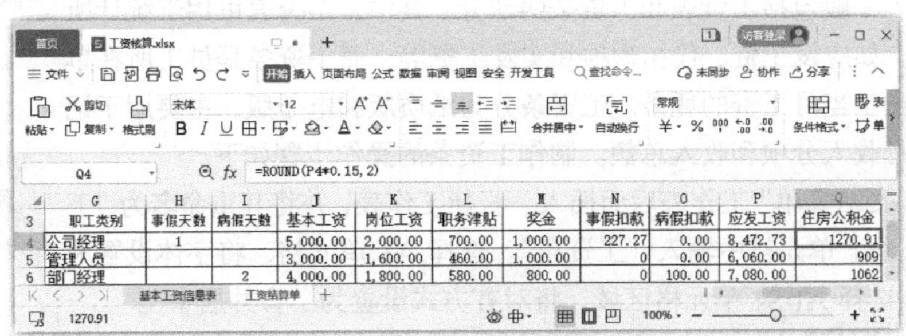

图 4–16　设置“住房公积金”项目

8. 设置“个人所得税”项目

个人所得税应根据应发工资的数额来确定，因此设置“个人所得税”项目的操作方法为：将R4 单元格中的公式设置为“=IF(P4−5 000<=0,0,IF(P4−5 000<=3 000,(P4−5 000)*0.03,IF(P4−5 000<=12 000,(P4−5 000)*0.1−210,IF(P4−5 000<=25 000,(P4−5 000)*0.2−1 410,(P4−5 000)*0.25−2 660))))”，再将 R4 单元格中的公式复制到 R 列的其他单元格中。此公式运用了 4 级 IF 函数嵌套，如图 4-17 所示。

图 4-17　设置“个人所得税”项目

9. 设置“实发工资”项目

设置“实发工资”项目的操作方法为：将 S4 单元格中的公式设置为“=P4−Q4−R4”，再将 S4 单元格中的公式复制到 S 列的其他单元格中，如图 4-18 所示。

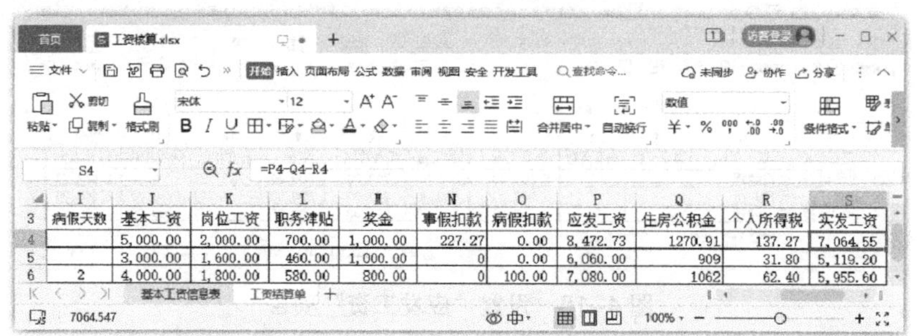

图 4-18　设置“实发工资”项目

任务三　制作工资条

微课 4-3　制作工资条

员工工资表一般包括工资表和工资条两部分，其中，工资表可用于统计所有员工的工资，如应发工资、代扣款项和实发工资等，而工资条是员工所在单位定期发放给员工当月工资的凭条。工资条分为纸质版和电子版，主要用于记录每个员工的月收入分项和收入总额。制作工资条的操作步骤如下。

（1）在“工资结算单”工作表后面插入一张新工作表，并将其重命名为“工资条”，然后在 A1 单元格中输入“工资条”。选择 A1 单元格，将字体设置为“18”“加粗”；选择 A1:S1 单元格区域，将对齐方式设置为“合并居中”。

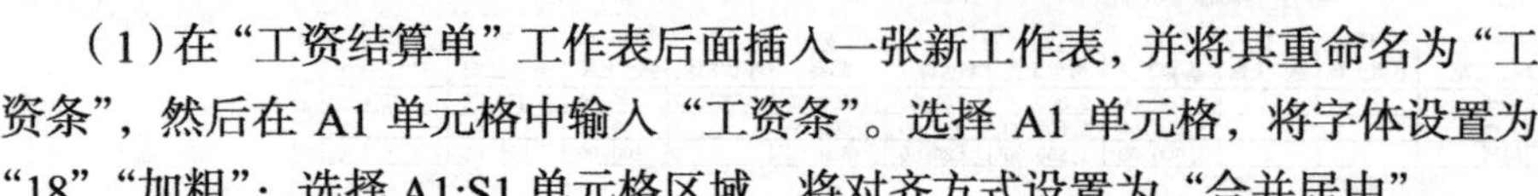

（2）在“工资结算单”工作表中分别复制 A3:S3 和 A4 单元格区域，然后分别将其粘贴至“工

资条”工作表的 A2:S2 和 A3 单元格区域中，并适当调整列宽。

（3）选择 B3 单元格，单击编辑栏中的“插入函数”按钮fx，打开“插入函数”对话框，在 “或选择类别”下拉列表中选择“查找与引用”选项，在“选择函数”下拉列表中选择“VLOOKUP”选项，单击 确定 按钮打开“函数参数”对话框，在各参数框中输入条件值，如图 4-19 所示。

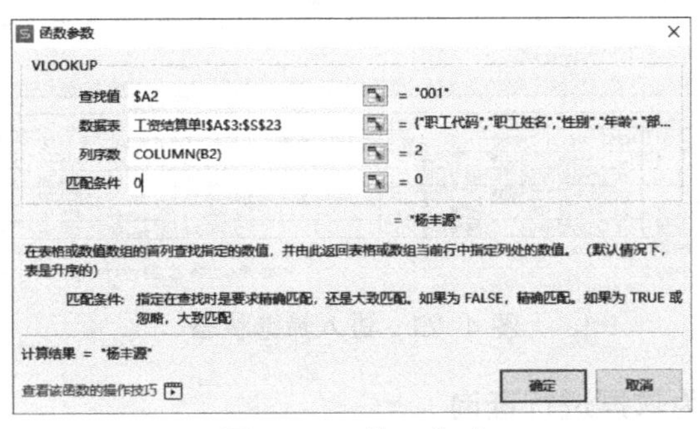

图 4–19　输入公式

COLUMN()函数。

【类型】查找与引用函数。

【格式】COLUMN(参照区域)。

【功能】返回指定引用的列号。

（4）选择 B3 单元格，将鼠标指针移至该单元格右下角，当鼠标指针变成+形状时，向右拖曳至 S3 单元格，然后按照“工资结算单”工作表中的格式修改表中的部分单元格格式，并为 B3:S3 单元格区域添加边框线。

（5）选择 A1:S4 单元格区域，向下填充至 S60 单元格，如图 4-20 所示。

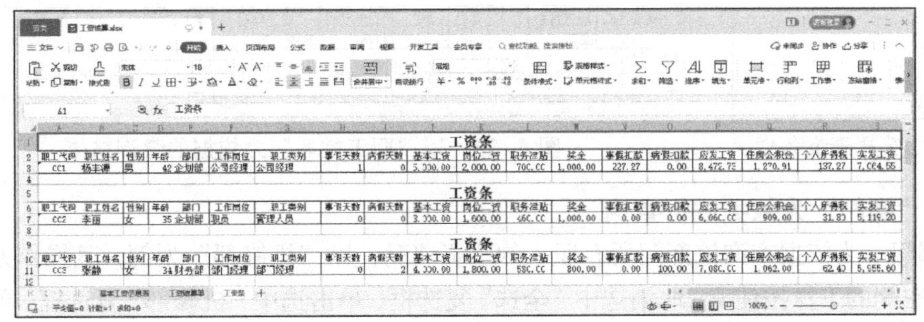

图 4–20　工资条

任务四　工资数据的查询与统计分析

微课 4–4　工资数据的查询与统计分析

如果需要了解某个职工的工资情况，还需要按照一定标准对工资数据进行汇总分析。

一、利用筛选功能查询工资数据

如果要利用筛选功能查询工资数据，首先需要进入筛选状态，即选择含有数据的任意一个单元格，单击“数据”选项卡下的“自动筛选”按钮▽（或单击“开始”选项卡下的“筛选”按钮▽），进入筛选状态，此时，每个字段名所在的单元格右下角将会出现一个下拉按钮▾，如图 4-21 所示。

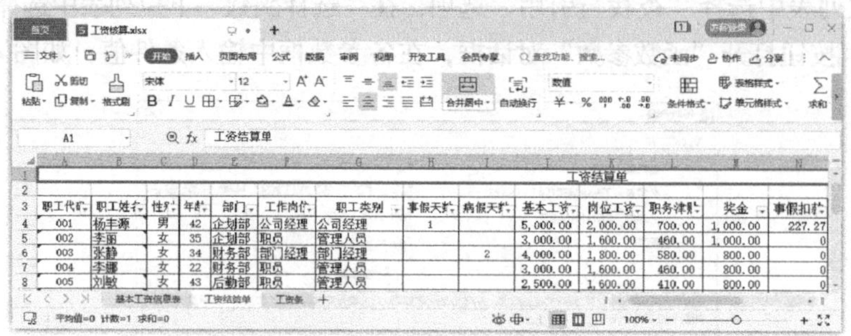

图 4–21　进入筛选状态

1. 以“职工姓名”为依据进行查询

以“职工姓名”为依据查询该职工的工资情况，以“李丽”为例，其操作方法为：单击“职工姓名”右侧的下拉按钮▾，打开图 4-22 所示的对话框，取消选中“全选”复选框，单击选中“李丽”复选框，单击 确定 按钮，查询结果如图 4-23 所示。

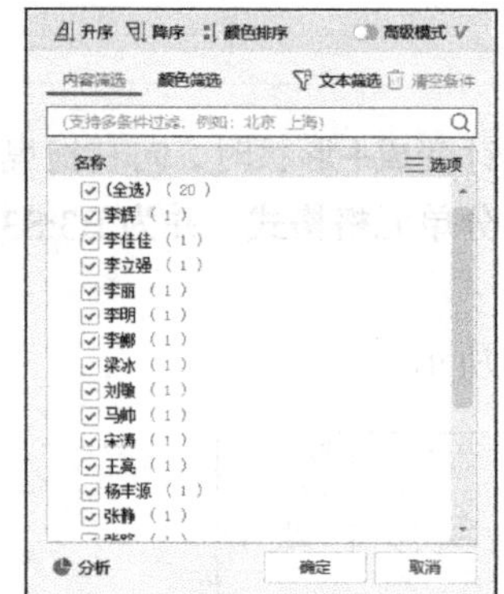

图 4–22　选择查询条件

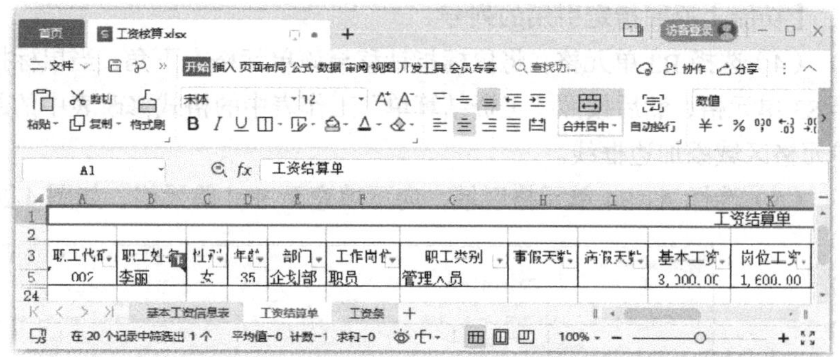

图 4–23　以“职工姓名”为依据的查询结果

2. 以“部门”为依据进行查询

以“部门”为依据查询该部门所有职工的工资情况，以“机修部”为例，其操作方法为：单击“部门”右侧的下拉按钮▾，取消选中“全选”复选框，单击选中“机修部”复选框，单击 确定 按钮，查询结果如图 4-24 所示。

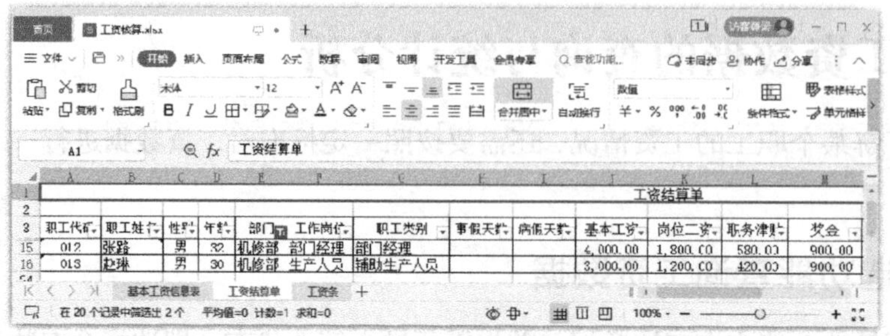

图 4–24　以“部门”为依据的查询结果

二、依据部门和职工类别进行统计分析

运用 WPS 表格对职工工资的基本数据进行处理，可以简便、快捷地对这些数据进行分析，为管理者提供很大的帮助。

1. 计算每一部门、每一职工类别“应发工资”的汇总数

计算每一部门、每一职工类别“应发工资”汇总数的操作步骤如下。

（1）选择“工资结算单”工作表中的任意一个单元格，单击“插入”选项卡下的“数据透视表”按钮，打开“创建数据透视表”对话框，确认数据源区域正确后，在“请选择放置数据透视表的位置”栏下单击选中“新工作表”单选项，单击 确定 按钮。

（2）将“部门”字段拖曳至“行”区域中，将“职工类别”字段拖曳至“列”区域中，将“应发工资”字段拖曳至“值”区域中，新工作表中将显示“应发工资”按部门与职工类别汇总的数据透视表，如图 4-25 所示。

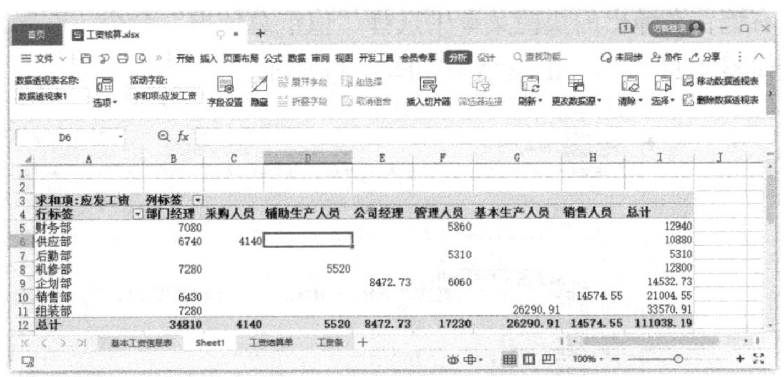

求和项:应发工资	列标签							
行标签	部门经理	采购人员	辅助生产人员	公司经理	管理人员	基本生产人员	销售人员	总计
财务部	7080				5860			12940
供应部	6740	4140						10880
后勤部					5310			5310
机修部	7280		5520					12800
企划部				8472.73	6060			14532.73
销售部	6430						14574.55	21004.55
组装部	7280					26290.91		33570.91
总计	34810	4140	5520	8472.73	17230	26290.91	14574.55	111038.19

图 4-25　数据透视表

（3）选择数据透视表中的任意一个单元格，单击“分析”选项卡下的“数据透视图”按钮，打开“图表”对话框，在对话框左侧选择“柱形图”选项，在对话框右侧选择“堆积柱形图”选项，单击 插入 按钮后，则在当前页生成一张数据透视图，如图 4-26 所示。

（4）选择数据透视图中的任意一个柱形，单击鼠标右键，在弹出的快捷菜单中选择“添加数据标签”命令，可在数据透视图相应的位置处显示出数据透视表中相关人员的应发工资总额，如图 4-27 所示。

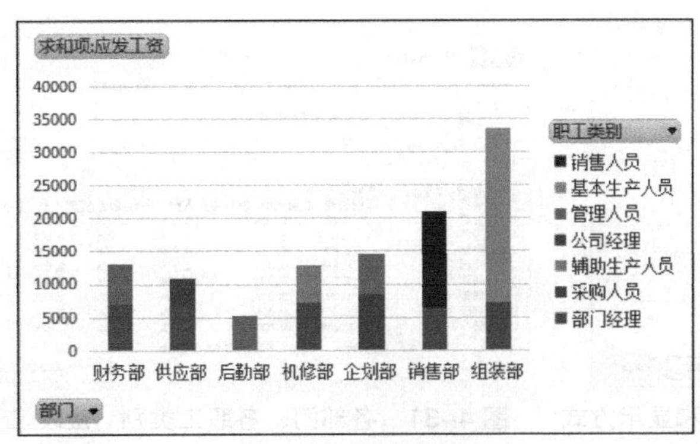

图 4-26　数据透视图

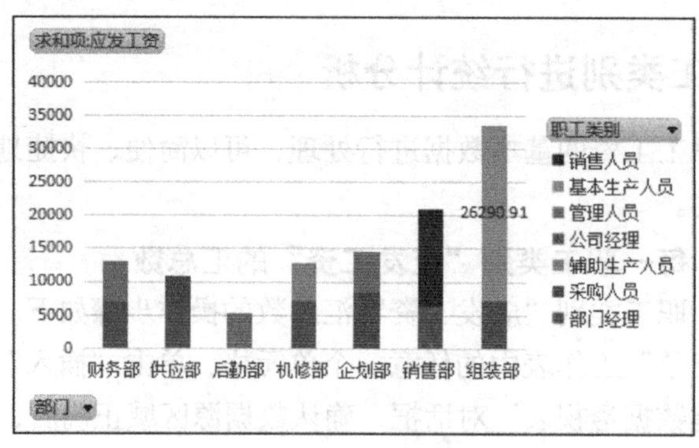

图 4–27　添加数据标签

2. 计算每一部门、每一职工类别“应发工资”的平均数

选择“应发工资”对应的 A3 单元格，单击鼠标右键，在弹出的快捷菜单中选择“值字段设置”命令，打开“值字段设置”对话框，在“值汇总方式”选项卡下选择“平均值”选项，单击确定按钮（或单击鼠标右键，在弹出的快捷菜单中选择“值汇总依据”命令，在弹出的子菜单中选择“平均值”命令），如图 4-28 所示。汇总结果如图 4-29 所示。

图 4–28　选择汇总方式

平均值项:应发工资	列标签							
行标签	部门经理	采购人员	辅助生产人员	公司经理	管理人员	基本生产人员	销售人员	总计
财务部	7080				5860			6470
供应部	6740	4140						5440
后勤部					5310			5310
机修部	7280		5520					6400
企划部				8472.73	6060			7256.365
销售部	6430						3643.6375	4200.91
组装部	7280					5258.182		5595.151667
总计	6962	4140	5520	8472.73	5743.333333	5258.182	3643.6375	5551.9095

图 4–29　“应发工资”的平均值汇总结果

3. 计算每一部门、每一职工类别“应发工资”的汇总数占“应发工资”总和的百分比

打开“值字段设置”对话框，在“值汇总方式”选项卡下选择“求和”选项，在“值显示方式”栏下的“值显示方式”下拉列表中选择“总计的百分比”选项，单击确定按钮，如图 4-30 所示。汇总结果如图 4-31 所示。

图 4–30　选择汇总方式和显示方式

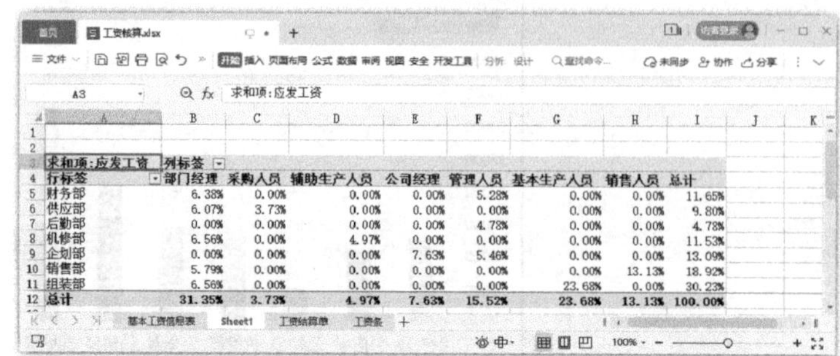

求和项:应发工资	列标签							
行标签	部门经理	采购人员	辅助生产人员	公司经理	管理人员	基本生产人员	销售人员	总计
财务部	6.38%	0.00%	0.00%	0.00%	5.28%	0.00%	0.00%	11.65%
供应部	6.07%	3.73%	0.00%	0.00%	0.00%	0.00%	0.00%	9.80%
后勤部	0.00%	0.00%	0.00%	0.00%	4.78%	0.00%	0.00%	4.78%
机修部	6.56%	0.00%	4.97%	0.00%	0.00%	0.00%	0.00%	11.53%
企划部	0.00%	0.00%	0.00%	7.63%	5.46%	0.00%	0.00%	13.09%
销售部	5.79%	0.00%	0.00%	0.00%	0.00%	0.00%	13.13%	18.92%
组装部	6.56%	0.00%	0.00%	0.00%	0.00%	23.68%	0.00%	30.23%
总计	31.35%	3.73%	4.97%	7.63%	15.52%	23.68%	13.13%	100.00%

图 4–31　各部门、各职工类别“应发工资”所占的百分比汇总

如果选择“列汇总的百分比”或“行汇总的百分比”选项，还可以计算同一职工类别中不同部门应发工资占比（见图 4-32），或同一部门中不同职工类别应发工资占比（见图 4-33）。

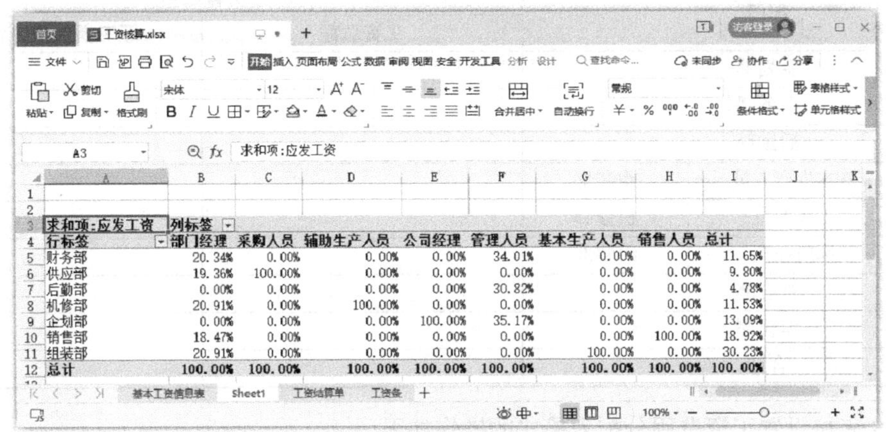

求和项:应发工资	列标签							
行标签	部门经理	采购人员	辅助生产人员	公司经理	管理人员	基本生产人员	销售人员	总计
财务部	20.34%	0.00%	0.00%	0.00%	34.01%	0.00%	0.00%	11.65%
供应部	19.36%	100.00%	0.00%	0.00%	0.00%	0.00%	0.00%	9.80%
后勤部	0.00%	0.00%	0.00%	0.00%	30.82%	0.00%	0.00%	4.78%
机修部	20.91%	0.00%	100.00%	0.00%	0.00%	0.00%	0.00%	11.53%
企划部	0.00%	0.00%	0.00%	100.00%	35.17%	0.00%	0.00%	13.09%
销售部	18.47%	0.00%	0.00%	0.00%	0.00%	0.00%	100.00%	18.92%
组装部	20.91%	0.00%	0.00%	0.00%	0.00%	100.00%	0.00%	30.23%
总计	100.00%	100.00%	100.00%	100.00%	100.00%	100.00%	100.00%	100.00%

图 4–32　同一职工类别中不同部门应发工资占比

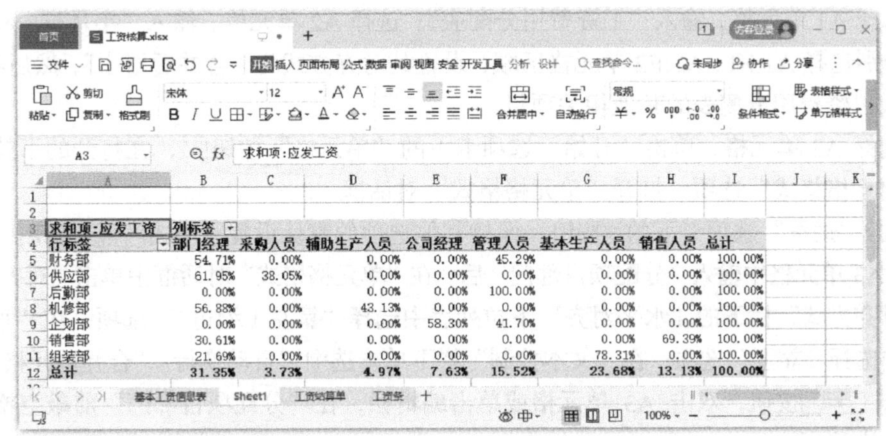

求和项:应发工资	列标签							
行标签	部门经理	采购人员	辅助生产人员	公司经理	管理人员	基本生产人员	销售人员	总计
财务部	54.71%	0.00%	0.00%	0.00%	45.29%	0.00%	0.00%	100.00%
供应部	61.95%	38.05%	0.00%	0.00%	0.00%	0.00%	0.00%	100.00%
后勤部	0.00%	0.00%	0.00%	0.00%	100.00%	0.00%	0.00%	100.00%
机修部	56.88%	0.00%	43.13%	0.00%	0.00%	0.00%	0.00%	100.00%
企划部	0.00%	0.00%	0.00%	58.30%	41.70%	0.00%	0.00%	100.00%
销售部	30.61%	0.00%	0.00%	0.00%	0.00%	0.00%	69.39%	100.00%
组装部	21.69%	0.00%	0.00%	0.00%	0.00%	78.31%	0.00%	100.00%
总计	31.35%	3.73%	4.97%	7.63%	15.52%	23.68%	13.13%	100.00%

图 4–33　同一部门中不同职工类别应发工资占比

任务五　编制工资费用分配表

工资费用是每一个企业必然要产生的一项重要费用，财务人员应当能够将各部门、各岗位人员的工资费用进行正确的归集和分配。

微课 4-5　编制工资费用分配表

工资费用的分配，是指将企业职工工资作为一项费用，按照职工所在的部门或岗位分别计入产品成本或经营管理费用等。工资结算凭证中所列各车间、部门各种用途的应付工资额，就是分配工资费用的依据。

一、设计工资费用分配表格式

工资费用分配表属于企业自制原始凭证。丰源公司设计的工资费用分配表的格式如表 4-6 所示。

表 4-6　　　　　　　　　　　　　　工资费用分配表

年　月　日　　　　　　　　　　　　　单位：元

部门			分配项目	
			工资总额	职工福利费（14%）
企划部				
财务部				
后勤部				
制造部	基本生产人员	组装部		
	工作人员	机修部		
	部门经理	组装部		
供应部				
销售部				
合计				

用 WPS 表格设置工资费用分配表格式的操作如下。

（1）在“工资条”工作表后面插入一张新工作表，并将其重命名为“工资费用分配表”。

（2）选择 A1 单元格，输入“工资费用分配表”；选择 A2 单元格，输入“年月日　单位：元”。

（3）分别选择 A1:E1、A2:E2 单元格区域，设置其对齐方式为“合并后居中”，然后根据表 4-6 的内容输入工资费用分配表的其他相关项目。

（4）选择 A3 单元格，单击“开始”选项卡下的“单元格”按钮，在打开的下拉列表中选择“设置单元格格式”选项，打开“单元格格式”对话框。

① 单击“边框”选项卡下的按钮，保持其他选项的默认设置，单击按钮。

② 在 A3 单元格中输入“分配项目部门”后，在“单元格格式”对话框中单击“对齐”选项卡，在“文本对齐方式”栏下的“水平对齐”下拉列表中选择“靠左（缩进）”选项，在“垂直对齐”下拉列表中选择“靠上”选项；在“文本控制”栏下单击选中“自动换行”“合并单元格”复选框。

③ 单击按钮，双击 A3 单元格或单击编辑栏，在“分配项目部门”前敲空格，直至单元格内的文字换行。

（5）根据表 4-6 的内容输入工资费用分配表的其他相关项目。

（6）将 A8:A10 单元格区域合并为一个单元格，并设置自动换行。

（7）选择 1～13 行，单击鼠标右键，在弹出的快捷菜单中选择“行高”命令，打开“行高”对话框，在“行高”数值框中输入“18”，单击按钮。

（8）选择 A～E 列，单击鼠标右键，在弹出的快捷菜单中选择“列宽”命令，打开“列宽”对话框，在“列宽”数值框中输入“15”，单击按钮。

（9）选择 D5:E13 单元格区域，单击“开始”选项卡下的“单元格”按钮，在打开的下拉列表中选择“设置单元格格式”选项，打开“单元格格式”对话框，单击“数字”选项卡，在“分类”列表中选择“自定义”选项，在“类型”下拉列表选择“#,##0.00;[红色]-#,##0.00”选项。

（10）选择 A1 单元格，设置字体格式为“隶书”“加粗”“20 号”“深红”；选择 A2 单元格，设置字体为“宋体”“12 号”。

（11）选择 A3:E13 单元格区域，为表格添加边框。

完成以上操作后的效果如图 4-34 所示。

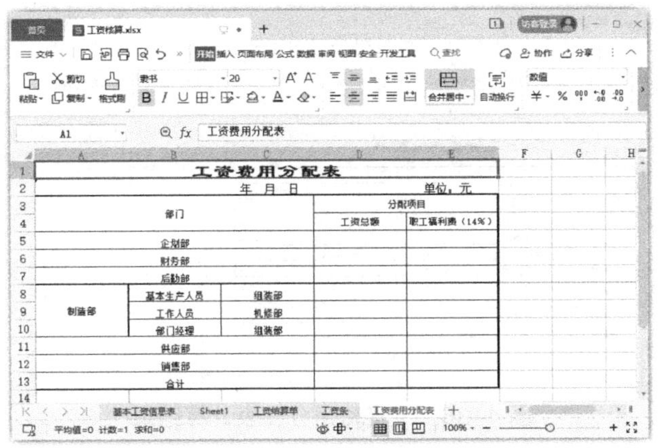

图 4–34　工资费用分配表格式

二、进行工资费用分配表的编制

工资费用分配表的格式设置完成后，接下来就需要输入数据了。编制工资费用分配表的具体操作步骤如下。

（1）将存放数据透视表的“Sheet 1”工作表重命名为“工资总额汇总表”。此时，应将“工资总额汇总表”工作表中的值显示方式从“行汇总的百分比”更改为“无计算”，否则“工资费用分配表”工作表中的各项数据无法正确显示。

（2）打开“工资费用分配表”工作表，设置“工资总额”计算公式。输入日期 2022 年 2 月 20 日，然后选择 D5 单元格，输入“=”，切换到“工资总额汇总表”工作表，选择“企划部”对应的合计金额 I9 单元格，按【Enter】键确认后，“工资总额汇总表”工作表 I9 单元格中的数据就会被引用至“工资费用分配表”工作表中，如图 4-35 所示。

（3）使用同样的方法计算“工资费用分配表”工作表中其他部门的工资总额。

（4）设置“职工福利费”计算公式。在 E5 单元格中输入公式“=D5*14%”，按【Ctrl+Enter】组合键得出计算结果，然后用填充柄将 E5 单元格中的公式复制到 E 列的其他单元格中。

（5）设置“合计”计算公式。选择 D5:D12 单元格区域，单击“开始”选项卡下的“求和”按钮∑，完成“工资总额”求和。得到的计算结果如图 4-36 所示。

图 4–35　设置“工资总额”计算公式

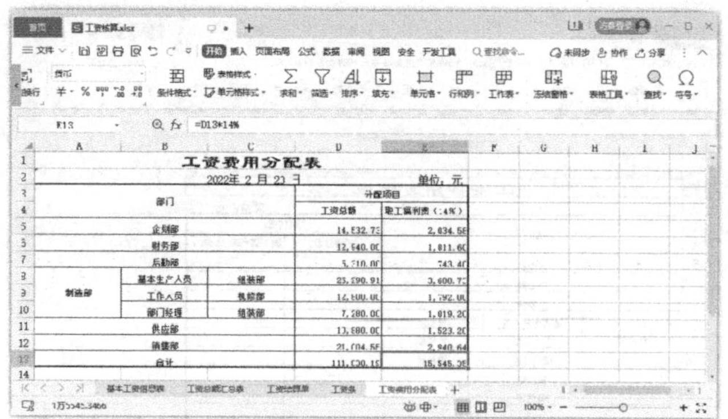

图 4–36 工资费用分配表计算结果

项目小结

本项目主要介绍了运用 WPS 表格进行工资管理的操作。首先介绍了如何输入工资数据、设置工资项目，接下来介绍了如何利用 WPS 表格的功能制作工资条，以及进行工资数据的查询与汇总分析，最后介绍了如何编制工资费用分配表。通过对本项目的学习，要求学生学会使用 WPS 表格设计工资核算系统，学会制作工资条，以及运用筛选及数据分析工具进行工资数据的汇总和查询。

项目实训

1. 实训目的

（1）学会使用 WPS 表格设计工资核算系统。

（2）学会使用 WPS 表格制作工资条。

（2）学会运用筛选及数据分析工具进行工资数据的汇总和查询。

2. 实训资料

SC 公司是一家小型工业企业，主要有 3 个部门——厂部、车间 1、车间 2，职工人数不多，主要有 3 种职务类别——管理人员、辅助管理人员、工人。每个职工的工资项目包括基本工资、岗位工资、福利费、补贴、奖金、事假扣款、病假扣款。除基本工资因人而异外，其他工资项目将根据职工职务类别和部门来确定，而且随时间的变化而变化。

2022 年 3 月 SC 公司职工基本工资情况与出勤情况如表 4-7 所示。

表 4–7 2022 年 3 月 SC 公司职工基本工资情况与出勤情况

职工代码	职工姓名	部门	性别	职工类别	年龄	基本工资/元	事假天数	病假天数
0001	刘明	厂部	男	管理人员	31	3 500	2	
0002	王娜	厂部	女	管理人员	41	3 000		2
0003	李强	厂部	男	管理人员	26	3 200		
0004	赵慧	车间 1	女	工人	33	2 700		
0005	胡伟	车间 1	男	工人	29	2 800	16	

续表

职工代码	职工姓名	部门	性别	职工类别	年龄	基本工资/元	事假天数	病假天数
0006	齐志	车间 1	女	辅助管理人员	34	3 400		6
0007	孙家伟	车间 2	女	工人	31	2 900		
0008	袁为民	车间 2	男	工人	40	4 000		17
0009	张帅	车间 2	男	工人	36	3 000		
0010	杨威	车间 2	男	辅助管理人员	24	2 500	5	

其他工资项目的发放情况及有关规定如下。

（1）岗位工资：根据职工类别不同进行发放，工人为 1 200 元，辅助管理人员为 1 500 元，管理人员为 1 800 元。

（2）福利费：厂部职工的福利费为基本工资的 50%，车间 1 工人的福利费为基本工资的 20%，车间 1 辅助管理人员的福利费为基本工资的 30%，车间 2 工人和辅助管理人员的福利费为基本工资的 25%。

（3）补贴：基本工资大于等于 3 000 元的职工没有补贴，基本工资小于 3 000 元的职工的补贴为基本工资的 5%。

（4）奖金：奖金根据部门的效益确定，本月厂部的奖金为 500 元，车间 1 的奖金为 300 元，车间 2 的奖金为 700 元。

（5）事假扣款规定：如果事假小于 15 天，则将基本工资平均分到每天（每月按 22 天计算），按天扣钱；如果事假大于 15 天，则工人应发工资全部扣除，非工人扣除应发工资的 80%。

（6）病假扣款规定：如果病假小于 15 天，则工人每天扣款 40 元，非工人每天扣款 50 元；如果病假大于 15 天，则工人每天扣款 50 元，非工人每天扣款 60 元。

（7）个人所得税计算表见表 4-4。

3. 实训要求

为了满足公司的管理要求，请利用 WPS 表格对工资情况进行以下汇总分析。

（1）编制该公司 2020 年 3 月的工资结算单和工资条。

（2）计算每一个部门每一职工类别应发工资汇总数。

（3）计算每一个部门每一职工类别应发工资平均数。

（4）计算每一个部门应发工资数占总工资数的百分比。

（5）计算每一个职工类别应发工资数占总工资数的百分比。

（6）计算每一个部门每一职工类别应发工资数占总工资数的百分比。

（7）编制该公司 2020 年 3 月的工资费用分配表。

项目五

WPS 表格在固定资产管理中的应用

知识目标

1．掌握固定资产核算系统的业务处理流程。

2．掌握固定资产折旧的计算方法。

能力目标

1．学会使用 WPS 表格设计固定资产核算系统。

2．学会运用筛选及数据分析工具进行固定资产数据的汇总和查询。

素质目标

1．会计人员应对固定资产的增减变动进行实时的账务处理，做到账、物、卡一致。

2．遵守会计职业道德与公司章程，及时更新固定资产的增减变动情况。

工作情境与分析

一、情境

李娜在 2022 年 2 月设计的 WPS 表格工资核算系统解决了手工工资核算工作量大、容易出错等难题，得到了领导的一致认可。于是，她决定在 2022 年 3 月开始尝试使用 WPS 表格设计固定资产核算系统。

丰源公司对于固定资产的管理流程如下：①固定资产购入后，先由各相关部门验收，并出具意见书；②根据购入固定资产的名称、数量、类别等信息填写固定资产入库单，填好后送交财务部一份；③财务部对购入的固定资产进行编号，填写固定资产卡片，贴上资产封条；④使用人办理固定资产使用手续。

丰源公司有企划部、财务部、后勤部、组装部、机修部、销售部和供应部共 7 个部门，固定资产的所属部门在使用固定资产时，还需要负责该固定资产的日常维护。目前丰源公司拥有的固定资产共 16 项，如表 5-1 所示。

根据丰源公司的相关规定，固定资产需要在财务部进行集中管理，每个固定资产都有一张专属卡片，记录着其增加方式、使用状况、开始使用日期、固定资产编号、规格型号、类别名称、部门名称、使用年限、原值、累计折旧、净残值、折旧方法、已计提月份、尚可使用月份等信息。

表 5-1　　　　丰源公司固定资产信息

资产编号	使用部门	固定资产名称	增加方式	使用状况	可使用年限	总工作量/千米	开始使用日期	折旧方法	固定资产原值/元
1001	企划部	办公楼	在建工程转入	在用	30		2015/3/1	直线法	1 500 000
1002	组装部	厂房	在建工程转入	在用	30		2015/3/1	直线法	1 200 000
1003	机修部	厂房	在建工程转入	在用	30		2015/3/1	直线法	500 000
1004	组装部	车床	直接购入	在用	10		2015/5/1	直线法	80 000
1005	组装部	铣床	直接购入	在用	10		2015/5/1	直线法	180 000
1006	组装部	钳工平台	直接购入	在用	10		2015/5/1	直线法	70 000
1007	组装部	专用量具	直接购入	在用	10		2015/5/1	直线法	15 000
1008	组装部	磨床	直接购入	在用	10		2015/5/1	直线法	50 000
1009	后勤部	原料库	在建工程转入	在用	30		2015/3/1	直线法	300 000
1010	后勤部	成品库	在建工程转入	在用	30		2015/3/1	直线法	600 000
1011	企划部	复印机	直接购入	在用	3		2019/9/1	直线法	12 000
1012	财务部	计算机	直接购入	在用	3		2019/9/1	直线法	5 000
1013	销售部	计算机	直接购入	在用	3		2019/2/1	直线法	5 000
2001	企划部	汽车	直接购入	在用		400 000	2017/3/1	工作量法	250 000
3001	组装部	吊车	直接购入	在用	10		2017/6/1	双倍余额递减法	150 000
4001	组装部	刨床	直接购入	在用	10		2016/9/1	年数总和法	20 000

上述 4 种折旧方法中，除了工作量法需要根据实际工作量来计提折旧，另外 3 种方法都可用可使用年限来计提折旧。表 5-1 中，企划部的汽车总里程为 400 000 千米，已累计行驶里程 200 000 千米，当月行驶 3 000 千米。

丰源公司的固定资产分为 4 类——厂房建筑物、机器设备、运输设备和办公设备。类别编号如下：厂房建筑物 011，机器设备 021，运输设备 031，办公设备 041。4 类固定资产的净残值率分别为 5%、4%、4%和 3%。丰源公司现有固定资产卡片样式如表 5-2 所示。

表 5-2　　　　丰源公司现有固定资产卡片样式

卡片编号				日期	
固定资产编号		固定资产名称			
类别编号		类别名称			
规格型号		部门名称			
增加方式		存放地点			
使用状况		使用年限		折旧方法	

续表

开始使用日期		已计提月份		尚可使用月份	
原值		净残值率		净残值	
年份	年折旧额			累计折旧	年末折余价值
0					
1					

丰源公司固定资产日常管理的业务有：固定资产增加、减少，部门间的调拨，每月计提折旧等。

二、分析

固定资产是企业所持有的、使用年限较长、单位价值较高，并且在使用过程中保持其原有实物形态的资产，它是企业进行生产经营活动的物质基础。固定资产作为企业长期使用的财产，是生产能力的重要标志。固定资产在企业的资产总额中占有相当大的比重，日常的核算、管理非常烦琐，而且固定资产针对其在使用过程中造成的损耗需要计提折旧费用，折旧核算的工作量也很大，因此正确地核算和计算固定资产对企业的生产经营具有重大的意义。

固定资产的管理涉及企业成立之初固定资产的购建以及企业经营过程中固定资产的管理与更新、固定资产的处置等工作。

利用 WPS 表格进行固定资产管理的基本工作过程为：设计固定资产卡片样式—输入固定资产卡片信息—固定资产的新增、减少和调拨—计提固定资产折旧—固定资产数据的查询和汇总分析。

任务一　设计固定资产卡片样式

固定资产卡片是固定资产管理中基础数据的载体，它是按照每一个独立的固定资产项目而设置的、用以进行固定资产明细核算的账簿。对于新增的每一项固定资产，企业都应根据有关凭证为其建立一张卡片，详细列明固定资产名称、规格型号、原值、折旧方法及存放地点等情况；在固定资产使用过程中所发生的改建、扩建或技术改造，以及内部转移、停止使用等情况都应在固定资产卡片中做相应的记录；固定资产投资转出、出售或报废清理时，应根据有关凭证将卡片注销，另行保管。固定资产卡片一般一式 3 份，分别由管理部门、使用保管部门和财会部门保管。

一、设计固定资产卡片基本样式

丰源公司从 2022 年 3 月开始用 WPS 表格进行固定资产管理，首先要求对公司现有固定资产进行重新核对，按照统一的格式将各项固定资产的有关信息全部录入工作表中。设计固定资产卡片样式的步骤如下。

微课 5-1　设计固定资产卡片样式

（1）在“丰源公司”文件夹下新建 WPS 表格工作簿，并将其命名为“固定资产卡片”。打开“固定资产卡片”工作簿，将 Sheet 1 重命名为“固定资产初始资料”，录入丰源公司的固定资产信息，便于后期资料的查找。在“固定资产初始资料”工作表后面插入一张新工作表，并将其重命名为“固定资产卡片样式”。

（2）在“固定资产卡片样式”工作表中输入表 5-2 所示的固定资产卡片项目。

（3）合并单元格。分别合并 A1:F1、B2:D2、D3:F3、D4:F4、D5:F5、D6:F6、B10:D10、B11:D11、B12:D12 等单元格区域。

（4）设置单元格格式。将 A1、A2:A10、C3:C9、C10、E2、E7:E10、F10 等单元格区域的格式设置为文本类型，居中；将 A11:A12 单元格区域的格式设置为常规类型，居中。将 B2、B3:B7、D3:D6、F7 等单元格区域的格式设置为文本类型，左对齐。将 F2、B8 等单元格的格式设置为日期型，并设置日期类型为“2012/3/14”。将 B9、F9、B11:F12 等单元格区域的格式设置为数值型，小数位数为 2，使用千位分隔符，设置“负数”格式为“-1,234.10”，并设置右对齐。将 D7:D8、F8 等单元格区域的格式设置为数值型，小数位数为 0，使用千位分隔符，设置“负数”格式为“-1,234”，并设置右对齐。将 D9 单元格设置为百分比类型、小数位数为 2，并设置右对齐。

（5）选择 A2:F12 单元格区域，为表格添加边框。

完成以上所有步骤后的结果如图 5-1 所示。

固定资产卡片					
卡片编号				日期	
固定资产编号		固定资产名称			
类别编号		类别名称			
规格型号		部门名称			
增加方式		存放地点			
使用状况		使用年限		折旧方法	
开始使用日期		已计提月份		尚可使用月份	
原值		净残值率		净残值	
年份	年折旧额			累计折旧	年末折余价值
0					
1					

图 5-1　设置固定资产卡片样式

二、计算固定资产的折旧期限

微课 5-2　计算固定资产的折旧期限

无论采用哪种折旧方法，固定资产的“已计提月份”“尚可使用月份”“净残值”公式都是一样的，可以运用函数来设置它们的公式。

（1）选择 D8 单元格，输入公式“=IF(((YEAR(TODAY())-YEAR(B8))*12+(MONTH(TODAY())-MONTH(B8))-1)>0,(YEAR(TODAY())-YEAR(B8))*12+(MONTH(TODAY())-MONTH(B8))-1,0)”。

（2）在 F8 单元格中输入公式“=$D$7*12-$D$8”。

（3）在 F9 单元格中输入公式“=$B$9*$D$9”，如图 5-2 所示。

- DAY()、MONTH()、YEAR()函数是求日、月、年的函数。

【类型】日期函数。

【格式】DAY(日期序号)、MONTH(日期序号)、YEAR(日期序号)。

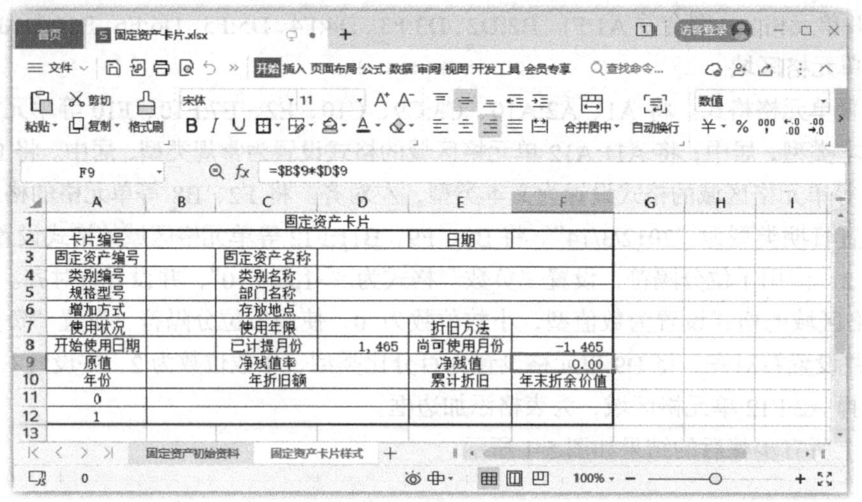

图 5-2 “净残忍值”计算公式

【功能】对日期型表达式求值，从中分别抽取出日、月、年的序号。该日、月、年的序号以数字表示。

例如，“=DAY(DATE(2022,3,5))”，返回值：5。

- TODAY()函数是返回当前日期的函数。

【类型】日期函数。

【格式】TODAY()。

【功能】按指定的格式返回系统的当前日期。

例如，求系统日期的方法如下（若系统当前日期为 2022 年 3 月 5 日）。

输入“=TODAY()”，返回值：2022/3/5。

输入“=MONTH(TODAY())”，返回值：3。

输入“=YEAR(TODAY())”，返回值：2022。

在 D8 单元格的公式中，TODAY()为计算机系统时间，(YEAR(TODAY())-YEAR(B8))*12 表示的是当前日期（计算机系统日期）对应的年份减去开始使用日期对应的年份后的结果所换算为的月份数，而(MONTH(TODAY())-MONTH(B8))-1 表示的是当前日期对应的月份减去开始使用日期对应的月份再减 1（当月新增的固定资产下月再计提折旧）。D8 单元格的公式的含义是：如果(YEAR(TODAY())-YEAR(B8))*12+(MONTH(TODAY())-MONTH(B8))-1 的结果大于 0，则返回该结果，否则返回数值 0。

三、设计直线法下的固定资产卡片样式

微课 5-3 设计直线法下的固定资产卡片样式

直线法是指按固定资产的使用年限平均计提折旧的一种方法，它是 4 种折旧方法中较为简单、普遍的一种。设计直线法下的固定资产卡片样式的操作步骤如下。

（1）复制“固定资产卡片样式”工作表于该工作表后，并将其重命名为“固定资产卡片样式 P”。

（2）在 F7 单元格中输入“直线法”。

（3）选择 B12 单元格，单击编辑栏中的“插入函数”按钮fx，打开“插入函数”对话框。

（4）单击“全部函数”选项卡，在“或选择类别”下拉列表中选择“财务”选项，在“选择函数”下拉列表中选择“SLN”选项，单击确定按钮，打开“函数参数”对话框。

（5）在“原值”参数框中输入“$B$9”，在“残值”参数框中输入“$F$9”，在“折旧期限”参数框中输入“$D$7”，如图 5-3 所示。

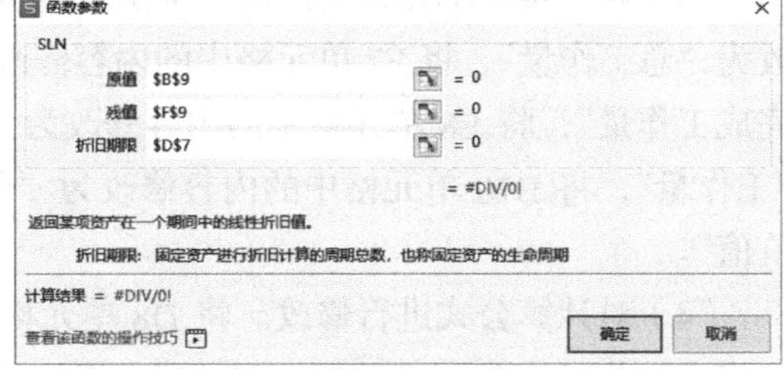

图 5-3　设置直线法计算公式

SLN()函数为求直线法下年折旧额的函数。

【类型】财务函数。

【格式】SLN(原值,残值,折旧期限)。

【功能】返回某项固定资产在一个期间中的线性折旧值。

SLN 是 straight line 的缩写。原值、残值、折旧期限分别表示固定资产的原始价值、固定资产使用年限终了时的估计残值和固定资产进行折旧计算的周期总数。

（6）单击确定按钮，在 B12 单元格中出现的计算结果为“#DIV/0!”。这个错误提示表示的是除数为 0，原因是 D7 单元格中目前无值。

（7）在 F11 单元格中输入公式“=$B$9”，在 E12 单元格中输入公式“=E11+B12”，在 F12 单元格中输入公式“=$F$11−E12”。

完成以上操作步骤后的结果如图 5-4 所示。

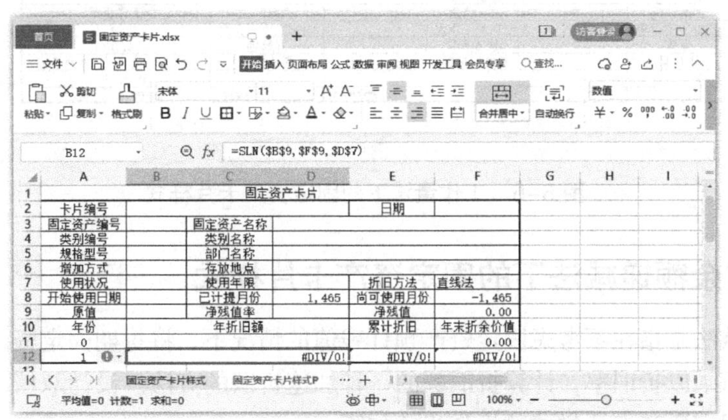

图 5-4　直线法下的固定资产卡片样式

四、设计工作量法下的固定资产卡片样式

微课 5-4　设计工作量法下的固定资产卡片样式

工作量法是指以固定资产能提供的工作量为单位来计算折旧额的一种方法。工作量可以是汽车的总行驶里程，也可以是机器设备的总工作小时等。工作量法的固定资产卡片样式与其他 3 种折旧方法的卡片样式略有不同，因此需要修改卡片中的某些项目。

（1）复制“固定资产卡片样式 P”工作表于该工作表后，并将其重命名为

“固定资产卡片样式 G”。

（2）在 F 列后面新增一列 G 列，并将 F7:G7、F8:G8、F9:G9 等单元格区域的对齐方式设置为“合并居中”，然后在 G10 单元格中输入“本月折旧”，在 G12 单元格中输入公式“=A12*B12”。

（3）修改某些单元格的内容。清除 A11:A12 单元格区域中的数值，将 C7 单元格中的内容修改为“总工作量”，将 F7 单元格中的内容修改为“工作量法”，将 C8 单元格中的内容修改为“已完成工作量”，将 E8 单元格中的内容修改为“尚可完成工作量”，将 A10 单元格中的内容修改为“工作量”，将 B10 单元格中的内容修改为“单位折旧额”，将 F10 单元格中的内容修改为“折余价值”。

（4）对计算公式进行修改。将 D8 单元格中的公式修改为“=SUM($A$11:$A$12)”，将 F8 单元格中的公式修改为“=$D$7-$D$8”，将 B12 单元格中的公式修改为“=($B$9-$F$9)/$D$7”，将 E12 单元格中的公式修改为“=E11+B12*A12”。

完成以上操作步骤后的结果如图 5-5 所示。

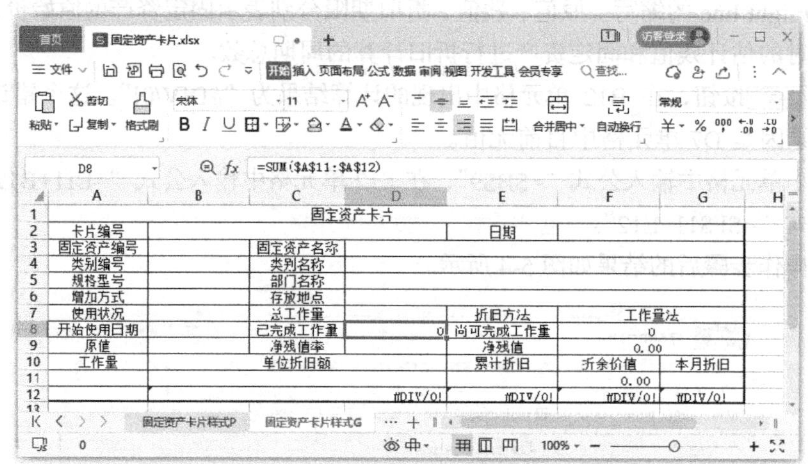

图 5-5　工作量法下的固定资产卡片样式

五、设计双倍余额递减法下的固定资产卡片样式

微课 5-5　设计双倍余额递减法下的固定资产卡片样式

双倍余额递减法是指在不考虑固定资产预计残值的情况下，将每期固定资产的期初账面净值乘以折旧率，计算折旧额的一种加速折旧的方法。设计双倍余额递减法下的固定资产卡片样式的操作步骤如下。

（1）复制“固定资产卡片样式 P”工作表到“固定资产卡片样式 G”工作表的后面，并将其重命名为“固定资产卡片样式 S”。

（2）在 F7 单元格中输入“双倍余额递减法”。

（3）选择 B12 单元格，单击编辑栏中的“插入函数”按钮fx，打开“插入函数”对话框。

（4）单击“全部函数”选项卡，在“或选择类别”下拉列表中选择“财务”选项，在“选择函数”下拉列表中选择“DDB”选项，单击 确定 按钮，打开“函数参数”对话框。

（5）在“原值”参数框中输入“$B$9”，在“残值”参数框中输入“$F$9”，在“折旧期限”参数框中输入“$D$7”，在“期间”参数框中输入“A12”，如图 5-6 所示。

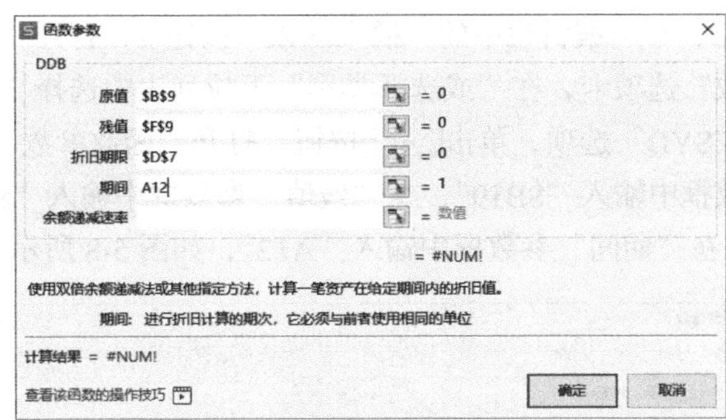

图 5-6　设置双倍余额递减法计算公式

DDB()函数为双倍余额递减法下计提折旧的函数。

【类型】财务函数。

【格式】DDB(原值,残值,折旧期限,期间,余额递减速率)。

【功能】使用双倍余额递减法或其他指定方法，计算一笔资产在给定期间内的折旧值。

原值、残值、折旧期限的含义和 SLN 函数中的相关参数相同；期间表示进行折旧计算的期次，它必须和折旧期限的单位一致；余额递减速率表示折旧的加速因子，是可选项，默认值为 2，代表双倍余额递减，如果取值为 3，则代表 3 倍余额递减。

（6）单击确定按钮，B12、E12、F12 单元格中的计算结果为“#NUM!”。计算结果之所以为“#NUM!”，是因为函数中引用的单元格无值。

完成上述操作后的结果如图 5-7 所示。

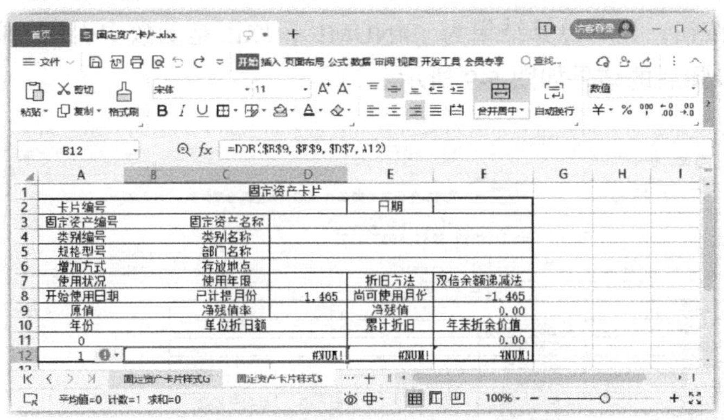

图 5-7　双倍余额递减法下的固定资产卡片样式

六、设计年数总和法下的固定资产卡片样式

微课 5-6　设计年数总和法下的固定资产卡片样式

年数总和法是指用固定资产原值减去预计净残值后的金额，再乘以固定资产的折旧率，以此来计算折旧额的一种加速折旧的方法。设计年数总和法下的固定资产卡片样式的操作步骤如下。

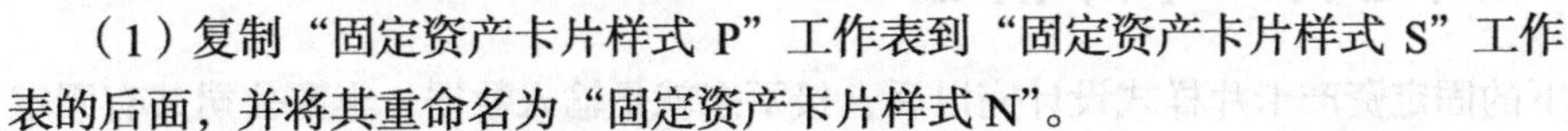

（1）复制“固定资产卡片样式 P”工作表到“固定资产卡片样式 S”工作表的后面，并将其重命名为“固定资产卡片样式 N”。

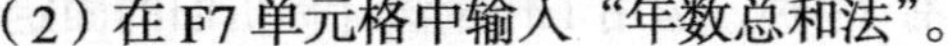

（2）在 F7 单元格中输入“年数总和法”。

（3）选择 B12 单元格，单击编辑栏中的“插入函数”按钮fx，打开“插入函数”对话框。

（4）单击“全部函数”选项卡，在“或选择类别”下拉列表中选择“财务”选项，在“选择函数”下拉列表中选择“SYD”选项，单击确定按钮，打开“函数参数”对话框。

（5）在“原值”参数框中输入“$B$9”，在“残值”参数框中输入“$F$9”，在“折旧期限”参数框中输入“$D$7”，在“期间”参数框中输入“A12”，如图 5-8 所示。

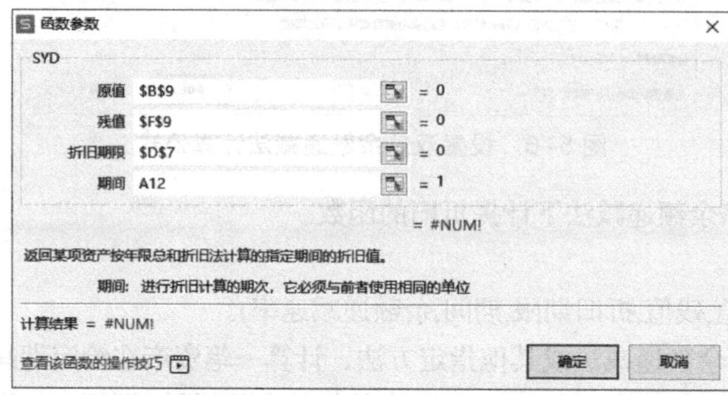

图 5-8　设置年数总和法计算公式

SYD()函数为年数总和法下计提折旧的函数。

【类型】财务函数。

【格式】SYD(原值,残值,折旧期限,期间)。

【功能】返回某项资产按年数总和法计算的指定期间的折旧额。

原值、残值、折旧期限、期间的含义和 DDB 函数中的相关参数相同。

（6）单击确定按钮，显示计算结果为“#NUM!”，原因是函数中引用的单元格无值。

完成以上操作步骤后的结果如图 5-9 所示。

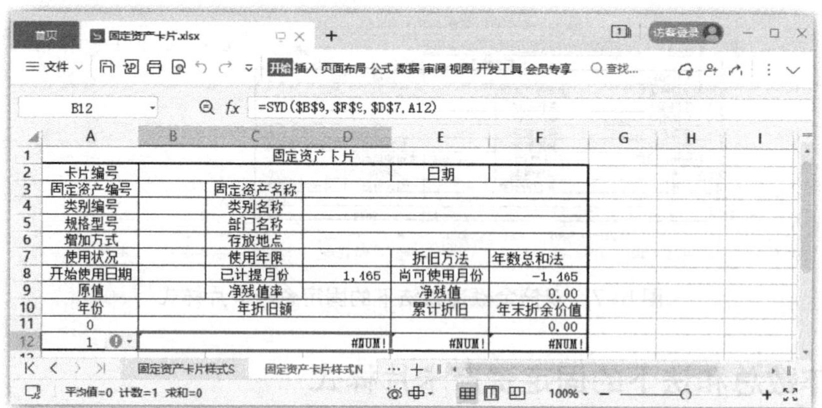

图 5-9　年数总和法下的固定资产卡片样式

任务二　输入固定资产卡片信息

各种折旧方法下的固定资产卡片样式设计完以后，接下来就是输入数据。丰源公司共有固定资产 16 种，其中，运用直线法计提折旧的固定资产有 13 种，运用工作量法计提折旧的固定资产有 1 种，运用双倍余额递减法计提折旧的固定资产有 1 种，运用年数总和法计提折旧的固定资产有 1 种。因此，在输入固定资产卡片信息时，要区分清楚不同固定资产适用的不同卡片。

一、输入资产编号为 1001 至 1013 的固定资产卡片信息

微课 5-7　输入资产编号为 1001 至 1013 的固定资产卡片信息

输入资产编号为 1001 至 1013 的固定资产卡片信息的操作步骤如下。

（1）复制“固定资产卡片样式 P”工作表于该工作表后，并将其重命名为“卡片 P001”。

（2）在“卡片 P001”中输入表 5-1 中资产编号为“1001”的固定资产信息，生成第一张固定资产卡片。

（3）由于该固定资产的使用年限为 30 年，每年都要计提折旧，因此还需将信息补充完整。选择 A12:F12 单元格区域，将鼠标指针移至 F12 单元格右下角，当鼠标指针变为+形状时，按住鼠标左键向下拖曳至 F41 单元格，如图 5-10 所示。

（4）重复以上操作，完成资产编号 1002 至 1013 固定资产卡片信息的输入。

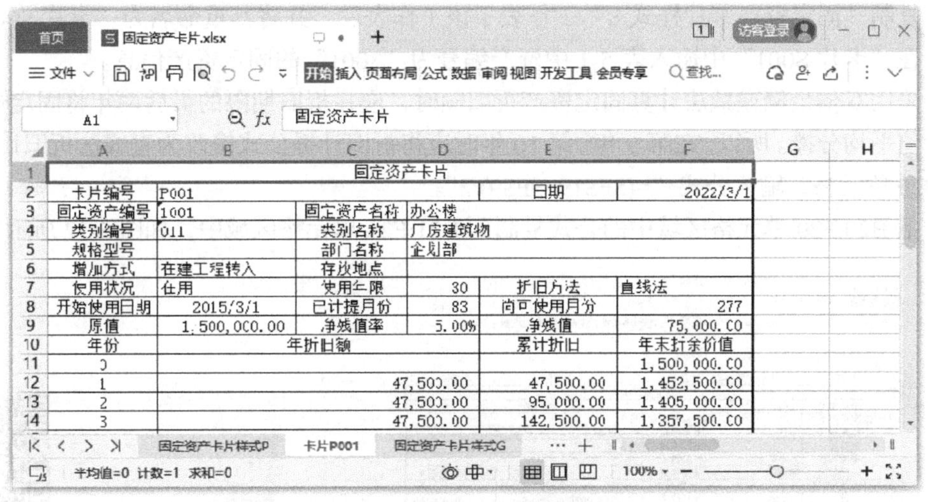

固定资产卡片					
卡片编号	P001			日期	2022/3/1
固定资产编号	1001	固定资产名称	办公楼		
类别编号	011	类别名称	厂房建筑物		
规格型号		部门名称	企划部		
增加方式	在建工程转入	存放地点			
使用状况	在用	使用年限	30	折旧方法	直线法
开始使用日期	2015/3/1	已计提月份	83	尚可使用月份	277
原值	1,500,000.00	净残值率	5.00%	净残值	75,000.00
年份	年折旧额			累计折旧	年末折余价值
0					1,500,000.00
1			47,500.00	47,500.00	1,452,500.00
2			47,500.00	95,000.00	1,405,000.00
3			47,500.00	142,500.00	1,357,500.00

图 5-10　资产编号为 P001 的固定资产卡片

二、输入资产编号为 2001 的固定资产卡片信息

输入资产编号为 2001 的固定资产卡片信息的操作步骤如下。

微课 5-8　输入资产编号为 2001 的固定资产卡片信息

（1）复制“固定资产卡片样式 G”工作表于该工作表后，并将其重命名为“卡片 G001”。

（2）在“卡片 G001”中输入表 5-1 中资产编号为“2001”的固定资产信息。

（3）该汽车总里程为 400 000 千米，本月之前已累计行驶 200 000 千米，本月行驶 3 000 千米，共计行驶 203 000 千米，所以应将 D8 单元格中的公式修改为=SUM($A$11:$A$13)。

（4）将 G12 单元格中的公式剪切粘贴至 G13 单元格中，即 G13 单元格的公式为“=A13*B13”，如图 5-11 所示。

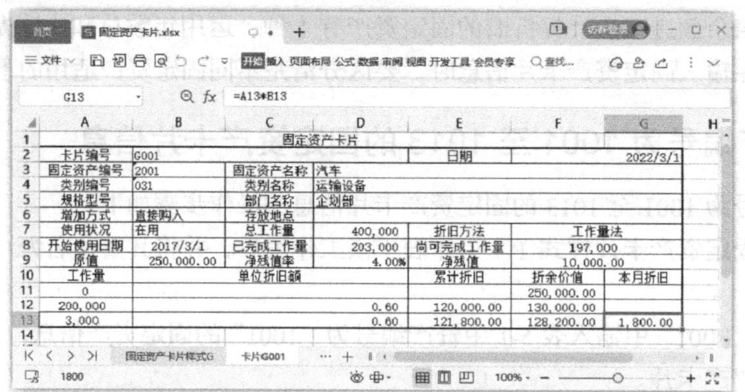

固定资产卡片						
卡片编号	G001			日期		2022/3/1
固定资产编号	2001	固定资产名称	汽车			
类别编号	031	类别名称	运输设备			
规格型号		部门名称	企划部			
增加方式	直接购入	存放地点				
使用状况	在用	总工作量	400,000	折旧方法	工作量法	
开始使用日期	2017/3/1	已完成工作量	203,000	尚可完成工作量	197,000	
原值	250,000.00	净残值率	4.00%	净残值	10,000.00	
工作量	单位折旧额			累计折旧	折余价值	本月折旧
0					250,000.00	
200,000			0.60	120,000.00	130,000.00	
3,000			0.60	121,800.00	128,200.00	1,800.00

图 5–11　资产编号为 G001 的固定资产卡片

三、输入资产编号为 3001 的固定资产卡片信息

输入资产编号为 3001 的固定资产卡片信息的操作步骤如下。

（1）复制“固定资产卡片样式 S”工作表于该工作表后，并将其重命名为“卡片 S001”。

（2）在“卡片 S001”中输入表 5-1 中资产编号为“3001”的固定资产信息。

（3）采用双倍余额递减法计算固定资产折旧额时，应在折旧期限的最后两年将固定资产的账面折余价值平均分摊。所以，在第 9 年、第 10 年时应将折旧计提公式修改为直线法折旧计提公式。即选择 B20 单元格，输入公式“=($F$19-$F$9)/2”。

（4）把 B20:F20 单元格区域中的公式复制到 B21:F21 单元格区域中，如图 5-12 所示。

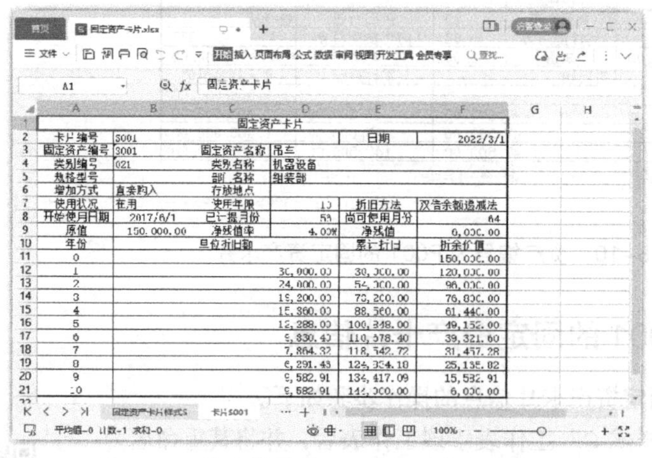

固定资产卡片					
卡片编号	S001			日期	2022/3/1
固定资产编号	3001	固定资产名称	吊车		
类别编号	021	类别名称	机器设备		
规格型号		部门名称	组装部		
增加方式	直接购入	存放地点			
使用状况	在用	使用年限	10	折旧方法	双倍余额递减法
开始使用日期	2017/6/1	已计提月份	56	尚可使用月份	64
原值	150,000.00	净残值率	4.00%	净残值	6,000.00
年份	单位折旧额			累计折旧	折余价值
0					150,000.00
1			30,000.00	30,000.00	120,000.00
2			24,000.00	54,000.00	96,000.00
3			19,200.00	73,200.00	76,800.00
4			15,360.00	88,560.00	61,440.00
5			12,288.00	100,848.00	49,152.00
6			9,830.40	110,678.40	39,321.60
7			7,864.32	118,542.72	31,457.28
8			6,291.43	124,834.18	25,165.82
9			9,582.91	134,417.09	15,582.91
10			9,582.91	144,000.00	6,000.00

图 5–12　资产编号为 S001 的固定资产卡片

微课 5–9　输入资产编号为 3001 的固定资产卡片信息

四、输入资产编号为 4001 的固定资产卡片信息

微课 5–10　输入资产编号为 4001 的固定资产卡片信息

输入资产编号为 4001 的固定资产卡片信息的操作步骤如下。

（1）复制“固定资产卡片样式 N”工作表于该工作表后，并将其重命名为“卡片 N001”。

（2）在“卡片 N001”中输入表 5-1 中资产编号为“4001”的固定资产信

息，如图 5-13 所示。

固定资产卡片					
卡片编号	N001			日期	2022/3/1
固定资产编号	4001	固定资产名称	刨床		
类别编号	C21	类别名称	机器设备		
规格型号		部门名称	组装部		
增加方式	直接购入	存放地点			
使用状况	在用	使用年限	10	折旧方法	年数总和法
开始使用日期	2016/9/1	已计提月份	65	尚可使用月份	55
原值	20,000.00	净残值率	4.00%	净残值	800.00
年份	年折旧额			累计折旧	年末折余价值
0					20,000.00
1			3,490.91	3,490.91	16,509.09
2			3,141.82	6,632.73	13,367.27
3			2,792.73	9,425.45	10,574.55
4			2,443.64	11,869.09	8,130.91
5			2,094.55	13,963.64	6,036.36
6			1,745.45	15,709.09	4,290.91
7			1,396.36	17,105.45	2,894.55
8			1,047.27	18,152.73	1,847.27
9			698.18	18,850.91	1,149.09
10			349.09	19,200.00	800.00

图 5-13　资产编号为 N001 的固定资产卡片

五、编制固定资产清单

微课 5-11　编制固定资产清单

固定资产卡片制作完成之后，还要根据卡片内容填制固定资产清单，清单中的某些项目可以以数据链接的方法填列。

（1）在“丰源公司”文件夹下新建 WPS 表格工作簿，并将其命名为“固定资产核算”。打开“固定资产核算”工作簿，将 Sheet 1 工作表重命名为“固定资产清单”。

（2）在“固定资产清单”工作表的 A1 单元格中输入“固定资产清单”，并选择 A1:K1 单元格区域，将对齐方式设置为“合并居中”，然后在 A3:K3 单元格中输入图 5-14 所示的字段名。

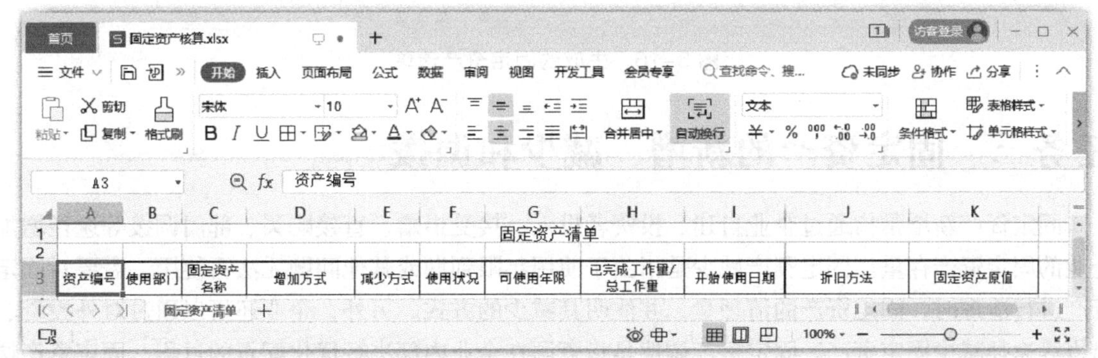

固定资产清单										
资产编号	使用部门	固定资产名称	增加方式	减少方式	使用状况	可使用年限	已完成工作量/总工作量	开始使用日期	折旧方法	固定资产原值

图 5-14　建立固定资产清单

（3）打开“固定资产核算”工作簿，在“固定资产清单”工作表中的 A4 单元格中输入“=”，然后切换到“固定资产卡片”工作簿的“卡片 P001”工作表中，选择 B3 单元格，按【Enter】键确认，完成资产编号数据的链接，结果如图 5-15 所示。

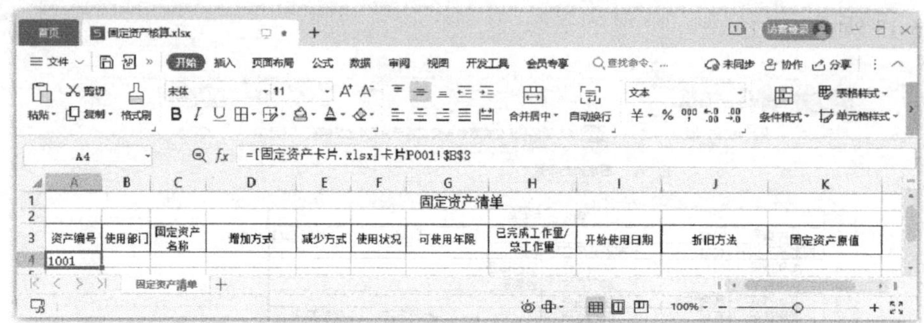

图 5-15　填制固定资产清单

（4）重复第（3）步，完成固定资产编号 1001 的其他数据链接工作。

（5）第 5～19 行中的数据由“卡片 P002”“卡片 P003”……“卡片 N001”得到，重复第（3）步，完成全部 16 项固定资产数据的链接，生成固定资产清单。

（6）在 H17 单元格中输入公式“=[固定资产卡片.xlsx]卡片 G001!$D$8/[固定资产卡片.xlsx]卡片 G001!$D$7”，表示已完成工作量占总工作量的比值，为后续修正折旧额做准备。

完成以上操作步骤后的结果如图 5-16 所示。

固定资产清单

资产编号	使用部门	固定资产名称	增加方式	减少方式	使用状况	可使用年限	已完成工作量/总工作量	开始使用日期	折旧方法	固定资产原值
1001	企划部	办公楼	在建工程转入		在用	30		2015/3/1	直线法	1,500,000.00
1002	组装部	厂房	在建工程转入		在用	30		2015/3/1	直线法	1,200,000.00
1003	机修部	厂房	在建工程转入		在用	30		2015/3/1	直线法	500,000.00
1004	组装部	车床	直接购入		在用	10		2015/5/1	直线法	80,000.00
1005	组装部	铣床	直接购入		在用	10		2015/5/1	直线法	180,000.00
1006	组装部	钳工平台	直接购入		在用	10		2015/5/1	直线法	70,000.00
1007	组装部	专用量具	直接购入		在用	10		2015/5/1	直线法	15,000.00
1008	组装部	磨床	直接购入		在用	10		2015/5/1	直线法	50,000.00
1009	后勤部	原料库	在建工程转入		在用	30		2015/3/1	直线法	300,000.00
1010	后勤部	成品库	在建工程转入		在用	30		2015/3/1	直线法	600,000.00
1011	企划部	复印机	直接购入		在用	3		2019/9/1	直线法	12,000.00
1012	财务部	计算机	直接购入		在用	3		2019/9/1	直线法	5,000.00
1013	销售部	计算机	直接购入		在用	3		2019/2/1	直线法	5,000.00
2001	企划部	汽车	直接购入		在用		0.51	2017/3/1	工作量法	250,000.00
3001	组装部	货车	直接购入		在用	10		2017/6/1	双倍余额递减法	150,000.00
4001	组装部	刨床	直接购入		在用	10		2016/9/1	年数总和法	20,000.00

图 5-16　生成的固定资产清单

任务三　固定资产的新增、减少和调拨

固定资产新增是指通过企业自建、投资者投入、接受捐赠、直接购买、部门调拨等途径增加企业的固定资产存量。固定资产减少是指由于使用年限到期或其他问题无法再使用，需要对固定资产进行清理时，固定资产的清理量，并注明其减少的方式。另外，企业还可以通过对外投资、出售等途径减少固定资产。固定资产调拨是指资源在企业内部进行优化配置的过程，固定资产调拨可以提高固定资产的使用效率，最大限度地发挥其使用价值。

一、新增固定资产

例如，丰源公司在 2022 年 3 月为财务部购入了一台价值 3 600 元的联想计算机，预计使用年限为 5 年，采用直线法计提折旧。新增固定资产的操作步骤如下。

（1）在“固定资产卡片”工作簿中打开“固定资产卡片样式 P”工作表，复制“固定资产卡片样式 P”工作表到“卡片 P013”工作表的后面，并将其重命名为“卡片 P014”。

（2）在“卡片 P014”中输入资产编号为“1014”的固定资产信息，生成一张新的固定资产卡片，如图 5-17 所示。

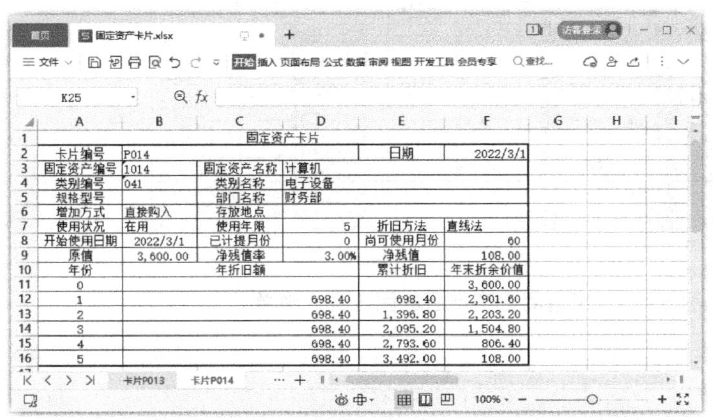

固定资产卡片					
卡片编号	P014			日期	2022/3/1
固定资产编号	1014	固定资产名称	计算机		
类别编号	041	类别名称	电子设备		
规格型号		部门名称	财务部		
增加方式	直接购入	存放地点			
使用状况	在用	使用年限	5	折旧方法	直线法
开始使用日期	2022/3/1	已计提月份	0	尚可使用月份	60
原值	3,600.00	净残值率	3.00%	净残值	108.00
年份	年折旧额			累计折旧	年末折余价值
0					3,600.00
1			698.40	698.40	2,901.60
2			698.40	1,396.80	2,203.20
3			698.40	2,095.20	1,504.80
4			698.40	2,793.60	806.40
5			698.40	3,492.00	108.00

图 5-17　新增固定资产卡片

微课 5-12　新增固定资产

（3）将新增固定资产卡片的数据链接到“固定资产核算”工作簿中。链接后的“固定资产清单”工作表如图 5-18 所示。

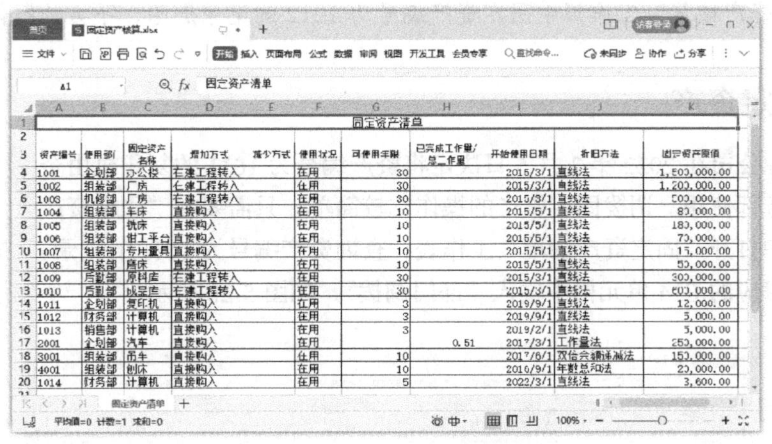

资产编号	使用部门	固定资产名称	增加方式	减少方式	使用状况	可使用年限	已完成工作量/总工作量	开始使用日期	折旧方法	固定资产原值
1001	企划部	办公楼	在建工程转入		在用	30		2015/3/1	直线法	1,500,000.00
1002	组装部	厂房	在建工程转入		在用	30		2015/3/1	直线法	1,200,000.00
1003	机修部	厂房	在建工程转入		在用	30		2015/3/1	直线法	500,000.00
1004	组装部	车床	直接购入		在用	10		2015/5/1	直线法	80,000.00
1005	组装部	铣床	直接购入		在用	10		2015/5/1	直线法	180,000.00
1006	组装部	钳工平台	直接购入		在用	10		2015/5/1	直线法	70,000.00
1007	组装部	专用量具	直接购入		在用	10		2015/5/1	直线法	15,000.00
1008	组装部	磨床	直接购入		在用	10		2015/5/1	直线法	50,000.00
1009	后勤部	原料库	在建工程转入		在用	30		2015/3/1	直线法	300,000.00
1010	后勤部	成品库	在建工程转入		在用	30		2015/3/1	直线法	600,000.00
1011	企划部	复印机	直接购入		在用	3		2019/9/1	直线法	12,000.00
1012	财务部	计算机	直接购入		在用	3		2019/9/1	直线法	5,000.00
1013	销售部	计算机	直接购入		在用	3		2019/2/1	直线法	5,000.00
2001	企划部	汽车	直接购入		在用		0.51	2017/3/1	工作量法	250,000.00
3001	组装部	吊车	直接购入		在用	10		2017/6/1	双倍余额递减法	150,000.00
4001	组装部	刨床	直接购入		在用	10		2016/9/1	年数总和法	20,000.00
1014	财务部	计算机	直接购入		在用	5		2022/3/1	直线法	3,600.00

图 5-18　链接后的固定资产清单

二、减少固定资产

例如，丰源公司 2019 年 9 月 1 日购入的编号为 1012 的计算机因主板烧毁而无法使用，于 2022 年 3 月将其变卖。减少固定资产的操作步骤如下。

微课 5-13　减少固定资产

（1）打开“固定资产卡片”工作簿和“固定资产核算”工作簿，在“固定资产卡片”工作簿中找到“卡片 P012”工作表，把 B7 单元格中的内容修改为“报废”，按【Enter】键确认。再打开“固定资产核算”工作簿中的“固定资产清单”

工作表，可以看到 F15 单元格中的内容已经调整为“报废”。

（2）在“固定资产清单”工作表的 E15 单元格内输入“出售”，如图 5-19 所示。

固定资产清单

资产编号	使用部门	固定资产名称	增加方式	减少方式	使用状况	可使用年限	已完成工作量/总工作量	开始使用日期	折旧方法	固定资产原值
1001	企划部	办公楼	在建工程转入		在用	30		2015/3/1	直线法	1,500,000.00
1002	组装部	厂房	在建工程转入		在用	30		2015/3/1	直线法	1,200,000.00
1003	机修部	厂房	在建工程转入		在用	30		2015/3/1	直线法	500,000.00
1004	组装部	车床	直接购入		在用	10		2015/5/1	直线法	80,000.00
1005	组装部	铣床	直接购入		在用	10		2015/5/1	直线法	180,000.00
1006	组装部	钳工平台	直接购入		在用	10		2015/5/1	直线法	70,000.00
1007	组装部	专用量具	直接购入		在用	10		2015/5/1	直线法	15,000.00
1008	组装部	磨床	直接购入		在用	10		2015/5/1	直线法	50,000.00
1009	后勤部	原料库	在建工程转入		在用	30		2015/3/1	直线法	300,000.00
1010	后勤部	成品库	在建工程转入		在用	30		2015/3/1	直线法	600,000.00
1011	企划部	复印机	直接购入		在用	3		2019/9/1	直线法	12,000.00
1012	财务部	计算机	直接购入	出售	报废	3		2019/9/1	直线法	5,000.00
1013	销售部	计算机	直接购入		在用	3		2019/2/1	直线法	5,000.00
2001	企划部	汽车	直接购入		在用		0.51	2017/3/1	工作量法	250,000.00
3001	组装部	吊车	直接购入		在用	10		2017/6/1	双倍余额递减法	150,000.00
4001	组装部	刨床	直接购入		在用	10		2016/9/1	年数总和法	20,000.00
1014	财务部	计算机	直接购入		在用	5		2022/3/1	直线法	3,600.00

图 5-19　出售固定资产后的固定资产清单

注意

2022 年 4 月 1 日，需要新建一个“报废固定资产卡片”工作簿并将其打开，选择“卡片 P012”工作表标签，单击鼠标右键，在弹出的快捷菜单中选择“移动工作表”命令，打开“移动或复制工作表”对话框，在“将选定工作表移至”下拉列表中选择“报废固定资产卡片.xlsx”选项，单击确定按钮，即可将“卡片 P012”工作表移动到“报废固定资产卡片”工作簿中，同时将“固定资产核算”工作簿中固定资产编号为 1012 的记录删除，下方的行依次上移。

三、调拨固定资产

微课 5-14　调拨固定资产

例如，丰源公司在 2022 年 3 月 5 日决定将资产编号为 1011 的复印机由企划部调拨给财务部使用。调拨固定资产的操作比较简单，只需要在“固定资产核算”工作簿中打开“固定资产清单”工作表，查询资产编号为 1011 的记录，在其减少方式对应的 E14 单元格中输入“部门调拨”，如图 5-20 所示。

固定资产清单

资产编号	使用部门	固定资产名称	增加方式	减少方式	使用状况	可使用年限	已完成工作量/总工作量	开始使用日期	折旧方法	固定资产原值
1001	企划部	办公楼	在建工程转入		在用	30		2015/3/1	直线法	1,500,000.00
1002	组装部	厂房	在建工程转入		在用	30		2015/3/1	直线法	1,200,000.00
1003	机修部	厂房	在建工程转入		在用	30		2015/3/1	直线法	500,000.00
1004	组装部	车床	直接购入		在用	10		2015/5/1	直线法	80,000.00
1005	组装部	铣床	直接购入		在用	10		2015/5/1	直线法	180,000.00
1006	组装部	钳工平台	直接购入		在用	10		2015/5/1	直线法	70,000.00
1007	组装部	专用量具	直接购入		在用	10		2015/5/1	直线法	15,000.00
1008	组装部	磨床	直接购入		在用	10		2015/5/1	直线法	50,000.00
1009	后勤部	原料库	在建工程转入		在用	30		2015/3/1	直线法	300,000.00
1010	后勤部	成品库	在建工程转入		在用	30		2015/3/1	直线法	600,000.00
1011	企划部	复印机	直接购入	部门调拨	在用	3		2019/9/1	直线法	12,000.00
1012	财务部	计算机	直接购入	出售	报废	3		2019/9/1	直线法	5,000.00
1013	销售部	计算机	直接购入		在用	3		2019/2/1	直线法	5,000.00
2001	企划部	汽车	直接购入		在用		0.51	2017/3/1	工作量法	250,000.00
3001	组装部	吊车	直接购入		在用	10		2017/6/1	双倍余额递减法	150,000.00
4001	组装部	刨床	直接购入		在用	10		2016/9/1	年数总和法	20,000.00
1014	财务部	计算机	直接购入		在用	5		2022/3/1	直线法	3,600.00

图 5-20　部门调拨固定资产

注意

同样地，进行上述操作后，在 2022 年 4 月 1 日，需要将“固定资产卡片”工作簿中“卡片 P011”工作表 B6 单元格中的内容修改为“部门调拨”，将 D5 单元格中的内容修改为“财务部”，如图 5-21 所示。按【Enter】键确认之后，“固定资产核算”工作簿“固定资产清单”工作表中的 B14 和 D14 单元格会做出相应的调整，同时将“固定资产核算”工作簿“固定资产清单”工作表中的 E14 单元格修改为空。

A	B	C	D	E	F
固定资产卡片					
卡片编号	P011			日期	2022/3/1
固定资产编号	1011	固定资产名称	复印机		
类别编号	041	类别名称	办公设备		
规格型号		部门名称	财务部		
增加方式	部门调拨	存放地点			
使用状况	在用	使用年限	3	折旧方法	直线法
开始使用日期	2019/9/1	已计提月份	29	尚可使用月份	7
原值	12,000.00	净残值率	3.00%	净残值	360
年份	年折旧额			累计折旧	年末折余价值
0					12,000.00
1			3,880.00	3,880.00	8,120.00
2			3,880.00	7,760.00	4,240.00
3			3,880.00	11,640.00	360.00

图 5-21　4 月修改固定资产卡片

任务四　计提固定资产折旧

企业应当对所有的固定资产计提折旧，一般按月计提。当月增加的固定资产当月不计提折旧，而是从下个月开始计提折旧；当月减少的固定资产当月照提折旧，从下个月开始不再计提折旧。固定资产提足折旧后，无论是否继续使用，都不再计提折旧；提前报废的固定资产也不再补提折旧。

为了方便、正确地计算每一项固定资产的折旧额，首先要创建固定资产折旧计算表，计算每一项固定资产的预计净残值和已使用月数。

一、编制固定资产折旧计算表

微课 5-15　编制固定资产折旧计算表

固定资产清单中反映的只是固定资产的基础信息，不能体现出该固定资产的具体折旧信息，因此，还需要在固定资产清单的基础上编制固定资产折旧计算表。

（1）在“固定资产核算”工作簿中打开“固定资产清单”工作表，复制“固定资产清单”工作表于该工作表后，并将其重命名为“固定资产折旧计算表”。

（2）选择 I 列，插入一列，在 I3 单元格中输入“当前日期”，在 I4 单元格中输入“2022/3/1”；选择 I4:I20 单元格区域，单击“开始”选项卡下的“填充”按钮，在打开的下拉列表中选择“向下填充”选项，如图 5-22 所示，完成 I4:I20 单元格区域数据的填充。或者在 I4 单元格中输入“2022/3/1”之后，用鼠标指针向下拖曳填充至 I20 单元格，然后单击 I20 单元格右下角出现的“自动填充选项”按钮，在打开的下拉列表中选择“复制单元格”选项，同样可以实现填充单元格的目的。

注意

单击“自动填充选项”按钮⊞·后，在打开的下拉列表中为用户提供了“复制单元格”“以序列方式填充”“仅填充格式”“不带格式填充”“智能填充”“以天数填充”“以工作日填充”“以月填充”“以年填充”9个选项，用户可根据需要自行选择。

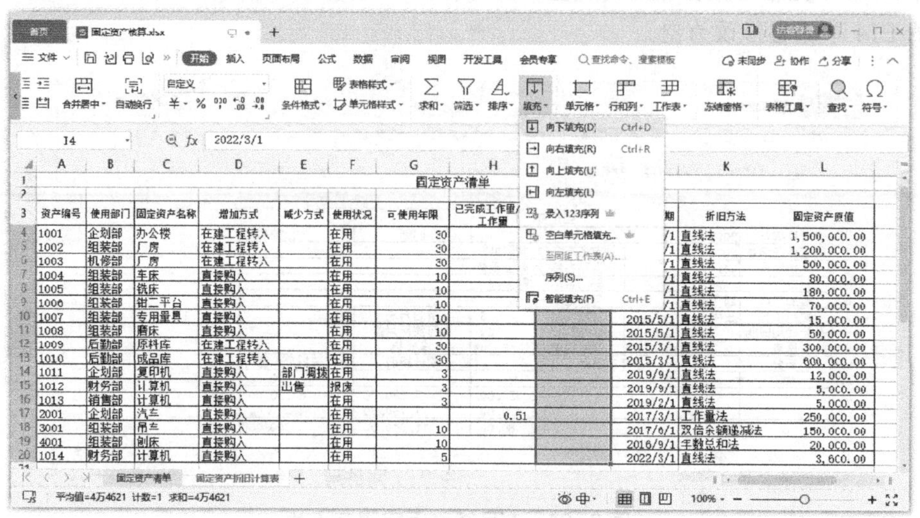

图 5–22　填充当前日期

（3）选择 K 列，插入一列，在 K3 单元格中输入“已提月份”；选择 K4 单元格，输入公式“=IF(((YEAR(TODAY())−YEAR(K4))*12+(MONTH(TODAY())−MONTH(K4))−1)>0,(YEAR(TODAY())−YEAR(K4))*12+(MONTH(TODAY())−MONTH(K4)) −1,0)”，用填充柄将公式填充至 K20 单元格。

（4）选择 L 列，插入一列，在 L3 单元格中输入“已使用年份”；选择 L4 单元格，输入公式“=INT(K4/12)”，用填充柄将公式填充至 L20 单元格。

INT()函数为求整数函数。

【类型】数学函数。

【格式】INT(数值)。

【功能】将数字向下舍入到最接近的整数。

（5）选择 M 列，插入一列，在 M3 单元格中输入“净残值率”；在 M4:M20 单元格区域输入相应的净残值率数值，如图 5-23 所示。

（6）选择 P3 单元格，输入“月折旧额”。用函数和数据链接的方式在 P4:P20 单元格区域输入数据。

P4=ROUND([固定资产卡片.xlsx]卡片 P001!$B$19/12,2)

P5=ROUND([固定资产卡片.xlsx]卡片 P002!$B$19/12,2)

P6=ROUND([固定资产卡片.xlsx]卡片 P003!$B$19/12,2)

P7=ROUND([固定资产卡片.xlsx]卡片 P004!$B$19/12,2)

P8=ROUND([固定资产卡片.xlsx]卡片 P005!$B$19/12,2)

P9=ROUND([固定资产卡片.xlsx]卡片 P006!$B$19/12,2)

P10=ROUND([固定资产卡片.xlsx]卡片 P007!$B$19/12,2)
P11=ROUND([固定资产卡片.xlsx]卡片 P008!$B$19/12,2)
P12=ROUND([固定资产卡片.xlsx]卡片 P009!$B$19/12,2)
P13=ROUND([固定资产卡片.xlsx]卡片 P010!$B$19/12,2)
P14=ROUND([固定资产卡片.xlsx]卡片 P011!$B$14/12,2)
P15=ROUND([固定资产卡片.xlsx]卡片 P012!$B$14/12,2)
P16=ROUND([固定资产卡片.xlsx]卡片 P013!$B$14/12,2)
P17=ROUND([固定资产卡片.xlsx]卡片 G001!$G$13,2)
P18=ROUND([固定资产卡片.xlsx]卡片 S001!$B$17/12,2)
P19=ROUND([固定资产卡片.xlsx]卡片 N001!$B$17/12,2)
P20=ROUND([固定资产卡片.xlsx]卡片 P014!$B$12/12,2)

固定资产清单

资产编号	使用部门	固定资产名称	增加方式	减少方式	使用状况	可使用年限	已完成工作量/总工作量	当前日期	开始使用日期	已提月份	已使用年份	净残值率
1001	企划部	办公楼	在建工程转入		在用	30		2022/3/1	2015/3/1	83	6	5.00%
1002	组装部	厂房	在建工程转入		在用	30		2022/3/1	2015/3/1	83	6	5.00%
1003	机修部	厂房	在建工程转入		在用	30		2022/3/1	2015/3/1	83	6	5.00%
1004	组装部	车床	直接购入		在用	10		2022/3/1	2015/5/1	81	6	4.00%
1005	组装部	铣床	直接购入		在用	10		2022/3/1	2015/5/1	81	6	4.00%
1006	组装部	钳工平台	直接购入		在用	10		2022/3/1	2015/5/1	81	6	4.00%
1007	组装部	专用量具	直接购入		在用	10		2022/3/1	2015/5/1	81	6	4.00%
1008	组装部	磨床	直接购入		在用	10		2022/3/1	2015/5/1	81	6	4.00%
1009	后勤部	原料库	在建工程转入		在用	30		2022/3/1	2015/3/1	83	6	5.00%
1010	后勤部	成品库	在建工程转入		在用	30		2022/3/1	2015/3/1	83	6	5.00%
1011	企划部	复印机	直接购入	部门调拨	在用	3		2022/3/1	2019/9/1	29	2	3.00%
1012	财务部	计算机	直接购入	出售	报废	3		2022/3/1	2019/9/1	29	2	3.00%
1013	销售部	计算机	直接购入		在用	3		2022/3/1	2019/2/1	36	3	3.00%
2001	企划部	汽车	直接购入		在用		0.51	2022/3/1	2017/3/1	59	4	4.00%
3001	组装部	吊车	直接购入		在用	10		2022/3/1	2017/6/1	56	4	4.00%
4001	组装部	刨床	直接购入		在用	10		2022/3/1	2016/9/1	65	5	4.00%
1014	财务部	计算机	直接购入		在用	5		2022/3/1	2022/3/1	0	0	3.00%

图 5-23　编辑固定资产折旧计算表

（7）从图 5-23 中可以看出，第 16 行资产编号为“1013”的固定资产折旧已计提完毕，但仍在继续使用，以后的月份不应该再计提折旧。考虑到这种情况，应将 P 列的折旧公式在 Q 列进行修正。选择 Q3 单元格，输入“修正的月折旧额 1”，将 Q4 单元格中的公式设置为“=IF(G4>L4,P4,0)”，并将其复制到 Q 列的其他单元格中。这个公式的含义是如果可使用年限大于已使用年限，则固定资产折旧额为公式中计算的折旧额，否则为 0。

（8）由于汽车采用的折旧方法为工作量法，要判断其是否已计提完毕，依靠的是已完成工作量与总工作量之间的比值（对应 H17 单元格），若比值小于 1，则尚未计提完毕；反之则计提完毕，因此应将 Q17 单元格中的公式修改为“=IF(H17<1,P17,0)”。

经过修正以后，Q16 单元格中的数值变为 0，如图 5-24 所示。

（9）从图 5-24 中可以看出，第 20 行资产编号为“1014”的计算机是本月新增固定资产，本月不应该计提折旧。考虑到这种情况，将 Q 列的折旧公式在 R 列进行修正。选择 R3 单元格，输入“修正的月折旧额 2”，将 R4 单元格中的公式设置为“=IF(K4<=0,0,Q4)”，并将此公式复制到 R 列的其他单元格中。此公式的含义是：如果已计提折旧月份<=0（即为当月新增固定资产），则固定资产月折旧额为 0，否则为已修正过的月折旧额。

	F	G	H	I	J	K	L	M	N	O	P	Q
1	固定资产清单											
2												
3	使用状况	可使用年限	已完成工作量/总工作量	当前日期	开始使用日期	已提月份	已使用年份	净残值率	折旧方法	固定资产原值	月折旧额	修正的月折旧额1
4	在用	30		2022/3/1	2015/3/1	83	6	5.00%	直线法	1,500,000.00	3958.33	3958.33
5	在用	30		2022/3/1	2015/3/1	83	6	5.00%	直线法	1,200,000.00	3166.67	3166.67
6	在用	30		2022/3/1	2015/3/1	83	6	5.00%	直线法	500,000.00	1319.44	1319.44
7	在用	10		2022/3/1	2015/5/1	81	6	4.00%	直线法	80,000.00	640	640
8	在用	10		2022/3/1	2015/5/1	81	6	4.00%	直线法	180,000.00	1440	1440
9	在用	10		2022/3/1	2015/5/1	81	6	4.00%	直线法	70,000.00	560	560
10	在用	10		2022/3/1	2015/5/1	81	6	4.00%	直线法	15,000.00	120	120
11	在用	10		2022/3/1	2015/5/1	81	6	4.00%	直线法	50,000.00	400	400
12	在用	30		2022/3/1	2015/3/1	83	6	5.00%	直线法	300,000.00	791.67	791.67
13	在用	30		2022/3/1	2015/3/1	83	6	5.00%	直线法	600,000.00	1583.33	1583.33
14	在用	3		2022/3/1	2019/9/1	29	2	3.00%	直线法	12,000.00	323.33	323.33
15	报废	3		2022/3/1	2019/9/1	29	2	3.00%	直线法	5,000.00	134.72	134.72
16	在用	3		2022/3/1	2019/2/1	36	3	3.00%	直线法	5,000.00	134.72	0
17	在用		0.51	2022/3/1	2017/3/1	59	4	4.00%	工作量法	250,000.00	1800	1800
18	在用	10		2022/3/1	2017/6/1	56	4	4.00%	双倍余额递减法	150,000.00	819.2	819.2
19	在用	10		2022/3/1	2016/9/1	65	5	4.00%	年数总和法	20,000.00	145.45	145.45
20	在用	5		2022/3/1	2022/3/1	0	0	3.00%	直线法	3,600.00	58.2	58.2

图 5-24　固定资产折旧额修正（1）

经过修正以后，从图 5-25 中可以看出 R20 单元格中的数值变为 0。

	G	H	I	J	K	L	M	N	O	P	Q	R
3	可使用年限	已完成工作量/总工作量	当前日期	开始使用日期	已提月份	已使用年份	净残值率	折旧方法	固定资产原值	月折旧额	修正的月折旧额1	修正的月折旧额2
4	30		2022/3/1	2015/3/1	83	6	5.00%	直线法	1,500,000.00	3958.33	3958.33	3958.33
5	30		2022/3/1	2015/3/1	83	6	5.00%	直线法	1,200,000.00	3166.67	3166.67	3166.67
6	30		2022/3/1	2015/3/1	83	6	5.00%	直线法	500,000.00	1319.44	1319.44	1319.44
7	10		2022/3/1	2015/5/1	81	6	4.00%	直线法	80,000.00	640	640	640
8	10		2022/3/1	2015/5/1	81	6	4.00%	直线法	180,000.00	1440	1440	1440
9	10		2022/3/1	2015/5/1	81	6	4.00%	直线法	70,000.00	560	560	560
10	10		2022/3/1	2015/5/1	81	6	4.00%	直线法	15,000.00	120	120	120
11	10		2022/3/1	2015/5/1	81	6	4.00%	直线法	50,000.00	400	400	400
12	30		2022/3/1	2015/3/1	83	6	5.00%	直线法	300,000.00	791.67	791.67	791.67
13	30		2022/3/1	2015/3/1	83	6	5.00%	直线法	300,000.00	1583.33	1583.33	1583.33
14	3		2022/3/1	2019/9/1	29	2	3.00%	直线法	12,000.00	323.33	323.33	323.33
15	3		2022/3/1	2019/9/1	29	2	3.00%	直线法	5,000.00	134.72	134.72	134.72
16	3		2022/3/1	2019/2/1	36	3	3.00%	直线法	5,000.00	134.72	0	0
17		0.51	2022/3/1	2017/3/1	59	4	4.00%	工作量法	250,000.00	1800	1800	1800
18	10		2022/3/1	2017/6/1	56	4	4.00%	双倍余额递减法	150,000.00	819.2	819.2	819.2
19	10		2022/3/1	2016/9/1	65	5	4.00%	年数总和法	20,000.00	145.45	145.45	145.45
20	5		2022/3/1	2022/3/1	0	0	3.00%	直线法	3,600.00	58.2	58.2	0

图 5-25　固定资产折旧额修正（2）

二、编制固定资产折旧费用分配表

微课 5-16　编制固定资产折旧费用分配表

固定资产折旧计算表制作好之后，还要根据计算表中的内容使用 WPS 表格中的透视表功能，编制固定资产折旧费用分配表。编制固定资产折旧费用分配表的操作步骤如下。

（1）在“固定资产核算”工作簿中打开“固定资产折旧计算表”工作表，选择 A3:R20 单元格区域，单击“插入”选项卡下的“数据透视表”按钮。

（2）打开“创建数据透视表”对话框，确认数据区域正确后，在“请选择放置数据透视表的位置”栏下单击选中“新工作表”单选项，然后单击 确定 按钮。

（3）将“使用部门”和“固定资产名称”两个字段拖曳到“行”区域，将“固定资产原值”和“修正的月折旧额 2”两个字段添加到“值”区域。完成初步设置后，将工作表重命名为“固定资产折旧费用分配表”，如图 5-26 所示。

图 5-26　重命名工作表

（4）选择数据透视表中任意一个单元格，单击鼠标右键，在弹出的快捷菜单中选择“数据透视表选项”命令，单击“显示”选项卡，单击选中“经典数据透视表布局”和“显示值行”复选框，单击 确定 按钮。

（5）选择数据透视表中的任意一个单元格，单击“设计”选项卡下“数据透视表样式”右侧的“其他”按钮，在打开的“预设样式”窗口中选择“中色系”选项，在其相应的列表中选择“数据透视表样式中等深浅 2”选项，效果如图 5-27 所示。

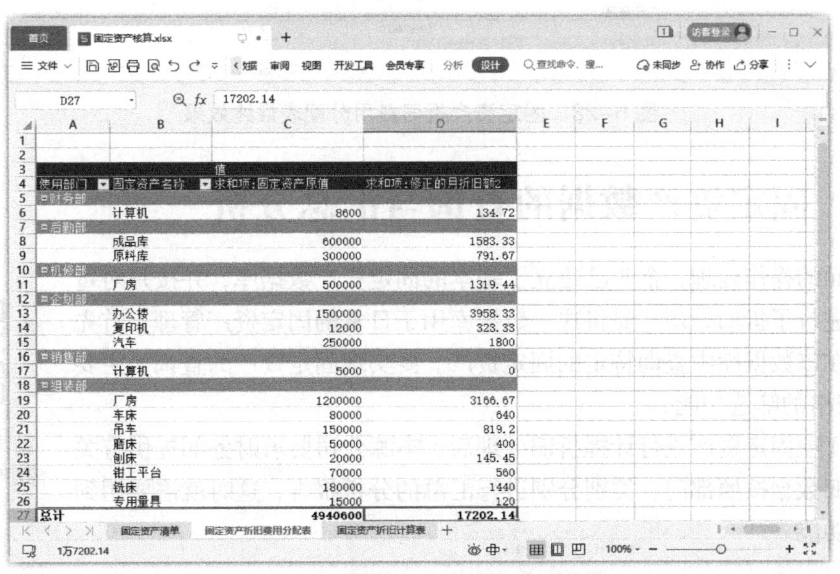

图 5-27　设置样式后的数据透视表

（6）在设置样式后的固定资产折旧费用分配表中，选择 A 列，插入一列，并输入以下内容。选择 A1 单元格，输入“固定资产折旧费用分配表”，设置字体为“加粗”“12 号”。

选择 A2 单元格，输入“2022 年 3 月 31 日”。

选择 A4 单元格，输入“对应科目名称”。

选择 A5、A7、A12 单元格，输入“管理费用”。

选择 A10 单元格，输入“辅助生产成本”。

选择 A16 单元格，输入“销售费用”。

选择 A18 单元格，输入“制造费用”。

选择 A1:E1、A2:E2 单元格区域，将该单元格区域的对齐方式设置为“合并后居中”。

完成以上操作后，得到的结果如图 5-28 所示。

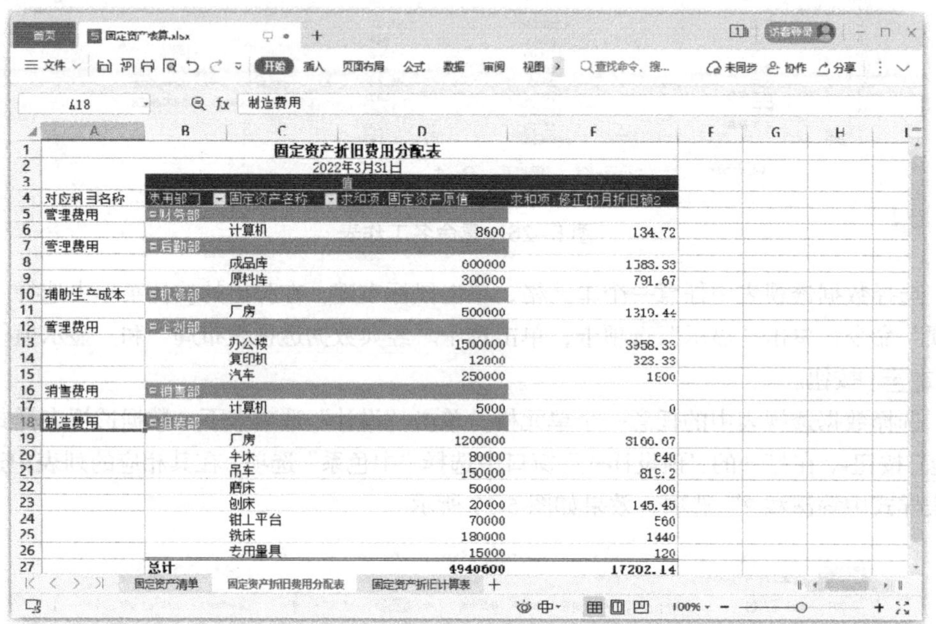

图 5-28　固定资产折旧费用分配表最终效果

任务五　固定资产数据的查询与汇总分析

通过前面的操作处理，企业已建立了基本的固定资产数据库，并按月对每项固定资产进行了折旧处理。要将这一数据库用于日常的固定资产管理，首先要掌握如何在该数据库中查询特定的固定资产。要实现固定资产的查询，主要运用 WPS 表格的筛选功能。

微课 5-17　固定资产数据的查询与汇总分析

每月对每项固定资产进行计提折旧处理后，丰源公司要求财务部提供有关固定资产折旧数据按照部门、类别分别进行汇总的分析报告，这时就需要用到数据透视表功能。

一、利用筛选功能进行固定资产数据的查询

在“固定资产核算”工作簿中打开“固定资产清单”工作表，在工作表区域中单击“数据”选项卡下的“自动筛选”按钮▽，使工作表进入筛选状态，结果如图 5-29 所示。

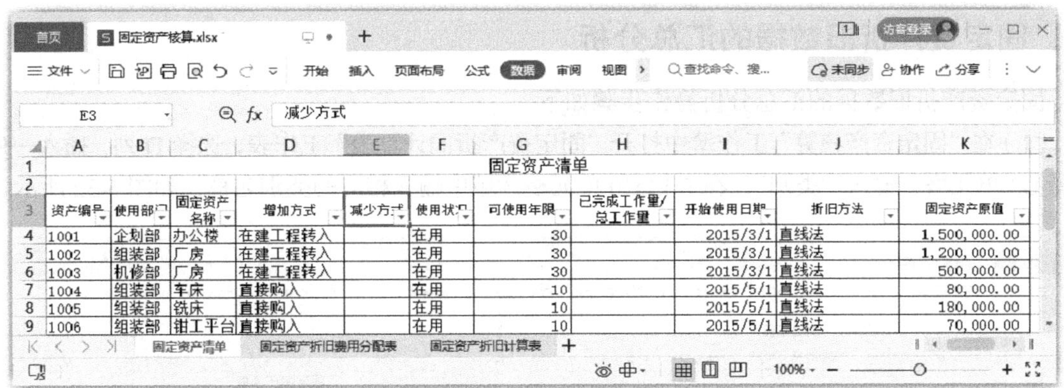

固定资产清单

	资产编号	使用部门	固定资产名称	增加方式	减少方式	使用状况	可使用年限	已完成工作量/总工作量	开始使用日期	折旧方法	固定资产原值
4	1001	企划部	办公楼	在建工程转入		在用	30		2015/3/1	直线法	1,500,000.00
5	1002	组装部	厂房	在建工程转入		在用	30		2015/3/1	直线法	1,200,000.00
6	1003	机修部	厂房	在建工程转入		在用	30		2015/3/1	直线法	500,000.00
7	1004	组装部	车床	直接购入		在用	10		2015/5/1	直线法	80,000.00
8	1005	组装部	铣床	直接购入		在用	10		2015/5/1	直线法	180,000.00
9	1006	组装部	钳工平台	直接购入		在用	10		2015/5/1	直线法	70,000.00

图 5-29　进入筛选状态

例如，查询 2022 年新增的固定资产的方法为：单击“开始使用日期”右侧的下拉按钮，取消选中“全选”复选框，单击选中“2022”复选框，单击 确定 按钮，筛选结果如图 5-30 所示。

固定资产清单

	资产编号	使用部门	固定资产名称	增加方式	减少方式	使用状况	可使用年限	已完成工作量/总工作量	开始使用日期	折旧方法	固定资产原值
20	1014	财务部	计算机	直接购入		在用	5		2022/3/1	直线法	3,600.00

在 17 个记录中筛选出 1 个

图 5-30　筛选结果（1）

例如，查询“在用”“企划部”的固定资产的方法如下。

（1）单击“使用状况”右侧的下拉按钮，取消选中“全选”复选框，单击选中“在用”复选框，单击 确定 按钮。

（2）单击“使用部门”右侧的下拉按钮，取消选中“全选”复选框，单击选中“企划部”复选框，单击 确定 按钮，筛选结果如图 5-31 所示。

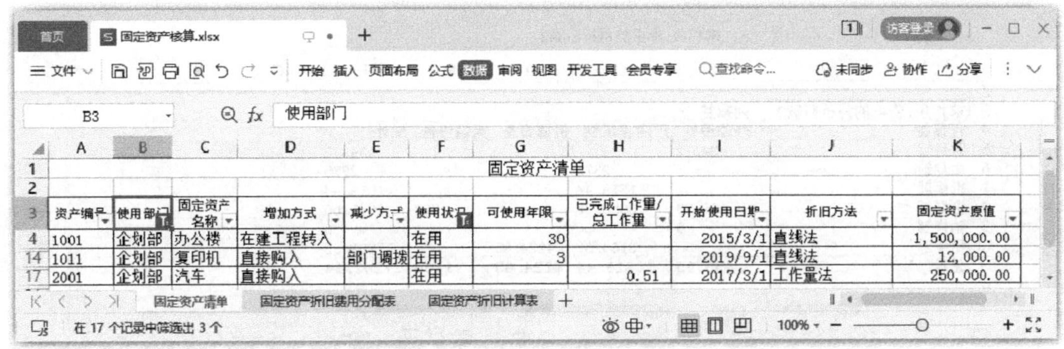

固定资产清单

	资产编号	使用部门	固定资产名称	增加方式	减少方式	使用状况	可使用年限	已完成工作量/总工作量	开始使用日期	折旧方法	固定资产原值
4	1001	企划部	办公楼	在建工程转入		在用	30		2015/3/1	直线法	1,500,000.00
14	1011	企划部	复印机	直接购入	部门调拨	在用	3		2019/9/1	直线法	12,000.00
17	2001	企划部	汽车	直接购入		在用		0.51	2017/3/1	工作量法	250,000.00

在 17 个记录中筛选出 3 个

图 5-31　筛选结果（2）

二、固定资产折旧数据的汇总分析

固定资产折旧数据的汇总分析操作步骤如下。

（1）在“固定资产核算”工作簿中打开“固定资产折旧计算表”工作表，选择 D 列，插入一列，选择 D3 单元格，输入“类别”，在 D4:D20 单元格区域中输入相应的类别名称，如图 5-32 所示。

固定资产清单

资产编号	使用部门	固定资产名称	类别	增加方式	减少方式	使用状况	可使用年限	已完成工作量/总工作量	当前日期	开始使用日期	已提月份	已使用年份
1001	企划部	办公楼	厂房建筑物	在建工程转入		在用	30		2022/3/1	2015/3/	83	6
1002	组装部	厂房	厂房建筑物	在建工程转入		在用	30		2022/3/1	2015/3/	83	6
1003	机修部	厂房	厂房建筑物	在建工程转入		在用	30		2022/3/1	2015/3/	83	6
1004	组装部	车床	机器设备	直接购入		在用	10		2022/3/1	2015/5/	81	6
1005	组装部	铣床	机器设备	直接购入		在用	10		2022/3/1	2015/5/	81	6
1006	组装部	钳工平台	机器设备	直接购入		在用	10		2022/3/1	2015/5/	81	6
1007	组装部	专用量具	机器设备	直接购入		在用	10		2022/3/1	2015/5/	81	6
1008	组装部	磨床	机器设备	直接购入		在用	10		2022/3/1	2015/5/	81	6
1009	后勤部	原料库	厂房建筑物	在建工程转入		在用	30		2022/3/1	2015/3/	83	6
1010	后勤部	成品库	厂房建筑物	在建工程转入		在用	30		2022/3/1	2015/3/	83	6
1011	企划部	复印机	办公设备	直接购入	部门调拨	在用	3		2022/3/1	2019/9/	29	2
1012	财务部	计算机	办公设备	直接购入	出售	报废	3		2022/3/1	2019/9/	29	2
1013	销售部	计算机	办公设备	直接购入		在用	3		2022/3/1	2019/2/	36	3
2001	企划部	汽车	运输设备	直接购入		在用		0.51	2022/3/1	2017/3/	59	4
3001	组装部	吊车	机器设备	直接购入		在用	10		2022/3/1	2017/6/	56	4
4001	组装部	刨床	机器设备	直接购入		在用	10		2022/3/1	2016/9/	65	5
1014	财务部	计算机	办公设备	直接购入		在用	5		2022/3/1	2022/3/	0	0

图 5-32　输入类别名称

（2）选择数据列表中任意一个单元格，单击“插入”选项卡下的“数据透视表”按钮，打开“创建数据透视表”对话框，确认数据区域正确后，在“请选择放置数据透视表的位置”栏下单击选中“新工作表”单选项，然后单击 确定 按钮。

（3）将“当前日期”字段拖曳至“筛选器”区域，将“类别”字段拖曳至“列”区域，将“使用部门”字段拖曳至“行”区域，将“修正的月折旧额 2”字段拖曳至“值”区域，生成的数据透视表如图 5-33 所示。

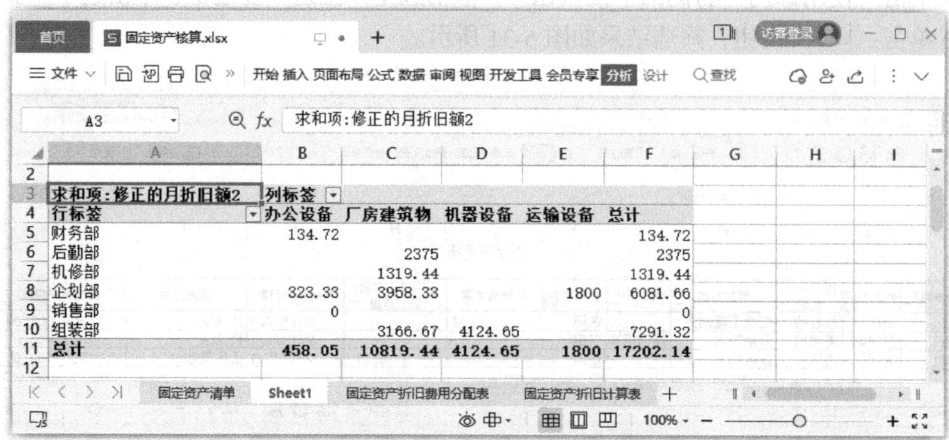

求和项:修正的月折旧额2	列标签				
行标签	办公设备	厂房建筑物	机器设备	运输设备	总计
财务部	134.72				134.72
后勤部		2375			2375
机修部		1319.44			1319.44
企划部	323.33	3958.33		1800	6081.66
销售部	0				0
组装部		3166.67	4124.65		7291.32
总计	458.05	10819.44	4124.65	1800	17202.14

图 5-33　生成的数据透视表

（4）选择 A3 单元格，单击鼠标右键，在弹出的快捷菜单中分别选择“值显示方式”命令中的“总计的百分比”“行汇总的百分比”“列汇总的百分比”命令，可分别得到不同的结果。图 5-34 显示的是各类固定资产折旧额占总和的百分比，图 5-35 显示的是各类固定资产折旧额占同行数据总和的百分比，图 5-36 显示的是各类固定资产折旧额占同列数据总和的百分比。

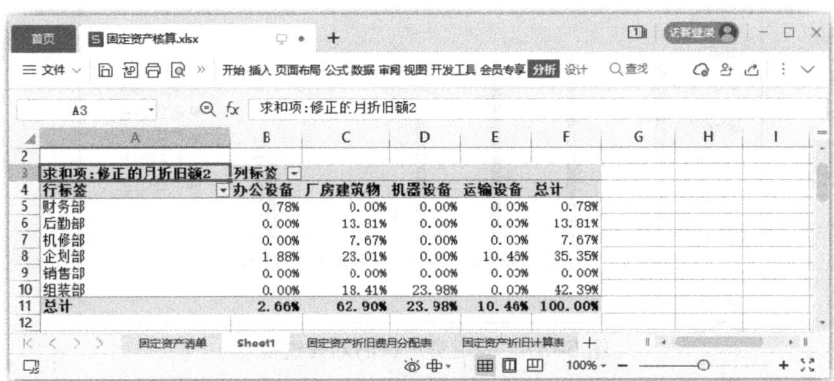

求和项:修正的月折旧额2	列标签				
行标签	办公设备	厂房建筑物	机器设备	运输设备	总计
财务部	0.78%	0.00%	0.00%	0.00%	0.78%
后勤部	0.00%	13.81%	0.00%	0.00%	13.81%
机修部	0.00%	7.67%	0.00%	0.00%	7.67%
企划部	1.88%	23.01%	0.00%	10.46%	35.35%
销售部	0.00%	0.00%	0.00%	0.00%	0.00%
组装部	0.00%	18.41%	23.98%	0.00%	42.39%
总计	2.66%	62.90%	23.98%	10.46%	100.00%

图 5–34　各类固定资产折旧额占总和的百分比

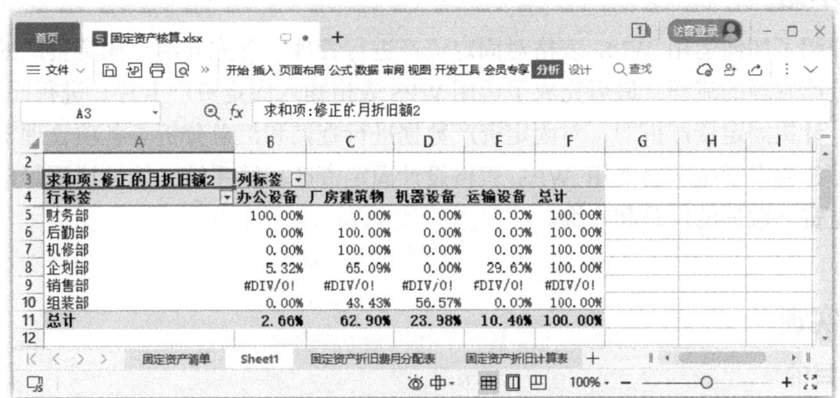

求和项:修正的月折旧额2	列标签				
行标签	办公设备	厂房建筑物	机器设备	运输设备	总计
财务部	100.00%	0.00%	0.00%	0.00%	100.00%
后勤部	0.00%	100.00%	0.00%	0.00%	100.00%
机修部	0.00%	100.00%	0.00%	0.00%	100.00%
企划部	5.32%	65.09%	0.00%	29.60%	100.00%
销售部	#DIV/0!	#DIV/0!	#DIV/0!	#DIV/0!	#DIV/0!
组装部	0.00%	43.43%	56.57%	0.00%	100.00%
总计	2.66%	62.90%	23.98%	10.46%	100.00%

图 5–35　各类固定资产折旧额占同行数据总和的百分比

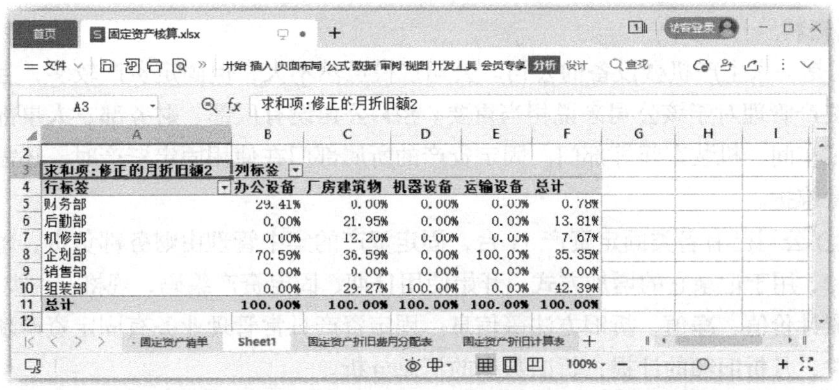

求和项:修正的月折旧额2	列标签				
行标签	办公设备	厂房建筑物	机器设备	运输设备	总计
财务部	29.41%	0.00%	0.00%	0.00%	0.78%
后勤部	0.00%	21.95%	0.00%	0.00%	13.81%
机修部	0.00%	12.20%	0.00%	0.00%	7.67%
企划部	70.59%	36.59%	0.00%	100.00%	35.35%
销售部	0.00%	0.00%	0.00%	0.00%	0.00%
组装部	0.00%	29.27%	100.00%	0.00%	42.39%
总计	100.00%	100.00%	100.00%	100.00%	100.00%

图 5–36　各类固定资产折旧额占同列数据总和的百分比

（5）选择图 5-35 所示的透视表区域中任意一个单元格，单击“分析”选项卡下的“数据透视图”按钮，打开“图表”对话框，在对话框左侧列表中选择“柱形图”选项，在对话框右侧选择“簇状柱形图”选项，可在当前页生成一张数据透视图，如图 5-37 所示。

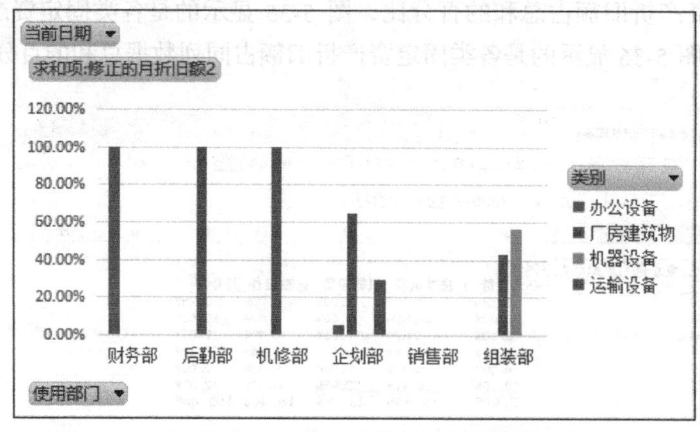

图 5-37　固定资产折旧汇总透视图

项目小结

本项目介绍了如何运用 WPS 表格对固定资产进行管理。首先介绍了固定资产的概念，接着介绍了固定资产管理的流程，最后完成了运用 WPS 表格输入固定资产卡片，进行固定资产新增、减少和调拨，计提固定资产折旧，对固定资产数据进行查询和汇总分析等各项管理工作。通过对本项目的学习，要求学生学会使用 WPS 表格设计固定资产核算系统，能够运用筛选及数据分析工具进行固定资产数据的汇总和查询。

项目实训

1. 实训目的

（1）学会使用 WPS 表格设计固定资产核算系统。

（2）学会运用筛选及数据分析工具进行固定资产数据的汇总和查询。

2. 实训资料

SD 公司是一家生产机械设备的公司。公司规模虽然不大，但固定资产较多，且价值较高，因此，固定资产管理对于该公司来说相当重要。SD 公司设有厂部、财务部、人事部、采购部、销售部、金工车间、机装车间等部门。固定资产的所属部门在使用固定资产时，还需要负责该固定资产的日常维护。

目前，SD 公司已有各类固定资产 11 台，固定资产的集中管理由财务部负责，每个固定资产都有一张卡片，用于记录它的增加方式、开始使用日期、固定资产编码、规格、种类、所属部门、原始价值、累计价值、净值、折旧方法等信息。固定资产日常管理业务有固定资产新增、减少，部门间的调拨，月折旧额的计提，折旧数据的汇总分析。

SD 公司的固定资产分为房屋建筑类、机械设备类、运输工具类、办公设备类，它们的编码分别为 02、03、05、06，净残值率分别为 5%、4%、4%和 3%。005 号固定资产的预计总工作量为 400 000 千米，本月之前的工作量为 200 000 千米，本月工作量为 2 000 千米。

该公司从 2022 年 4 月起用 WPS 表格核算固定资产。固定资产详细情况如表 5-3 所示。

表 5-3 固定资产详细情况

卡片编号	固定资产编号	固定资产名称	资产类别	增加方式	使用部门	使用状态	开始使用日期	预计使用年份	总工作量/千米	原值/元	折旧方法
001	101001	办公楼	02	自建	厂部	在用	2015/12/1	20		1 000 000	直线法
002	101002	金工车间	02	自建	金工车间	在用	2017/12/1	20		800 000	直线法
003	101003	机装车间	02	自建	机装车间	在用	2016/12/1	20		500 000	直线法
004	101004	仓库	02	自建	采购部	在用	2015/12/1	20		200 000	直线法
005	201001	客车	05	直接购入	采购部	在用	2015/12/1		400 000	100 000	工作量法
006	301001	计算机	06	直接购入	人事部	在用	2017/12/1	5		6 000	直线法
007	201002	吊车	03	投资者投入	机装车间	在用	2017/12/1	10		130 000	双倍余额递减法
008	000008	会议桌	06	直接购入	厂部	在用	2017/12/1	5		2 000	直线法
009	301002	计算机	06	部门调拨	销售部	在用	2017/12/1	5		6 000	直线法
010	301003	打印机	06	部门调拨	财务部	在用	2017/12/1	5		2 000	直线法
011	301004	计算机	06	直接购入	财务部	在用	2015/6/1	5		12 000	直线法

3. 实训要求

（1）设计固定资产卡片样式，输入固定资产卡片的初始数据。

（2）计提固定资产折旧费用。

（3）查询财务部的固定资产信息。

（4）汇总分析固定资产折旧数据。

项目六

WPS 表格在进销存管理中的应用

知识目标

1．掌握进销存管理的业务处理流程。

2．了解进销存管理中数据之间的关系。

能力目标

1．学会使用 WPS 表格设计进销存管理系统。

2．掌握各工作表之间数据的引用操作。

素质目标

1．认真履行岗位职责，强化业务技能。

2．及时、准确、认真地开展进销存管理，做到一丝不苟、精益求精。

工作情境与分析

一、情境

李娜在 2022 年 3 月为丰源公司设计了一套固定资产核算系统，不仅简化了固定资产计提折旧等烦琐的工作，而且还利用 WPS 表格的数据透视表功能和筛选功能对不同部门不同类别的折旧数额进行了分析，同时对固定资产管理提出了针对性的建议，深得领导的赏识。于是，她备受鼓舞，决定在 2022 年 4 月开始尝试用 WPS 表格设计该公司的进销存管理系统。

丰源公司主要从事生产、销售小型设备等业务活动。该公司的供应商资料和客户资料如表 6-1 和表 6-2 所示。假设丰源公司采用月末一次加权平均法进行存货发出核算，截至 2022 年 4 月，该公司与各供应商、客户间的往来货款已结清。

表 6–1 供应商资料

供应商编号	供应商名称	开户银行	账号	纳税人登记号
1	成都机械公司	建行人民路支行	546713356732178	510100987654321
2	西安红岭工贸公司	农行丰庆路支行	657435865290858	610100123456789
3	天津物资供应公司	农行红星路分理处	243543267898765	120100657894321

表 6–2　　客户资料

客户编号	客户名称	开户银行	账号	纳税人登记号
1	石家庄五金公司	建行红旗大街分理处	845739021895476	130100987654321
2	黄河机械厂	农行迎宾路支行	432657189346028	370500387291045
3	大连明达机械公司	农行建设路分理处	327896574910347	210200321654987
4	河北清河纺织公司	工行胜利分理处	876936352173480	130683123456789

该公司的库存材料和库存商品信息如表 6-3 和表 6-4 所示。

表 6–3　　库存材料

明细账户		材料编码	型号规格	单位	数量	单价/元	金额/元
主要材料	X 材料	C001	L 型	吨	400	40	16 000
	Y 材料	C002	L 型	吨	400	35	14 000
	Z 材料	C003	L 型	吨	20	28	560
辅助材料	配件 A	C004	M 型	件	100	20	2 000
	配件 B	C005	M 型	件	400	3	1 200
合计							33 760

表 6–4　　库存商品

商品编码	明细账户	型号规格	单位	数量	借贷	单价/元	金额/元
S001	甲设备	S 型	件	20	借	1 032	20 640
S002	乙设备	S 型	件	25	借	512	12 800
合计							33 440

2022 年 4 月，丰源公司的进销存业务如下。

（1）4 月 1 日，从西安红岭工贸公司购入 X 材料 200 吨，单价 40 元。采购发票号为 501211。

（2）4 月 3 日，向石家庄五金公司销售甲设备 10 台，单价 2 000 元，货款未收。

（3）4 月 5 日，从成都机械公司购入 Z 材料 30 吨，单价 30 元，材料验收入库，款项已电汇。结算单据号为 1205，采购发票号为 301202。

（4）4 月 8 日，从天津物资供应公司采购配件 A100 件，单价 21 元。货款未付，采购发票号为 201801。

（5）4 月 9 日，销售乙设备 5 台给黄河机械厂，单价 1 000 元，货款未收。

（6）4 月 11 日，车间领用材料，包括 X 材料 300 吨，单价 40 元；Y 材料 300 吨，单价 35 元；Z 材料 10 吨，单价 28 元。

（7）4 月 15 日，从成都机械公司购入配件 B200 件，单价 3 元；购入 Y 材料 200 吨，单价 35 元。采购发票号为 301215。

（8）4 月 18 日，从西安红岭工贸公司购入 X 材料 300 吨，单价 40 元。采购发票号为 501235。

（9）4 月 26 日，车间领用辅助材料配件 A100 件，单价 20 元；配件 B300 件，单价 3 元。

（10）4 月 27 日，收到销售给石家庄五金公司甲设备的价款 20 000 元。结算票据号为 23124。

（11）结转完工产品成本。

二、分析

进销存管理是企业对其生产经营过程中所拥有的物料流和资金流进行全方位监督的一种管理制度。从企业收到订货合同开始，至材料的采购、付款、入库、领用、交货、收款等行为活动结束为止，每一项数据都要详细记录在册，以便随时翻阅。进销存管理可以说是企业内部管理的重要环节之一。

在进销存管理系统中，采购是企业实现自我价值的开始，采购成本直接影响着企业利润的高低，因此，降低采购成本和提高采购质量应该是每一个企业所关心的重点；销售是企业实现自我价值的主要手段，可以为企业的长久生存提供支持，是企业进销存管理系统的重要组成部分；存货是企业会计核算和管理中的重要环节，存货管理不仅直接影响着企业的采购业务、生产业务和销售业务，还可以提高客户满意度，保证企业生产经营的顺利进行。利用 WPS 表格进行进销存管理可以帮助企业合理利用物料资源、有效控制物料资源的流入与流出，以及降低采购成本和销售成本，极大地提高工作效率，并间接提高企业的经济效益。

丰源公司的进货流程：采购员收到缺货信息后，分析缺货信息是否合理，再将订单下达给供应商；材料送达后，实物入库，财务人员根据入库单登记库存账；对于未付款的业务，转入未付款供应商单独处理。

丰源公司的产品销售流程：接收客户订单，签订销售合同，向客户发货并收款，对形成应收账款的业务单独进行管理。每笔销售业务发生时都要及时更新库存，登记各种产品的库存明细账。

丰源公司的库存管理流程：材料采购入库、产品完工入库、领料退货等业务均涉及库存的变化，丰源公司实行“一料一账”制度，即每收发一次货就需要盘点一次，当天的所有材料和产品进出都要记录，当天全部处理完毕，如有异常，及时处理。

根据以上信息分析，丰源公司利用 WPS 表格进行进销存管理的工作流程如下：输入期初数据—处理采购与付款业务—处理销售与收款业务—建立库存管理表—登记材料和商品明细账。

任务一 输入期初数据

丰源公司若要利用 WPS 表格来管理进销存业务，首先就要把库存商品和库存材料的期初数据输入工作簿中，用于衔接手工账和新进销存管理系统。

微课 6-1 输入期初数据

通过整理存货手工账及分析公司业务发现，丰源公司存货期初数据应包含以下内容：商品/材料编码、商品/材料名称、型号规格、单位、期初库存、期初单位成本和期初余额等。

（1）在“丰源公司”文件夹下新建一个工作簿，并将其命名为“进销存管理”。打开“进销存管理”工作簿，将 Sheet 1 工作表重命名为“存货列表及期初数据”，再输入表 6-3 和表 6-4 中的数据。

（2）选择 A1:G1、A6:G6 单元格区域，将字体格式设置为“加粗”“居中”，单元格背景颜色设置为天蓝色。

（3）选择 A1:G3、A6:G11 单元格区域，将表格边框类型设置为“所有框线”，完成后的效果如图 6-1 所示。

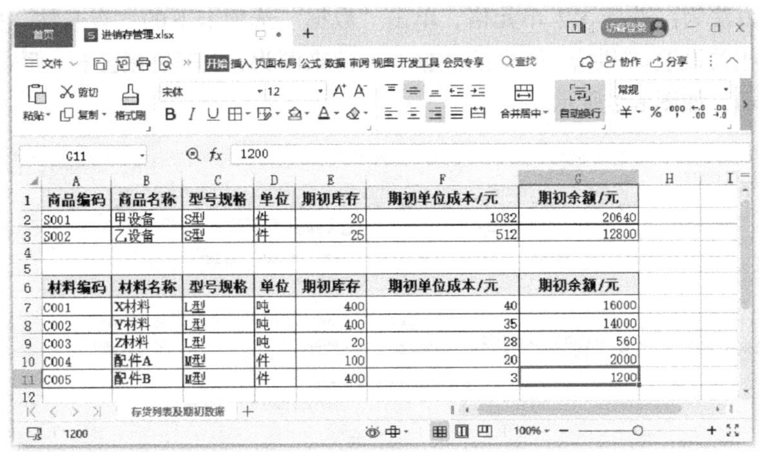

商品编码	商品名称	型号规格	单位	期初库存	期初单位成本/元	期初余额/元
S001	甲设备	S型	件	20	1032	20640
S002	乙设备	S型	件	25	512	12800

材料编码	材料名称	型号规格	单位	期初库存	期初单位成本/元	期初余额/元
C001	X材料	L型	吨	400	40	16000
C002	Y材料	L型	吨	400	35	14000
C003	Z材料	L型	吨	20	28	560
C004	配件A	M型	件	100	20	2000
C005	配件B	M型	件	400	3	1200

图 6-1 存货列表及期初数据

任务二 处理采购与付款业务

处理采购与付款业务时，企业需要了解存货购入的基本信息和付款的有关信息，同时，企业还需要与供货商建立良好的合作关系，根据采购计划请购，经过审批后，签订采购合同并实施采购。订购的存货到达后，经验收合格后在收款单上签字，财务人员将根据采购发票和签过字的入库凭证（收货单或请购单）确定付款方式，完成付款业务。利用 WPS 表格进行采购与付款业务管理时，需要建立采购业务和付款业务的数据清单。

丰源公司的采购业务中涉及材料和配件的采购，所以需要建立两张工作表——采购业务表和付款业务表，分别由采购部门和财务部门记录。采购业务表是记录材料和配件采购相关信息的数据清单，付款业务表是记录付款相关信息的数据清单。

一、编制采购业务表

微课 6-2 编制采购业务表

采购是指企业为满足其自身的需求或保证生产经营活动的正常进行而从资源市场获取物料的过程。企业可以根据所发生的采购业务编制采购业务表，详细记录采购的日期、商品名称、规格型号、单价、数量、金额以及供应商等信息。

（1）打开“进销存管理”工作簿，在“存货列表及期初数据”工作表后面插入一张新工作表，并将其重命名为“采购业务表”。

（2）在 A1:M1 单元格区域中输入以下项目：采购日期、采购发票号、摘要、材料编码、材料名称、型号规格、单位、进货数量、进货单价/元、进货金额/元、供应商、已付货款/元和应付货款余额/元。

（3）选择 A 列，单击“开始”选项卡下“数字格式”按钮 常规 右侧的下拉按钮，在打开的下拉列表中选择“短日期”选项；选择 A1:M1 单元格区域，将字体格式设置为“加粗”“居中”，单元格背景颜色设置为天蓝色。

（4）丰源公司有稳定的供货商，为了方便输入并防止出错，可对“供应商”列进行数据有效性设置，其操作方法为：选择 K2 单元格，单击“数据”选项卡下的“有效性”按钮，在打开的对话框中完成相关设置。“供应商”列的数据有效性来源为：成都机械公司、西安红岭工贸公司、天津物资供应公司，如图 6-2 所示。

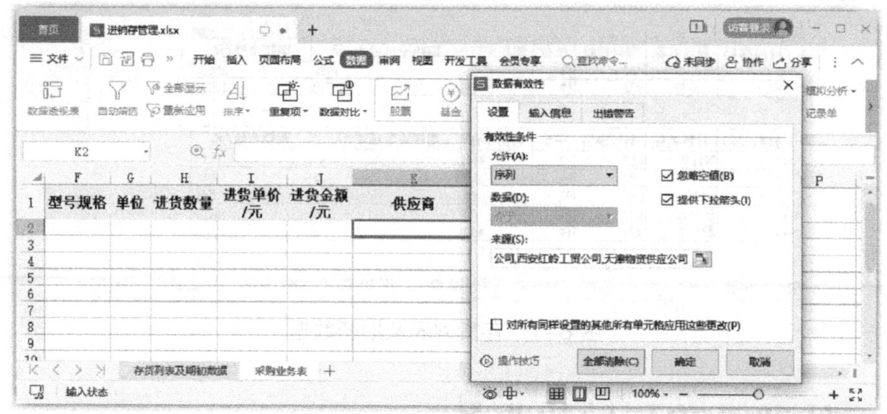

图 6–2　数据有效性设置

（5）选择 M2 单元格，单击“开始”选项卡下的“条件格式”按钮，在打开的下拉列表中选择“突出显示单元格规则”选项，在打开的子列表中选择“等于”选项，打开“等于”对话框，在“为等于以下值的单元格设置格式”参数框中输入“0”，在“设置为”下拉列表中选择“黄填充色深黄色文本”选项，如图 6-3 所示。

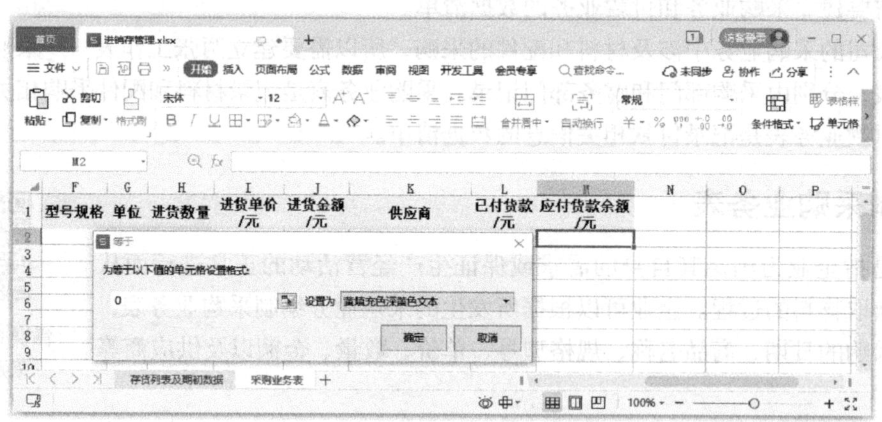

图 6–3　设置单元格的条件格式

（6）将鼠标指针移至 M2 单元格右下角，当其变成+形状时，按住鼠标左键向下拖曳填充。

（7）根据丰源公司的采购信息依次输入“采购日期”“采购发票号”“摘要”“材料编码”“进货数量”“进货单价/元”“供应商”“已付货款/元”等列的内容，“材料名称”“型号规格”“单位”等列的内容可以通过 VLOOKUP 函数在“存货列表及期初数据”工作表中进行查找。

其操作方法为：选择 E2 单元格，输入公式“=VLOOKUP(D2,存货列表及期初数据!$A$1:$G$11,2,0)”；选择 F2 单元格，输入公式“=VLOOKUP(D2,存货列表及期初数据!$A$1:G$11,3,0)”；选择 G2 单元格，输入公式“=VLOOKUP(D2,存货列表及期初数据!$A$1:$G$11,4,0)”。输入完成后，用填充柄把各公式复制到同一列的其他单元格中。

（8）根据输入的各项数据计算进货金额和应付货款余额。选择 J2 单元格，输入公式“=H2*I2”；选择 M2 单元格，输入公式“=J2−L2”。输入完成后，用填充柄把各公式复制到同一列的其他单元格中。

（9）设置 A1:M7 单元格区域的边框类型为“所有框线”。

上述操作完成后的效果如图 6-4 所示。

采购日期	采购发票号	摘要	材料编码	材料名称	型号规格	单位	进货数量	进货单价/元	进货金额/元	供应商	已付货款/元	应付货款余额/元
2022/4/1	501211	从西安红岭工贸公司购入X材料	C001	X材料	L型	吨	200	40	8000	西安红岭工贸公司	0	8000
2022/4/5	301202	从成都机械公司购入Z材料	C003	Z材料	L型	吨	30	30	900	成都机械公司	900	0
2022/4/8	201801	从天津物资供应公司购入配件A	C004	配件A	M型	件	100	21	2100	天津物资供应公司	0	2100
2022/4/15	301215	从成都机械公司购入配件B	C005	配件B	M型	件	200	3	600	成都机械公司		600
2022/4/15	301215	从成都机械公司购入Y材料	C002	Y材料	L型	吨	200	35	7000	成都机械公司		7000
2022/4/18	501235	从西安红岭工贸公司购入X材料	C001	X材料	L型	吨	300	40	12000	西安红岭工贸公司		12000

图 6–4　采购业务表

二、编制付款业务表

微课 6–3　编制付款业务表

付款是指付款人向收款人支付全部或部分金额的行为。付款业务表可以详细地记录付款的日期、付款的商品信息、结算方式、付款金额、结算票据号和付款对象等信息。

（1）在“采购业务表”工作表后面插入一张新工作表，并将其重命名为“付款业务表”。

（2）在 A1:G1 单元格区域中输入以下项目：付款日期、结算方式、结算票据号、供应商、应付货款/元、已付货款/元、应付账款余额/元。

（3）选择 A 列，将该列单元格区域的“数字格式”设置为“短日期”；选择 A1:G1 单元格区域，将字体格式设置为“加粗”“居中”，单元格背景颜色设置为天蓝色。

（4）为“结算方式”“供应商”列设置数据有效性。“结算方式”列的数据有效性来源为：现金支票、转账支票、银行汇票、银行本票、汇兑、信用证；“供应商”列的数据有效性来源为：成都机械公司、西安红岭工贸公司、天津物资供应公司。

（5）直接输入“付款日期”“结算方式”“结算票据号”“供应商”列的内容，“应付货款/元”“已付货款/元”列中的数据可通过 SUMIF 函数得到。

其操作方法为：选择 E2 单元格，输入公式“=SUMIF(采购业务表!$K$2:$K$22,D2,采购业务表! $J$2:$J$22)”；选择 F2 单元格，输入公式“=SUMIF(采购业务表!$K$2:$K$22,D2,采购业务表!$L$2:$L$22)”。输入完成后，用填充柄分别把各公式复制到同一列的其他单元格中。

（6）根据输入的各项数据计算应付账款余额。选择 G2 单元格，输入公式“=E2−F2”，再用填充柄把 G2 单元格中的公式复制到该列的其他单元格中。

（7）设置 A1:G4 单元格区域的边框类型为“所有框线”。

上述操作完成后的效果如图 6-5 所示。

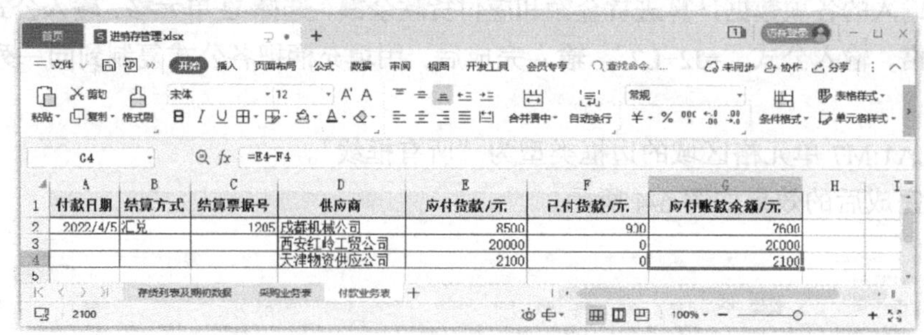

图 6–5 付款业务表

任务三 处理销售与收款业务

销售是企业生产经营活动中的重要环节，是企业取得营业收入的必要手段。处理销售与收款业务时，企业不仅要了解有关产品的销售信息和收款结算信息，还要记录与客户之间的沟通联系及客户还款的情况，便于及时了解市场需求、产品订货规律以及利润增减幅度，保证为企业的生产经营提供及时而准确的信息。

使用 WPS 表格处理销售与收款业务时，应建立产品销售业务表、车间领用材料表和收款业务表。其中，产品销售业务表是记录企业销售商品和销售结算相关信息的数据表格，车间领用材料表是记录车间领用材料相关信息的数据表格，收款业务表是记录收款信息的数据表格。

一、建立产品销售业务表

销售是指以出售、租赁或其他任何方式向第三方提供产品或服务的行为。产品销售业务表可以详细记录销售日期、销售商品、销售对象、应收及实收款项、客户等信息。

微课 6-4 建立产品销售业务表

（1）在“付款业务表”工作表后插入一张新工作表，并将其重命名为“产品销售业务表”。

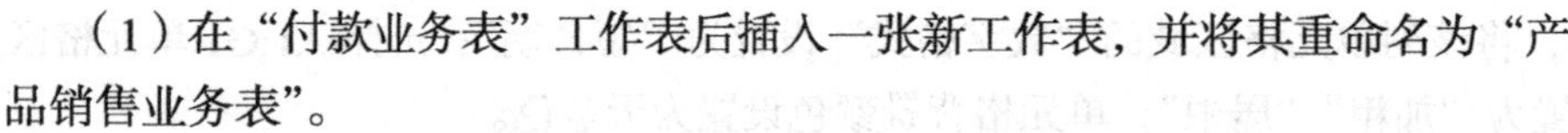

（2）在 A1:L1 单元格区域中输入以下项目：销售日期、摘要、客户、商品编码、商品名称、型号规格、单位、销售数量、销售单价/元、应收货款/元、实收货款/元、应收账款余额/元。

（3）选择 A 列，将该列单元格区域的“数字格式”设置为“短日期”；选择 A1:L1 单元格区域，将字体格式设置为“加粗”“居中”，单元格背景颜色设置为天蓝色。

（4）为“客户”列设置数据有效性，其数据有效性来源为：石家庄五金公司、黄河机械厂、大连明达机械公司、河北清河纺织公司。

（5）使用相同的方法为 L 列设置条件格式：当应收账款余额为 0 时，设置该单元格的条件格式为“黄填充色深黄色文本”。

（6）根据丰源公司的销售数据直接输入“销售日期”“摘要”“客户”“商品编码”“销售数量”“销售单价/元”“实收货款/元”等列的内容，然后利用 VLOOKUP 函数查找每个“商品编码”对应的“商品名称”“型号规格”“单位”等列的信息。

其操作方法为：选择 E2 单元格，输入公式“=VLOOKUP(D2,存货列表及期初数据!$A$1:$G$25,2,0)”；选择 F2 单元格，输入公式“=VLOOKUP(D2,存货列表及期初数据!$A$1:$G$25,3,0)”；选择 G2 单元格，输入公式“=VLOOKUP(D2,存货列表及期初数据!$A$1:$G$25,4,0)”；输入完成后，用填充柄将各公式复制到同一列的其他单元格中。

（7）根据输入的各项数据计算应收账款余额。选择 J2 单元格，输入公式“=H2*I2”；选择 L2 单元格，输入公式“=J2−K2”，输入完成后，用填充柄将各公式复制到同一列的其他单元格中。

（8）选择 A1:L3 单元格区域，设置边框类型为“所有框线”。

上述操作完成后的效果如图 6-6 所示。

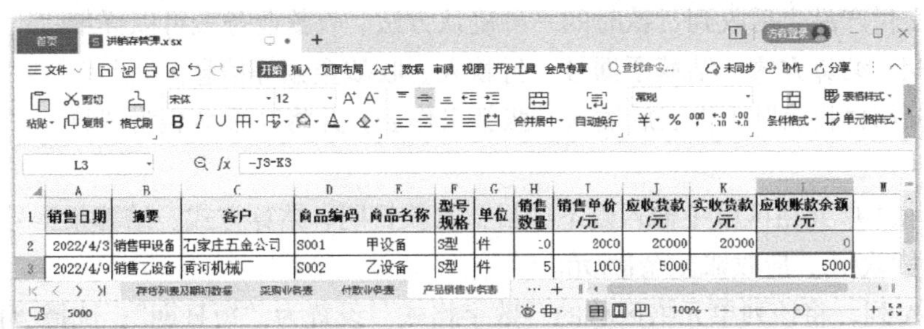

图 6-6　产品销售业务表

二、建立车间领用材料表

微课 6-5　建立车间领用材料表

企业制造产品时需要用到各种原材料，为了方便其管理，可以建立车间领用材料表来详细记录材料的领用日期、领用数量等信息。

（1）在“产品销售业务表”工作表后插入一张新工作表，并将其重命名为“领用材料表”。

（2）在 A1:I1 单元格区域中输入以下项目：领用日期、摘要、材料编码、材料名称、型号规格、单位、领用数量、领用单价/元、领用金额/元。

（3）选择 A 列，将该列单元格区域的“数字格式”设置为“短日期”；选择 A1:I1 单元格区域，将字体格式设置为“加粗”“居中”，单元格背景颜色设置为天蓝色。

（4）根据丰源公司的材料领用情况直接输入“领用日期”“摘要”“材料编码”“领用数量”“领用单价/元”列的内容，“材料名称”“型号规格”“单位”列的内容可以通过 VLOOKUP 函数自动生成。

操作方法为：选择 D2 单元格，输入公式“=VLOOKUP(C2,存货列表及期初数据!$A$6:$G$12,2,0)”；选择 E2 单元格，输入公式“=VLOOKUP(C2,存货列表及期初数据!$A$6:$G$12,3,0)”；选择 F2 单元格，输入公式“=VLOOKUP(C2,存货列表及期初数据!$A$6:$G$12,4,0)”；输入完成后，用填充柄将各公式复制到同一列的其他单元格中。

（5）根据输入的数据计算领用金额。选择 I2 单元格，输入公式“=G2*H2”，再用填充柄把 I2 单元格中的公式复制到该列其他单元格中。

（6）选择 A1:I6 单元格区域，设置边框类型为“所有框线”。

上述操作完成后的效果如图 6-7 所示。

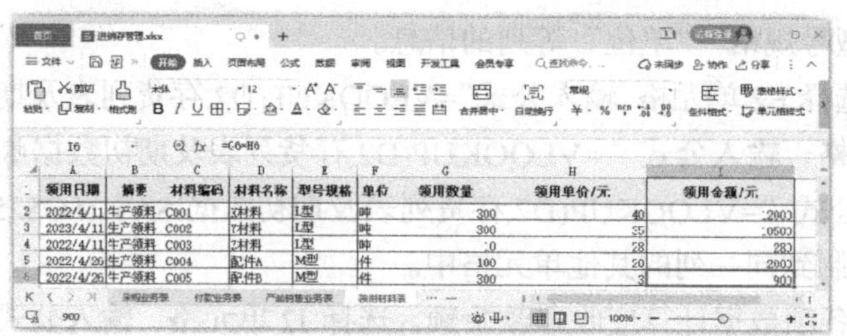

图 6-7　领用材料表

三、建立收款业务表

微课 6-6　建立收款业务表

收款是指交付产品之后收到货款时的一种确认方法。收款业务表可以详细地记录收款日期、结算方式、结算票据号、付款人、收款金额等信息。

（1）在“领用材料表”工作表后插入一张新工作表，并将其重命名为“收款业务表”。

（2）在 A1:G1 单元格区域中输入以下项目：收款日期、结算方式、结算票据号、客户、应收货款/元、已收货款/元、应收账款余额/元。

（3）选择 A 列，将该列单元格区域的“数字格式”设置为“短日期”；选择 A1:G1 单元格区域，将字体格式设置为“加粗”“居中”，单元格背景颜色设置为天蓝色。

（4）为“客户”列设置数据有效性，其数据有效性来源为：石家庄五金公司、黄河机械厂、大连明达机械公司、河北清河纺织公司。

（5）使用相同的方法为 G 列设置条件格式：当应收账款余额为 0 时，设置该单元格的条件格式为“黄填充色深黄色文本”。

（6）直接输入“收款日期”“结算方式”“结算票据号”“客户”等列的内容，“应收货款/元”“已收货款/元”列的数据可通过“产品销售业务表”工作表中的相关数据计算得到。

操作方法为：选择 E2 单元格，输入公式“=SUMIF(产品销售业务表!$C$2:$C$10,D2,产品销售业务表!$J$2:$J$10)”；选择 F2 单元格，输入公式“=SUMIF(产品销售业务表!$C$2:$C$10,D2,产品销售业务表!$K$2:$K$10)”；输入完成后，用填充柄将各公式复制到同一列的其他单元格中。

（7）根据输入的数据计算应收账款余额。选择 G2 单元格，输入公式“=E2-F2”，再用填充柄把 G2 单元格中的公式复制到该列的其他单元格中。

（8）选择 A1:G3 单元格区域，设置边框类型为“所有框线”。

上述操作完成后的效果如图 6-8 所示。

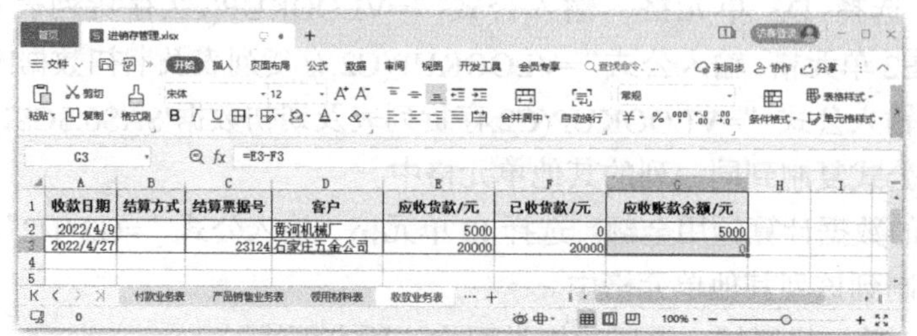

图 6-8　收款业务表

任务四 建立库存管理表

库存管理是企业进销存管理中不可缺少的环节，与采购管理和销售管理紧密相连。无论是采购的原材料还是企业的库存商品，都需要进行入库和出库统计。本任务将介绍使用 WPS 表格进行商品入库和出库统计的方法，以及对库存量进行控制的方法。建立库存管理表的操作步骤如下。

（1）在"收款业务表"工作表后插入一张新工作表，并将其重命名为"库存管理表"。

（2）在 A1:L1 单元格区域中输入以下项目：商品（材料）名称、规格型号、单位、期初结存数量、期初结存金额/元、购入数量、本期增加金额/元、发出数量、发出成本/元、库存数量、结存金额/元、单位成本/元。

微课 6-7 建立库存管理表

（3）选择 A1:L1 单元格区域，将字体格式设置为"加粗""居中"，单元格背景颜色设置为天蓝色。

（4）利用条件格式对库存数量进行监控：当库存数量小于 300 时，设置该单元格的条件格式为"黄填充色深黄色文本"，表示企业应及时补充进货；当库存数量大于 1 000 时，设置该单元格的条件格式为"浅红填充色深红色文本"，提醒企业不需要再进货。设置完成后，用填充柄将 J2 单元格中的格式设置复制到该列的其他单元格中。

（5）直接输入"商品（材料）名称""规格型号""单位"列的内容，"期初结存数量""期初结存金额/元"列的数据可通过"存货列表及期初数据"工作表中的相关数据计算得到；"购入数量""本期增加金额/元"列的数据可通过"采购业务表"工作表中的相关数据计算得到；"发出数量"列的数据可通过"产品销售业务表"工作表中的相关数据计算得到。

操作方法为：选择 D2 单元格，输入公式"=SUMIF(存货列表及期初数据!C:C,B2,存货列表及期初数据!E:E)"；选择 E2 单元格，输入公式"=SUMIF(存货列表及期初数据!C:C,B2,存货列表及期初数据!G:G)"；选择 F2 单元格，输入公式"=SUMIF(采购业务表!F:F,B2,采购业务表!H:H)"；选择 G2 单元格，输入公式"=SUMIF(采购业务表!F:F,B2,采购业务表!J:J)"；选择 H2 单元格，输入公式"=SUMIF(产品销售业务表!E:E,B2,产品销售业务表!H:H)"；输入完成后，用填充柄将各公式复制到同一列的其他单元格中。

（6）根据输入的数据计算发出成本、库存数量、结存金额和单位成本。选择 I2 单元格，输入公式"=H2*L2"；选择 J2 单元格，输入公式"=D2+F2−H2"。由于丰源公司采用加权平均法计算发出存货的成本，所以在 K2 单元格中输入公式"=E2+G2−I2"，在 L2 单元格中输入公式"=(E2+G2)/(D2+F2)"，输入完成后，用填充柄将各公式复制到同一列的其他单元格中。

（7）选择 A1:L8 单元格区域，设置边框类型为"所有框线"。

上述操作完成后的效果如图 6-9 所示。

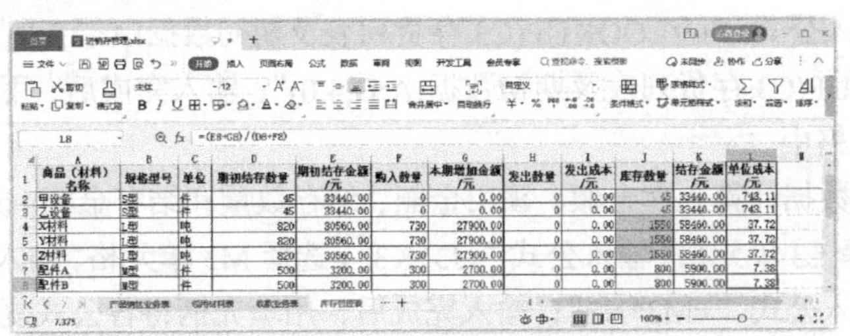

图 6-9 库存管理表

任务五　登记材料和商品明细账

为了方便计算结转材料、商品的成本，及时了解库存情况，企业需要按材料和商品的编码、名称、型号规格分别设置活页式明细账，由财务人员根据仓管员每个月的库存报表登账，采用数量金额式账页。

丰源公司有 X 材料、Y 材料、Z 材料 3 种原材料，配件 A、配件 B 两种辅助材料，甲设备、乙设备两种库存商品，登账时应按材料和商品的类别分别设置明细账。

一、输入材料和商品明细账

微课 6-8　输入材料和商品明细账

下面以输入 X 材料明细账为例，介绍登记存货明细账的操作。

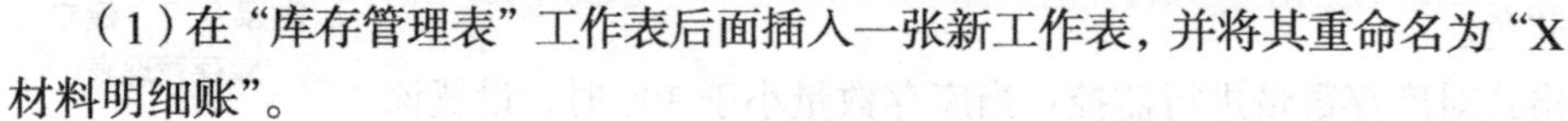

（1）在“库存管理表”工作表后面插入一张新工作表，并将其重命名为“X 材料明细账”。

（2）在 A1:O1 单元格区域中输入以下项目：业务日期、摘要、材料编码、材料名称、型号规格、单位、入库数量、入库成本/元、入库金额/元、领用数量、单价/元、领用金额/元、结存数量、结存成本/元、结存金额/元。

（3）选择 A 列，将该列单元格区域的“数字格式”设置为“短日期”；选择 A1:O1 单元格区域，将字体格式设置为“加粗”“居中”，单元格背景颜色设置为天蓝色。

（4）根据表 6-3 中的数据在 A2:O2 单元格区域中输入期初库存情况，如图 6-10 所示。

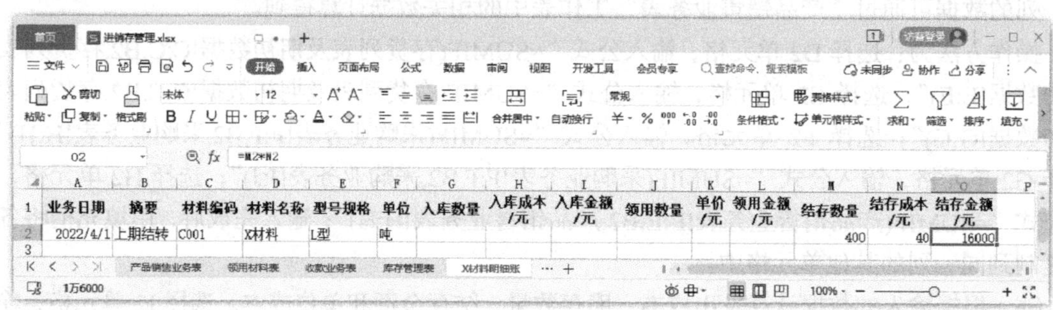

业务日期	摘要	材料编码	材料名称	型号规格	单位	入库数量	入库成本/元	入库金额/元	领用数量	单价/元	领用金额/元	结存数量	结存成本/元	结存金额/元
2022/4/1	上期结转	C001	X材料	L型	吨							400	40	16000

图 6–10　期初库存情况

（5）直接输入“业务日期”“摘要”“材料编码”“入库数量”“入库成本/元”“领用数量”“单价/元”“结存成本/元”等列的内容，“材料名称”“型号规格”“单位”列的数据可通过 VLOOKUP 函数进行查找。

操作方法为：选择 D3 单元格，输入公式“=VLOOKUP(C3,存货列表及期初数据!A:B,2,0)”；选择 E3 单元格，输入公式“=VLOOKUP(C3,存货列表及期初数据!A:D,3,0)”；选择 F3 单元格，输入公式“=VLOOKUP(C3,存货列表及期初数据!A:D,4,0)”；输入完成后，用填充柄将各公式复制到同一列的其他单元格中。

（6）根据输入的数据计算入库金额、领用金额、结存数量和结存金额。选择 I3 单元格，输入公式“=G3*H3”；选择 L3 单元格，输入公式“=J3*K3”；选择 M3 单元格，输入公式“=M2+G3-J3”；选择 O3 单元格，输入公式“=M3*N3”；输入完成后，用填充柄将各公式复制到同一列的其他单元格中。

（7）从第 3 行起逐行输入 X 材料的业务日期、摘要、材料编码、入库数量、入库成本，设置了公式的项目将自动计算出结果。

（8）选择 A1:O5 单元格区域，设置边框类型为“所有框线”。

上述操作完成后的效果如图 6-11 所示。

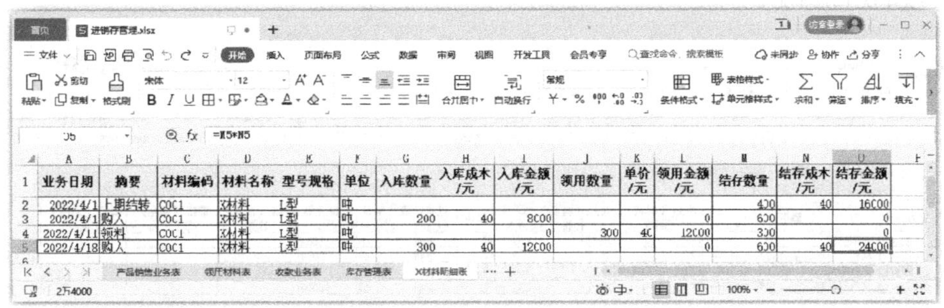

	A	B	C	D	E	F	G	H	I	J	K	L	M	N	O
1	业务日期	摘要	材料编码	材料名称	型号规格	单位	入库数量	入库成本/元	入库金额/元	领用数量	单价/元	领用金额/元	结存数量	结存成本/元	结存金额/元
2	2022/4/1	上期结转	C001	X材料	L型	吨							400	40	16000
3	2022/4/1	购入	C001	X材料	L型	吨	200	40	8000			0	600		0
4	2022/4/11	领料	C001	X材料	L型	吨			0	300	40	12000	300		0
5	2022/4/18	购入	C001	X材料	L型	吨	300	40	12000			0	600	40	24000

图 6-11　X 材料明细账

二、根据进销总记录表生成明细账

微课 6-9　根据进销总记录表生成明细账

根据进销总记录表生成明细账的操作步骤如下。

（1）在“X 材料明细账”工作表后插入一张新工作表，并将其重命名为“进销总记录表”。

（2）在 A1:L1 单元格区域中输入以下项目：业务日期、摘要、商品（材料）编码、商品（材料）名称、型号规格、单位、进货数量、进货单价/元、进货金额/元、销售（领用）数量、销售（领用）单价/元、销售（领用）金额/元。然后选择 A1:L1 单元格区域，将字体格式设置为“加粗”“居中”，单元格背景颜色设置为天蓝色。

（3）从“存货列表及期初数据”工作表中复制出期初数据；从“采购业务表”工作表中复制出材料采购的数据；从“领用材料表”工作表中复制出车间领料的数据；从“产品销售业务表”工作表中复制出产品销售的数据。

（4）对以上数据按“业务日期”进行排序，并设置边框类型为“所有框线”，如图 6-12 所示。

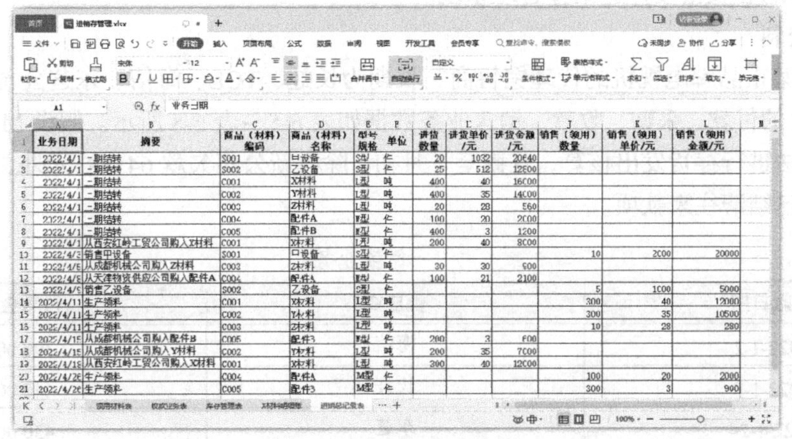

	A	B	C	D	E	F	G	H	I	J	K	L
1	业务日期	摘要	商品（材料）编码	商品（材料）名称	型号规格	单位	进货数量	进货单价/元	进货金额/元	销售（领用）数量	销售（领用）单价/元	销售（领用）金额/元
2	2022/4/1	上期结转	S001	甲设备	S型	件	20	1032	20640			
3	2022/4/1	上期结转	S002	乙设备	S型	件	25	512	12800			
4	2022/4/1	上期结转	C001	X材料	L型	吨	400	40	16000			
5	2022/4/1	上期结转	C002	Y材料	L型	吨	400	35	14000			
6	2022/4/1	上期结转	C003	Z材料	L型	吨	20	28	560			
7	2022/4/1	上期结转	C004	配件A	M型	件	100	20	2000			
8	2022/4/1	上期结转	C005	配件B	M型	件	400	3	1200			
9	2022/4/1	从西安红岭工贸公司购入X材料	C001	X材料	L型	吨	200	40	8000			
10	2022/4/3	销售甲设备	S001	甲设备	S型	件				10	2000	20000
11	2022/4/6	从成都机械公司购入Z材料	C003	Z材料	L型	吨	30	30	900			
12	2022/4/8	从天津物资供应公司购入配件A	C004	配件A	M型	件	100	21	2100			
13	2022/4/9	销售乙设备	S002	乙设备	S型	件				5	1000	5000
14	2022/4/11	生产领料	C001	X材料	L型	吨				300	40	12000
15	2022/4/11	生产领料	C002	Y材料	L型	吨				300	35	10500
16	2022/4/11	生产领料	C003	Z材料	L型	吨				10	28	280
17	2022/4/15	从成都机械公司购入配件B	C005	配件B	M型	件	200	3	600			
18	2022/4/15	从成都机械公司购入Y材料	C002	Y材料	L型	吨	200	35	7000			
19	2022/4/18	从西安红岭工贸公司购入X材料	C001	X材料	L型	吨	300	40	12000			
20	2022/4/26	生产领料	C004	配件A	M型	件				100	20	2000
21	2022/4/26	生产领料	C005	配件B	M型	件				300	3	900

图 6-12　进销总记录表

（5）选择数据区域中的任意一个单元格，单击“开始”选项卡下的“筛选”按钮，进入筛选状态。

（6）单击“商品（材料）名称”文本所在单元格右下角的下拉按钮，在打开的下拉列表中取消选中“全选”复选框，单击选中“X 材料”复选框，筛选出丰源公司本期 X 材料的所有发生额信息，如图 6-13 所示。

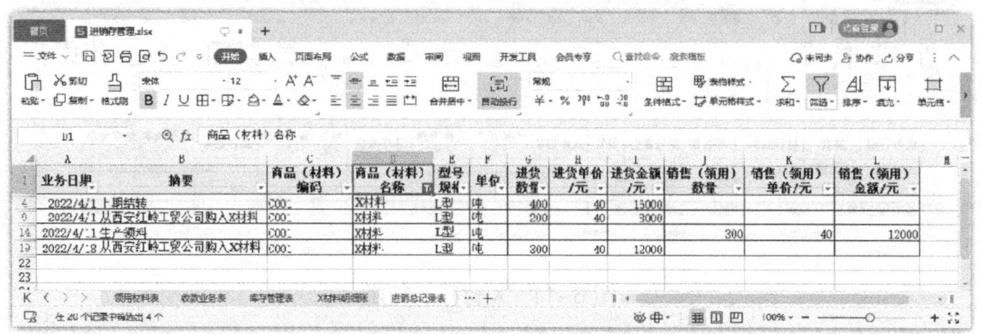

图 6-13　筛选出 X 材料的记录

（7）选择其他筛选条件，生成相关商品和材料的明细账。

项目小结

本项目介绍了如何运用 WPS 表格对进销存业务进行管理。首先介绍了进销存业务的内容，接着介绍了进销存管理的流程，包括输入期初数据、处理采购与付款业务、处理销售与收款业务、建立库存管理表、登记材料和商品明细账。通过对本项目的学习，要求学生学会使用 WPS 表格设计进销存管理系统。

项目实训

1. 实训目的

学会使用 WPS 表格设计进销存管理系统。

2. 实训资料

M 公司为某市品牌电视机的代理销售商，长期为长虹、TCL、海信、东芝公司做代理。该公司 2022 年 1 月的付款、采购、收款、销售业务数据如表 6-5～表 6-8 所示。假设 M 公司采用月末一次加权平均法进行存货发出核算，且截至 1 月初，除科新公司欠款 64 000 元外，该公司与各供应商和客户间已结清往来款项。

表 6-5　付款业务　单位：元

付款日期	供应商	付款金额
2022-1-2	海信	390 000
2022-1-8	长虹	440 000
2022-1-24	东芝	430 000
2022-1-31	TCL	300 000

表 6–6　采购业务

采购日期	规格型号	供应商	数量/件	单价/元	采购金额/元
2022-1-1	T-T021	TCL	200	1 120	224 000
2022-1-2	H-T029	海信	300	1 300	390 000
2022-1-3	D-T036	东芝	200	2 150	430 000
2022-1-4	C-T042	长虹	200	2 200	440 000
2022-1-5	T-G021	TCL	300	1 420	426 000
2022-1-6	H-G029	海信	300	1 500	450 000
2022-1-7	H-G036	海信	200	1 800	360 000
2022-1-8	C-G042	长虹	150	2 000	300 000

表 6–7　收款业务　单位：元

收款日期	客户	收款金额
2022-1-1	新时代	130 000
2022-1-24	科新公司	400 000
2022-1-31	滨海饭店	480 000

表 6–8　销售业务

销售日期	规格型号	客户	数量/件	单价/元	销售金额/元
2022-1-1	H-G036	新时代	50	2 600	130 000
2022-1-12	C-G042	利群广场	100	2 700	270 000
2022-1-15	D-T036	科新公司	120	2 800	336 000
2022-1-21	C-T042	滨海饭店	160	3 000	480 000
2022-1-24	T-T021	长城宾馆	150	1 500	225 000

M 公司的主管会计要随时了解公司库存、销售情况，以此来确定公司下一步的经营活动，同时也要了解公司客户的应收或预收账款余额和供应商的应付或预付账款余额，以加强对应收、预收账款和应付、预付账款的管理，加快资金回笼，保证公司资金充裕。

3. 实训要求

（1）编制采购业务表。

（2）编制付款业务表。

（3）编制销售业务表。

（4）编制收款业务表。

（5）编制库存管理表，并对库存量进行控制，对库存量小于 50 和大于 100 的商品进行条件格式定义，起到提醒的作用。

（6）编制进销总记录表。

（7）筛选出型号规格为 T-T021 的数据。

项目七

WPS 表格在财务分析中的应用

知识目标

1. 了解财务分析的目的，理解财务分析的程序和主要方法。

2. 掌握财务分析中主要的数据来源。

能力目标

1. 掌握财务比率的计算公式，掌握财务图解分析的各种方法，并能够熟练地进行计算分析。

2. 能够熟练应用 WPS 表格建立财务比率分析模型，能够根据财务数据性质合理选择图表类型和图解分析方法，并掌握杜邦系统分析图的创建方法。

素质目标

1. 遵循谨慎的原则，准确判断会计信息的实用性以及正确性。

2. 热爱岗位工作，遵守工作规范，约束自身行为，保证账目真实。

工作情境与分析

一、情境

李娜利用 4 个月的实习时间在丰源公司内部实现了会计电算化，极大地提高了工作效率。到了年末，领导想了解公司的偿债能力、营运能力和盈利能力，以评判公司现状、预测公司未来，为公司决策提供有力的依据。李娜接受了这项工作，她开始学习财务分析知识、整理财务数据，为进行财务分析做好准备。

财务分析是财务管理中不可或缺的环节，是一种以会计核算、报表资料及其他相关资料为依据，采用一系列专门的分析技术和方法，对企业等经济组织过去和现在的相关筹资活动、投资活动、经营活动的偿债能力、盈利能力和营运能力等进行分析与评价，为企业的投资者、债权人、经营者及其他关心企业的组织或个人了解企业过去、评价企业现状、预测企业未来、做出正确决策提供准确的信息或依据的经济分析方法。无论是投资者、债权人、管理者，还是政府机关、中介机构，正确地进行财务分析，对其做出理性决策都具有很强的现实意义。

财务分析程序是指进行财务分析所应遵循的一般规程。研究财务分析程序是进行财务分析的基础与关键，它为开展财务分析工作、掌握财务分析技术指明了方向。从财务分析目标与作用出发，财务分析程序可以归纳为4个阶段、10个步骤。

1. 财务分析信息搜集整理阶段

财务分析信息搜集整理阶段主要由以下3个步骤组成。

（1）明确财务分析目的。进行财务分析之前，必须明确财务分析的目的：评价企业经营业绩、进行投资决策，还是制订企业未来经营策略。只有明确了财务分析的目的，才能正确地搜集整理信息，选择正确的分析方法，从而得出正确的结论。

（2）制订财务分析计划。在明确财务分析目的的基础上，应制订财务分析计划，财务分析计划包括财务分析的人员组成及分工、时间进度安排、财务分析内容及拟采用的分析方法等。财务分析计划是财务分析顺利进行的保证。

（3）搜集整理财务分析信息。财务分析信息是财务分析的基础，信息搜集整理的及时性、完整性、准确性，对财务分析的正确性有着直接的影响。财务分析信息的搜集整理应根据分析的目的和计划进行，且需要日积月累地搜集各种信息，才能根据不同的分析目的及时提供所需信息。

2. 战略分析与会计分析阶段

战略分析与会计分析阶段主要由以下两个步骤组成。

（1）企业战略分析。企业战略分析通过对企业所在行业或企业拟进入行业的分析，明确企业自身地位及应采取的竞争策略。企业战略分析通常包括行业分析和企业竞争策略分析。行业分析的目的在于分析行业的盈利水平与盈利潜力。

影响行业盈利水平的因素主要有两类：一类是行业的竞争程度，另一类是市场谈判或议价能力。企业战略分析的关键在于企业如何根据行业分析的结果，正确选择企业的竞争策略，使企业保持持久竞争优势和强盈利能力。企业的竞争策略有许多种，其中重要的竞争策略有两种，即低成本竞争策略和产品差异策略。

企业战略分析是会计分析和财务分析的基础和导向。通过企业战略分析，财务人员能深入了解企业的经济状况和经济环境，从而进行客观、正确的会计分析与财务分析。

（2）会计分析。会计分析的目的在于评价企业会计所反映的财务状况与经营成果的真实程度。会计分析一方面通过对会计政策、会计方法、会计披露进行评价，揭示会计信息的质量；另一方面通过对会计灵活性、会计估价进行调整，修正会计数据，为财务分析奠定基础，并保证财务分析结论的可靠性。

进行会计分析时一般可按以下步骤进行：第一，阅读会计报告；第二，比较会计报表；第三，解释会计报表；第四，修正会计报表信息。

会计分析是财务分析的基础。在会计分析过程中，对发现的会计原则、会计政策等原因引起的会计信息差异，应通过一定的方式加以说明或调整，以消除会计信息失真的问题。

3. 财务分析实施阶段

财务分析是在战略分析与会计分析的基础上进行的，主要包括以下两个步骤。

（1）财务指标分析。财务指标包括绝对数指标和相对数指标两种。对财务指标进行分析时，财务比率指标分析是财务分析的一种重要方法或形式。财务指标能准确反映企业某方面的财务状况。进行财务分析时，应根据分析的目的和要求选择正确的分析指标。债权人进行企业偿债能力分析时，必须选择反映偿债能力的指标或反映流动性情况的指标进行分析，如流动比率指标、速动比率指标、资产负债率指标等；而潜在投资者进行企业投资决策分析时，则应选择反映企业盈利能力的指标进行分析，如总资产报酬率、资本收益率、股利报酬率和股利发放率等。正确选择与计算财务指标是正确判断与评价企业财务状况的关键所在。

（2）基本因素分析。财务分析不仅要解释现象，而且还要分析原因。基本因素分析就是要在财务指标分析的基础上，对一些主要指标的完成情况，从其影响因素角度进行深入的定量分析，确定各因素的影响方向和程度，为企业正确进行财务评价提供基本依据。

4. 财务分析综合评价阶段

财务分析综合评价阶段是财务分析实施阶段的延续，具体可分为以下 3 个步骤。

（1）财务综合分析与评价。财务综合分析与评价是在应用各种财务分析方法进行分析的基础上，将定量分析结果、定性分析判断及实际调查情况结合起来，以得出财务分析结论的过程。财务分析结论是财务分析的关键性内容，结论的正确性是判断财务分析质量的唯一标准。财务分析结论的得出往往需要经过多次判断、确认。

（2）财务预测与价值评估。财务分析既是一个财务管理循环的结束，又是另一个财务管理循环的开始。应用历史或现实的财务分析结果预测未来财务状况与企业价值，是企业财务分析的重要任务之一。因此，财务分析不能仅满足于事后分析原因，得出结论，还要对企业未来发展及价值状况进行预测与评估。

（3）财务分析报告编制。财务分析报告编制是财务分析的最后步骤。财务分析报告将财务分析的基本问题、财务分析结论及针对问题提出的措施建议以书面的形式表示出来，为财务分析主体及财务分析报告的其他受益者提供决策依据。财务分析报告可作为财务分析工作的总结，还可作为历史信息供以后的财务分析参考，从而保证财务分析的连续性。

二、分析

要对丰源公司进行财务分析，首先应该选定财务分析方法。一般来说，财务分析方法主要有以下 4 种。

1. 财务比率分析法

财务比率分析法是解释财务报表的一种基本分析方法，对财务报表中的相关项目进行比较，将分析对比的绝对数变成相对数，从而说明财务报表上所列项目之间的相互关系，并做出某些解释和评价。财务比率分析法是一种常用的财务分析方法，运用财务比率分析法可以分析评价企业的偿债能力、盈利能力、营运能力等内容。

2. 财务比较分析法

财务比较分析法主要是通过对财务报表中各类相关的数字进行分析比较，尤其是将一个时期的报表同另一个或几个时期的报表进行比较，来判断一家企业的财务状况、经营业绩的演变趋势以及在同行业中地位的变化情况。财务比较分析法的目的在于确定引起企业财务状况和经营成果变动的主要原因、确定企业财务状况和经营成果的发展趋势对投资者是否有利以及预测企业未来发展趋势。财务比较分析法从总体上看属于动态分析，以财务比率分析法为基础，可以有效地弥补不足，是财务分析的重要手段。

3. 财务图解分析法

财务图解分析法是将企业连续多个会计期间的财务数据或财务指标绘制成图表，根据图形走势来判断企业财务状况、经营成果的变化趋势。这种方法能比较简单、直观地反映出企业财务状况的发展趋势，使分析者能够发现一些通过财务比较分析法不易发现的问题。

4. 财务综合分析法

所谓财务综合分析法，就是将各项财务指标作为一个整体，系统、全面、综合地对企业财务状况和经营成果进行剖析和评价，以说明企业整体财务状况和效益的好坏。财务综合分析法实质上是以上各种方法的综合运用，并考虑了部分非报表因素，一般采用的财务综合分析法有杜邦分析体系、标准财务比率分析和财务状况综合评分分析等。

丰源公司计划采用以上 4 种方法进行财务分析，财务分析的数据来源即前面用 WPS 表格生成的资产负债表、利润表等。财务分析以本公司资产负债表和利润表为基础，通过提取、加工和整理会计核算数据来产生所需的数据报表，然后对其进行加工处理，便可得到一系列的财务指标。

根据企业管理者的需求，丰源公司用 WPS 表格进行财务分析需要分别完成以下任务：财务比率分析—财务比较分析—财务图解分析—财务综合分析。

任务一　财务比率分析

财务比率分析是对财务报表中的有关项目进行对比而得出一系列的财务比率指标，从中发现企业经营中存在的问题，并由此评价企业的财务状况。

一、常用的财务比率指标

常用的财务比率指标有变现能力比率、资产管理比率、负债比率、盈利能力比率等大类，下面一一进行介绍。

1. 变现能力比率

变现能力比率又称短期偿债能力比率，是衡量企业产生现金能力大小的比率，它取决于可以在近期转变为现金的流动资产。变现能力比率主要有流动比率和速动比率。

（1）流动比率。流动比率是企业流动资产与流动负债之比，其计算公式如下。

$$流动比率=\frac{流动资产}{流动负债}$$

流动资产一般包括现金、有价证券、应收账款及存货。流动负债一般包括应付账款、应付票据、本年到期的债务、应付未付的所得税及其他未付开支。

流动比率是衡量企业短期偿债能力的一个重要财务指标。流动比率越高，说明企业偿还流动负债的能力越强，流动负债的偿还越能得到保障。如果流动负债上升的速度过快，流动比率过低，则企业近期可能会有资金流动方面的困难。但过高的流动比率并非好现象，应注意分析企业的具体情况，检查是否是资产结构不合理造成的，或者是募集的长期资金没有尽快投入使用等其他原因造成的。一般而言，流动比率在 2 左右比较合适。

（2）速动比率。速动比率也称酸碱度测试比率，是速动资产和流动负债之比。速动资产是流动资产减去变现能力较差且不稳定的存货、预付账款、一年内到期的非流动资产和其他流动资产等后的余额。速动比率计算公式如下。

$$速动比率=\frac{速动资产}{流动负债}$$

速动资产=流动资产−存货−预付账款−一年内到期的非流动资产−其他流动资产

一般情况下，速动比率越高，说明企业偿还流动负债的能力越强。但速动比率过高，则表明企业会因现金及应收账款占用过多而增加企业的机会成本。通常认为正常的速动比率为1，低于1的速动比率会被认为短期偿债能力偏低。

2. 资产管理比率

资产管理比率又称运营效率比率，是用来衡量企业在资产管理方面效率高低的财务比率。资产管理比率包括存货周转率、应收账款周转率、流动资产周转率、固定资产周转率和总资产周转率等。通过对这些指标的高低及其成因进行考察，决策者能够对资产是否在有效运转、资产结构是否合理、所有的资产是否能有效利用，以及资产总量是否合理等问题做出较为客观的判断。

（1）存货周转率。存货周转率是衡量和评价企业购入存货、投入生产、销售收回等各环节管理状况的综合性指标。它是销售成本被平均存货余额所除而得到的比率，又称为存货周转次数。存货周转率的时间表现形式就是存货周转天数，其计算公式如下。

$$存货周转率（周转次数）=\frac{销售成本}{平均存货余额}$$

$$存货周转天数=\frac{360}{存货周转率}$$

其中，平均存货余额的计算公式如下。

$$平均存货余额=\frac{期初存货余额+期末存货余额}{2}$$

存货周转速度的快慢，会对企业的偿债能力及其获利能力产生影响。一般来说，存货周转率越高越好，存货周转率越高，表明存货变现的速度越快，周转额越大，资金占用水平越低。

（2）应收账款周转率。应收账款周转率是反映年度内应收账款转换为现金的平均次数的指标。应收账款周转速度的时间表现形式是应收账款周转天数，也称为平均应收款回收期，它表示企业从取得应收账款的权利到收回款项所需要的时间。应收账款周转率和应收账款周转天数计算公式如下。

$$应收账款周转率=\frac{销售收入}{平均应收账款余额}$$

$$应收账款周转天数=\frac{360}{应收账款周转率}$$

其中，应收账款包括会计核算中“应收账款”和“应收票据”等全部赊销账款。

$$平均应收账款余额=\frac{期初应收款余额+期末应收款余额}{2}$$

一般而言，应收账款周转率越高，则应收账款周转天数越少，说明应收账款的收回速度越快，可以减少坏账损失，但该指标不适合季节性经营的企业。应收账款周转天数还同时考察了企业的信用管理能力，如果与行业平均值偏离过大，则应考虑是否是企业的信用政策不合理及其他原因造成的。

（3）流动资产周转率。流动资产周转率是销售收入与平均流动资产之比，它反映的是全部流动资产的利用效率，其计算公式如下。

$$流动资产周转率=\frac{销售收入}{平均流动资产}$$

其中，平均流动资产的计算公式如下。

$$平均流动资产=\frac{期初流动资产余额+期末流动资产余额}{2}$$

（4）固定资产周转率。固定资产周转率是企业销售收入与平均固定资产净值之比。该比率越高，说明固定资产的利用率越高，管理水平越好，其计算公式如下。

$$固定资产周转率=\frac{销售收入}{平均固定资产净值}$$

其中，平均固定资产净值的计算公式如下。

$$平均固定资产净值=\frac{期初固定资产净值+期末固定资产净值}{2}$$

固定资产周转率是用来考察设备、厂房等利用情况的。当固定资产周转率处于较低水平时，说明固定资产没有被充分利用，需要分析固定资产没有被充分利用的原因。通常计划新的固定资产投资时，财务人员需要分析现有固定资产是否已被充分利用。如果企业的固定资产周转率远高于行业平均值，则有可能是需要增加固定资产投资的信号。

一般情况下，固定资产周转率越高，表明企业固定资产利用得越充分。

（5）总资产周转率。总资产周转率是企业销售收入与平均资产总额之比，可以用来分析企业全部资产的使用效率。如果该比率较低，则企业应采取措施提高销售收入或处置资产，以提高总资产利用率。总资产周转率计算公式如下。

$$总资产周转率（周转次数）=\frac{销售收入}{平均资产总额}$$

其中，平均资产总额的计算公式如下。

$$平均资产总额=\frac{期初资产总额+期末资产总额}{2}$$

如果企业的总资产周转率较低，则说明企业的资产利用不充分。若企业有闲置资产，则应设法变卖；若企业在建工程未完工，则占用的资产暂时不能带来效益，这一点在分析时应注意。

3. 负债比率

负债比率是说明债务和资产、净资产之间关系的比率，它反映的是企业偿付到期长期债务的能力。通过对负债比率进行分析，财务人员可以从中看出企业的资本结构是否健全、合理，从而可以评价企业的长期偿债能力。负债比率主要有资产负债率、股东权益比率、产权比率和利息保障倍数等。

（1）资产负债率。资产负债率是企业负债总额与资产总额之比，也称为负债比率，它反映的是企业的资产总额中有多少是通过举债得到的。资产负债率可以反映企业偿还债务的综合能力，该比率越高，表明企业偿还债务的能力越弱；反之，则表明企业偿还债务的能力越强。资产负债率计算公式如下。

$$资产负债率=\frac{负债总额}{资产总额}\times 100\%$$

注意

在对资产负债率进行分析时，不能简单地对指标数值的高低进行考察。不同的人对该指标取值的要求不同。例如，新的贷款人希望企业有较低的资产负债率，当企业发生清偿事件时，贷款人的权益就会更有保障；而股东一般希望有较高的资产负债率，这样就可以利用财务杠杆效应增加收益。当然，资产负债率越高，企业财务风险也就越大。

（2）股东权益比率。股东权益比率是股东权益总额与资产总额之比。该比率反映了企业资产中有多少属于所有者，其计算公式如下。

$$股东权益比率=\frac{股东权益总额}{资产总额}\times 100\%$$

（3）产权比率。产权比率又称负债权益比率，是负债总额与股东权益总额之比。该比率反映了债权人所提供资金与股东所提供资金的对比关系，从而揭示出企业的财务风险以及股东权益对债务的保障程度。该比率越低，说明企业长期财务状况越好，债权人贷款的安全越有保障，企业风险越小，其计算公式如下。

$$产权比率=\frac{负债总额}{股东权益总额}\times 100\%$$

（4）利息保障倍数。利息保障倍数是税前利润与利息支出之和（即息税前利润）与利息支出的比值，反映了企业用经营所得支付债务利息的能力。该比率越高，说明企业用经营所得支付债务利息的能力越强，从而会增强贷款人对企业支付能力的信任程度，其计算公式如下。

$$利息保障倍数=\frac{税前利润+利息支出}{利息支出}=\frac{息税前利润}{利息支出}$$

国际上通常认为该指标为3时较为适当，从长期来看该指标至少应大于1。

4. 盈利能力比率

盈利能力比率是考察企业赚取利润能力强弱的比率。不论是投资者、债权人还是企业经理人员，都应重视和关心企业的盈利能力。盈利能力比率主要包括总资产报酬率、股东权益报酬率和营业利润率等。

（1）总资产报酬率。总资产报酬率也称资产利润率或资产收益率，是企业在一定时期内的净利润与平均资产总额之比。该比率用来衡量企业利用资产获取利润的能力，反映了企业总资产的利用效率。如果企业的总资产报酬率较低，则说明该企业资产利用效率较低，经营管理存在问题。其计算公式如下。

$$总资产报酬率=\frac{净利润}{平均资产总额}\times 100\%$$

其中，平均资产总额的计算公式如下。

$$平均资产总额=\frac{期初资产总额+期末资产总额}{2}$$

（2）股东权益报酬率。股东权益报酬率也称净资产收益率，是在一定时期内企业的净利润与平均股东权益总额之比。该比率是评价企业获利能力的一个重要财务指标，反映了企业股东获取投资报酬的高低。该比率越高，说明企业的获利能力越强，其计算公式如下。

$$股东权益报酬率=\frac{净利润}{平均股东权益总额}\times100\%$$

其中，平均股东权益总额的计算公式如下。

$$平均股东权益总额=\frac{期初股东权益总额+期末股东权益总额}{2}$$

（3）营业利润率。营业利润率反映了企业的营业利润与营业收入的比例关系，其计算公式如下。

$$营业利润率=\frac{营业利润}{营业收入}\times100\%$$

营业利润率越高，表明企业的市场竞争力越强，发展潜力越大，获利能力越强。

二、进行财务比率分析

WPS 表格是一个应用普遍、功能强大、使用方便的数据表格处理软件，它在财务管理上的应用能有效地提高财务管理效率，及时地向决策者提供准确的财务信息。财务人员若能正确、灵活地使用 WPS 表格进行财务管理，那么就可以使原本复杂的数据计算变得简单快捷。在财务管理中，广泛应用的财务分析方法是财务比率分析法。

微课 7-1 进行财务比率分析

财务比率分析模型以财务比率分析为基础，运用 WPS 表格的强大功能建立基本的模式，使管理者能准确、简单、快捷地把握企业财务状况，从而可以有效地统一指标的数据源，增强数据的处理能力，提高数据计算的准确率，为评价和改进财务管理工作提供可靠依据。下面对丰源公司 2022 年 1 月的会计报表建立财务比率分析模型。

（1）在“丰源公司”文件夹下新建一个工作簿，将其命名为“2201 财务分析”。打开“2201 财务分析”工作簿，将 Sheet 1 工作表重命名为“资产负债表”，然后在该工作表后面插入一张新工作表，并将其重命名为“利润表”。

（2）打开在项目三中制作的“2201 总账报表”工作簿，选择“2201 资产负债表”工作表中的 A1:H45 单元格区域，单击鼠标右键，在弹出的快捷菜单中选择“复制”命令，然后选择“2201 财务分析”工作簿中“资产负债表”工作表的 A1 单元格，单击鼠标右键，在弹出的快捷菜单中选择“选择性粘贴”命令，在打开的“选择性粘贴”对话框中的“粘贴”栏下单击选中“值和数字格式”单选项，单击 确定 按钮。

保持 A1 单元格的选择状态，再次打开“选择性粘贴”对话框，在“粘贴”栏下单击选中“格式”单选项，单击 确定 按钮，然后再调整单元格区域的行高与列宽，让每个单元格中的内容都显示出来。

（3）使用同样的方法将“2201 总账报表”工作簿中的“2201 利润表”工作表复制粘贴到“2201 财务分析”工作簿的“利润表”工作表中。

（4）在“利润表”工作表后面插入一张新工作表，并将其重命名为“财务比率分析模型表”，然后按照图 7-1 的内容制作表格。

图 7-1　财务比率分析模型表

（5）计算流动比率。选择“财务比率分析模型表”工作表的 B3 单元格，输入公式“=资产负债表!C19/资产负债表!G19”。

（6）计算速动比率。选择“财务比率分析模型表”工作表的 B4 单元格，输入公式“=(资产负债表!C19-资产负债表!C12-资产负债表!C14-资产负债表!C17-资产负债表!C18)/资产负债表!G19。

（7）计算存货周转率。选择“财务比率分析模型表”工作表的 B6 单元格，输入公式“=利润表!C6/((资产负债表!C14+资产负债表!D14)/2)”。

（8）计算应收账款周转率。选择“财务比率分析模型表”工作表的 B7 单元格，输入公式“=利润表!C5/((资产负债表!C9+资产负债表!C10+资产负债表!D9+资产负债表!D10)/2)”。

（9）计算流动资产周转率。选择“财务比率分析模型表”工作表的 B8 单元格，输入公式“=利润表!C5/((资产负债表!C19+资产负债表!D19)/2)”。

（10）计算固定资产周转率。选择“财务比率分析模型表”工作表的 B9 单元格，输入公式“=利润表!C5/((资产负债表!C28+资产负债表!D28)/2)”。

（11）计算总资产周转率。选择“财务比率分析模型表”工作表的 B10 单元格，输入公式“=利润表!C5/((资产负债表!C45+资产负债表!D45)/2)”。

（12）计算资产负债率。选择“财务比率分析模型表”工作表的 B12 单元格，输入公式“=资产负债表!G32/资产负债表!C45”。

（13）计算股东权益比率。选择“财务比率分析模型表”工作表的 B13 单元格，输入公式“=资产负债表!G44/资产负债表!C45”。

（14）计算产权比率。选择“财务比率分析模型表”工作表的 B14 单元格，输入公式“=资产负债表!G32/资产负债表!G44”。

（15）计算利息保障倍数。选择“财务比率分析模型表”工作表的 B15 单元格，输入公式“=(利润表!C26+利润表!C11)/利润表!C11”。

（16）计算总资产报酬率。选择“财务比率分析模型表”工作表的 B17 单元格，输入公式“=利润表!C28/((资产负债表!C45+资产负债表!D45)/2)”。

（17）计算股东权益报酬率。选择“财务比率分析模型表”工作表的 B18 单元格，输入公式“=利润表!C28/((资产负债表!G44+资产负债表!H44)/2)”。

（18）计算营业利润率。选择“财务比率分析模型表”工作表的 B19 单元格，输入公式“=利润表!C23/利润表!C5”。

（19）选择 B3:B4、B6:B10、B12:B15、B17:B19 单元格区域，将该单元格区域的格式设置为数值格式，且保留两位小数。

以上操作完成后的效果如图 7-2 所示。

图 7–2　财务比率分析模型最终效果

财务比率分析模型更适合企业管理的实际需要，因为企业可根据经营管理的需求自行调整模型中的项目。建立的财务比率分析模型不仅适用于建立时的会计期间，而且也适用于以后各会计期间。此外，“财务比率分析模型表”工作表中的数值会随着企业会计报表中数据的变化自动更新，从而保证了财务比率分析数据具有及时性、高效性、直观性，有效地实现了 WPS 表格对财务数据的管理，为企业管理提供了高质量的数据依据。

任务二　财务比较分析

财务比较分析法是常用的财务分析方法，对比分析时，不仅要考虑指标的经济内容、计价标准、时间范围和计算方法是否具有可比性，还要考虑其在技术、经济上的可比性。

一、财务比较分析概述

财务比较分析是通过主要项目或者指标数值变化的对比确定差异，从而分析和判断企业经营及财务状况的分析方法。财务比较分析是将企业财务比率与标准财务比率（企业历年的财务比率，或者同行业、同规模其他企业的财务比率）进行比较，从而为查找差距提供线索。

二、进行财务比较分析

微课 7-2　进行财务比较分析

丰源公司刚刚开始进行财务分析，前期没有相关数据，因此本次主要进行企业财务比率与标准财务比率的比较。进行财务比较分析的操作步骤如下。

（1）在“财务比率分析模型表”工作表后面插入一张新工作表，并将其重命名为“财务比较分析”，然后在该工作表中输入财务比较分析的相关项目，并对整个表格进行格式设置，如图 7-3 所示。

（2）查找统计年鉴或类似《中国证券报》等相关报刊上提供的某些具有代表性的上市公司的财务比率，并将其作为财务比较分析中的标准财务比率，如图 7-4 所示。

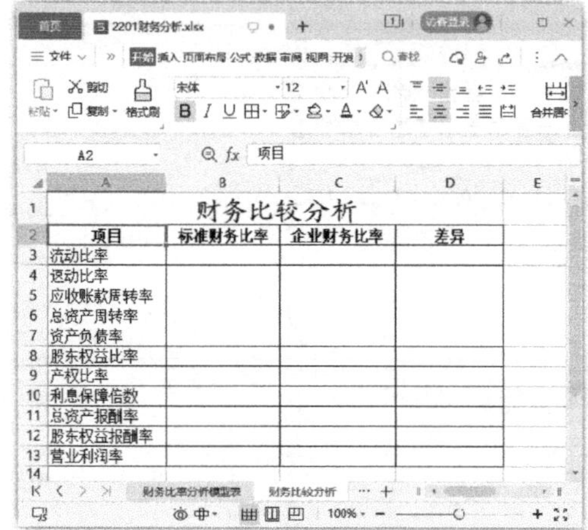

财务比较分析

项目	标准财务比率	企业财务比率	差异
流动比率			
速动比率			
应收账款周转率			
总资产周转率			
资产负债率			
股东权益比率			
产权比率			
利息保障倍数			
总资产报酬率			
股东权益报酬率			
营业利润率			

图 7–3　财务比较分析表

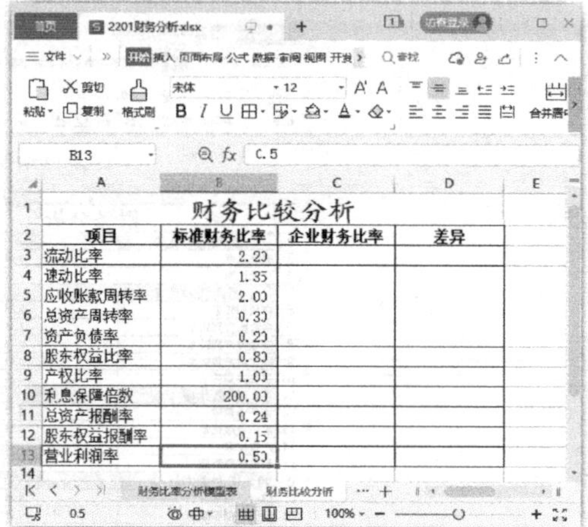

财务比较分析

项目	标准财务比率	企业财务比率	差异
流动比率	2.20		
速动比率	1.35		
应收账款周转率	2.00		
总资产周转率	0.30		
资产负债率	0.20		
股东权益比率	0.80		
产权比率	1.00		
利息保障倍数	200.00		
总资产报酬率	0.24		
股东权益报酬率	0.15		
营业利润率	0.50		

图 7–4　标准财务比率

（3）按照任务一中介绍的方法计算出企业财务比率，如图 7-5 所示。

（4）计算出企业财务比率与标准财务比率的差额。选择 D3 单元格，输入公式“=C3-B3”，按【Ctrl+Enter】键得到结果。将 D3 单元格中的公式复制到该列其他单元格中，最终结果如图 7-6 所示。

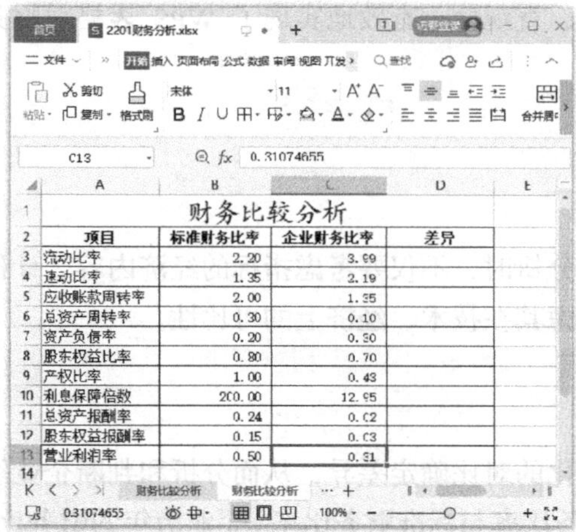

财务比较分析

项目	标准财务比率	企业财务比率	差异
流动比率	2.20	3.99	
速动比率	1.35	2.19	
应收账款周转率	2.00	1.35	
总资产周转率	0.30	0.10	
资产负债率	0.20	0.30	
股东权益比率	0.80	0.70	
产权比率	1.00	0.43	
利息保障倍数	200.00	12.95	
总资产报酬率	0.24	0.02	
股东权益报酬率	0.15	0.03	
营业利润率	0.50	0.31	

图 7–5　企业财务比率

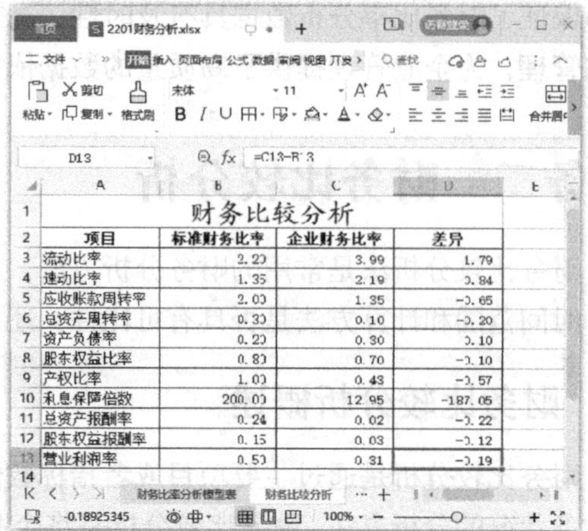

财务比较分析

项目	标准财务比率	企业财务比率	差异
流动比率	2.20	3.99	1.79
速动比率	1.35	2.19	0.84
应收账款周转率	2.00	1.35	-0.65
总资产周转率	0.30	0.10	-0.20
资产负债率	0.20	0.30	0.10
股东权益比率	0.80	0.70	-0.10
产权比率	1.00	0.43	-0.57
利息保障倍数	200.00	12.95	-187.05
总资产报酬率	0.24	0.02	-0.22
股东权益报酬率	0.15	0.03	-0.12
营业利润率	0.50	0.31	-0.19

图 7–6　财务比较分析最终结果

（5）选择 A2:D13 单元格区域，单击“开始”选项卡下的“表格样式”按钮，在打开的下拉列表中选择“中色系”栏下的“表样式中等深浅 6”选项，打开“套用表格样式”对话框，确认表数据的正确性后，单击选中“转换成表格，并套用表格样式”单选项，取消选中“筛选按钮”复选框，然后单击确定按钮，如图 7-7 所示。

财务比较分析

项目	标准财务比率	企业财务比率	差异
流动比率	2.20	3.99	1.79
速动比率	1.35	2.19	0.84
应收账款周转率	2.00	1.35	-0.65
总资产周转率	0.30	0.10	-0.20
资产负债率	0.20	0.30	0.10
股东权益比率	0.80	0.70	-0.10
产权比率	1.00	0.43	-0.57
利息保障倍数	200.00	12.95	-187.05
总资产报酬率	0.24	0.02	-0.22
股东权益报酬率	0.15	0.03	-0.12
营业利润率	0.50	0.31	-0.19

图 7–7　美化表格

注意

单击“表格工具”选项卡下的“转换为区域”按钮，在打开的“是否将表转换为普通区域”对话框中单击确定按钮，可以将带有格式的表格转换为普通表格，且选择表格数据时也不会出现“表格工具”选项卡。

任务三　财务图解分析

在运用图表功能进行财务图解分析时，数据是基础，要想让产生的图表准确、直观、形象地反映事件变化规律及趋势，就要把握好数据采集的有效性、准确性。在进行财务图解分析时，首先要对财务报表中的大量数据进行收集、分类、筛选及分析，从大量复杂的数据中得到想要的数据，然后利用 WPS 表格的图表功能生成所需要的数据图表。

在 WPS 表格中，图表类型有很多种，对时间序列数据进行分析时，通常采用折线趋势图表的形式。在进行财务分析时，财务数据是在不同时间产生的，通过折线趋势分析，可以很好地反映出在不同时期公司财务数据的变化趋势。

一、分析主营业务收入的变化趋势

下面根据丰源公司 2017—2021 年的主营业务收入资料，分析其主营业务收入的变化趋势。

微课 7-3　分析主营业务收入的变化趋势

（1）收集与整理数据。收集该公司近 5 年的利润表，按照时间先后顺序整理出这 5 年来的主营业务收入数据，形成新表，如表 7-1 所示。

表 7–1　　丰源公司 2017—2021 年的主营业务收入资料

年份	2017	2018	2019	2020	2021
主营业务收入/万元	1 000	1 351	1 521	1 620	1 845

（2）建立图表。在“财务比较分析”工作表后面插入一张新工作表，并将其重命名为“财务趋势图解分析”，然后在“财务趋势图解分析”工作表中建立图 7-8 所示的表格。

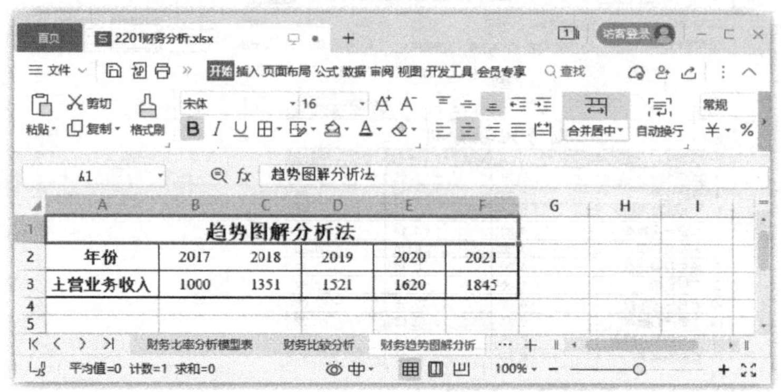

图 7–8　财务趋势图解分析表

（3）选择 A3:F3 单元格区域，单击“插入”选项卡下的“插入折线图”按钮，在打开的下拉列表中选择“二维折线图”栏下的“带数据标记的折线图”选项，生成丰源公司主营业务收入的折线图，如图 7-9 所示。

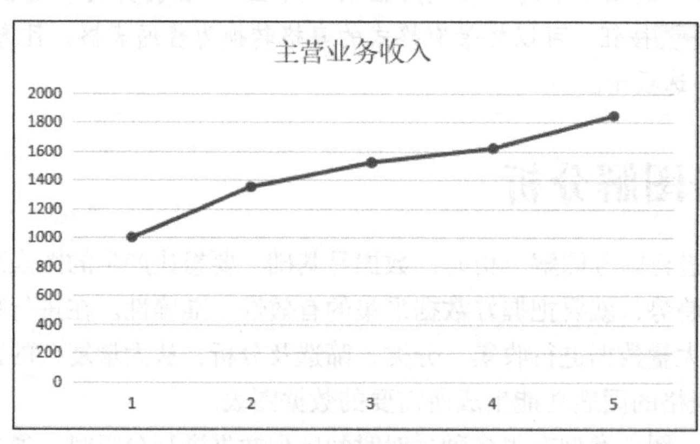

图 7–9　折线图

（4）选择折线图中的任意位置，单击鼠标右键，在弹出的快捷菜单中选择“选择数据”命令，打开图 7-10 所示的“编辑数据源”对话框，在该对话框中可以设置系列的生成方向，可以编辑、添加、删除系列，也可以编辑“轴标签（分类）”。另外，单击“图表工具”选项卡下的“选择数据”按钮也可以打开该对话框。

（5）单击“轴标签（分类）”栏下“类别”右侧的“编辑”按钮，打开“轴标签”对话框，将文本插入点定位到“轴标签区域”参数框中，然后选择“财务趋势图解分析”工作表中的 B2:F2 单元格区域，参数框中将自动显示“=财务趋势图解分析!$B$2:$F$2”，如图 7-11 所示，单击确定按钮返回“编辑数据源”对话框，再次单击确定按钮退出该对话框。该操作的意义是重新设置图

表中的 x 轴，完成后的效果如图 7-12 所示。

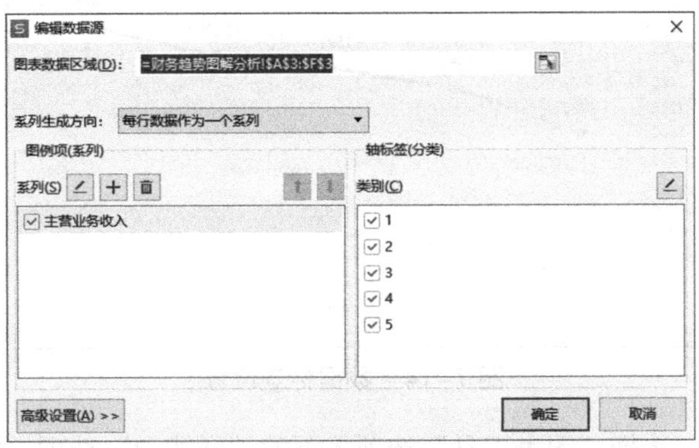

图 7–10 “编辑数据源”对话框

轴标签
轴标签区域(A):
财务趋势图解分析!$B$2:$F$2 选择区域
确定 取消

图 7–11 “轴标签”对话框

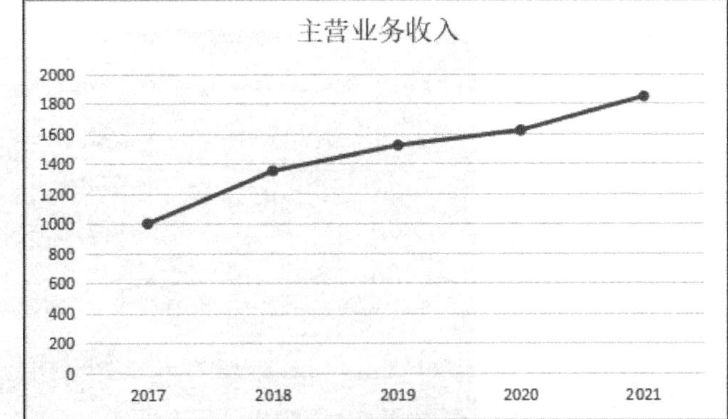

图 7–12 x 轴重新设置

（6）修改标题。选择图表标题，将“主营业务收入”修改为“丰源公司主营业务收入趋势图”；单击“图表工具”选项卡下的“添加元素”按钮，在打开的下拉列表中选择“轴标题”选项，在打开的子列表中选择“主要横向坐标轴”选项，然后将其改成“年份”，如图 7-13 所示。

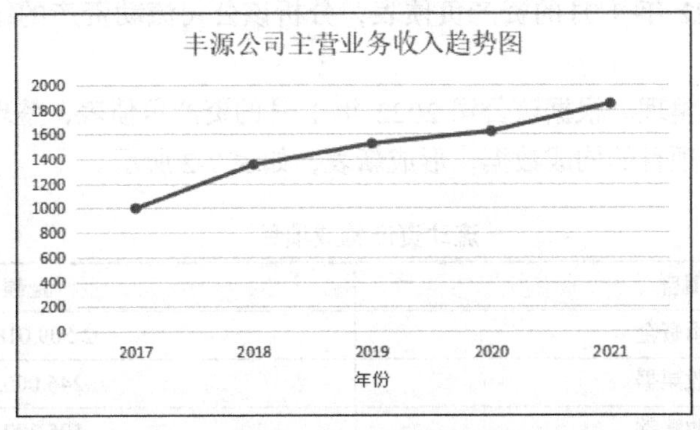

图 7–13 标题设置

（7）添加数据标签。选择图表区中的任意位置，单击“图表工具”选项卡下的“添加元素”按钮，在打开的下拉列表中选择“数据标签”选项，在打开的子列表中选择“上方”选项，结果如图 7-14 所示。

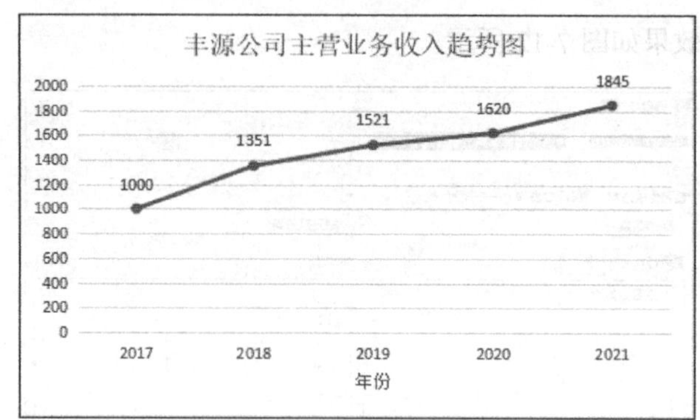

图 7-14　数据标签设置

（8）更改图表样式。选择“图表工具”选项卡下的“样式 3”选项，快速更改图表样式，如图 7-15 所示。

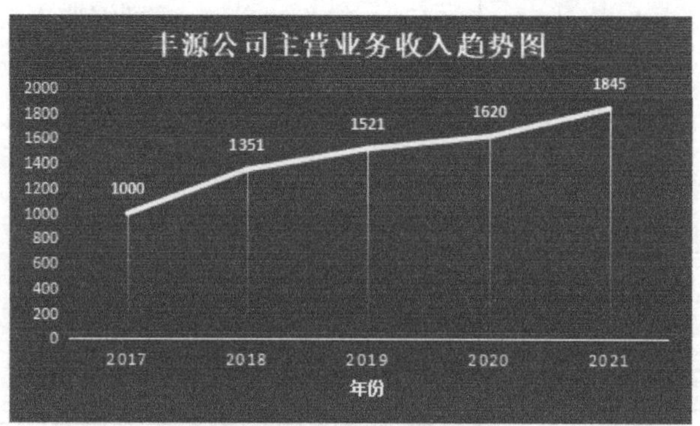

图 7-15　更改图表样式

通过该趋势图，可以很清楚地看出该公司近 5 年的业绩良好，且呈逐步增长的趋势。

二、分析流动资产的结构状况

微课 7-4　分析流动资产的结构状况

根据丰源公司 2022 年 1 月的资产负债表，分析该公司流动资产的结构状况。

（1）数据的收集及整理。根据该公司 2022 年 1 月的资产负债表，整理出该年度内各个流动资产项目的构成数据，形成新表，如表 7-2 所示。

表 7-2　　流动资产构成项目　　单位：元

项目	金额
货币资金	2 509 018.51
应收票据	246 000.00
应收账款	595 200.00
预付账款	100 000.00
其他应收款	4 000.00
存货	2 657 750.00

（2）在“财务趋势图解分析”工作表后面插入一张新工作表，并将其重命名为“财务结构图解分析”，然后在“财务结构图解分析”工作表中建立图 7-16 所示的表格。

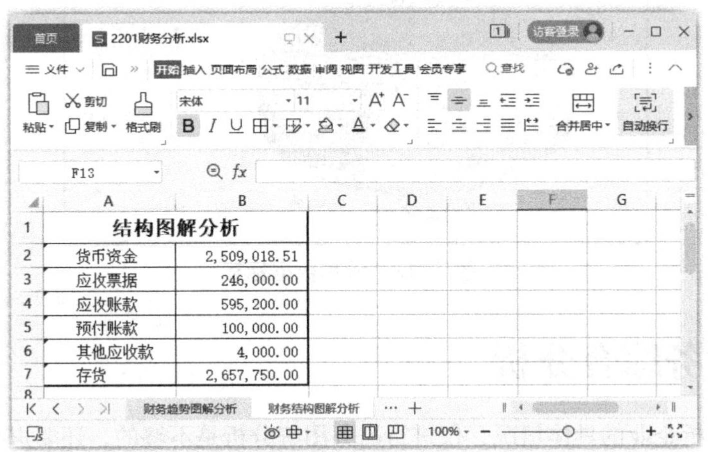

结构图解分析	
货币资金	2, 509, 018. 51
应收票据	246, 000. 00
应收账款	595, 200. 00
预付账款	100, 000. 00
其他应收款	4, 000. 00
存货	2, 657, 750. 00

图 7–16　结构图解分析表

（3）选择 A2:B7 单元格区域，单击“插入”选项卡下的“插入饼图或圆环图”按钮，在打开的下拉列表中选择“三维饼图”选项，生成图表。

（4）选择图表区中的任意位置，单击“图表工具”选项卡下的“添加元素”按钮，在打开的下拉列表中选择“图例”选项，在打开的子列表中选择“右侧”选项，将底部的图例移至图表右侧，然后将标题修改为“流动资产结构饼图”，如图 7-17 所示。

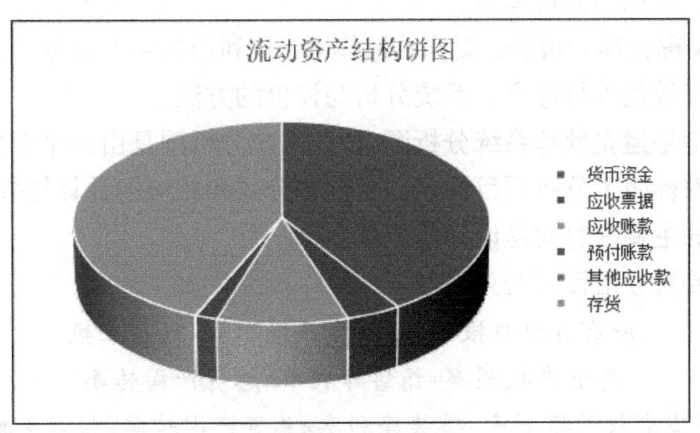

图 7–17　添加标题

（5）选择图表区中的任意位置，单击“图表工具”选项卡下的“添加元素”按钮，在打开的下拉列表中选择“数据标签”选项，在打开的子列表中选择“最佳匹配”选项，即在当前图表区添加数据标签，然后调整相邻数据标签的位置，使其留有间隔，如图 7-18 所示。

注意

单击“图表工具”选项卡下的“添加元素”按钮，在打开的下拉列表中选择“数据标签”选项，在打开的子列表中选择“更多选项”选项，打开“属性”窗格，单击“标签”选项卡，可在“数字”栏下的“类别”下拉列表中选择图表中数据标签的表现形式，如百分比等。

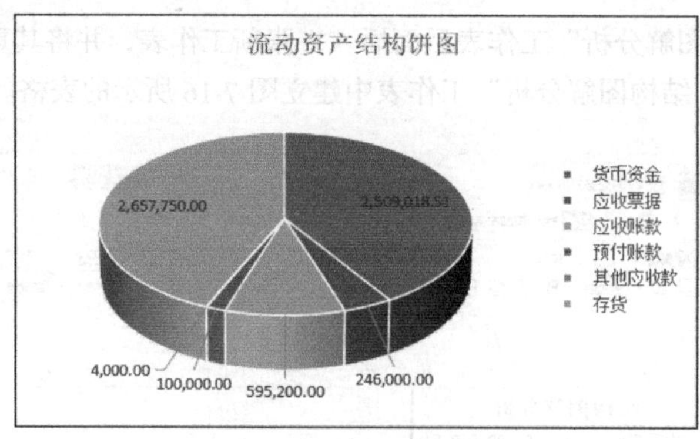

图 7-18　添加数据标签

任务四　财务综合分析

若想进一步分析企业的具体情况，仅进行财务图解分析是不够的，还要进行财务综合分析，分析出企业的销售净利率、总资产周转率、总资产报酬率、权益乘数及所有者权益报酬率。

一、财务综合分析概述

财务综合分析指的是通过对各种指标进行综合、系统的分析，对企业的财务状况和经营成果做出全面、综合的评价。

财务综合分析法主要包括杜邦分析体系、标准财务比率分析和财务状况综合评分分析等，由于篇幅有限，下面只介绍杜邦分析体系。

杜邦分析体系（又称杜邦分析法，简称杜邦体系）是利用各主要财务比率指标间的内在联系，对企业财务状况及经济效益进行综合、系统分析与评价的方法。

杜邦分析法的关键是建立杜邦系统分析图。杜邦系统分析图是由一个个分析框和连线构成的。其中，每个分析框中都标明了分析项目的名称、比率公式和相应的计算结果，因此用 WPS 表格设计杜邦系统分析图的主要内容就是设计分析框。

杜邦分析法中主要财务指标间的关系如下。

$$\text{所有者权益报酬率}=\text{总资产报酬率}\times\text{权益乘数}$$

$$\text{总资产报酬率}=\text{销售净利率}\times\text{总资产周转率}$$

$$\text{所有者权益报酬率}=\text{销售净利率}\times\text{总资产周转率}\times\text{权益乘数}$$

所有者权益报酬率主要有两个决定因素，即总资产报酬率和权益乘数。总资产报酬率又可以进一步分解为销售净利率、总资产周转率。

其中，权益乘数的计算公式如下。

$$\text{权益乘数}=\frac{\text{资产}}{\text{所有者权益}}=\frac{1}{1-\text{资产负债率}}$$

二、进行财务综合分析

进行财务综合分析的操作步骤如下。

微课 7-5　进行财务综合分析

（1）打开“2201 财务分析”工作簿，在“财务结构图解分析”工作表后面插入一张新工作表，并将其重命名为“杜邦系统分析图”。按图 7-19 所示的格式输入指标名称，用直线把各单元格连接起来。

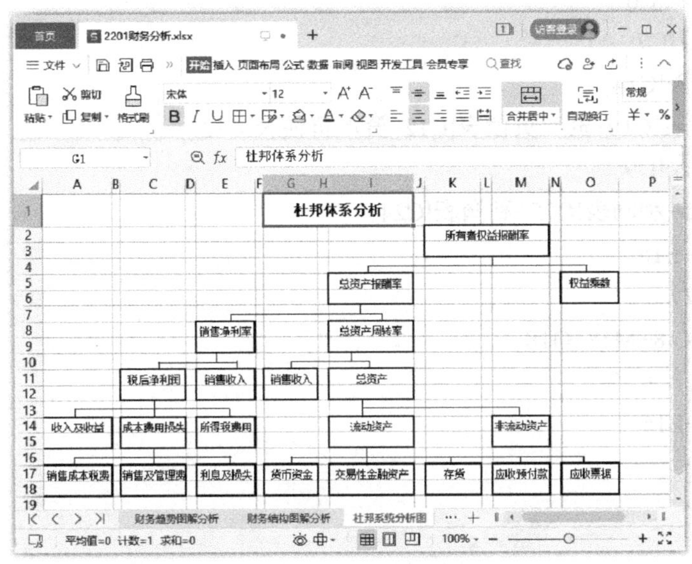

图 7–19　杜邦系统分析图的结构

（2）按照下列取数公式计算指标的数值。输入公式时，应当从“杜邦系统分析图”工作表的最后一行开始，从下往上逐行输入，如图 7-20 所示。

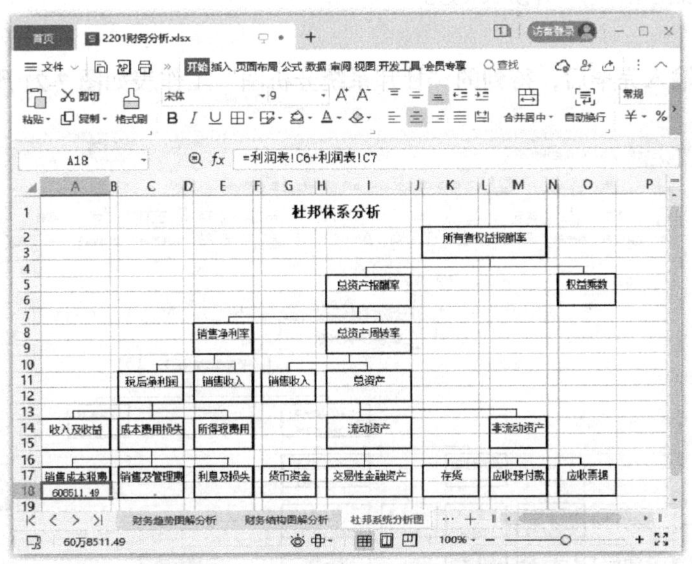

图 7–20　在杜邦系统分析图中输入公式

“杜邦系统分析图”工作表中的有关数值是根据丰源公司 2022 年 1 月资产负债表和利润表计算得到的。

取数公式如下。

A18=利润表!C6+利润表!C7
C18=利润表!C8+利润表!C9
E18=利润表!C12+利润表!C25
G18=资产负债表!C6
I18=资产负债表!C7
K18=资产负债表!C14
M18=资产负债表!C10+资产负债表!C12+资产负债表!C13
O18=资产负债表!D9
A15=利润表!C5+利润表!C15+利润表!C24
C15=A18+C18+E18
E15=利润表!C27
I15=G18+I18+K18+M18+O18
M15=资产负债表!C39
C12=A15-C15-E15
E12=利润表!C5
G12=利润表!C5
I12=I15+M15
E9=C12/E12
I9=G12/I12
I6=E9*I9
O6=资产负债表!C45/资产负债表!G32
K3=I6*O6

（3）所有数据输入完毕后，得到的“杜邦系统分析图”工作表如图 7-21 所示。

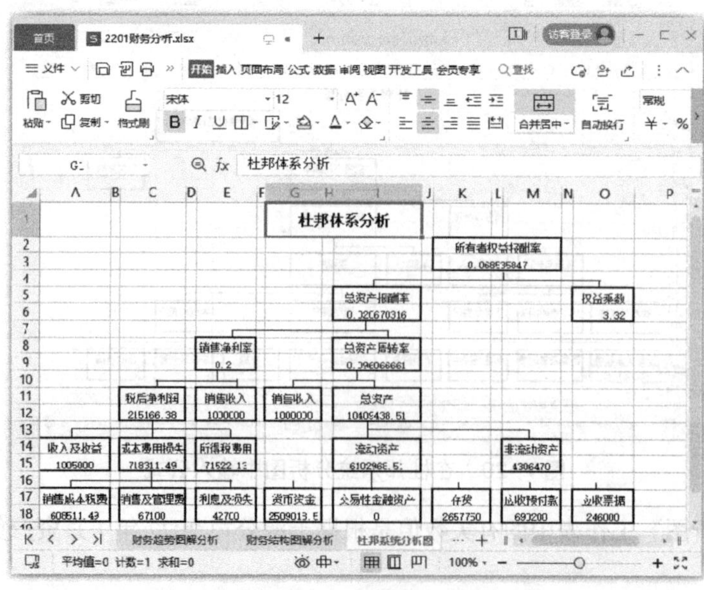

图 7-21　杜邦系统分析图

项目小结

本项目介绍了如何运用 WPS 表格进行财务分析。首先介绍了财务分析的概念、意义和方法，接着详细讲解了如何运用 WPS 表格进行财务比率分析、财务比较分析、财务图解分析和财务综合分析。通过对本项目的学习，要求学生能熟练应用 WPS 表格建立财务比率分析模型，能够根据财务数据性质合理选择图表类型和图解分析方法，并掌握杜邦系统分析图的建立方法。

项目实训

1. 实训目的

学习使用 WPS 表格进行财务比率分析、财务比较分析、财务图解分析和财务综合分析。

2. 实训资料

CDE 股份有限公司的资产负债表（简表）和利润表（简表）如表 7-3 和表 7-4 所示。

表 7–3　　CDE 股份有限公司资产负债表（简表）

编制单位：CDE 股份有限公司　　2022 年 3 月 31 日　　单位：元

资产类科目	期末数	负债及所有者权益科目	期末数
流动资产：		流动负债：	
货币资金	3 116 879 678	应付票据	2 378 250 000
应收账款	114 964 912	应付账款	2 031 321 497
应收票据	3 655 031 660	应付职工薪酬	370 937 019
存货	3 872 554 775	应交税费	127 573 453
流动资产合计	10 759 431 025	流动负债合计	4 908 081 969
非流动资产：		非流动负债：	
长期股权投资	342 534 200	长期借款	3 980 403 780
固定资产	12 075 304 733	应付债券	86 955 007
无形资产	56 535 664	非流动负债合计	4 067 358 787
非流动资产合计	12 474 374 597	负债合计	8 975 440 756
		所有者权益：	
		股本	10 661 669 471
		盈余公积	1 717 619 491
		未分配利润	1 879 075 904
		所有者权益合计	14 258 364 866
资产总计	23 233 805 622	负债及所有者权益总计	23 233 805 622

表 7–4　　CDE 股份有限公司利润表（简表）

编制单位：CDE 股份有限公司　　2022 年 3 月　　单位：元

项目	本期金额
一、营业收入	22 200 884 215
减：营业成本	19 476 068 662

续表

项目	本期金额
税金及附加	118 487 262
销售费用	166 974 224
管理费用	905 238 491
财务费用	282 880 371
二、营业利润	1 251 235 205
加：营业外收入	591 136
减：营业外支出	109 039 378
三、利润总额	1 142 786 963
减：所得税费用	395 964 865
四、净利润	746 822 098

其中，“存货”期初数为 2 465 776 889 元，“应收账款”期初数为 81 275 644 元，“流动资产合计”期初数为 9 956 743 321 元，“所有者权益合计”期初数为 10 653 856 453 元。

3. 实训要求

（1）根据上述资产负债表和利润表中的数据，计算表 7-5 中的财务分析指标，并建立 CDE 股份有限公司的财务比率分析模型。

表 7–5　　CDE 股份有限公司财务分析指标

财务分析指标	
一、变现能力比率	
流动比率	
速动比率	
二、资产管理比率	
存货周转率	
应收账款周转率	
流动资产周转率	
三、负债比率	
资产负债率	
股东权益比率	
产权比率	
利息保障倍数	
四、盈利能力比率	
股东权益报酬率	
营业利润率	

（2）根据上述资产负债表，利用所学的财务图解分析法，对公司的财务状况进行分析，对公司资产中流动资产、固定资产、无形资产及其他资产占资产总额的比率情况进行图解分析，对公司负债中流动负债和长期负债占负债总额的比率情况进行图解分析。

（3）建立该公司的杜邦系统分析图。

项目八

WPS 表格在资金筹集管理中的应用

知识目标

1. 了解资金需要量预测的方法。
2. 了解长期借款的种类和程序。
3. 掌握资本成本和最优资本结构的概念。

能力目标

1. 掌握资金需要量预测的销售百分比法和线性回归法。
2. 能够运用 WPS 表格设计资金需要量销售百分比法模型，设计资金需要量线性回归模型。
3. 能够运用 WPS 表格设计长期借款筹资决策模型。
4. 能够运用 WPS 表格设计资本成本计算模型。

素质目标

1. 遵循国家法律法规，合法筹集资金。
2. 保证筹集的资金单独设立账户、单独核算、专款专用。

工作情境与分析

一、情境

福建鸿枫股份有限公司（以下简称“鸿枫公司”）是丰源公司的合作对象，主要从事大中型设备的生产。因该公司在财务处理方面的工作量不大，所以其同样没有购买专用财务软件，一直使用 WPS 表格处理核算业务。最近，该公司准备筹资以扩大生产规模，其会计人员王丹则开始利用 WPS 表格进行资金筹集管理。

二、分析

筹资是指企业根据生产、对外投资的需要，通过筹资渠道和资本市场，运用筹资方式，有效地筹集企业所需资金的财务活动。筹资是企业财务管理工作的起点，关系到企业能否正常开展生产经营活动。筹资活动是企业生存、发展的基本前提，没有资金，企业将难以生存，更不可能发展，因此，企业应科学合理地进行筹资活动。鸿枫公司需要进行的筹资活动有以下 3 项。

（1）预测资金需要量。鸿枫公司 2022 年的资产负债表（简表）如表 8-1 所示。

表 8-1　资产负债表（简表）

编制单位：鸿枫公司　2022 年 3 月 31 日　单位：元

资产类	期末数	负债及所有者权益	期末数
货币资金	2 000 000	应付账款	1 500 000
应收账款	600 000	应付票据	200 000
存货	2 650 000	短期借款	90 000
固定资产净值	4 750 000	应付债券	0
		实收资本	6 000 000
		资本公积	1 400 000
		留存收益	810 000
资产合计	10 000 000	负债及所有者权益合计	10 000 000

销售额、销售净利率、销售增长率、股利分配率的相关数据如表 8-2 所示。

表 8-2　资金预测计算表

2022 年	2023 年			
销售额/元	销售净利率	销售额增长率	股利分配率	筹资需求/元
11 000 000	10%	20%	60%	

试用销售百分比法预测鸿枫公司 2023 年的资金需要量。

（2）鸿枫公司出于经营需要，申请了一笔长期借款，详细信息如表 8-3 所示，试计算公司每期的偿还金额。

表 8-3　长期借款数据资料

项目	数据
借款金额/元	1 000 000
借款年利率/%	9
借款年限/年	3
每年还款期数/期	2
总还款期数/期	6

（3）鸿枫公司欲筹资 1 000 万元，有 3 种方案可供选择。3 种方案的筹资组合及个别资本成本如表 8-4 所示，请选择最佳筹资方案。

表 8-4　筹资组合及个别资本成本　金额单位：万元

筹资方式	A 方案		B 方案		C 方案	
	筹资金额	个别资本成本	筹资金额	个别资本成本	筹资金额	个别资本成本
长期借款	100	6%	100	6.5%	200	7%
长期债券	200	8%	300	8%	400	10%

续表

筹资方式	A 方案		B 方案		C 方案	
	筹资金额	个别资本成本	筹资金额	个别资本成本	筹资金额	个别资本成本
优先股	100	12%	100	12%	100	12%
普通股	600	15%	500	15%	300	15%
合计	1 000		1 000		1 000	

根据管理者的需求，鸿枫公司运用 WPS 表格进行资金筹集管理需要分为 3 项任务：资金需要量的预测分析—长期借款筹资决策分析—资本成本和最优资本结构分析。

任务一　资金需要量的预测分析

财务预测是财务管理的一个重要环节，内容包括资金需要量预测、成本费用预测、收入利润预测等。其中，资金需要量预测是财务预测的重要内容。

资金需要量预测是指企业根据生产经营的需求，对未来所需资金进行估计和推测。企业筹集资金时，首先要进行资金需要量预测，即对企业未来组织生产经营活动的资金需要量进行估计、分析和判断，这是企业制订融资计划的基础。

资金需要量预测一般按以下 4 个步骤进行。

1. 销售预测

销售预测是企业财务预测的起点。销售预测本身不是财务管理的职能，但它是进行财务预测的基础，销售预测完成后才能开始进行财务预测。因此，企业资金需要量的预测也应当以销售预测为基础。

2. 估计需要的资产

资产通常是销售量的函数，根据历史数据可以分析出该函数关系。根据预计销售量和资产销售函数，可以预测所需资产总量。某些流动负债也是销售量的函数，相应地，也可以预测负债的自发增长率，这种增长可以减少企业外部融资的数额。

3. 估计收入、费用和留存收益

收入、费用与销售额之间存在一定的函数关系，因此，可以根据销售额估计收入和费用，并确定净利润。净利润和股利支付率共同影响留存收益所能提供的资金数额。

4. 估计所需要的追加资金需要量，确定外部融资数额

用预计资产总量，减去已有的资金来源、负债的自发增长和内部提供的留存收益，得出应追加的资金需要量，以此为基础进一步确定所需的外部融资数额。

资金需要量的预测方法有销售百分比法、线性回归法等。

一、销售百分比法

销售百分比法是指企业根据销售额与资产负债表中有关项目间的比例关系，预测各项目短期资金需要量的一种方法。采用销售百分比法预测资金需要量，可以帮助企业根据自身的负担能力确定促销费用，加强管理当局在促销成本、售价与单位劳动等问题上的思考，以及促进市场竞争的稳定。

微课 8-1　销售百分比法

1. 5 个基本假定

销售百分比法的成立需要建立在一定的假定之上，一般来说，销售百分比法的假定条件有以下 5 个。

（1）资产负债表中的各项目可以划分为敏感项目与非敏感项目。凡是随销售额的变动而变动并呈现出一定比例关系的项目，称为敏感项目，敏感项目在短时期内会随着销售额的变动而发生比例变动；凡是不随销售额的变动而变动的项目，称为非敏感项目。

（2）敏感项目与销售额之间成正比例关系。这一假设包含两方面的含义：一是线性假设，即敏感项目与销售额之间为正相关关系；二是直线过原点，即销售额为零时，项目的初始值也为零。

（3）基期与预测期的情况基本不变。这一假设包含三重含义：一是基期与预测期的敏感项目和非敏感项目的划分不变；二是敏感项目与销售额之间成固定比例关系，或称比例不变；三是销售结构和价格水平与基期相比基本不变。

（4）企业的内部资金来源仅包括留存利润，或者说，企业当期计提的折旧在当期全部用来更新固定资产。需要注意的是，固定资产的更新具有一定周期，各期计提的固定资产折旧在未使用前同样可以作为内部资金来使用，类似的还有递延资产的摊销费用和无形资产等。

（5）销售预测比较准确。销售预测是销售百分比法应用的重要前提之一，只有销售预测准确，才能比较准确地预测资金需要量。但是，销售产品时会受到市场供求、同业竞争、国家宏观经济政策等的影响，因此，销售预测不可能是一个准确的数值。

2. 预测步骤

满足了销售百分比法的假定条件后，还需要运用一定的方法来预测企业的资金需求量。

（1）确定资产、负债中与销售额有固定比例关系的项目，这种项目被称为敏感项目。敏感项目有敏感资产项目（如现金、应收账款、存货等）、敏感负债项目（如应付账款、预提费用等）。与敏感项目相对应的是非敏感项目，它是指在短期内不随销售收入的变动而变动的项目，如对外投资、长期负债、实收资本等。在生产能力范围以内，增加销售量一般不需增加固定资产；如果在生产能力已经饱和的情况下继续增加销售量，则可能需要增加固定资产投资额。因此，固定资产项目既可能是非敏感项目，又可能是敏感项目。

（2）对各个敏感项目，计算其基期的金额占基期销售收入的百分比，并计算出敏感资产项目占基期销售收入的百分比的合计数和敏感负债项目占基期销售收入的百分比的合计数。

（3）根据计划期的销售收入和销售净利润率，结合计划期支付股利的比率，确定计划期内部留存收益的增加额。

（4）根据销售收入的增长额确定企业计划期需要从外部筹措的资金需要量。计算公式如下。

营运资金量=上年度销售收入×（1-上年度销售利润率）
×（1+预计销售收入年增长率）/营运资金周转次数

3. 操作步骤

运用销售百分比法预测资金需要量的操作步骤如下。

（1）新建一个工作簿，将其命名为“2023 资金需要量预测”。打开“2023 资金需要量预测”工作簿，将 Sheet 1 工作表重命名为“销售百分比法”。

（2）根据表 8-1 的相关数据编制鸿枫公司 2022 年 3 月 31 日资产负债表简表，并设置好表格格式，如图 8-1 所示。

资产负债表			
编制单位：鸿枫公司	2022年3月31日		单位：元
资产类	期末数	负债及所有者权益	期末数
货币资金	2,000,000.00	应付账款	1,500,000.00
应收账款	600,000.00	应付票据	200,000.00
存货	2,650,000.00	短期借款	90,000.00
固定资产净值	4,750,000.00	应付债券	0.00
		实收资本	6,000,000.00
		资本公积	1,400,000.00
		留存收益	810,000.00
资产合计	10,000,000.00	负债及所有者权益合计	10,000,000.00

图 8–1　资产负债表（简表）

（3）在同一张表格中，创建销售百分比计算表和资金预测计算表，如图 8-2 所示。

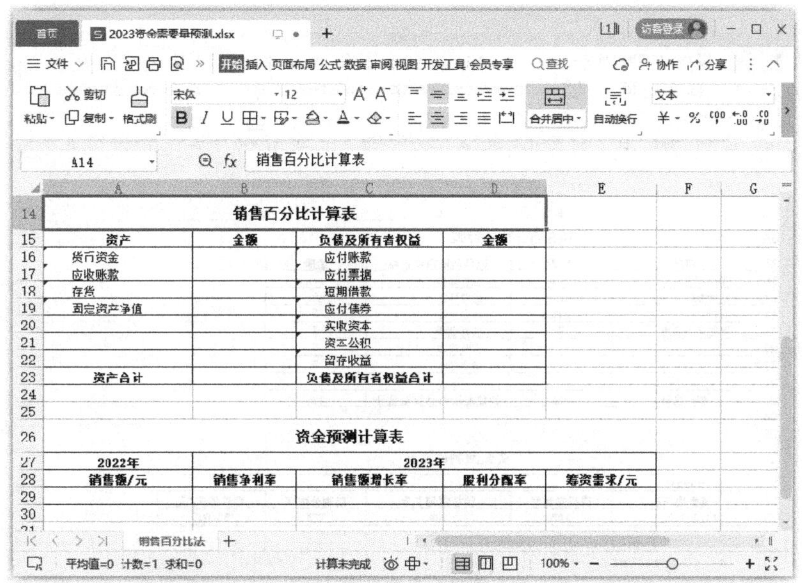

销售百分比计算表			
资产	金额	负债及所有者权益	金额
货币资金		应付账款	
应收账款		应付票据	
存货		短期借款	
固定资产净值		应付债券	
		实收资本	
		资本公积	
		留存收益	
资产合计		负债及所有者权益合计	

资金预测计算表				
2022年	2023年			
销售额/元	销售净利率	销售额增长率	股利分配率	筹资需求/元

图 8–2　销售百分比计算表与资金预测计算表

（4）选择 B16:B23 和 D16:D23 单元格区域，将单元格格式设置为“百分比”。各单元格的公式设置如下：B16=B4/A29，B17=B5/A29，B18=B6/A29，在 B19 单元格中输入“N”，D16=D4/A29，D17=D5/A29，在 D18:D22 单元格区域中输入“N”，B23=SUM(B16:B18)，D23=SUM(D16:D17)。输入公式后的效果如图 8-3 所示。

（5）选择 B29:D29 单元格区域，将单元格格式设置为“百分比”，根据表 8-2 依次在 A29:D29 单元格区域内输入销售额、销售净利率、销售额增长率、股利分配率有关数据。

（6）在 E29 单元格中输入公式“=(B23–D23)*A29*C29–A29*(1+C29)*B29*(1–D29)”，计算出

2022 年的资金需要量为 182 000 元，如图 8-4 所示。

资产	金额	负债及所有者权益	金额
货币资金	#DIV/0!	应付账款	#DIV/0!
应收账款	#DIV/0!	应付票据	#DIV/0!
存货	#DIV/0!	短期借款	0
固定资产净值	0	应付债券	0
		实收资本	0
		资本公积	0
		留存收益	0
资产合计	#DIV/0!	负债及所有者权益合计	#DIV/0!

资金预测计算表

2022年	2023年			
销售额/元	销售净利率	销售额增长率	股利分配率	筹资需求/元

图 8-3 输入公式后的销售百分比计算表

销售百分比计算表

资产	金额	负债及所有者权益	金额
货币资金	10%	应付账款	14%
应收账款	5%	应付票据	2%
存货	24%	短期借款	0
固定资产净值	0	应付债券	0
		实收资本	0
		资本公积	0
		留存收益	0
资产合计	48%	负债及所有者权益合计	15%

资金预测计算表

2022年	2023年			
销售额/元	销售净利率	销售额增长率	股利分配率	筹资需求/元
11,000,000	10%	20%	60%	182,000

图 8-4 输入公式后的资金预测计算表

二、线性回归法

线性回归法是利用数理统计分析中的回归分析来确定两种或两种以上变量间相互依赖的定量关系的一种统计分析方法，应用十分广泛。

王丹整理了公司 2017—2022 年的销售量 X 及其对应的资金需要量 Y，如表 8-5 所示。预计 2023 年的销售量为 12 万件，请预测 2023 年的资金需要量。

微课 8-2 线性回归法

表 8–5　　销售量及资金需要量一览表

年度	销售量 *X*/万件	资金需要量 *Y*/万元
2017	9	10
2018	8	9.5
2019	7	8
2020	9	10
2021	10	10.5
2022	11	12

1. 运用散点图预测资金需要量

运用散点图预测鸿枫公司 2023 年资金需要量的操作步骤如下。

（1）在“销售百分比法”工作表后面插入一张新工作表，并将其重命名为“线性回归法”。

（2）根据表 8-5 中的数据输入鸿枫公司 2017—2022 年历年销售量 *X* 及其对应的资金需要量 *Y*，如图 8-5 所示。

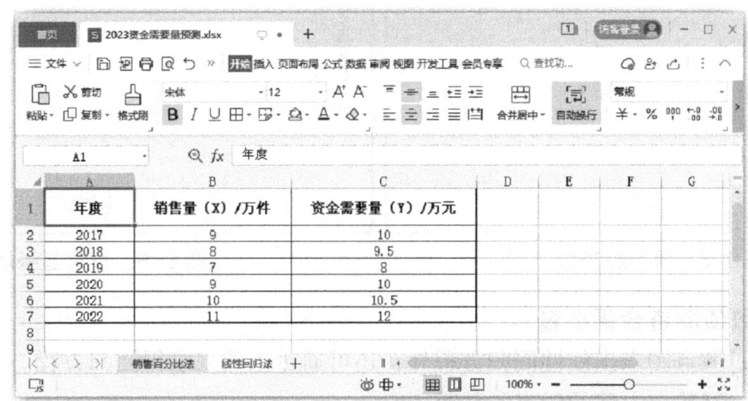

图 8–5　输入数据

（3）选择 B2:C7 单元格区域，单击“插入”选项卡下的“插入散点图（X、Y）”按钮，在打开的下拉列表中选择“散点图”选项，生成的散点图如图 8-6 所示。

（4）将图表标题修改为“2023 年资金需要量预测图”，然后选择图表中的任意位置，单击“图表工具”选项卡下的“添加元素”按钮，在打开的下拉列表中选择“轴标题”选项，在打开的子列表中选择“主要横向坐标轴”“主要纵向坐标轴”选项，并分别将其修改为“销售量/万件”和“资金需要量/万元”，如图 8-7 所示。

（5）选择图表中的纵坐标轴，即“资金需要量/万元”，单击鼠标右键，在弹出的快捷菜单中选择“设置坐标轴标题格式”命令，打开“属性”窗格，选择“文本选项”选项卡下的“文本框”选项，在“对齐方式”栏下的“文字方向”下拉列表中选择“竖排”选项，更改纵坐标轴中文字的方向。

（6）选择图表中的数据点，单击鼠标右键，在弹出的快捷菜单中选择“添加趋势线”命令，为图表中的数据添加趋势线，如图 8-8 所示。

（7）选择趋势线，单击鼠标右键，在弹出的快捷菜单中选择“设置趋势线格式”命令，打开“属性”对话框，单击“趋势线”选项卡，单击选中“显示公式”复选框，得到回归方程 *Y*=0.9*X*+

1.9，如图 8-9 所示，即当 X=12 万件时，根据公式可算出资金需要量 Y 的值为 12.7 万元。

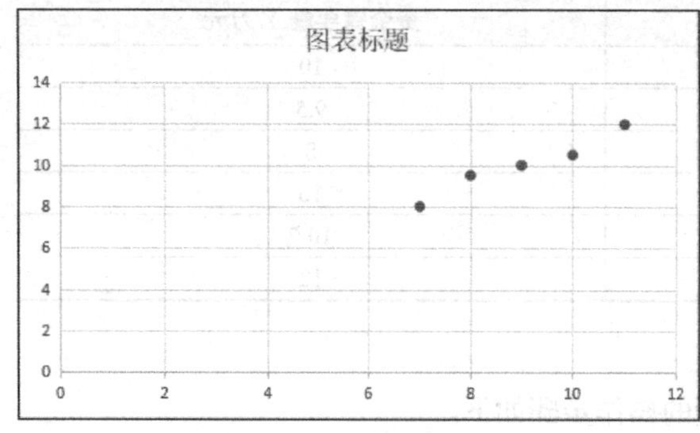

图 8–6　插入散点图

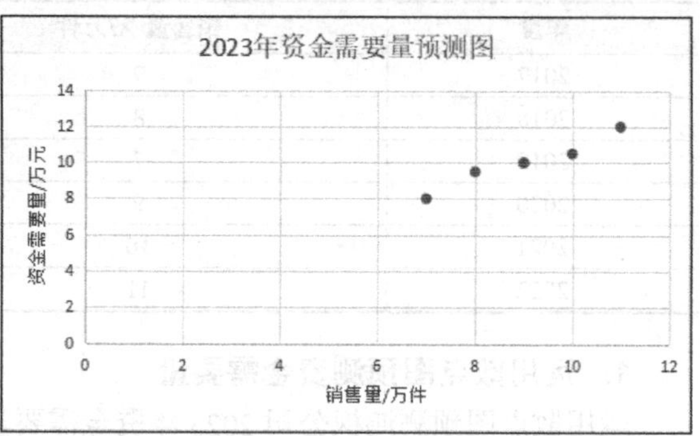

图 8–7　插入坐标轴

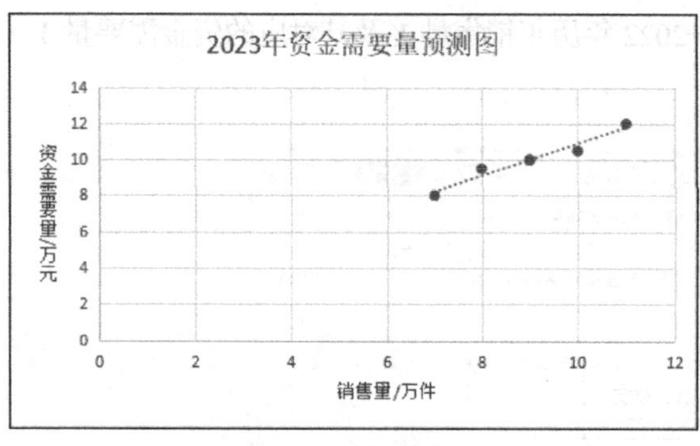

图 8–8　添加趋势线

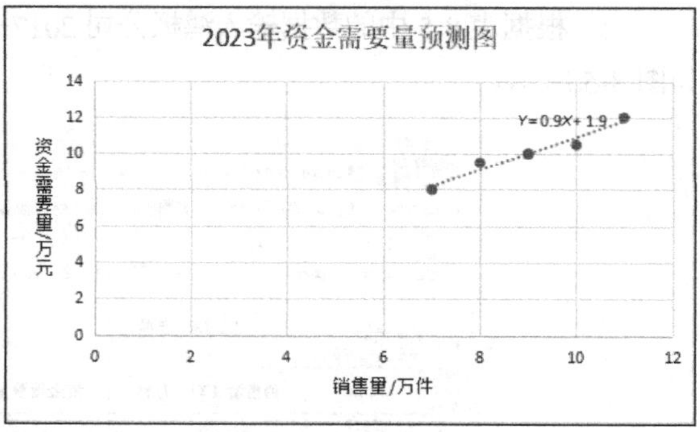

图 8–9　设置趋势线

2. 运用函数预测资金需要量

除了可以通过散点图求出线性回归方程外，还可通过函数来求得回归方程。

运用 LINEST 函数求方程的斜率和截距。

① 在“线性回归法”工作表中输入表 8-5 中的数据后，选择 E1 单元格中输入“斜率”，在 F1 单元格中输入“截距”。

② 选择 E2 单元格，单击编辑栏中的“插入函数”按钮 fx，打开“插入函数”对话框，在“全部函数”选项卡下的“查找函数”文本框中输入“LINEST”，单击确定按钮，打开“函数参数”对话框。

③ 在“已知 Y 值集合”参数框中输入“C2:C7”，在“已知 X 值集合”参数框中输入“B2:B7”，如图 8-10 所示，然后单击确定按钮。

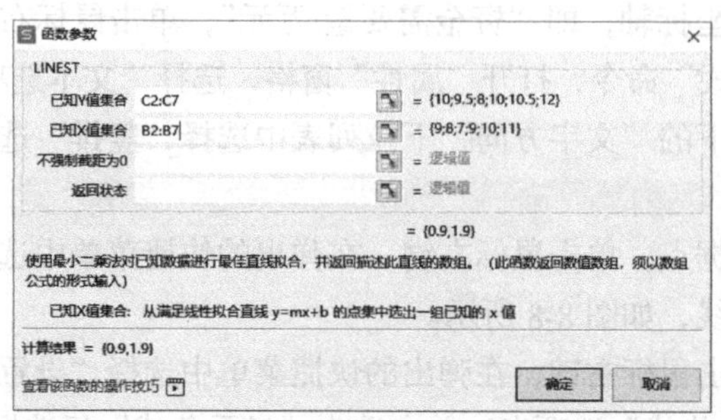

图 8–10　输入参数

④ 选择 E2:F2 单元格区域，按【F2】键，当 E2 单元格中出现公式后，按【Ctrl+Shift+Enter】组合键得出结果，即方程的斜率为 0.9，截距为 1.9，如图 8-11 所示，同样可算出资金需要量 *Y* 的值为 12.7 万元。

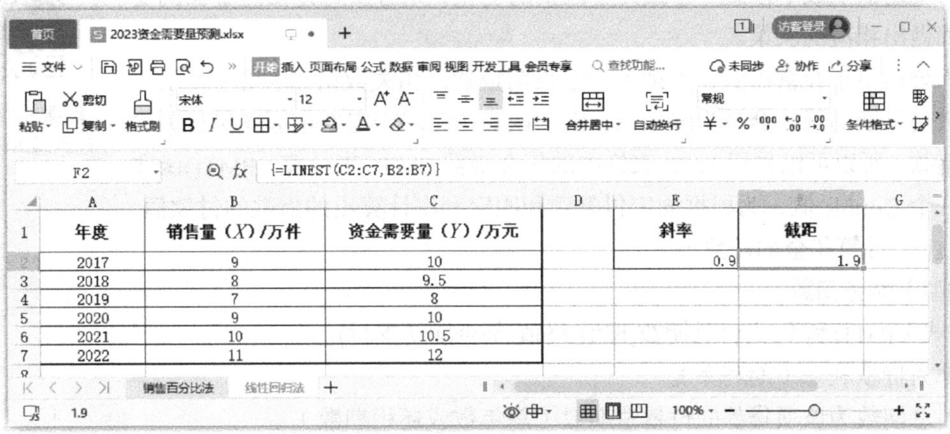

F2　{=LINEST(C2:C7,B2:B7)}

年度	销售量（*X*）/万件	资金需要量（*Y*）/万元		斜率	截距
2017	9	10		0.9	1.9
2018	8	9.5			
2019	7	8			
2020	9	10			
2021	10	10.5			
2022	11	12			

图 8-11　回归方程的斜率和截距

LINEST()是使用最小二乘法对已知数据进行最佳直线拟合，并返回描述此直线的数组的函数（此函数若返回数值数组，必须以数组公式的形式输入）。

【类型】统计函数。

【格式】LINEST(已知 Y 值集合,已知 X 值集合,不强制截距为 0,返回状态)。

已知 Y 值集合为从满足线性拟合直线 $y=mx+b$ 的点集中选出一组已知的 Y 值。

已知 X 值集合为从满足线性拟合直线 $y=mx+b$ 的点集中选出一组已知的 X 值。

不强制截距为 0 是逻辑值，用于指定是否将常量 *b* 强制设为 0，如果为 TRUE 或忽略，则 *b* 取正常值；如果为 FALSE，则 *b* 将被设为 0。

返回状态为逻辑值，如果返回附加的回归统计值，则返回 TRUE；如果返回系数 *m* 和常数 *b*，则返回 FALSE。

任务二　长期借款筹资决策分析

长期借款是指企业向银行或其他非银行金融机构借入的、期限在一年以上的各种借款，主要用于购建固定资产和弥补企业流动资金的不足。企业对长期借款支付的利息通常在所得税前扣除。

根据划分方式的不同，长期借款可以分为以下 3 种类型。

（1）长期借款按提供贷款的机构划分，可以分为政策性银行借款、商业性银行借款和其他金融机构借款。

（2）长期借款按有无抵押品担保划分，可以分为抵押借款和信用借款。

（3）长期借款按用途划分，可以分为基本建设借款、更新改造借款、科研开发和新产品试制借款等。

银行长期借款的程序是：企业提出申请—银行进行审批—签订借款合同—企业取得借款—企业偿还借款。

一、长期借款基本模型设计

微课 8-3　长期借款基本模型设计

利用长期借款基本模型，财务人员可以根据借款金额、借款年利率、借款年限、每年还款期数中任意一个或几个因素的变化，来分析每期偿还金额的变化，从而做出相应的决策。

鸿枫公司出于经营需要，申请了一笔长期贷款，相关数据如表 8-3 所示，试计算公司每期的偿还金额为多少元。由于该笔业务属于定期定额支付且利率固定的借款，所以可以采用 WPS 表格中的年金函数 PMT()来计算。PMT()函数会返回一个 Double 值，为根据固定付款额和固定利率计算出的借款的付款额。

PMT()是计算年金的函数。

【类型】财务函数。

【格式】PMT(利率,支付总期数,现值,终值,是否期初支付)。

利率为贷款利率（期利率）。

支付总期数为该项贷款的付款总期数（总年数或还租期数）。

现值为租赁本金，或一系列未来付款的当前值的累积和，也称为本金。

终值为未来值（余值），或在最后一次付款后希望得到的现金余额。如果省略现值，则假设其值为零，也就是一笔贷款的未来值为零。

是否期初支付为数字 0 或 1，用以指定各期的付款时间是在期初还是期末。1 代表期初，不输入或输入 0 代表期末。

【功能】基于固定利率及等额分期付款方式，返回贷款的每期付款额。

年金是指在定期或不定期的时间内一系列的现金流入或流出。在支付期间必须用相同的单位计算利率和支付总期数参数。例如，如果利率用月份计算，则支付总期数也必须用月份计算。

（1）新建一个工作簿，将其命名为“筹资决策模型”。打开“筹资决策模型”工作簿，将 Sheet1 工作表重命名为“长期借款模型”，然后根据表 8-3 中的数据输入鸿枫公司长期借款数据资料并建立长期借款模型，如图 8-12 所示。

	A	B	C	D	E	F	G
1	借款金额/元	1000000					
2	借款年利率/%	9%					
3	借款年限/年	3					
4	每年还款期数/期	2					
5	总还款期数/期	6					
6							
7	期数/期	第1期	第2期	第3期	第4期	第5期	第6期
8		1	2	3	4	5	6
9	每期偿还金额/元						
10	本金/元						
11	利息/元						
12	本利和/元						

图 8-12　建立长期借款模型

（2）输入以下公式。

每期偿还金额=PMT(借款年利率/每年还款期数,总还款期数,借款金额),即 B9=ABS(PMT($B$2/$B$4,$B$5,$B$1))。其中，ABS()函数为求绝对值函数。

本金=PPMT(借款年利率/每年还款期数,还款期数,总还款期数,借款金额)，即 B10=ABS(PPMT($B$2/$B$4,B8,$B$5,$B$1))。

利息=IPMT(借款年利率/每年还款期数,还款期数,总还款期数,借款金额)，即 B11=ABS(IPMT($B$2/$B$4,B8,$B$5,$B$1))。

本利和=本金+利息，即 B12=SUM(B10:B11)。

最终结果如图 8-13 所示。

借款金额/元	1000000					
借款年利率/%	9%					
借款年限/年	3					
每年还款期数/期	2					
总还款期数/期	6					
期数/期	第1期	第2期	第3期	第4期	第5期	第6期
	1	2	3	4	5	6
每期偿还金额/元	193878.3875					
本金/元	148878.3875					
利息/元	45000					
本利和/元	193878.3875					

图 8–13　输入公式

（3）选择 B9:B12 单元格区域，将公式填充至 G9:G12 单元格区域，如图 8-14 所示。

借款金额/元	1000000					
借款年利率/%	9%					
借款年限/年	3					
每年还款期数/期	2					
总还款期数/期	6					
期数/期	第1期	第2期	第3期	第4期	第5期	第6期
	1	2	3	4	5	6
每期偿还金额/元	193878.3875	193878.3875	193878.3875	193878.3875	193878.3875	193878.3875
本金/元	148878.3875	155577.915	162578.9211	169894.9726	177540.2464	185529.5574
利息/元	45000	38300.47256	31299.46639	23983.41494	16338.14117	8348.830085
本利和/元	193878.3875	193878.3875	193878.3875	193878.3875	193878.3875	193878.3875

图 8–14　完成填充

上述长期借款基本模型建立以后，工作表中各单元格之间即建立了有效的动态链接，财务人员可以直接输入或改变借款金额、借款年利率、借款年限、每年还款期数中任意一个或多个因素的值，观察每期偿还金额的变化，选择一种适合当前公司状况的固定偿还金额的筹资方式。

二、长期借款筹资单变量决策模型设计

在单变量模拟运算表中，财务人员可以对一个变量输入不同的值，查看它对一个或多个公式的影响。

鸿枫公司经营资金不足，需要贷款 1 200 000 元，可选择的利率有 3%～10%，需要在 10 年内还清该笔贷款。此时，可以使用单变量模拟运算表来计算适合该公司的每月还贷金额，其操作步骤如下。

微课 8-4　长期借款筹资单变量决策模型设计

（1）在“长期借款模型”工作表后面插入一张新工作表，并将其重命名为“单变量模型”。

（2）选择 D3:D10 单元格区域，将数字格式设置为数值型，保留两位小数并使用千位分隔符，然后将负数格式设置为“1,234.10”的形式。

（3）根据以上数据创建鸿枫公司长期借款筹资单变量模拟运算表模型。根据公式“每月偿还金额=PMT(借款年利率/每年还款期数，借款年限*每年还款期数，借款金额)”，在 D3 单元格中输入公式“=PMT(C3/12,$B$3*12,$A$3)”，然后将该公式填充至 D10 单元格中，计算结果如图 8-15 所示。

D10　=PMT(C10/12, $B$3*12, $A$3)

长期借款筹资单变量模拟运算表			
贷款本金/元	年限/年	利率/%	每月偿还/元
1200000	10	3%	11,587.29
		4%	12,149.42
		5%	12,727.86
		6%	13,322.46
		7%	13,933.02
		8%	14,559.31
		9%	15,201.09
		10%	15,858.09

图 8-15　计算结果

任务三　资本成本和最优资本结构分析

资本是企业在从事生产经营活动时必不可缺的一部分，但使用资金的同时会产生利息。因此，企业除了要节约资金外，还需要分析资金的使用代价，即分析资本成本。最优资本结构是指在一定的条件下，使企业的综合资本成本最低，同时使企业价值最大化的资本结构。它是企业的目标资本结构。

一、资本成本

资本成本也被称为机会成本，它不是实际支付的成本，而是将资本用于本项目投资所失去的其他投资机会的收益。一般而言，资本是企业选择筹资资金来源、确定筹资方案的依据，也是评价投资项目、决定投资取舍的标准。

1. 认识资本成本

资本成本是指企业为筹集和使用资金而付出的代价。资本成本包括资金筹集费用和资金占用费用两部分。资金筹集费用是指资金筹集过程中支付的各种费用，如发行股票或债券时支付的印刷费、律师费、公证费、担保费及广告宣传费。需要注意的是，企业发行股票和债券时，支付给发行公司的手续费不作为资金筹集费用，因为此手续费并未通过账务处理，企业是按照发行价格扣除发行手续费后的净额入账的。资金占用费用是指占用他人资金时应支付的费用，或者说是资金所有者凭借其对资金的所有权向资金使用者索取的报酬，如股东的股息、红利、债券及银行借款的利息。

资本成本率的计算公式如下。

$$资本成本率=\frac{每年的用资费用}{筹资总额-筹资费用率}\times 100\%$$

2. 计算资本成本

资本成本主要有个别资本成本和综合资本成本。

（1）个别资本成本的计算。

① 债务资本成本。

$$银行借款成本率=借款总额\times年借款利率\times\frac{1-所得税税率}{借款总额}\times(1-筹资费用率)\times 100\%$$

$$债券成本率=\frac{债券面值\times年利率\times(1-所得税税率)}{筹款总额\times(1-筹资费用率)}\times 100\%$$

例如，某企业发行总面值为 1 000 万元的 10 年期债券，票面年利率为 12%，发行费用率为 5%，企业所得税税率为 25%，则计算过程如下。

$$该债券的成本率\ K_b=\frac{1\,000\times 12\%\times(1-25\%)}{1\,000\times(1-5\%)}\times 100\%=9.47\%$$

② 权益资本成本。

$$优先股成本率=\frac{优先股股利}{筹资总额}\times(1-筹资费用率)\times 100\%$$

$$普通股成本率=\frac{预期最近一年股利额}{筹资总额}\times(1-筹资费用率)+股利年增长率$$

$$留存收益成本率=\frac{预期最近一年股利额}{筹资总额}+股利年增长率$$

（2）综合资本成本的计算。

$$综合资本成本率=\sum(个别资本成本率\times个别资金占全部资金的比重)$$

$$K_w=\sum_{j=1}^{n}K_jW_j$$

公式中，K_w 为综合资本成本率，也可称为加权平均资本成本率；K_j 为第 j 种个别资本成本率；W_j 为第 j 种个别资金占全部资金的比重。

例如，某企业账面反映的长期资金共有 500 万元，其中，长期借款 100 万元、应付长期债券 50 万元、普通股 250 万元、留存收益 100 万元，其成本率分别为 7.7%、9.3%、12.2%和 12.1%，则该企业的综合资本成本率（加权平均资本成本率）计算结果如下。

$$7.7\%\times100\div500+9.3\%\times50\div500+12.2\%\times250\div500+12.1\%\times100\div500=10.99\%$$

3. 资本成本计算实例

鸿枫公司账面反映的长期资金共有 1 600 万元。其中，3 年期长期借款 300 万元，年利率为 11%，每年付息一次，到期一次还本，筹资费用率为 0.5%；发行 10 年期债券共 500 万元，票面年利率为 12%，发行费用率为 5%；发行普通股 800 万元，预计第一年的股利率为 14%，以后每年增长 1%，筹资费用率为 3%；公司保留盈余 100 万元。公司所得税税率为 25%。要求计算各种筹资方式下的资本成本。

微课 8-5　资本成本计算实例

利用各种筹资方式下资本成本所在单元格的公式设定，在已知其他变量数据的条件下，可以轻易地求出各种筹资方式下的资本成本，具体操作步骤如下。

（1）在“单变量模型”工作表后面插入一张新工作表，并将其重命名为“资本成本”。输入各种筹资方式及其金额与利率，如图 8-16 所示。

（2）选择各项利率、税率、费用率、增长率、资本成本所在单元格，单击“开始”选项卡下“数字”组右下角的对话框启动器，打开“设置单元格格式”对话框。在“数字”选项卡下的“分类”列表框中选择“百分比”选项，在“小数位数”数值框中输入“2”，单击 确定 按钮。

（3）为了突出显示各种筹资方式下的资本成本，可以为筹资方式与资本成本所在单元格设置底色。

（4）根据表 8-6，在“资本成本”工作表相应的单元格中输入公式，计算结果如图 8-17 所示。

表 8-6　　资本成本模型计算公式

单元格	公式	备注
B6	=B3×(1-B4)/(1-B5)	计算长期借款资本成本
B12	=B9×(1-B10)/(1-B11)	计算债券资本成本
B18	=B14/(1-B16)+B17	计算普通股资本成本
B23	=B21×B20/B21+B22	计算保留盈余资本成本
B26	=B2	计算长期借款金额
B27	=B8	计算债券金额
B28	=B15	计算普通股金额
B29	=B21	计算保留盈余金额
C26	=B6	计算长期借款资本成本
C27	=B12	计算债券资本成本

续表

单元格	公式	备注
C28	=B18	计算普通股资本成本
C29	=B23	计算保留盈余资本成本
B30	=SUMPRODUCT(B26:B29*C26:C29)/SUM(B26:B29)	计算综合资本成本

SUMPRODUCT()是计算乘积之和的函数。

【类型】数学与三角函数。

【格式】SUMPRODUCT(数组 1,数组 2,数组 3,…)。

【功能】在给定的几组数组中，将数组间对应的元素相乘，并返回乘积之和。数组 1、数组 2、数组 3 等为数组，其相应元素需要进行相乘并求和。

因此，B30 单元格公式“=SUMPRODUCT(B26:B29*C26:C29)/SUM(B26:B29)”中，SUMPRODUCT(B26:B29*C26:C29)=B26*C26+B27*C27+B28*C28+B29*C29。

图 8-16　各种筹资方式下的资本成本

图 8-17　综合资本成本

二、最优资本结构分析

微课 8-6　最优资本结构分析

资本结构是指企业各种资本的组成结构和比例关系，实质是企业负债和所有者权益之间的比例关系。它是企业筹资的核心问题。

鸿枫公司欲筹资 1 000 万元，有 3 种方案可供选择。3 种方案的筹资组合及个别资本成本如表 8-4 所示。

（1）在“资本成本”工作表后面插入一张新工作表，并将其重命名为“最优资本结构”。根据表 8-4 输入各种筹资组合方案信息，如图 8-18 所示。

最优资本结构选择						
筹资方式	A方案		B方案		C方案	
	筹资金额/万元	个别资本成本/%	筹资金额/万元	个别资本成本/%	筹资金额/万元	个别资本成本/%
长期借款	100	6%	100	6.50%	200	7%
长期债券	200	8%	300	8%	400	10%
优先股	100	12%	100	12%	100	12%
普通股	600	15%	500	15%	300	15%
合计	1000		1000		1000	
综合资本成本（%）						

图 8-18　输入各种筹资组合方案

（2）计算并输入各方案综合资本成本。A 方案综合资本成本=100×6%÷1 000+200×8%÷1 000+100×12%÷1 000+600×15%÷1 000。B 方案综合资本成本=100×6.5%÷1 000+300×8%÷1 000+100×12%÷1 000+500×15%÷1 000。C 方案综合资本成本=200×7%÷1 000+400×10%÷1 000+100×12%÷1 000+300×15%/1 000。选择 C9 单元格，输入公式 “=SUMPRODUCT(B4:B7,C4:C7)/B8”；选择 E9 单元格，输入公式“=SUMPRODUCT(D4:D7,E4:E7)/D8”；选择 G9 单元格，输入公式“=SUMPRODUCT(F4:F7,G4:G7)/F8”。结果如图 8-19 所示。

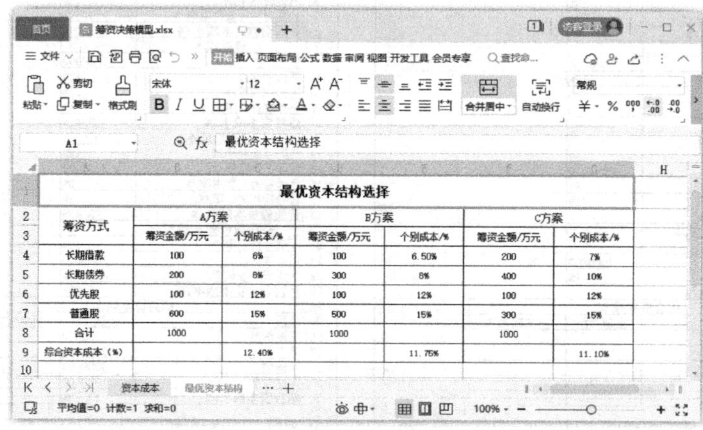

最优资本结构选择						
筹资方式	A方案		B方案		C方案	
	筹资金额/万元	个别成本/%	筹资金额/万元	个别成本/%	筹资金额/万元	个别成本/%
长期借款	100	6%	100	6.50%	200	7%
长期债券	200	8%	300	8%	400	10%
优先股	100	12%	100	12%	100	12%
普通股	600	15%	500	15%	300	15%
合计	1000		1000		1000	
综合资本成本（%）		12.40%		11.75%		11.10%

图 8-19　计算结果

从图 8-19 可以看出：A 方案综合资本成本（C9 单元格）=12.4%，B 方案综合资本成本（E9 单元格）=11.75%，C 方案综合资本成本（G9 单元格）=11.1%。比较后可知 C 方案的综合资本成本最低，所以 3 种方案中应选择 C 方案。

项目小结

本项目介绍了如何运用 WPS 表格进行资金筹集管理。首先介绍了筹资的概念，接着举例介绍了资金需要量的预测分析、长期借款筹资决策分析、资本成本和最优资本结构分析。通过对本项目的学习，要求学生学会使用 WPS 表格设计资金需要量销售百分比法模型、资金需要量线性回归模型、长期借款筹资决策模型和资本成本计算模型。

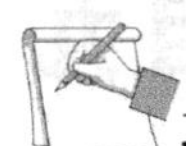

项目实训

1. 实训目的

学会运用 WPS 表格选择最优资本结构。

2. 实训资料

某股份有限公司为了拓展新业务，需要筹集 1 000 万元，有两种备选方案，如表 8-7 所示。

表 8-7 某股份有限公司备选资本筹集方案

筹资方式	方案 A		方案 B	
	金额/万元	资本成本/%	金额/万元	资本成本/%
长期借款	300	4		
公司债券			400	7
优先股	400	10		
普通股	300	13	600	13

3. 实训要求

根据上述资料，计算两个方案的资本成本，并从中选择出最优筹资方案。

项目九

WPS 表格在投资管理中的应用

知识目标

1．掌握投资决策的评价方法。

2．掌握各个投资决策指标的计算方法。

能力目标

1．掌握 WPS 表格软件中复利终值函数 FV、复利现值函数 PV、年金函数 PMT、年金中的利息函数 IPMT、年金中的本金函数 PPMT、计息期数函数 NPER、利率函数 RATE、净现值函数 NPV、内含报酬率函数 IRR、修正内含报酬率函数 MIRR 的运用。

2．能够熟练地建立简单的投资决策模型。

素质目标

1．以认真审慎的态度进行投资决策。

2．努力提升综合素养，并将理论结合实际，做好对综合素养要求较高的投资管理工作。

工作情境与分析

一、情境

鸿枫公司的会计人员王丹运用 WPS 表格设计了资金需要量预测模型、长期借款筹资决策模型和最优资本结构选择模型，这些模型在企业资金筹集管理中发挥了重要的作用。李娜从此行为中得到了启发，她认为利用 WPS 表格强大的财务函数也能建立投资管理模型，于是，她开始学习投资管理知识，整理财务数据，为进行投资管理做好准备。

二、分析

投资指的是将某种有价值的资产，包括资金、人力、知识产权等，投入某个企业、项目或经济活动中，以获取经济回报的商业行为或过程。投资可分为实物投资、资本投资和证券投资。资本投资是将货币投入企业，通过生产经营活动取得一定利润。证券投资是指用货币购买企业发行的股票和公司债券，间接参与企业的利润分配。

投资决策是企业所有决策中较为关键和重要的决策，严重的投资决策失误往往会使企业陷入困境甚至产生破产的风险。因此，财务管理极为重要的一项职能就是为企业当好参谋，把好投资决策关。

丰源公司欲进行一项投资，共有 3 种方案可供选择。3 种方案的期初投资分别为 100 000 元、90 000 元、120 000 元，假设贴现率为 7%、再投资收益率为 12%。每种方案 3 年的净现金流量如表 9-1 所示，试用投资决策指标对各个方案进行分析，找出最优方案。

表 9–1　　投资决策净现金流量资料　　单位：元

期间	A 方案	B 方案	C 方案
0	-100 000	-90 000	-120 000
1	80 000	10 000	40 000
2	28 000	50 000	50 000
3	12 000	53 000	50 000

根据企业管理者的需求，丰源公司运用 WPS 表格进行投资管理时，需要完成以下 3 项任务：认识货币时间价值—认识投资决策指标及其函数—设计投资决策模型。

任务一　认识货币时间价值

货币时间价值是指货币经过一段时间的投资和再投资后所增加的价值，即资金在周转使用过程中由于时间因素而形成的差额价值。由货币时间价值的定义可知，当前持有的一定量货币比未来获得的等量货币具有更高的价值。从经济学的角度看，当前的一单位货币与未来的一单位货币的购买力之所以不同，是因为如果要节省现在的一单位货币不消费而是在未来消费，那么在未来消费时必须有大于一单位的货币可供消费，以作为弥补延迟消费的贴水。

在货币时间价值计算中，涉及终值和现值两个概念。终值是指现在一定量的资金在未来某一时点上的价值，俗称本利和。现值是指未来某一时点上一定量的资金折合为现在的价值。终值与现值的关系表示如下。

终值=现值+利息（时间价值）

在计算中经常使用的符号及其含义如下：P 为本金，又称现值；I 为利息；i 为利率，指利息与本金之比；F 为本金和利息之和，又称本利和或终值；t 为时间，通常以年为单位。

一、货币时间价值的计算

货币运动的时间因素在商品生产和商品交换的前提下进行，也就是说，无论在什么样的情况下，只要产生了商品生产和商品交换，时间因素对货币价值的影响就必然会存在。正确认识货币的时间价值，可以增强货币时间观念、合理利用现有资金、发挥现有资金的最大效用。货币时间价值的计算一般有单利、复利、年金和利率、期数。

1. 单利终值与现值的计算

单利是指一种不论时间长短，仅按本金计算利息，本金所生利息不加入本金重复计算利息的方法。单利现值与单利终值互为逆运算。

单利计息方式下，利息的计算公式为：$I=P\cdot i\cdot n$；终值的计算公式为：$F=P\cdot(1+i\cdot n)$；现值的计算公式为：$P=F/(1+i\cdot n)$。

2. 复利终值与现值的计算

货币时间价值通常按复利方式计算。复利是指在一定时间内，按一定利率将本金所生利息加入本金再计算利息的方法，也就是常说的“利滚利”。复利终值系数与复利现值系数互为倒数。

复利终值的计算公式为：$F=P\cdot(1+i)^n$。公式中的 $(1+i)^n$ 被称作“复利终值系数”，记为“$(F/P,i,n)$”，可通过查表取得。以上公式可记为 $F=P\cdot(F/P,i,n)$。

复利现值的计算公式为：$P=F\cdot 1/(1+i)^n$。公式中的 $1/(1+i)^n$ 被称作“复利现值系数”，记为“$(P/F,i,n)$”，可通过查表取得。以上公式可记为：$P=F\cdot(P/F,i,n)$。

如果每年复利 m 次，则每次的利率为 i/m，时间周期数为 mn，此时复利终值公式为 $F=P\cdot(1+i/m)^m\cdot n$。

3. 普通年金终值与现值的计算

年金是指一定时期内间隔相等、连续等额收付的系列款项。年金按其每次收付款项发生的时点不同，分为普通年金、即付年金、递延年金、永续年金等类型。

（1）普通年金是指从第一期起，在一定时期内每期期末等额收付的系列款项，又称后付年金。

普通年金终值的计算公式为：$F=A\cdot[(1+i)^{n-1}]/i$。公式中的$[(1+i)^{n-1}]/i$ 称为“年金终值系数”，记为“$(F/A,i,n)$”，可通过查表取得。以上公式可记为 $F=A\cdot(F/A,i,n)$。

普通年金现值的计算公式为：$P=A\cdot[1-(1+i)^{-n}]/i$。公式中的$[1-(1+i)^{-n}]/i$ 称为“年金现值系数”，记为“$(P/A,i,n)$”，可通过查表取得。以上公式可记为 $P=A\cdot(P/A,i,n)$。

（2）即付年金终值与现值的计算。即付年金是指从第一期起，在一定时期内每期期初等额收付的系列款项，又称先付年金。

即付年金终值的计算公式为：$F=A\cdot[(F/A,i,n+1)-1]$。公式中的“$(F/A,i,n+1)-1$”被称作“即付年金终值系数”，它相当于在同期普通年金终值系数的基础上期数加 1、系数减 1，可通过查表取得。

即付年金终值的另一个计算公式为：$F=A\cdot(F/A,i,n)\cdot(1+i)$。这个公式可以理解为即付年金终值等于同期普通年金终值乘以“$1+i$”。

即付年金现值的计算公式为：$P=A\cdot[(P/A,i,n-1)+1]$。公式中的“$(P/A,i,n-1)+1$”被称作“即付年金现值系数”，它相当于在同期普通年金现值系数的基础上期数减 1、系数加 1，可通过查表取得。

即付年金现值的另一个计算公式为：$P=A\cdot(P/A,i,n)\cdot(1+i)$。这个公式可以理解为即付年金现值等于同期普通年金现值乘以“$1+i$”。

（3）递延年金终值与现值的计算。递延年金又被称为“延期年金”，它在是一定时期内，每期期末等额收付款项的复利终值之和。

因为递延年金终值的大小与递延期数无关，所以其终值计算方法与普通年金终值计算方法相同，即为：$F=A\cdot(F/A,i,n)$。

递延年金现值的计算公式为：$P=A\cdot(P/A,i,n)\cdot(P/F,i,m)$。该方法是先将递延年金当作 n 期的普通年金，求出递延期数 m 期末的现值，然后将得出的现值作为终值，再向前折现到第一期的期初。

递延年金现值的另一个计算公式为：$P=A\cdot[(P/A,i,n+m)-(P/A,i,m)]$。该方法是先求出（$m+n$）期的普通年金现值，然后减去并未支付的递延期数 m 期的年金现值。

（4）永续年金现值的计算。如果年金定期等额收付一直持续到永远，则被称为永续年金。永续年金没有终值。

永续年金现值的计算公式如下。

$$P=\frac{\text{每期等额收付金额}}{\text{利率}}=\frac{A}{i}$$

4. 年金的计算

根据年金现值公式或年金终值公式进行推导来计算年金。

5. 利率、期数的计算

根据年金现值公式、年金终值公式进行推导，求出现值系数、终值系数后，即可查表算出利率和期数。

二、货币时间价值函数

在 WPS 表格中，货币时间价值的每一种计算结果都可以通过函数快速得到。以下是几种常用的计算货币时间价值的财务函数。

微课 9-1　货币时间价值函数

1. 复利终值函数

复利终值包括普通复利终值、普通年金终值和即付年金终值 3 种形式，计算终值的函数是 FV。

FV ()是计算复利终值的函数。

【类型】财务函数。

【格式】FV(利率,支付总期数,定期支付额,现值,是否期初支付)。

【功能】基于固定利率及等额分期付款方式，返回某项投资的未来值。

利率为各期利率。

支付总期数为总投资期，即该项投资总的付款期数。

定期支付额为各期应支付的金额，其数值在整个年金期间保持不变。通常，定期支付额包括本金和利息，但不包括其他费用或税款。如果省略定期支付额，则必须包括现值参数。

现值为从该项投资开始计算已经入账的款项，或一系列未来付款当前值的累积和。如果省略现值，则假设其值为 0，并且此时必须包括定期支付额参数。

是否期初支付为逻辑值 0 或 1，用于指定付款时间在期初还是期末。如果省略，则假设其值为 0，即为期末。

注意

在 pmt≠0、pv=0、type=1 时，函数值为即付年金终值。在 WPS 表格中，对函数涉及金额的参数是有特别规定的，支出的款项用负数表示，收入的款项用正数表示。

（1）普通复利终值的计算。例如，将 10 000 元投资于一项事业，年报酬率为 6%，期数为 3 年，其操作方法如下。

① 在“丰源公司”文件夹下新建一个工作簿，将其命名为“投资决策模型”。

② 打开“投资决策模型”工作簿，将 Sheet1 工作表重命名为“货币时间价值”，并在该表中输入上述信息，然后将需要计算的单元格填充为“巧克力黄，着色 6，浅色 40%”。

③ 选择 B6 单元格，单击“公式”选项卡下的“插入函数”按钮 f_x，打开“插入函数”对话框，在“或选择类别”下拉列表中选择“财务”选项，在下方的“选择函数”下拉列表中选择“FV”选项，打开“函数参数”对话框，输入图 9-1 所示的各项参数，单击确定按钮，得出 3 年后的复利终值为 11 910.16 元，如图 9-2 所示。

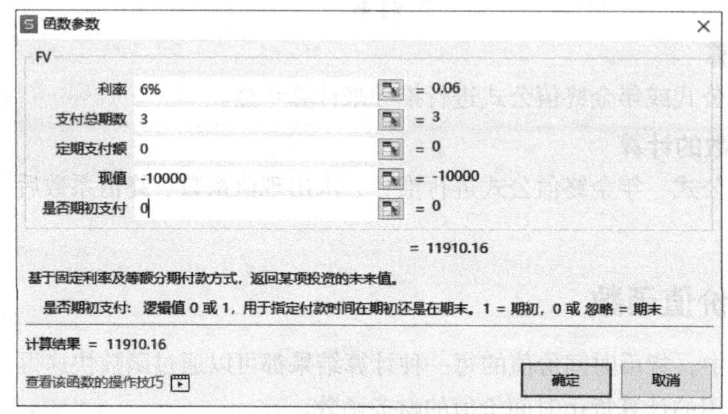

图 9-1　输入参数

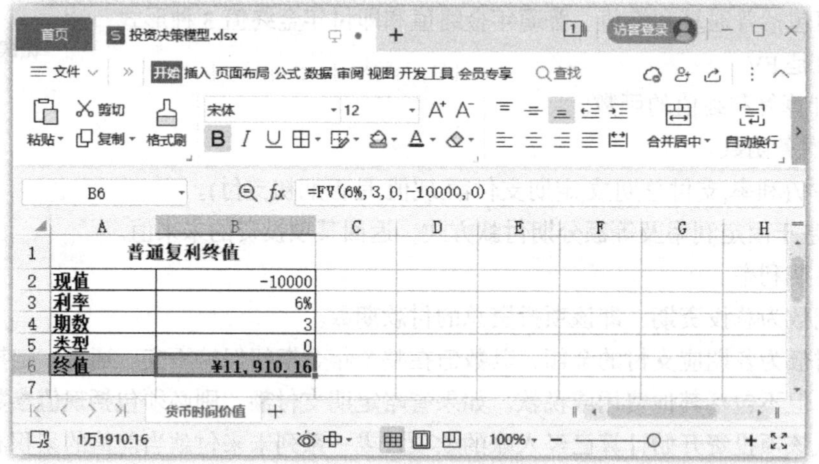

图 9-2　普通复利终值

（2）普通年金终值的计算。例如，某人每年年末存入银行 20 000 元，年利率为 10%，则第 3 年年末可以从银行取得的本利和 FV(10%,3,−20 000,0,0)=66 200（元），操作如图 9-3 所示。

（3）即付年金终值的计算。仍以（2）中的数据为例，若款项于每年年初存入银行，则即付年金终值 FV(10%,3,−20 000,0,1)=72 820（元），操作如图 9-4 所示。

2. 复利现值函数

复利现值包括普通复利现值、普通年金现值和即付年金现值 3 种形式，计算现值的函数是 PV。

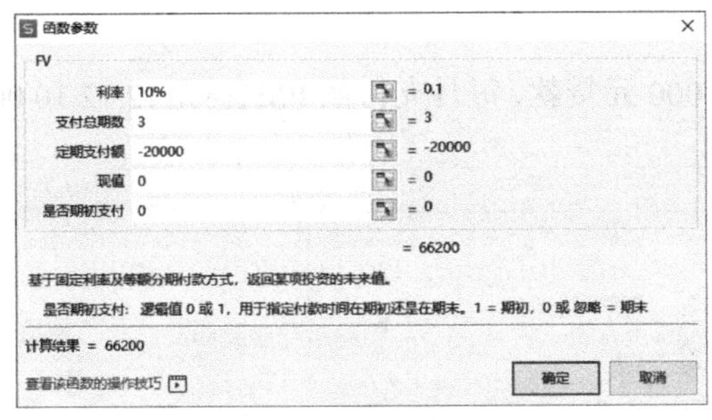

图 9-3　普通年金终值

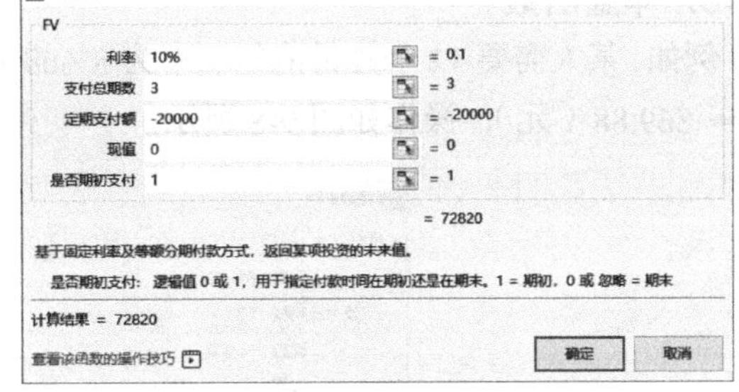

图 9-4　即付年金终值

PV ()是计算复利现值的函数。

【类型】财务函数。

【格式】PV(利率,支付总期数,定期支付额,终值,是否期初支付)。

【功能】基于固定利率，返回某项投资的现值。

（1）普通复利现值的计算。例如，某人计划在 5 年后获得本利和 20 000 元，已知投资报酬率为 10%，那么他现在应投入的金额 PV(10%,5,0,20 000,0)=−12 418.43（元），操作如图 9-5 所示。

（2）普通年金现值的计算。例如，某人要购买一项养老保险，购买成本为 60 000 元，该保险可以在 20 年内于每月月末回报 500 元，投资报酬率为 8%，试计算该笔投资是否值得。该投资现值 PV(8%/12,12×20,500,0,0)=−59 777.15（元），操作如图 9-6 所示。由于养老保险的现值 59 777.15 元小于实际支付的现值 60 000 元，因此，这项投资不合算。

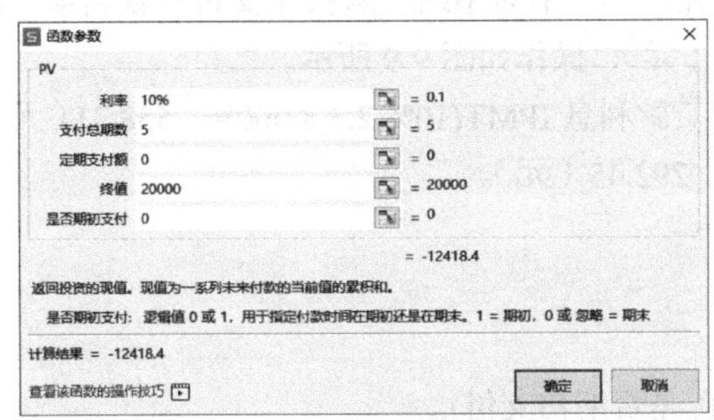

图 9-5　普通复利现值

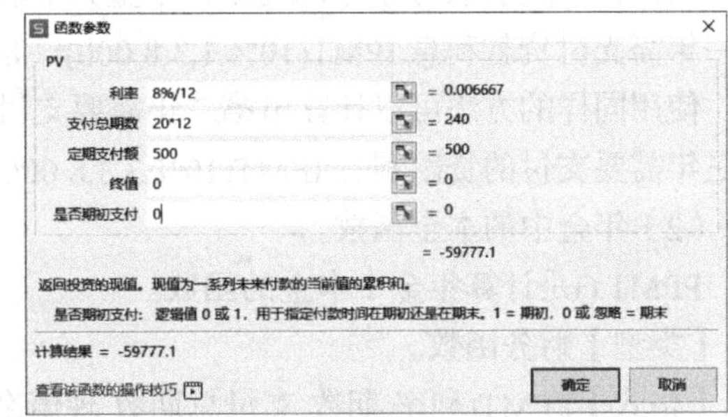

图 9-6　普通年金现值

（3）即付年金现值的计算。例如，某人用 6 年时间分期付款购物，每年年初预付 300 元。设银行利率为 10%，则该项分期付款相当于一次现金交付的货款 PV(10%,6,300,0,1)=−1 437.24（元），操作如图 9-7 所示。

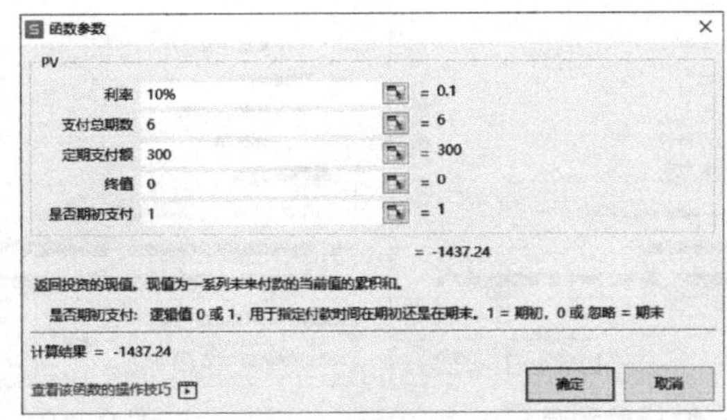

图 9-7　即付年金现值

3. 年金函数

例如，某人需要 12 个月付清年利率为 8%的 10 000 元贷款，每月支付额 PMT(8%/12,12,10 000,0,0)=−869.88（元），操作如图 9-8 所示。

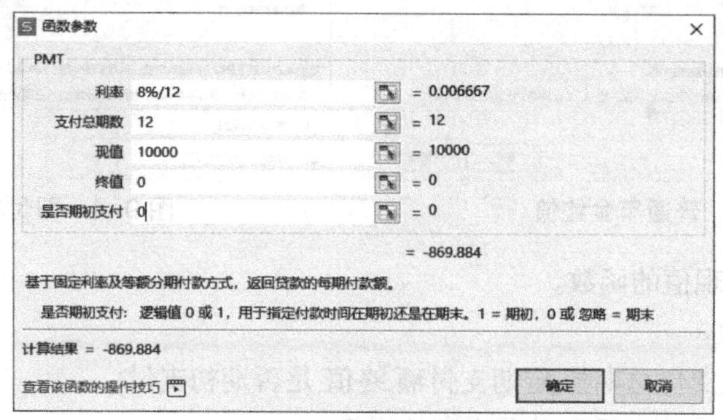

图 9-8 每月支付款

（1）年金中的利息函数。

IPMT ()是计算年金中利息的函数。

【类型】财务函数。

【格式】IPMT(利率,期数,支付总期数,现值,终值,是否期初支付)。

【功能】基于固定利率及等额分期付款方式，返回给定期数内对投资的利息偿还额。

例如，某企业取得 3 年期贷款，本金为 8 000 元，年利率为 10%。若按年支付贷款利息，则第一年需支付贷款利息 IPMT(10%,1,3,8 000)=−800（元），操作如图 9-9 所示。

使用同样的方法可以计算出第二年需要支付的贷款利息 IPMT(10%,2,3,8 000)= −558.31（元），第三年需要支付的贷款利息 IPMT(10%,3,3,8 000)= −292.45（元）。

（2）年金中的本金函数。

PPMT ()是计算年金中本金的函数。

【类型】财务函数。

【格式】PPMT(利率,期数,支付总期数,现值,终值,是否期初支付)。

【功能】基于固定利率及等额分期付款方式，返回投资在某一给定期间内的本金偿还额。

例如，某企业租用一台设备，设备租金为 24 000 元，年利率为 8%，每年年末支付租金，租期 5 年。每期支付租金 PMT(8%,5,−2 4000)=6 010.95（元），操作如图 9-10 所示。

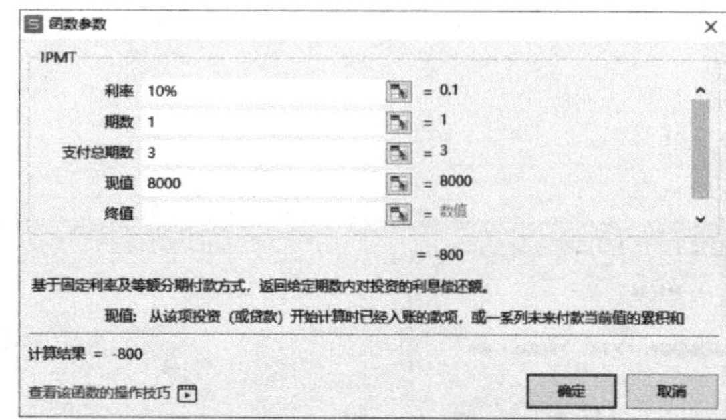

图 9-9 第一年需支付贷款利息

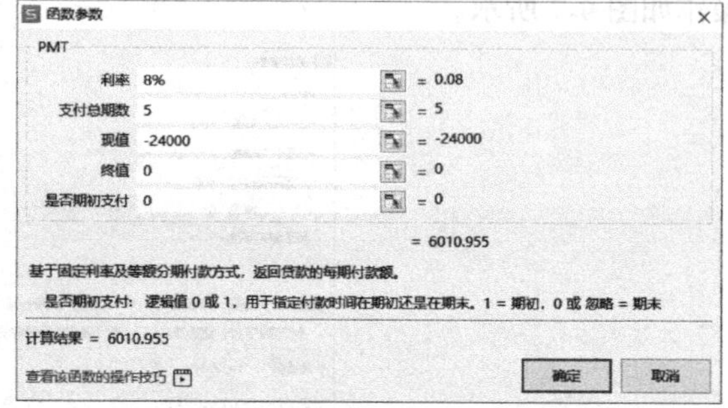

图 9-10 每期支付租金

第二年支付的本金 PPMT(8%,2,5,−24 000,0)=4 418.23（元），操作如图 9-11 所示。

第二年支付的利息 IPMT(8%,2,5,−24 000)=1 592.72（元），操作如图 9-12 所示。

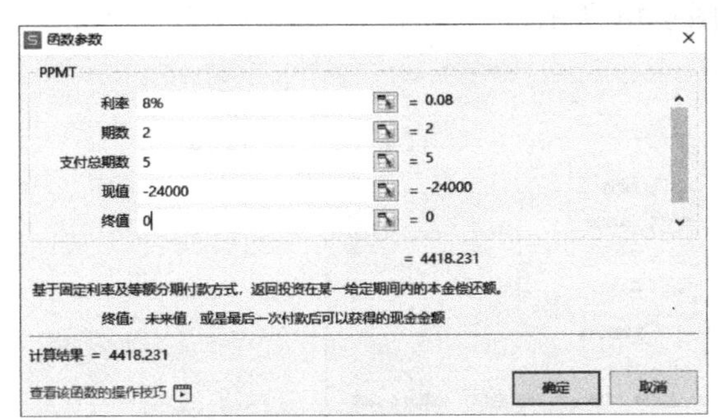

图 9–11　第二期支付本金

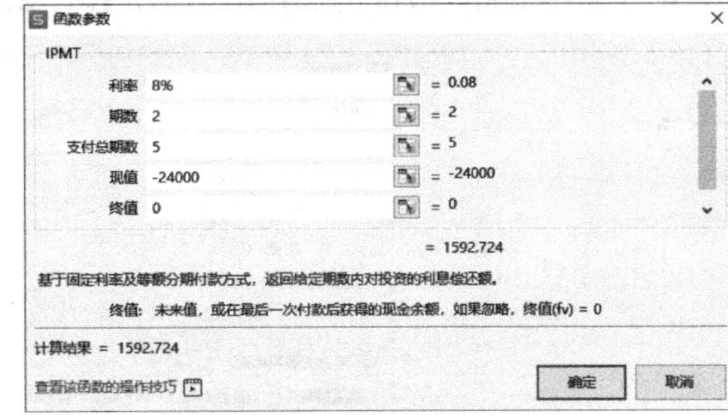

图 9–12　第二期支付利息

从上述数据中可知，PMT()=PPMT()+IPMT()。

4. 计息期数函数

NPER ()是计算计息期数的函数。

【类型】财务函数。

【格式】NPER(利率,定期支付额,现值,终值,是否期初支付)。

【功能】基于固定利率及等额分期付款方式，返回某项投资的总期数。

例如，A 公司准备从 B 公司购买一台设备，B 公司有两种销货方式供 A 公司选择：一种方式是一次性全额付款 90 万元；另一种方式是分若干年支付，每年年初付款 15 万元。假设资金成本率为 10%，如果 A 公司选择第二种付款方式，则 B 公司在签订合同时可接受的收款次数至少为多少次时，其收入才不低于一次性全额收款？

由于 A 公司和 B 公司中一个为付款方，另一个为收款方，所以 pmt 和 pv 中必须有一个用负数表示，则可接受的收款次数 NPER(10%,−150 000,900 000,0,1)=8.27（次）。因为收款次数应为正整数，并且不能小于 8.27，所以收款次数至少为 9 次，操作如图 9-13 所示。

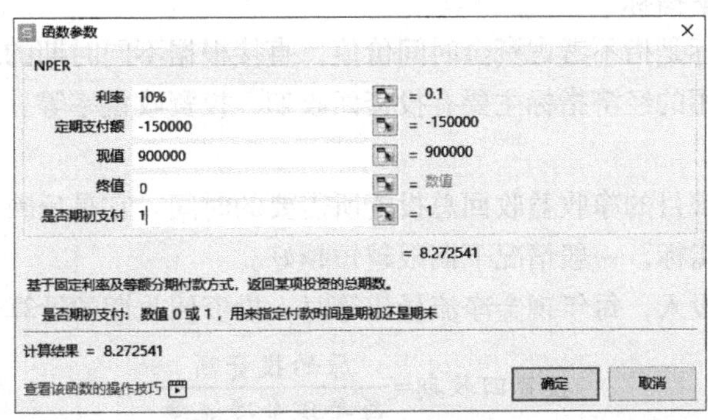

图 9–13　计息期数

5. 利率函数

RATE ()是计算利率的函数。

【类型】财务函数。

【格式】RAT(支付总期数,定期支付额,现值,终值,是否期初支付,预估值)。

【功能】返回年金的各期利率。

例如，某企业贷款 30 000 元，期限为 5 年，每年年末支付利息，每年支付 8 000 元，则支付利率 RATE(5,8 000,−30 000,0,0)=10.42%，操作如图 9-14 所示。

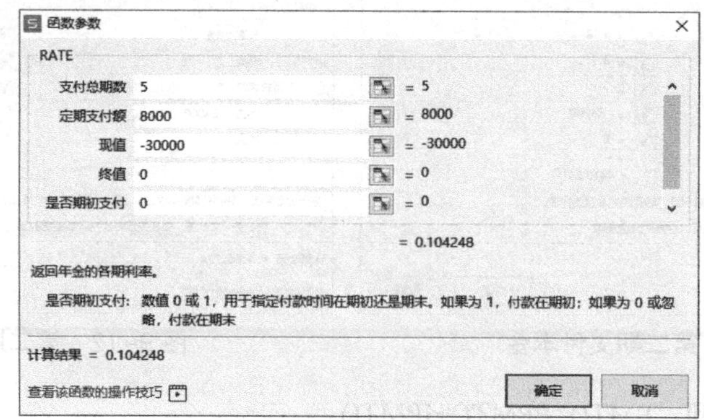

图 9–14 利率函数

任务二 认识投资决策指标及其函数

与投资有关的决策被称为投资决策，是对各种投资方案进行分析、评价、选择，最终确定最佳投资方案的过程。按照是否考虑资金的时间价值，投资决策评价方法可分为静态评价法和动态评价法。静态评价指标包括投资回收期、投资收益率等，动态评价指标包括净现值、净现值指数、内含报酬率等。

一、投资决策指标

投资决策指标是指用于比较和衡量项目的可操作性，根据是否考虑时间价值因素可分为非贴现现金流量指标和贴现现金流量指标两种。

1. 非贴现现金流量指标

非贴现现金流量指标是指不考虑资金时间价值，直接根据不同时期的现金流量分析项目经济效益的各种指标，所使用的经济指标主要有投资回收期、投资收益率等。

（1）投资回收期。

投资回收期是指以项目的净收益收回总投资所需要的时间。它是反映投资项目资金回收能力和资金周转速度的重要指标，一般情况下期限越短越好。

当原始投资是一次投入，每年现金净流量相等时，投资回收期的计算公式如下。

$$\text{投资回收期}=\frac{\text{原始投资额}}{\text{每年现金净流量}}$$

当原始投资分年投入或每年的现金净流量不相等时，按累计现金净流量计算。投资回收期为累计现金净流量与原投资额达到相等时所需的时间，其计算公式如下。

$$\text{投资回收期}=\text{已收回投资的若干整年年数}+\frac{\text{原投资额}-\text{已收回的若干整年年数的投资额之和}}{\text{已收回的若干整年年数下一年的投资回收额}}$$

例如，某企业投资 10 万元购置一台设备，预计使用 5 年，预计残值为 10 000 元，现金净流量如表 9-2 所示。

表 9-2 现金净流量资料 单位：元

年序	年现金净流量	累计现金净流量
1	60 000	60 000
2	50 000	110 000
3	40 000	150 000
4	30 000	180 000
5	20 000	200 000

从累计现金净流量中可知，该方案的投资回收期为 1～2 年，计算如下。

$$\text{投资回收期}=1+\frac{100\,000-60\,000}{50\,000}=1.8\ (\text{年})$$

投资回收期的概念容易理解，计算也比较简便，容易被决策人正确理解，并能在一定程度上反映出投资决策效果的优劣。但这一指标没有考虑货币的时间价值，也没有考虑投资回收期满后的现金流量状况，所以一般作为辅助方法使用。

（2）投资收益率。

投资收益率是指项目方案具有生产能力后，在正常生产年份内，年平均净收益与投资总额的比值，有助于反映项目投资支出的获利能力。其计算公式如下。

$$\text{投资收益率}=\frac{\text{年平均净收益}}{\text{投资总额}}$$

投资收益率（r）的判别准则是设定一个基准投资收益率 R。当 $r \geqslant R$ 时，该方案可以考虑；当 $r < R$ 时，该方案不可行。

利用投资收益率进行判别的优点是简明、易算、易懂；缺点是没有考虑资金的时间价值，第一年的现金流量与最后一年的现金流量被看作具有相同的价值，所以，有时会做出错误的决策，因此也只能作为辅助方法使用。

2. 贴现现金流量指标

贴现法是在评价投资活动的经济效果时，考虑资金时间价值的一种方法，也被称为动态评价法。它所使用的主要评价指标有净现值、净现值指数、内含报酬率等。

（1）净现值。

投资项目投入使用后的净现金流量，按资本成本或企业要求达到的报酬率折算为现值，减去初始投资现值以后的余额，叫作净现值（NPV）。它考虑了方案整个计算期内各年现金流量的时间价值，使各种不同类型现金支出和收入的方案具有可比性。净现值的计算公式如下。

$$\mathrm{NPV}=\sum_{t=1}^{n}\left[\mathrm{NCF}_t \div (1+K)^t\right]-\text{投资额}$$

上式中，n 为投资方案的分析计算期；NCF_t 为第 t 年的净现金流量；K 为目标收益率或贴现率。

净现值法的判别标准是：若 NPV=0，则方案实施后的投资贴现率正好等于事先确定的贴现率，方案可以接受；若 NPV > 0，则方案实施后的经济效益超过了目标贴现率的要求，方案较好；若 NPV < 0，则表明经济效益达不到既定要求，方案应予以拒绝。

净现值法考虑了货币的时间价值，能够反映各种投资方案的净收益，是一种较好的方法，但其并不能揭示各个投资方案本身可能达到的实际报酬率数。

（2）净现值指数。

净现值指数（PVI）是投资方案未来现金流量按资金成本或要求的投资报酬率贴现的总现值与初始投资额现值之比。其计算公式如下。

$$\text{PVI}=\frac{\text{未来现金流量总现值}}{\text{初始投资额现值}}$$

如果 PVI≥1，则方案可取；如果 PVI＜1，则方案不可取。PVI≥1 与 NPV≥0、PVI＜1 与 NPV＜0 的含义相同。通常情况下，用净现值指数作为净现值的辅助指标，两者根据具体情况结合使用。

净现值指数法的优点是考虑了资金的时间价值，能够真实地反映投资项目的盈亏程度，由于净现值指数是用相对数来表示的，所以有利于在初始投资额不同的投资方案之间进行对比。净现值指数法的缺点是利润指数这一概念不便于理解。

（3）内含报酬率。

内含报酬率（IRR）是指一个投资方案在其寿命周期内，按现值计算的实际投资报酬率。根据这个报酬率，对方案寿命周期内的各年现金流量进行贴现，未来报酬的总现值正好等于该方案初始投资的现值。因此，内含报酬率是使投资方案的净现值为零的报酬率，其计算公式如下。

$$\sum_{t=1}^{n}\left[\text{NCF}_t \div (1+\text{IRR})^t\right]=0$$

在内含报酬率指标的运用中，任何一种投资方案的内含报酬率必须以不低于资金成本率为限度，否则方案不可行。

在求解内含报酬率时，计算公式是一个一元高次方程，不容易直接求解，通常采用内插法——线性插值法求 IRR 的值。当然，也可以通过逐步测试完成。首先估计一个贴现率，用它计算方案的净现值。如果净现值为正数，说明方案本身的报酬率超过估计的贴现率，应该提高贴现率后进一步测试；如果净现值为负数，说明方案本身的报酬率低于估计的贴现率，应该降低贴现率后进一步测试。经过多次测试，寻找出使净现值接近于零的贴现率，即为方案本身的内含报酬率。

内含报酬率法考虑了资金的时间价值，反映了投资项目的真实报酬率，概念也易于理解，是一种应用广泛、科学合理的投资决策指标。但这种方法的计算过程比较复杂，特别是每年 NCF 不相等的投资项目，一般要经过多次测算才能算出，所以在手工方式下，它的计算过程过于烦琐。

二、投资决策指标函数

上述投资决策指标手工计算起来非常麻烦，但 WPS 表格提供的函数功能会让计算变得很简单。

1. 净现值函数

微课 9-2　净现值函数

NPV ()是计算净现值的函数。

【类型】财务函数。

【格式】NPV(贴现率,收益 1,...)。

【功能】通过使用贴现率以及一系列未来支出（负值）和收入（正值），返回一项投资的净现值。

贴现率为一期的整个阶段的贴现率。

收益 1，…代表支出及收入的 1 到 254 个参数，时间均匀分布并出现在每期末尾。

注意

① 参数收益 1 等所属各期间的长度必须相等，而且支付及收入的时间都发生在期末。

② NPV()按使用收益的次序来注释现金流的次序，所以一定要保证支出和收入的数额按正确的顺序输入。

③ 参数是数值、空白单元格、逻辑值或表示数值的文字表达式时，都会被计算在内；如果参数是错误值或不能转化为数值的文字，则会被忽略。

④ NPV()假定投资开始于收益 1 现金流所在日期的前一期，即第一期的期末，并结束于最后一笔现金流的当期。

例如，某企业投资开设一家连锁店，期初投资 200 000 元，预计在未来 5 年中各年的收入分别为 20 000 元、40 000 元、60 000 元、80 000 元和 100 000 元，等到营业第 6 年时需要重新装修店面，估计要花费 40 000 元。假定每年的贴现率为 6%，求投资的净现值。

（1）在“货币时间价值”工作表后面插入一张新工作表，并将其重命名为“净现值函数”，然后输入上述各项数据，如图 9-15 所示。

（2）选择 A12 单元格，输入公式“=NPV(A3,A5:A9)+A4”，选择 A13 单元格，输入公式“=NPV(A3,A5:A9,A10)+A4”，结果如图 9-16 所示。

图 9-15　输入数据

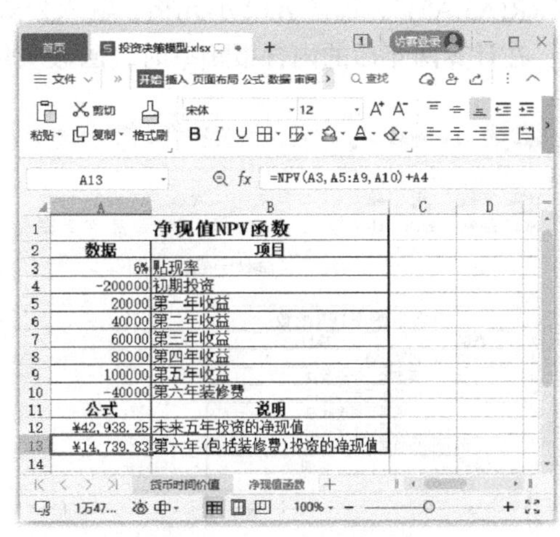

图 9-16　计算净现值

2. 内含报酬率函数

IRR ()是计算内含报酬率的函数。

【类型】财务函数。

【格式】IRR(现金流,预估值)。

【功能】返回连续期间现金流量的内含报酬率。

微课 9-3　内含报酬率函数

现金流为一个数组，或对包含用来计算返回内部报酬率的数字的单元格的引用。

预估值为内涵报酬率的猜测值。如果忽略，则为 0.1（10%）。

> **注意**
>
> ① 现金流为数组或单元格的引用，包含用来计算内含报酬率的数字。现金流参数中必须包含至少一个正值和一个负值，以计算内含报酬率。IRR()根据数值的顺序来解释现金流的顺序，故应确定按需要的顺序输入支付和收入的数值。如果数组或引用中包含文本、逻辑值或空白单元格，则这些数值将被忽略。
>
> ② 预估值为对 IRR()计算结果的估计值。WPS 表格使用迭代法计算 IRR()。从预估值开始，IRR()不断修正报酬率，直至结果的精度达到 0.000 01%。如果 IRR()经过 20 次迭代仍未找到结果，则返回错误值 #NUM!。在大多数情况下，并不需要为 IRR()的计算提供预估值。如果省略预估值，则系统假设它为 0.1（10%）。如果函数 IRR()返回错误值#NUM!，或结果没有靠近期望值，则可以换一个预估值再试一下。

例如，某企业投资开设一家连锁店，期初投资 200 000 元，预计在未来 5 年中各年的净收益分别为 20 000 元、40 000 元、60 000 元、80 000 元和 100 000 元，试分别求出投资 2 年、4 年以及 5 年后的内含报酬率。

（1）在“净现值函数”工作表后面插入一张新工作表，并将其重命名为“内含报酬率函数”，输入上述各项数据，如图 9-17 所示。

（2）选择 A10 单元格，输入公式“=IRR(A3:A5,-10%)”，选择 A11 单元格，输入公式“=IRR(A3:A7)”，选择 A12 单元格，输入公式“=IRR(A3:A8)”，结果如图 9-18 所示。需要注意的是，在计算两年后的内含报酬率时，函数应包含 guess 参数。

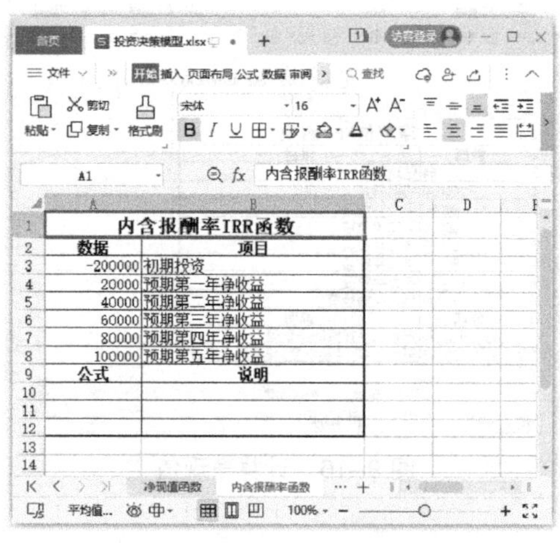

图 9-17　输入内含报酬率数据

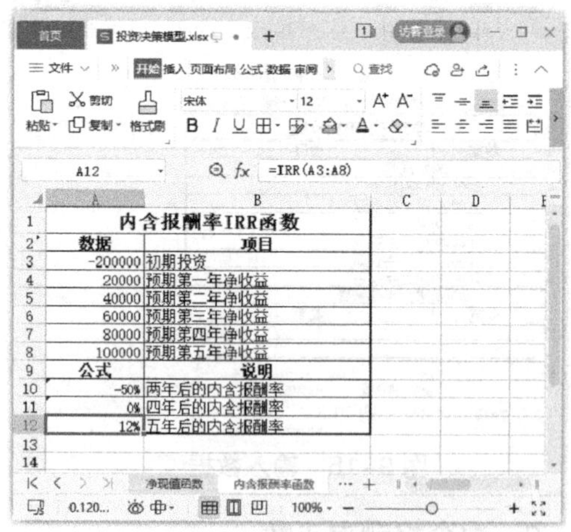

图 9-18　计算出内含报酬率

3. 修正内含报酬率函数

MIRR ()是计算修正内含报酬率的函数。

【类型】财务函数。

【格式】MIRR(现金流,支付利率,再投资的收益率)。

【功能】返回某一连续期间内现金流的修正内部报酬率。

微课 9-4　修正内含报酬率函数

现金流为一个数组，或对数字单元格区域的引用。

支付利率为现金流中投入资金的融资利率。

再投资的收益率为各期收入净额再投资的收益率。

注意

① 现金流为一个数组或对数字单元格区域的引用。这些数值代表着各期支出（负值）及收入（正值）。现金流参数中必须至少包含一个正值和一个负值，才能计算修正后的内含报酬率，否则 MIRR( )会返回错误值#DIV/0!。如果数组或引用中包括文字串、逻辑值或空白单元格，则这些值将被忽略，但包含数值零的单元格会被计算在内。

② 支付利率为现金流中投入资金的融资利率。

③ 再投资的收益率为各期收入净额再投资的收益率。

④ MIRR( )会根据输入值的次序来注释现金流的次序，所以务必按照实际顺序输入支出和收入数额，并使用正确的正负号。

例如，已知某项目第 0～2 年各投资 30 万元、750 万元、150 万元，第 3 年的净现金流量为 225 万元，第 4～6 年的净现金流量均为 500 万元。假设投入资金的融资利率为 10%，再投资收益率为 15%，则该项目是否可行？

（1）在“内含报酬率函数”工作表后面插入一张新工作表，并将其重命名为“修正内含报酬率函数”，输入上述各项数据，如图 9-19 所示。

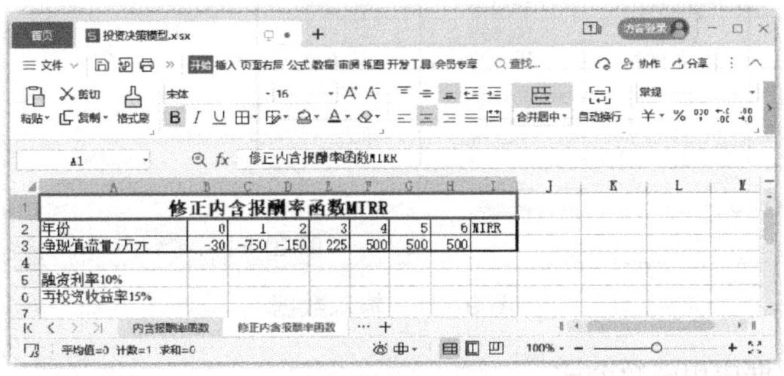

图 9–19　输入修正内含报酬率数据

（2）选择 I3 单元格，输入公式“=MIRR(B3:H3,10%,15%)”，得到修正内含报酬率为 16%，大于再投资收益率 15%，故项目可行，如图 9-20 所示。

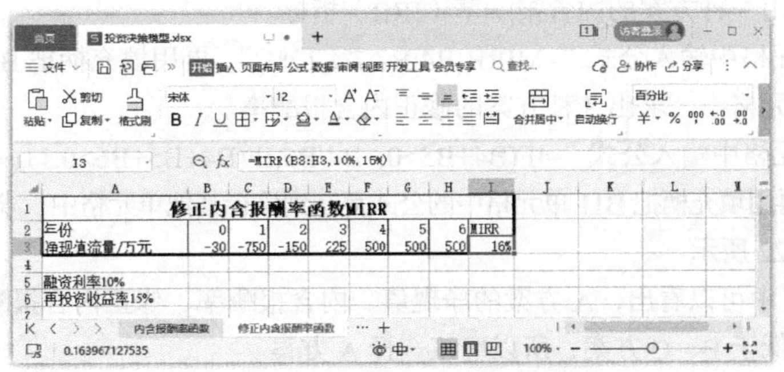

图 9–20　计算出修正内含报酬率

任务三　设计投资决策模型

投资决策分析是指对各种建设投资方案进行综合分析，从而选择一种最适合自己的方案进行投资。

丰源公司欲进行一项投资，共有 3 种方案可供选择。3 种方案的期初投资分别为 100 000 元、90 000 元、120 000 元，假设资金成本率为 7%、再投资收益率为 12%，每种方案 3 年的净现金流量如表 9-1 所示。试用投资决策指标对各个方案进行分析，找出最优方案。

微课 9-5　设计投资决策模型

（1）在“修正内含报酬率函数”工作表后面插入一张新工作表，并将其重命名为“投资决策模型”，输入表 9-1 中的相关数据，如图 9-21 所示。

投资决策模型				
期间	A方案	B方案	C方案	资金成本率
	净现金流量	净现金流量	净现金流量	7%
0	-100,000	-90,000	-120,000	
1	80,000	10,000	40,000	
2	28,000	50,000	50,000	
3	12,000	53,000	50,000	
净现值				
内含报酬率				
修正内含报酬率				
回收期间				

图 9–21　输入数据

（2）根据项目数据应用函数公式。

① 在 B8 单元格中输入公式“=NPV(7%,B5:B7)+B4”，再用填充柄把 B8 单元格中的公式复制到该行其他单元格中，求出 3 种方案的净现值（NPV）指标。

② 在 B9 单元格中输入公式“=IRR(B4:B7)”，再用填充柄把 B9 单元格中的公式复制到该行其他单元格中，求出 3 种方案的内含报酬率（IRR）指标。

③ 在 B10 单元格中输入公式“=MIRR(B4:B7,7%,12%)”，再用填充柄把 B10 单元格中的公式复制到该行其他单元格中，求出 3 种方案的修正内含报酬率。

④ 在 B11 单元格中输入公式“=IF(B4+B5>0,−B4/B5,IF(B4+B5+B6>0,1+(−B4−B5)/B6,2+(−B4−B5−B6) /B7))”，再用填充柄把 B11 单元格中的公式复制到该行其他单元格中，求出 3 个方案的回收期间，结果如图 9-22 所示。

（3）从图 9-22 中可以看出，A 方案的净现值、内含报酬率、修正内含报酬率明显高于 B、C 方案，而回收期间低于 B、C 方案，所以应该选择 A 方案。

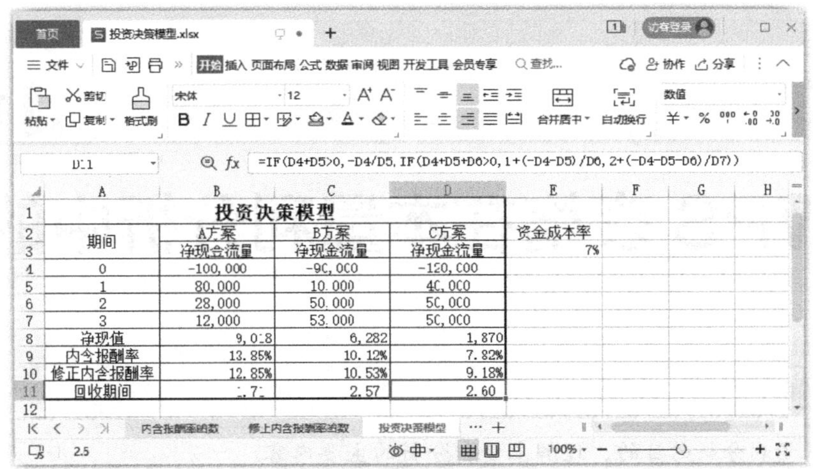

图 9–22　投资决策模型

项目小结

本项目介绍了如何运用 WPS 表格进行投资决策分析。首先介绍了投资的概念，接着介绍了货币时间价值函数、投资决策指标及其函数，最后设计了一个简单的投资决策模型。通过学习本项目，要求学生能够熟练地建立简单的投资决策模型。

项目实训

1. 实训目的

学会运用 WPS 表格进行最优投资方案选择。

2. 实训资料

某股份有限公司的投资业务有 3 种方案，有关数据如表 9-3 所示。

表 9–3　　某公司备选投资方案　　单位：元

投资决策模型			
期间	A 方案	B 方案	C 方案
	净现金流量	净现金流量	净现金流量
0	−100 000	−90 000	−120 000
1	30 000	10 000	30 000
2	35 000	40 000	40 000
3	39 000	53 000	45 000
4	44 000	20 000	55 000

3. 实训要求

若基准收益率为 10%、再投资收益率为 15%，根据上述资料，计算 3 种方案的净现值、内含报酬率、修正内含报酬率、回收期间，选择出最优投资方案。

项目十

WPS 表格在本量利分析中的应用

知识目标

1．了解本量利分析的目的，理解本量利分析的主要内容。

2．掌握本量利分析的基本数学模型及相关概念。

能力目标

1．掌握本量利分析的计算公式。

2．熟练应用 WPS 表格建立本量利分析基本模型和动态本量利分析模型。

素质目标

1．将理论知识运用于实践，提升财务综合素养。

2．以严谨的态度对待财务分析工作，积极主动地参与企业的财务管理工作。

工作情境与分析

一、情境

李娜把 WPS 表格运用到财务会计和财务管理工作中后，取得了很好的效果。随着公司的发展，领导认识到了管理会计对公司盈利的重要性，所以他要求财务部不仅要懂核算，还要会管理，加强管理会计的学习并将其尽快应用到工作中。李娜接受了这项任务，开始学习本量利分析知识，整理 1 月份的数控车床销售数据，为进行本量利分析做好准备。

二、分析

本量利分析是对成本、业务量、利润分析三者关系的简称，是指在成本分析的基础上，通过对本、量、利三者关系的分析，建立定量化分析模型，进而揭示变动成本、固定成本、产销量、销售单价和利润等变量之间的内在规律，为企业利润预测和规划、决策和控制提供信息的一种定量分析方法。本量利分析又称保本点分析或盈亏平衡分析，是根据对产品的业务量（产量或销量）、成本、利润之间相互制约关系的综合分析，来预测利润、控制成本、判断经营状况的一种数学分析方法。

本量利分析是管理会计的基本方法之一，在规划企业经济活动、正确进行经营决策和成本控制等方面具有广泛的应用，主要表现在以下 4 个方面。

（1）进行保本分析。将本量利分析和预测技术结合起来，可以进行保本预测，确定保本销售量和保本销售额，进而预测利润、编制利润计划。

（2）进行目标控制。将本量利分析用于目标控制，可以确定实现目标利润所需要控制的目标销售量、目标销售额以及目标成本水平，从而可有效地进行目标管理。

（3）进行风险分析。将本量利分析和风险分析结合起来，可以分析企业的经营安全性指标，确定企业的安全状况，还可以促使企业重视经营杠杆的作用，努力降低风险。

（4）进行生产决策。本量利分析可以帮助企业进行生产工艺选择的决策、产品品种和生产数量的决策、产品竞争决策及定价决策等。

本量利分析除了上述作用之外，还为标准成本制度和责任会计的应用等做了理论准备。

根据企业管理者的需求，丰源公司运用 WPS 表格进行本量利分析时需要完成以下两项任务：认识本量利分析—创建本量利分析模型。

任务一　认识本量利分析

本量利分析是管理会计的重点，是企业在预测、决策、规划和控制工作中较常用且有效的方法之一。若要对丰源公司进行本量利分析，首先要了解本量利分析涉及的基本概念及计算公式。

一、本量利分析的基本假设

本量利之间的关系非常复杂，若要建立本量利分析模型，首先就要对本量利之间的关系做一些假设，严格限定本量利分析的范围。其基本假设如下。

1. 相关范围的假设

相关范围的假设包含两层含义。一是期间假设，无论是固定成本还是变动成本，其固定性和变动性均表现在特定的期间内，其金额的大小也是在特定的期间内计量得到的。随着时间的推移，固定成本总额及其内容会发生变化，变动成本数额及其内容也会发生变化。二是业务量假设，固定成本和变动成本是在一定业务量范围内分析计量的结果，当业务量发生变化时，特别是变化较大时，即使成本的性态不发生变化（也有可能发生变化），也需要重新计量。

2. 模型线性假设

模型线性假设包含了三个方面的含义。一是固定成本不变假设，即在企业经营能力一定的前提下，固定成本是固定不变的，表现在平面直角坐标系中，就是一条与横轴平行的直线。二是变动成本与业务量呈完全线性关系的假设，表现在平面直角坐标系中，就是一条过原点的直线，该直线的斜率就是单位变动成本。三是销售收入与销售数量呈完全线性关系的假设，表现在平面直角坐标系中，也是一条通过原点的直线，只不过该直线的斜率是销售单价。

3. 产销平衡假设

如果企业只生产一种产品，则假定生产出来的产品总是可以实现销售、达到产销平衡。

4. 品种结构不变假设

品种结构不变是指各种产品的销售额占全部销售额的比重不变。如果企业生产多种产品，其获利能力一般各不相同，若企业产销的品种结构发生较大变动，则势必会导致预计利润和实际利润之间产生差异，因此必须假设品种的结构保持不变。

5. 利润假设

除有特别说明外，本量利分析中的“利润”一般假设为不考虑投资收益和营业外收支的“营业利润”，也就是假设投资收益和营业外收支均为零时的利润总额。

二、本量利分析的基本数学模型

本量利分析的目标是利润，计算利润的基本公式也是本量利分析的基本数学模型。

一般来说，企业收入=成本+利润。如果利润为零，则“企业收入=成本=固定成本+变动成本”，而“收入=销售量×单价”“变动成本=单位变动成本×销售量”，可以由“销售量×单价=固定成本+单位变动成本×销售量”推导出以下盈亏平衡点的计算公式。

盈亏平衡点（销售量）=固定成本÷每计量单位的贡献差数

分析模型如下。

$$I=S-(\mathrm{VC}\times Q+F)=P\times Q-(\mathrm{VC}\times Q+F)=(P-\mathrm{VC})\times Q-F$$

上式中：I 为销售利润；P 为产品销售单价；F 为固定成本总额；VC 为单位变动成本；Q 为销售量；S 为销售收入。

总成本（C）的计算公式如下。

$$C=F+\mathrm{VC}\times Q$$

总收入（S）的计算公式如下。

$$S=P\times Q$$

盈亏平衡方程的计算公式如下。

$$S=C$$

$$P\times Q=F+\mathrm{VC}\times Q$$

三、本量利分析的基本概念

本量利分析包括贡献毛益、贡献毛益率、变动成本率、贡献毛益率和变动成本率的关系的分析。

1. 贡献毛益

贡献毛益亦称边际贡献、贡献边际，是反映企业产品盈利能力的绝对指标。其表现形式有两种：单位贡献毛益（UCM）和贡献毛益总额（TCM）。单位贡献毛益是指产品的销售单价减去单位变动成本后的差额。贡献毛益总额是指产品销售收入总额减去相应变动成本总额后的差额。二者计算公式如下。

单位贡献毛益=销售单价−单位变动成本

贡献毛益总额=销售收入总额−变动成本总额

将贡献毛益总额放入本量利分析的基本数学模型中，则有以下公式。

利润=贡献毛益总额−固定成本总额

可见，贡献毛益的大小直接影响企业的利润水平，产品销售能否保本及产品销售利润的高低取决于贡献毛益总额能否覆盖固定成本总额及余额的大小。在固定成本总额不变的情况下，贡献毛益总额的增减意味着利润的增减。只有当产品的贡献毛益总额大于固定成本总额时才能给企业创造利润；反之，企业将会亏损。

2. 贡献毛益率

贡献毛益率（CMR）是指产品贡献毛益占产品销售收入的百分比。这是反映企业产品盈利能力的相对指标，它表明每增加一元销售额能为企业带来的贡献。该比率越大，说明产品为企业获得利润所做的贡献越大。计算公式如下。

$$贡献毛益率=\frac{贡献毛益}{销售收入}=\frac{贡献毛益总额}{销售收入总额}=\frac{单位贡献毛益}{销售单价}$$

3. 变动成本率

变动成本率是指产品变动成本占产品销售收入的百分比。它表明每增加一元销售额所增加的变动成本。计算公式如下。

$$变动成本率=\frac{变动成本}{销售收入}=\frac{变动成本总额}{销售收入总额}=\frac{单位变动成本}{销售单价}$$

4. 贡献毛益率和变动成本率的关系

贡献毛益率和变动成本率具有互补关系。变动成本率低的企业贡献毛益率高，创利能力强；反之，变动成本率高的企业贡献毛益率低，创利能力弱。

$$贡献毛益率+变动成本率=1$$

例如，某产品的销售单价为 10 元，单位变动成本为 6 元，全年产销量为 1 000 件，则该产品的贡献毛益率和变动成本率的计算公式如下。

单位贡献毛益=10−6=4（元）

贡献毛益总额=10×1 000−6×1 000=4 000（元）

$$贡献毛益率=\frac{4\,000}{10\times1\,000}\times100\%=40\%$$

$$变动成本率=\frac{6\times1\,000}{10\times1\,000}\times100\%=60\%$$

贡献毛益率+变动成本率=40%+60%=1

任务二　创建本量利分析模型

丰源公司在 2022 年 1 月生产和销售了单一产品数控车床一批，销售单价是 1 000 元，单位变动成本为 600 元，全月固定总成本为 800 000 元，公司正常的产品销售量为 3 000 件。根据以上资料，在 WPS 表格中创建本量利分析模型。

微课 10-1　创建本量利分析基本模型

一、创建本量利分析基本模型

创建本量利分析基本模型的操作步骤如下。

（1）在“丰源公司”文件夹下新建一个工作簿，将其命名为“2201 本量利分析”。

（2）打开“2201 本量利分析”工作簿，将 Sheet 1 工作表重命名为“本量利分析基本模型”。

（3）将数控车床的相关数据输入“本量利分析基本模型”工作表中，如图 10-1 所示。

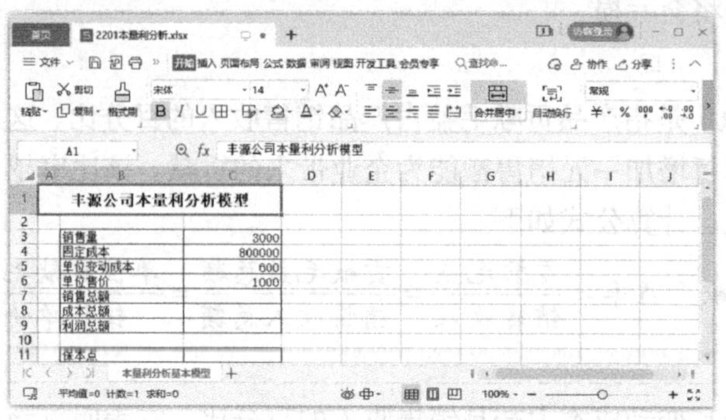

图 10-1　输入数据

（4）计算销售总额、成本总额、利润总额。选择 C7 单元格，输入公式“=C3*C6”，计算出销售总额；选择 C8 单元格，输入公式“=C4+C3*C5”，计算出成本总额；选择 C9 单元格，输入公式“=C7-C8”，计算出利润总额。结果如图 10-2 所示。

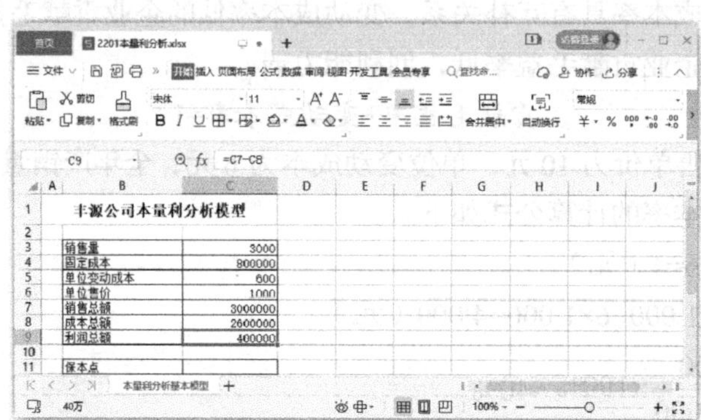

图 10-2　计算销售总额、成本总额和利润总额

（5）计算保本点。选择 C11 单元格，输入公式“=INT(C4/(C6-C5))”，计算出保本点，如图 10-3 所示。

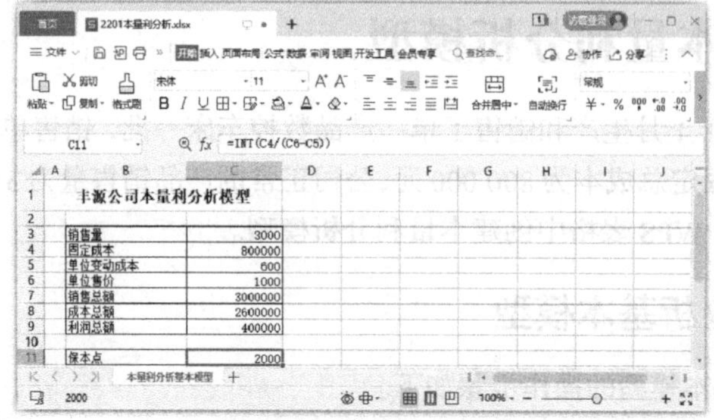

图 10-3　计算保本点

（6）选择 B13 单元格，单击编辑栏中的“插入函数”按钮 fx，在“或选择类别”下拉列表中选择“逻辑”选项，在下方的“选择函数”下拉列表中选择“IF”选项，打开“函数参数”对话框，输入图 10-4 所示的各项参数，最终结果如图 10-5 所示。

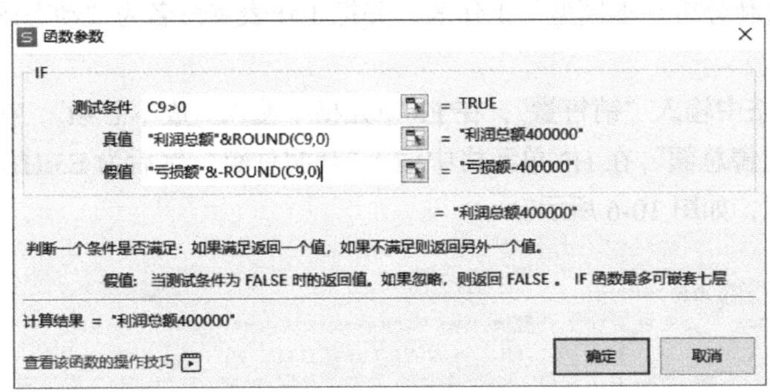

图 10-4　函数参数

B13　=IF(C9>0,"利润总额"&ROUND(C9,0),"亏损额"&-ROUND(C9,0))

	A	B	C
1		丰源公司本量利分析模型	
2			
3		销售量	3000
4		固定成本	800000
5		单位变动成本	600
6		单位售价	1000
7		销售总额	3000000
8		成本总额	2600000
9		利润总额	400000
10			
11		保本点	2000
12			
13		利润总额400000	

图 10-5　本量利分析基本模型

利用本量利分析模型，财务人员可以根据案例所给的资料计算出丰源公司的销售总额、成本总额、利润总额和保本点等指标。当影响利润总额的某个因素发生变动时，在模型中修改该数据即可得到新的结果。

二、创建动态图表本量利分析模型

企业在进行实际分析时往往还要考虑各因素的变动情况，如销售单价、单位变动成本、固定成本、销售量等单独变动，甚至几个因素同时变动时，进行保本点的具体情况分析。这种分析又可以称为本量利分析的敏感分析。

WPS 表格工作表具有强大的图表演示功能，财务人员可以将其图表演示功能应用到本量利分析模型中，从而创建出直观、形象、便于操作和理解的动态图表本量利分析模型。下面利用动态图表本量利分析模型计算丰源公司在不同的数控车床销售量情况（销售量在 1 900～3 500 台变动，变化率为 100 台）下的利润总额，以及在不同的数控车床单位售价条件（销售单价在 950～1 100 元变动，变化率为 10 元）下的利润总额，其操作步骤如下。

1. 准备绘制动态图表本量利分析模型的资料

微课 10-2 准备绘制动态图表本量利分析模型的资料

为了绘图方便，需要将准备绘制的销售量线、成本总额线、利润总额线以及保本点指示线、利润指示线的数据资料事先在 WPS 工作表中计算出来。

（1）复制“本量利分析基本模型”工作表，并把工作表重命名为“动态图表本量利分析模型”。

（2）在 E3 单元格中输入“销售量”，在 F3 单元格中输入“成本总额”，在 G3 单元格中输入“销售总额”，在 H3 单元格中输入“利润总额”，然后为 E3:H14 单元格区域添加边框，如图 10-6 所示。

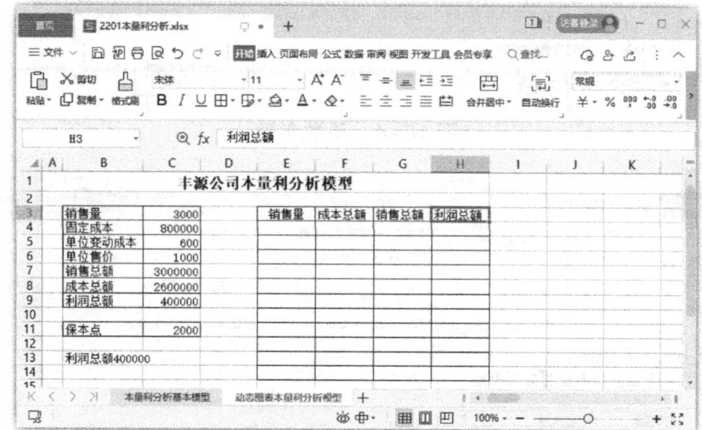

图 10-6 “动态图表本量利分析模型”工作表

（3）选择 F4 单元格，输入“=”，单击 C8 单元格，按【Enter】键完成 C8 单元格中成本总额的引用。使用相同的方法在 G4 和 H4 单元格中分别引用 C7 和 C9 单元格中的销售总额、利润总额。在 E5 单元格中输入“0”，在 E6 单元格中输入“1900”，在 E7 单元格中输入“2100”，选择 E6:E7 单元格区域，用填充柄向下填充至 E14 单元格，如图 10-7 所示。

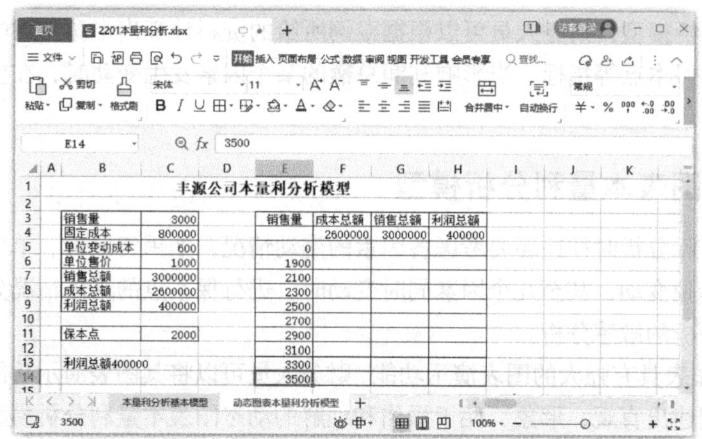

图 10-7 输入数据

（4）当销售量为 0 时，其成本总额为 800 000 元，销售总额为 0，因此，在 F5 单元格中输入

“800 000”，在 G5 单元格中输入“0”，在 H5 单元格中输入公式“=G5-F5”。然后在 F6 单元格中输入公式“=800000+600*E6”，在 G6 单元格中输入公式“=E6*$C$6”，并将各公式填充至同一列的其他单元格中，结果如图 10-8 所示。

图 10–8 完成模拟运算表

（5）为了使动态图表本量利分析模型具有明显的效果，还需要在动态图表本量利分析模型中做出保本点指示线和利润指示线两条辅助线。下面编辑两条辅助线的数据。

① 合并 B16:C16 单元格区域，在 B16 单元格中输入“保本点指示线”，在 B17 单元格中引用 C11 单元格中的保本点数据，按【F4】键将相对地址“C11”转换为绝对地址“$C$11”，用填充柄向下填充至 B19 单元格。选择 C18 单元格，输入公式“=C6*B19”，计算出保本点对应的销售额；在 C17 单元格中输入指示线的下标“0”，在 C19 单元格中输入指示线的上标“3500000”。

② 合并 E16:F16 单元格区域，在 E16 单元格中输入“利润指示线”，在 E17 单元格中引用 C3 单元格中的销售量数据，按【F4】键将相对地址“C3”转换为绝对地址“$C$3”，用填充柄向下拖曳至 E20 单元格。选择 F17 单元格，引用 C17 单元格中的数据；选择 F18 单元格，引用 C7 单元格的销售总额；选择 F19 单元格，引用 C8 单元格的成本总额；选择 F20 单元格，引用 C19 单元格中的数据，结果如图 10-9 所示。

丰源公司本量利分析模型

	B	C	D	E	F	G	H
3	销售量	3000		销售量	成本总额	销售总额	利润总额
4	固定成本	800000			2600000	3000000	400000
5	单位变动成本	600		0	800000	0	-800000
6	单位售价	1000		1900	1940000	1900000	-40000
7	销售总额	3000000		2100	2060000	2100000	40000
8	成本总额	2600000		2300	2180000	2300000	120000
9	利润总额	400000		2500	2300000	2500000	200000
10				2700	2420000	2700000	280000
11	保本点	2000		2900	2540000	2900000	360000
12				3100	2660000	3100000	440000
13	利润总额400000			3300	2780000	3300000	520000
14				3500	2900000	3500000	600000

	B	C	D	E	F
16	保本点指示线			利润指示线	
17	2000	0		3000	0
18	2000	2000000		3000	3000000
19	2000	3500000		3000	2600000
20				3000	3500000

图 10–9 编辑保本点指示线和利润指示线数据

2. 绘制动态图表本量利分析模型

微课 10-3　绘制动态图表本量利分析模型

绘制动态图表本量利分析模型的操作如下。

（1）选择 E3:F14 单元格区域，单击“插入”选项卡下的“插入散点图（X、Y）”按钮，在打开的下拉列表中选择“带平滑线的散点图”选项，生成成本总额线，如图 10-10 所示。

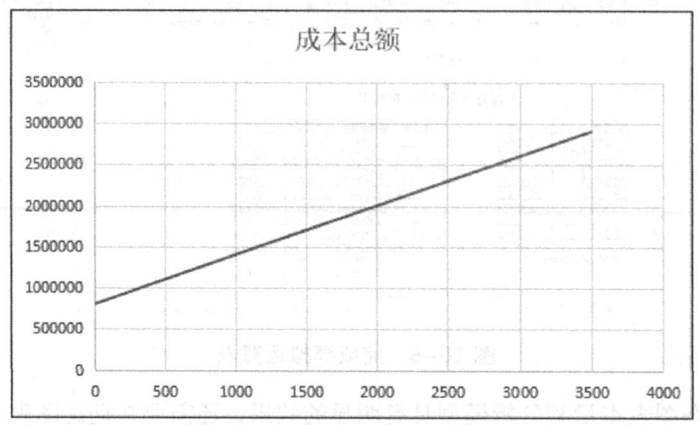

图 10-10　成本总额线

（2）选择图表中的任意一处，单击图表右侧出现的“图表元素”按钮，在打开的“图表元素”下拉列表中单击选中“图例”复选框，然后单击“网格线”右侧的“展开”按钮，在打开的子列表中取消选中“主轴主要垂直网格线”复选框，修改后的图表如图 10-11 所示。

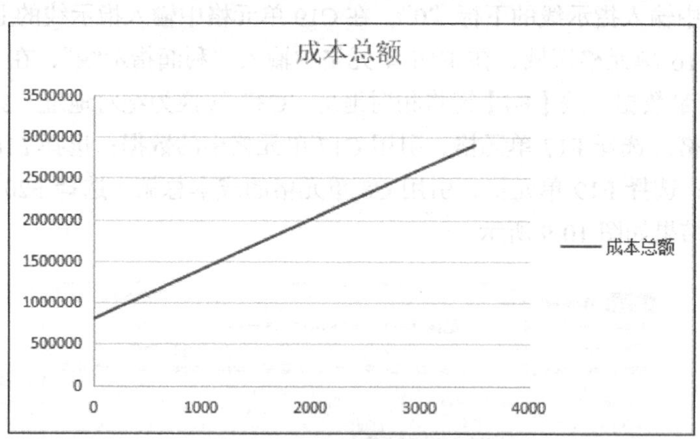

图 10-11　修改图表

（3）选择图表中的任意一处，单击鼠标右键，在弹出的快捷菜单中选择“编辑数据”命令，打开“选择数据源”对话框。单击“添加”按钮，打开“编辑数据系列”对话框，在“系列名称”参数框中选择 G3 单元格；在“X 轴系列值”参数框中选择 F5:F14 单元格区域；在“Y 轴系列值”参数框中选择 G5:G14 单元格区域，如图 10-12 所示，依次单击确定按钮，生成的销售总额线如图 10-13 所示。

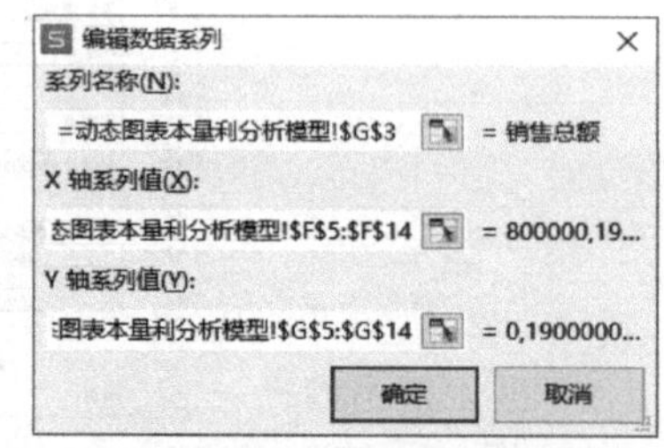

图 10-12　编辑数据系列

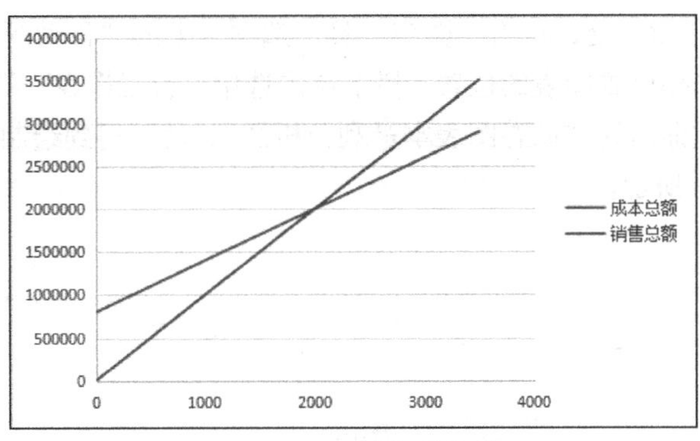

图 10–13　销售总额线

（4）使用相同的方法绘制利润总额线、保本点指示线和利润指示线，如图 10-14 所示。

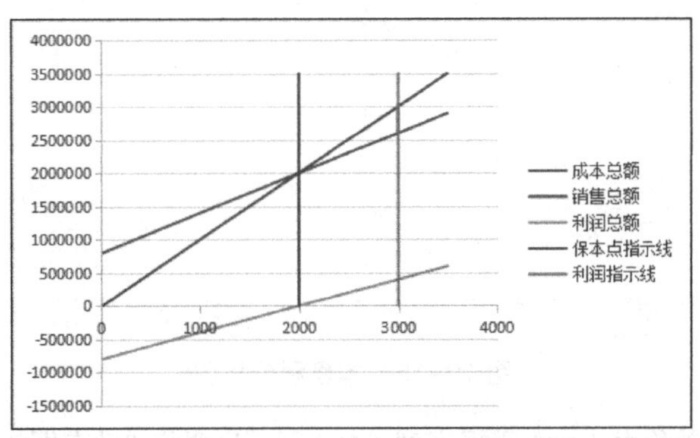

图 10–14　利润总额线、保本点指示线和利润指示线

（5）添加标题。选择图表中的任意一处，单击图表右侧出现的“图表元素”按钮，在打开的“图表元素”下拉列表中单击选中“图表标题”复选框，单击其右侧的“展开”按钮，在打开的子列表中选择“图表上方”选项，然后将图表标题修改为“本量利分析图”。

（6）添加坐标轴标题。选择图表中的任意一处，在图表右侧出现的“图表元素”下拉列表中单击选中“轴标题”复选框，将横坐标轴标题修改为“业务量”；将纵坐标轴标题修改为“成本利润”。选择“成本利润”坐标轴，单击鼠标右键，在弹出的快捷菜单中选择“设置坐标轴标题格式”命令，打开“属性”窗格，选择“文本选项”选项卡下的“文本框”选项，在“对齐方式”栏下的“文字方向”下拉列表中选择“竖排”选项，效果如图 10-15 所示。

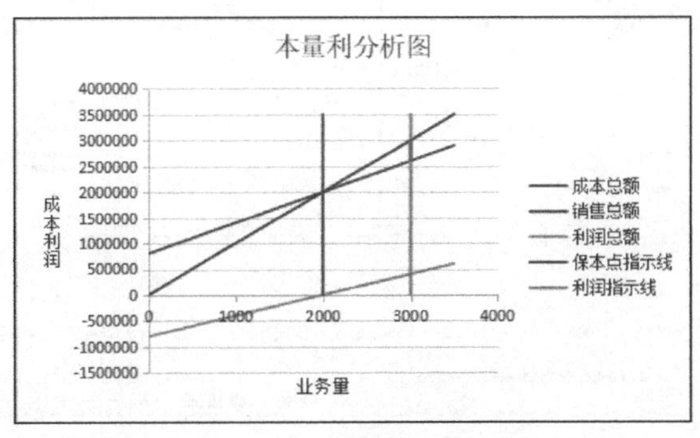

图 10–15　添加坐标轴标题

（7）选择图表中的任意一处，单击“图表工具”选项卡下的“移动图表”按钮，打开“移动图表”对话框，在“选择放置图表的位置”栏下单击选中“新工作表”单选项，单击确定按钮，并将工作表“Chart1”重命名为“动态图表本量利分析图”，就可得到绘制完成的动态图表——本量利分析图，如图 10-16 所示。

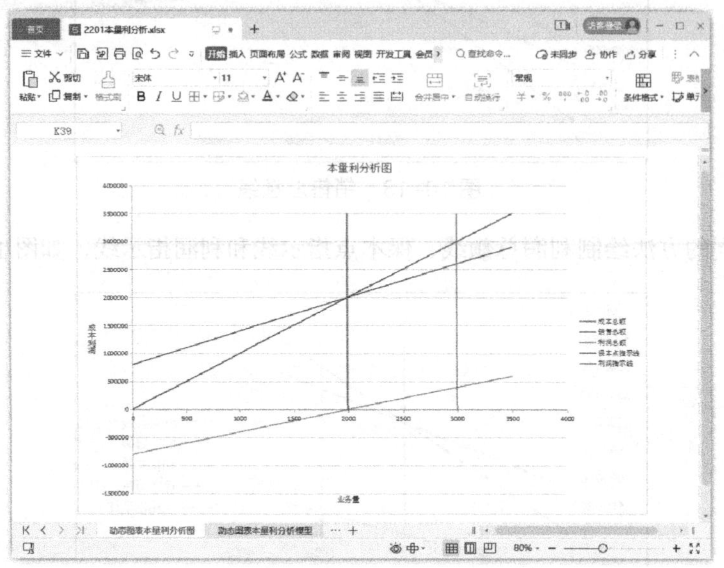

图 10–16 本量利分析图

若数控车床的销售单价由 1 000 元提高到 1 020 元，只要将“动态图表本量利分析模型”工作表中的单位售价“1000”改为“1020”，那么“动态图表本量利分析图”工作表中的盈利区和亏损区就会随之变动，如图 10-17 所示，并显示出单价变动之后的固定成本、变动成本、销售量、销售单价、利润等变量之间的数量关系。

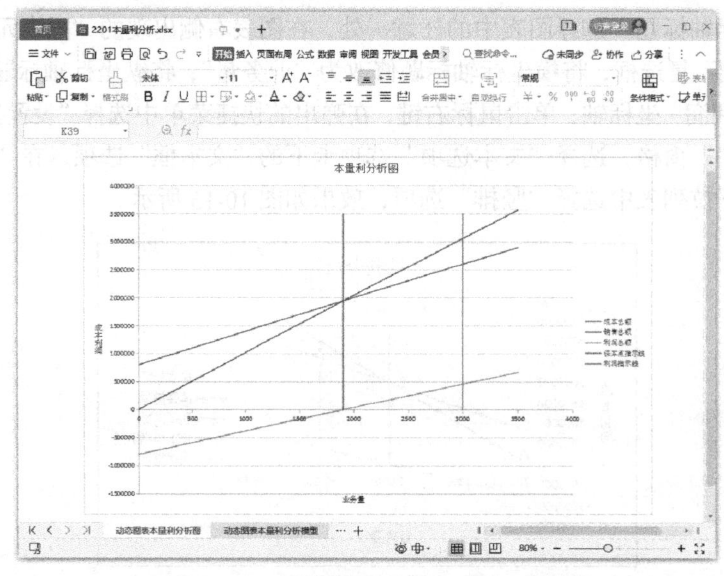

图 10–17 调整单价后的本量利分析图

3. 完善动态图表本量利分析模型

微课 10-4 完善动态图表本量利分析模型

在上述操作中绘制的动态图表本量利分析模型并不理想，因为利用该模型进行本量利分析时，需要在“动态图表本量利分析模型”工作表和“动态图表本量利分析图”工作表之间进行来回切换，以观察相关因素变动对结果的影响程度，同时也看不到动态图表动态变化的过程。为了弥补以上缺陷，可以通过向动态图表本量利分析模型中添加“窗体控件”按钮的方法来完善动态图表本量利分析模型。

从理论上讲，财务人员可以为每一个可能发生变化的因素都设置“窗体控件”按钮。但为了简便，在该案例中假设只考虑单位售价和销售量两个因素，观察单位售价在 950～1 100 元的范围内变动及销售量在 1 900～3 500 台的范围内变动对利润的影响程度。操作步骤如下。

（1）在图表下方的单元格中分别输入“销售量=”“利润总额=”“单位售价=”。

（2）从“动态图表本量利分析模型”工作表中引用因素（销售量和单位售价）和结果（利润总额）的数据。选择销售量右侧的单元格，在该单元格中输入“=”，单击“动态图表本量利分析模型”工作表标签，切换至该工作表，然后单击 C3 单元格，按【Enter】键，即可将“动态图表本量利分析模型工作表”中的销售量数值引用到“动态图表本量利分析图”工作表中。

（3）使用同样的方法将“动态图表本量利分析模型”工作表中的单位售价和利润总额数值引用到“动态图表本量利分析图”工作表中，如图 10-18 所示。

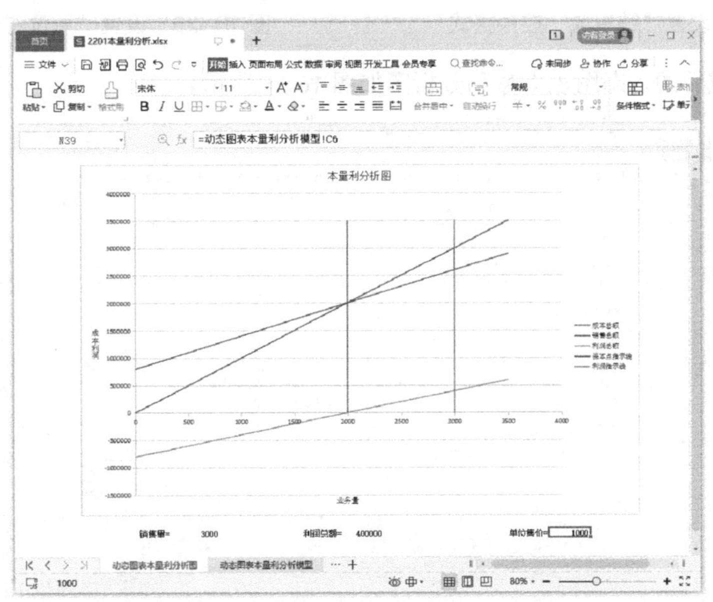

图 10-18 引用利润总额和单位售价数值

（4）单击“插入”选项卡下的“窗体”按钮，在下拉列表中选择“微调项”选项，鼠标指针将自动变成+形状。在销售量对应的数值单元格右侧拖曳鼠标，松开后即可在该数值框右侧出现窗体控件图标，然后调整其大小。

（5）选择窗体控件图标，单击鼠标右键，在弹出的快捷菜单中选择“设置对象格式”命令，打开“设置对象格式”对话框，单击“控制”选项卡，在“当前值”文本框中输入“3 000”；在

“最小值”数值框中输入“1900”，在“最大值”数值框中输入“3500”，在“步长”数值框中输入“100”，在“单元格链接”参数框中选择“动态图表本量利分析模型”工作表的 C3 单元格，如图 10-19 所示，单击 确定 按钮完成设置。

（6）使用同样的方法在“单位售价”对应的数值单元格中建立窗体控件，并将其链接到“动态图表本量利分析模型”工作表的 C6 单元格，具体设置如图 10-20 所示。设置完成后单击“保存”按钮保存该工作簿。

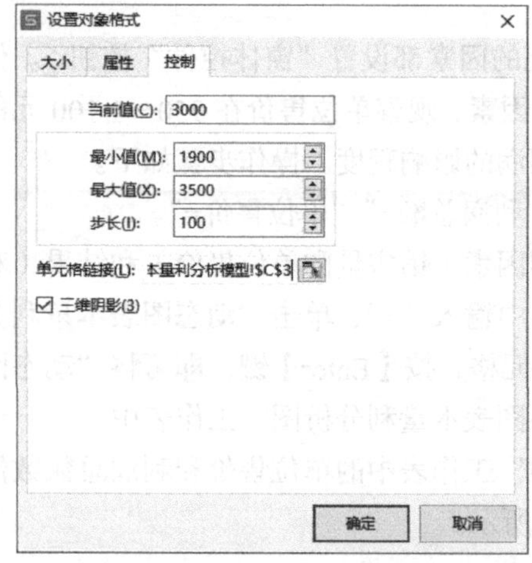

图 10-19　设置“销售量”控件格式

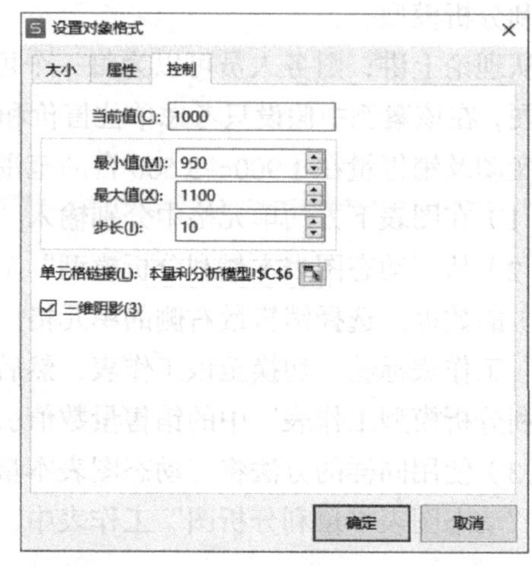

图 10-20　设置“单位售价”控件格式

（7）创建完成后的动态图表本量利分析图如图 10-21 所示。

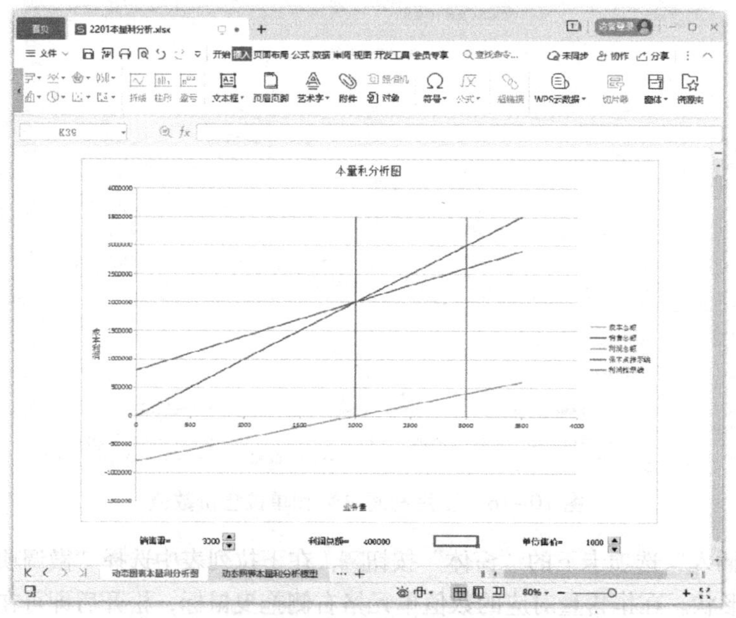

图 10-21　创建完成后的动态图表本量利分析图

4. 动态图表本量利分析模型的应用

上述动态图表本量利分析模型中显示的结果是根据某一特定资料计算出来的，然而影响利润结果的各项因素是不断变化的，企业管理层需要了解各因素变化对企业利润产生的影响。

例如，当企业管理层要了解销售量发生变化时对利润额产生的影响，则可以单击销售量对应的“窗体控件”按钮，销售量就会根据之前在“窗体控件格式”对话框中的设置，按每增加或减少“100”的变化率变动，动态图表本量利分析模型也会随之发生动态变化，可以形象地展示出销售量变化对利润的影响。

同理，单击单位售价对应的“窗体控件”按钮，单位售价就会根据之前在“窗体控件格式”对话框中的设置，按每增加或减少“10”的变化率变动，动态图表本量利分析模型也会随之发生动态变化，可以形象地展示出单位售价变化对利润的影响。

销售量为 2 800 台、单位售价为 1 070 元的动态本量利分析图如图 10-22 所示。

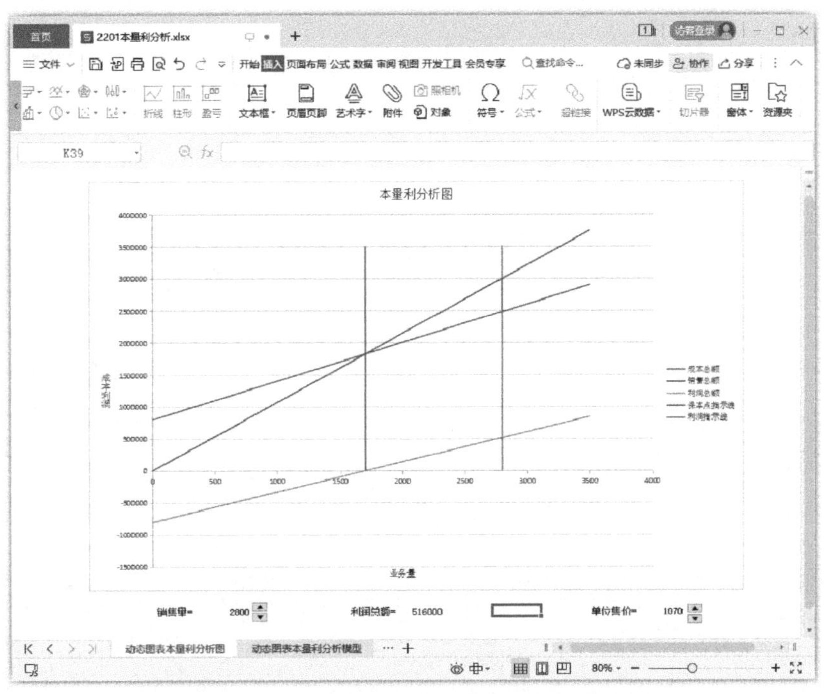

图 10–22　变化后的动态图表本量利分析图

项目小结

本项目介绍了如何运用 WPS 表格进行本量利分析。首先介绍了本量利分析的基础知识，接下来介绍了如何利用 WPS 表格的功能创建本量利分析基本模型，最后介绍了如何创建动态图表本量利分析模型。通过对本项目的学习，要求学生学会应用 WPS 表格创建本量利分析基本模型和动态图表本量利分析模型。

项目实训

1. 实训目的

学会使用 WPS 表格创建本量利分析基本模型和动态图表本量利分析模型。

2. 实训资料

SC 有限公司生产甲产品，产品单位售价为 99 元，单位变动成本为 60 元，全年固定成本为 80 000 元，公司正常的产品销售量为 2 000 件。

3. 实训要求

（1）根据以上资料，在工作表中创建本量利分析基本模型。

（2）假定甲产品的销售数量会在 1 000～2 600 件变动，变化率为 100 件，那么在不同销售量水平下，该公司的利润总额各是多少？

（3）假定甲产品的销售单价会在 99～110 元变动，变化率为 2 元，那么在不同单位售价条件下，其利润总额各是多少？

项目十一

综合实训

知识目标

1. 掌握会计核算流程。
2. 了解不同工作簿中数据之间的关系。

能力目标

1. 学会使用 WPS 表格设计一个小型企业的会计核算流程。
2. 掌握不同模块之间数据的传递。

素质目标

1. 以精益求精的态度完成企业的经济业务核算。
2. 严格遵守财经法规，切实贯彻会计制度，充分履行会计核算和监督的职能。

工作情境与分析

一、情境

李娜在 2022 年 1 月至 2022 年 4 月这段时间内，为丰源公司分阶段分项目地建立了 WPS 表格在总账模块、报表模块、工资模块、固定资产模块、进销存管理模块方面的会计信息系统，并且运用 WPS 表格进行了筹资管理和投资管理。李娜发现，使用 WPS 表格进行财务处理，能够使企业生产经营的各种信息及时、准确地得到传递、确认、计量和报告，为企业会计信息的需求者提供及时、准确的信息。

李娜的同学杨雪在滨海市田园有限责任公司（以下简称“滨海市田园公司”）实习。因财务处理工作量不大，所以公司没有购买专用的财务软件，4 个月的手工记账让杨雪苦不堪言，在和李娜交流并征得领导同意后，杨雪决定用 WPS 表格代替手工记账。

滨海市田园公司是一家小型的食品加工公司，主要从事面条生产，产品有普通挂面、西红柿鸡蛋挂面和绿豆挂面，原材料有面粉、鸡蛋、西红柿、绿豆粉，辅助材料有碱、盐。公司注册资本为 50 万元，资产总额为 115 万余元，其中固定资产为 90 万元。公司设总经理 1 名，全面负责公司的生产经营；另设有企划科、供应科、销售科、财务科、生产车间、烘干车间、装配车间等部门。公司共有职工 20 人。坏账准备仅与该公司应收账款有关。

公司有关资料如表 11-1、表 11-2 和表 11-3 所示。

表 11-1　　库存材料

明细账户		单位	数量	单价/元	金额/元
主要材料	面粉	千克	5 000	3	15 000
	鸡蛋	千克	400	8	3 200
	绿豆粉	千克	400	11.8	4 720
	西红柿	千克	200	3.2	640
辅助材料	碱	千克	100	5	500
	盐	千克	100	3	300
合计					24 360

表 11-2　　库存商品

明细账户	单位	数量	借（或贷）	单价/元	金额/元
普通挂面	箱	100	借	100	10 000
西红柿鸡蛋挂面	箱	60	借	140	8 400
绿豆挂面	箱	50	借	130	6 500
合计					24 900

表 11-3　　滨海市田园公司 2022 年 4 月账户期初余额　　单位：元

科目编码	科目名称	期初借方余额	期初贷方余额
1001	库存现金	5 000.00	
1002	银行存款	95 000.00	
100201	工行	65 000.00	
100202	建行	30 000.00	
1101	交易性金融资产	15 000.00	
1121	应收票据	6 000.00	
1122	应收账款	60 000.00	
112201	泰隆商场	51 000.00	
112202	日盛批发市场	9 000.00	
1123	预付账款	20 000.00	
112301	华龙面粉厂	20 000.00	
112302	鲁东粮油公司		
1221	其他应收款	3 000.00	
122101	李强	3 000.00	
122102	张明		
1231	坏账准备		1 200.00
1402	在途物资	5 000.00	

续表

科目编码	科目名称	期初借方余额	期初贷方余额
1403	原材料	24 360.00	
140301	主要材料	23 560.00	
140302	辅助材料	800.00	
1405	库存商品	24 900.00	
140501	普通挂面	10 000.00	
140502	西红柿鸡蛋挂面	8 400.00	
140503	绿豆挂面	6 500.00	
1601	固定资产	900 000.00	
1602	累计折旧		364 460.00
2001	短期借款		50 000.00
2201	应付票据		30 000.00
2202	应付账款		22 000.00
220201	华龙面粉厂		
220202	鲁东粮油公司		22 000.00
2211	应付职工薪酬		
221101	工资		
221102	福利费		
2221	应交税费		30 000.00
222101	应交增值税		
22210101	销项税额		
22210102	进项税额		
22210103	已交税金		
222102	未交增值税		
222103	应交所得税		30 000.00
222108	应交城市维护建设税		
222110	应交教育费附加		
2231	应付利息		
2241	其他应付款		600.00
2501	长期借款		100 000.00
250101	本金		100 000.00
250102	应付利息		
4001	实收资本		500 000.00
4002	资本公积		10 000.00
4101	盈余公积		
410101	法定盈余公积		
4103	本年利润		
4104	利润分配		50 000.00
410401	未分配利润		50 000.00
5001	生产成本		

续表

科目编码	科目名称	期初借方余额	期初贷方余额
500101	基本生产成本		
500102	辅助生产成本		
5101	制造费用		
6001	主营业务收入		
6111	投资收益		
6401	主营业务成本		
6402	其他业务成本		
6403	税金及附加		
6601	销售费用		
6602	管理费用		
6603	财务费用		
6711	营业外支出		
6801	所得税费用		
合计		1 158 260.00	1 158 260.00

二、分析

滨海市田园公司实施会计电算化的流程为：建立财务数据工作表—输入记账凭证—生成总账、明细账—生成会计报表—进行财务分析—进行筹资决策—进行投资决策。

任务一　建立财务数据工作表

滨海市田园公司要用 WPS 表格代替手工记账，首先应在 2022 年 4 月 1 日进行初始化工作，即将手工核算的初始数据录入 WPS 表格工作簿中。杨雪在李娜的指导下，开始着手整理公司账务处理、工资核算、固定资产核算等初始数据，并分别建立 WPS 表格工作簿。

1. 建立总账工作簿及封面

新建“滨海市田园公司”文件夹，然后在该文件夹下新建并打开“2204 总账”工作簿，将 Sheet 1 工作表重命名为“封面”，输入滨海市田园公司的单位名称、启用日期、单位地址等账簿封面信息，如图 11-1 所示。

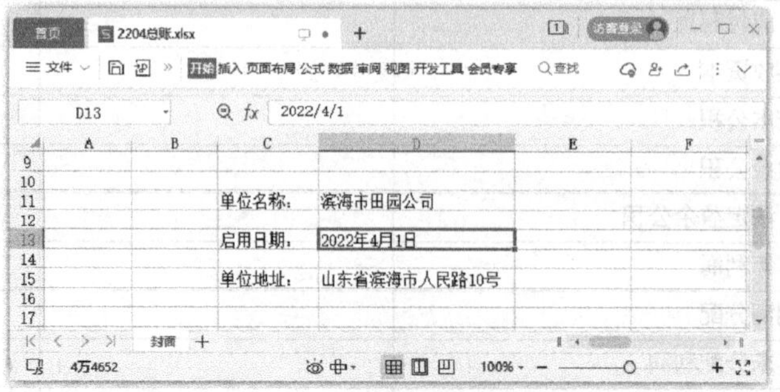

图 11–1　建立总账封面

2. 建立会计科目及余额表、凭证模板

在“封面”工作表后面插入“2204 会计科目及余额表”工作表、“凭证模板”工作表，并将表 11-3 的各项数据输入“2204 会计科目及余额表”工作表中，如图 11-2～图 11-5 所示。

科目编码	科目名称	期初借方余额	期初贷方余额
1001	库存现金	5,000.00	
1002	银行存款	95,000.00	
100201	工行	65,000.00	
100202	建行	30,000.00	
1101	交易性金融资产	15,000.00	
1121	应收票据	6,000.00	
1122	应收账款	60,000.00	
112201	泰隆商场	51,000.00	
112202	日盛批发市场	9,000.00	
1123	预付账款	20,000.00	
112301	华龙面粉厂	20,000.00	
112302	鲁东粮油公司		
1221	其他应收款	3,000.00	
122101	李强	3,000.00	
122102	张明		
1231	坏账准备		1,200.00
1402	在途物资	5,000.00	
1403	原材料	24,360.00	
140301	主要材料	23,560.00	
140302	辅助材料	800.00	
1405	库存商品	24,900.00	
140501	普通挂面	10,000.00	
140502	西红柿鸡蛋挂面	8,400.00	
140503	绿豆挂面	6,500.00	
1601	固定资产	900,000.00	
1602	累计折旧		364,460.00
2001	短期借款		50,000.00
2201	应付票据		30,000.00
2202	应付账款		22,000.00
220201	华龙面粉厂		
220202	鲁东粮油公司		22,000.00
2211	应付职工薪酬		0.00

图 11-2　会计科目及余额表（1）

科目编码	科目名称	期初借方余额	期初贷方余额
221101	工资		0.00
221102	福利费		0.00
2221	应交税费		30,000.00
222101	应交增值税		0.00
22210101	销项税额		
22210102	进项税额		
22210103	已交税金		
222102	未交增值税		
222103	应交所得税		30,000.00
222108	应交城市维护建设税		
222110	应交教育费附加		
2231	应付利息		
2241	其他应付款		600.00
2501	长期借款		100,000.00
250101	本金		100,000.00
250102	应付利息		
4001	实收资本		500,000.00
4002	资本公积		10,000.00
4101	盈余公积		0.00
410101	法定盈余公积		0.00
4103	本年利润		
4104	利润分配		50,000.00
410401	未分配利润		50,000.00
5001	生产成本		
500101	基本生产成本		
500102	辅助生产成本		
5101	制造费用		
6001	主营业务收入		
6111	投资收益		
6401	主营业务成本		
6402	其他业务成本		
6403	税金及附加		

图 11-3　会计科目及余额表（2）

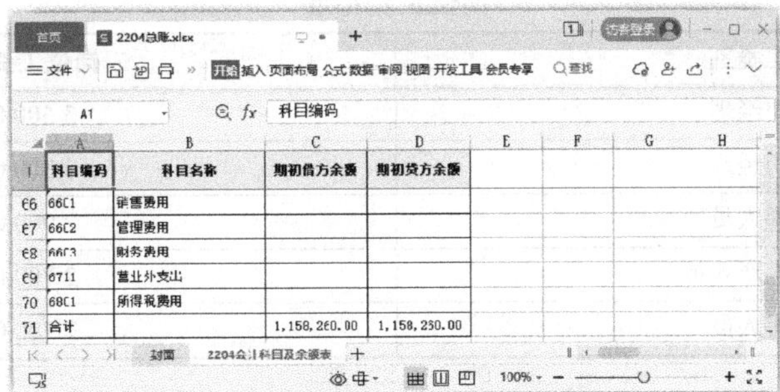

科目编码	科目名称	期初借方余额	期初贷方余额
6601	销售费用		
6602	管理费用		
6603	财务费用		
6711	营业外支出		
6801	所得税费用		
合计		1,158,260.00	1,158,260.00

图 11-4　会计科目及余额表（3）

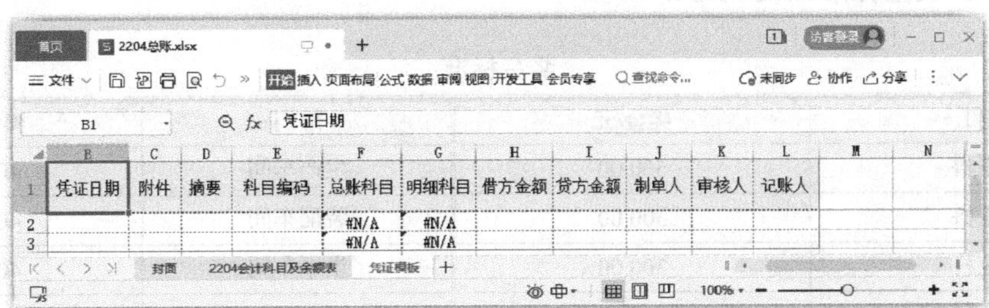

凭证日期	附件	摘要	科目编码	总账科目	明细科目	借方金额	贷方金额	制单人	审核人	记账人
				#N/A	#N/A					
				#N/A	#N/A					

图 11-5　凭证模板

3. 建立工资核算工作簿，设计工资结算单和工资费用分配表

在“滨海市田园公司”文件夹下新建并打开“工资核算”工作簿，根据下列工资数据资料设计滨海市田园公司的工资结算单和工资费用分配表。

（1）将 Sheet 1 工作表重命名为“职工基本信息表”，并输入该公司职工的基本信息，如图 11-6 所示。

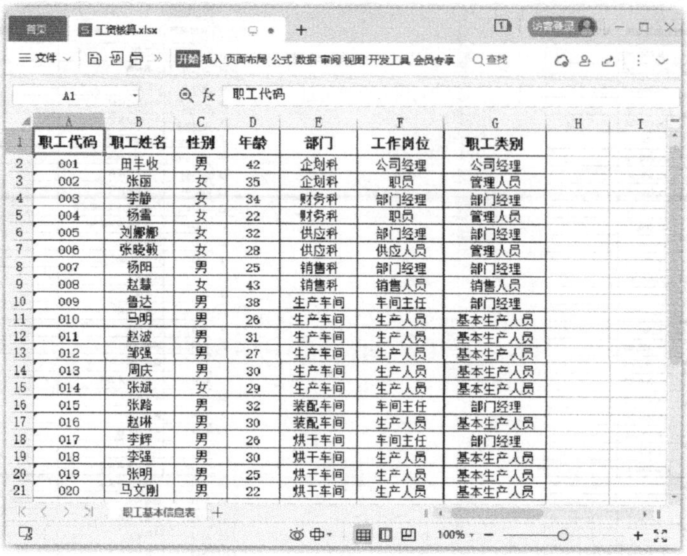

职工代码	职工姓名	性别	年龄	部门	工作岗位	职工类别
001	田丰收	男	42	企划科	公司经理	公司经理
002	张丽	女	35	企划科	职员	管理人员
003	李静	女	34	财务科	部门经理	部门经理
004	杨雪	女	22	财务科	职员	管理人员
005	刘娜娜	女	32	供应科	部门经理	部门经理
006	张晓敏	女	28	供应科	供应人员	管理人员
007	杨阳	男	25	销售科	部门经理	部门经理
008	赵慧	女	43	销售科	销售人员	销售人员
009	鲁达	男	38	生产车间	车间主任	部门经理
010	马明	男	26	生产车间	生产人员	基本生产人员
011	赵波	男	31	生产车间	生产人员	基本生产人员
012	邹强	男	27	生产车间	生产人员	基本生产人员
013	周庆	男	30	生产车间	生产人员	基本生产人员
014	张斌	女	29	生产车间	生产人员	基本生产人员
015	张路	男	32	装配车间	车间主任	部门经理
016	赵琳	男	30	装配车间	生产人员	基本生产人员
017	李辉	男	26	烘干车间	车间主任	部门经理
018	李强	男	30	烘干车间	生产人员	基本生产人员
019	张明	男	25	烘干车间	生产人员	基本生产人员
020	马文刚	男	22	烘干车间	生产人员	基本生产人员

图 11-6　职工基本信息表

（2）岗位工资：岗位工资标准如表 11-4 所示。

表 11-4　岗位工资标准

职工类别	岗位工资/元
公司经理	3 500.00
部门经理	3 300.00
管理人员	2 900.00
基本生产人员	2 700.00
销售人员	2 700.00

（3）职务津贴：根据公司的规定，职务津贴是基本工资与岗位工资之和的 10%。

（4）奖金：奖金标准如表 11-5 所示。

表 11-5　奖金标准

部门	奖金/元	部门	奖金/元
企划科	500.00	生产车间	400.00
财务科	300.00	装配车间	400.00
供应科	300.00	烘干车间	400.00
销售科	300.00		

（5）事假扣款：根据公司的规定，请事假按日基本工资扣款。

（6）病假扣款：根据公司的规定，每请一天病假扣款 50 元。

（7）住房公积金：根据公司的规定，住房公积金为应发工资的 15%。

（8）个人所得税：个人所得税计算表如表 11-6 所示。

表 11-6　个人所得税计算表

全月应纳税所得额	税率/%	速算扣除数/元
全月应纳税所得额不超过 3 000 元	3	0
全月应纳税所得额超过 3 000 元至 12 000 元	10	210
全月应纳税所得额超过 12 000 元至 25 000 元	20	1 410
全月应纳税所得额超过 25 000 元至 35 000 元	25	2 660
全月应纳税所得额超过 35 000 元至 55 000 元	30	4 410
全月应纳税所得额超过 55 000 元至 80 000 元	35	7 160
全月应纳税所得额超过 80 000 元	45	15 160

（9）完成后的工资结算单（尚未录入事假天数、病假天数和基本工资）如图 11-7 所示。

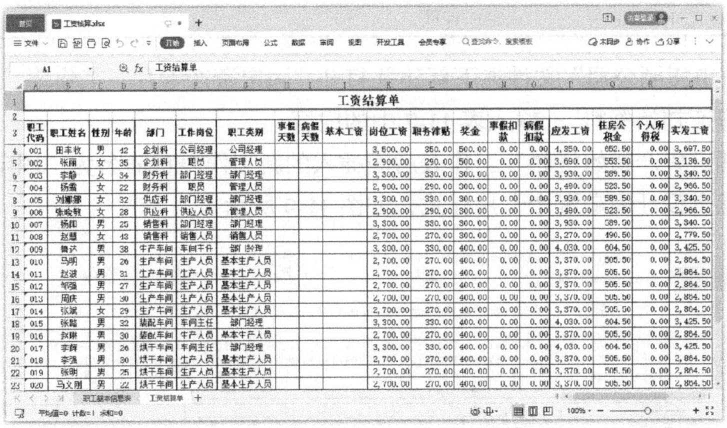

图 11-7　工资结算单

（10）设计工资费用分配表，如图 11-8 所示。

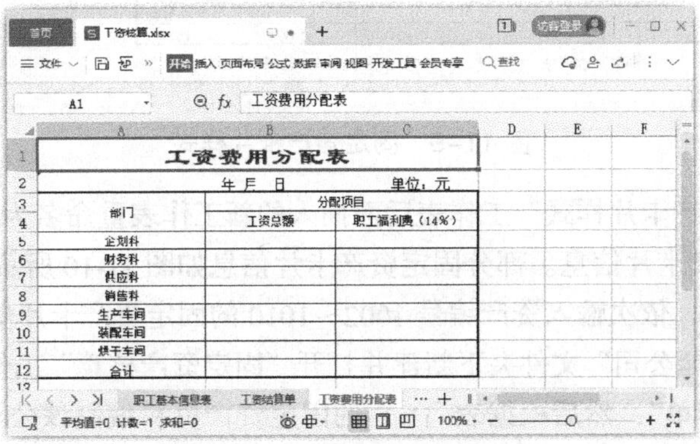

图 11-8　工资费用分配表

4. 建立固定资产工作簿及固定资产清单，设计固定资产卡片样式

滨海市田园公司的固定资产资料如表 11-7 所示。

表 11-7　　固定资产资料

资产编号	使用部门	固定资产名称	增加方式	使用状况	可使用年限/年	开始使用日期	折旧方法	固定资产原值/元
1001	企划科	房屋	在建工程转入	在用	20	2015/3/1	直线法	100 000
1002	生产车间	厂房	在建工程转入	在用	20	2015/3/1	直线法	300 000
1003	烘干车间	烘干机	直接购入	在用	20	2015/3/1	直线法	150 000
1004	生产车间	全自动面条机	直接购入	在用	15	2015/5/1	直线法	180 000
1005	装配车间	装配线	直接购入	在用	15	2015/5/1	直线法	150 000
1006	企划科	复印机	直接购入	在用	3	2020/9/1	直线法	4 000
1007	财务科	计算机	直接购入	在用	3	2020/9/1	直线法	5 000
1008	财务科	打印机	直接购入	在用	3	2020/9/1	直线法	1 000
1009	供应科	计算机	直接购入	在用	3	2021/3/1	直线法	5 000
1010	销售科	计算机	直接购入	在用	3	2018/6/1	直线法	5 000
合计								900 000

（1）在“滨海市田园公司”文件夹下新建并打开“固定资产卡片”工作簿，将 Sheet 1 工作表重命名为“固定资产初始资料”，输入表 11-7 中的内容。

（2）将在“固定资产初始资料”工作表后面插入的新工作表重命名为“固定资产卡片样式”，并根据表格中的信息设计固定资产卡片样式，如图 11-9 所示。

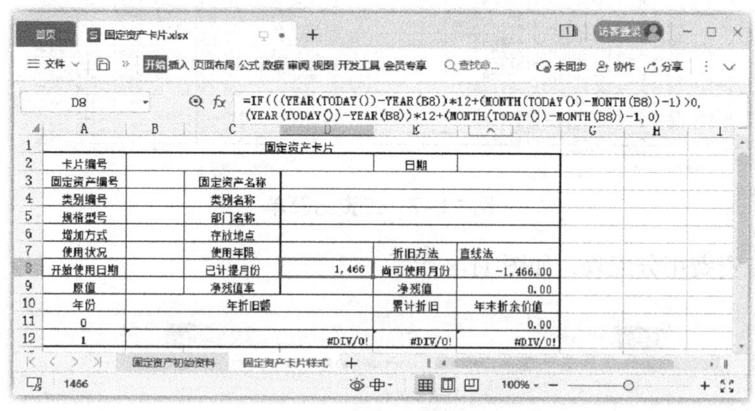

图 11-9　固定资产卡片样式

（3）将在“固定资产卡片样式”工作表后面插入的新工作表重命名为“卡片 P001”，并输入编号为 1001 的固定资产卡片信息。部分固定资产卡片信息如图 11-10 所示。

（4）重复步骤（3），依次输入资产编号 1002～1010 的固定资产卡片信息。

（5）在“滨海市田园公司”文件夹下新建并打开“固定资产核算”工作簿，将 Sheet 1 工作表重命名为“固定资产清单”，然后根据表 11-7 的固定资产资料编制该公司的固定资产清单，如图 11-11 所示。

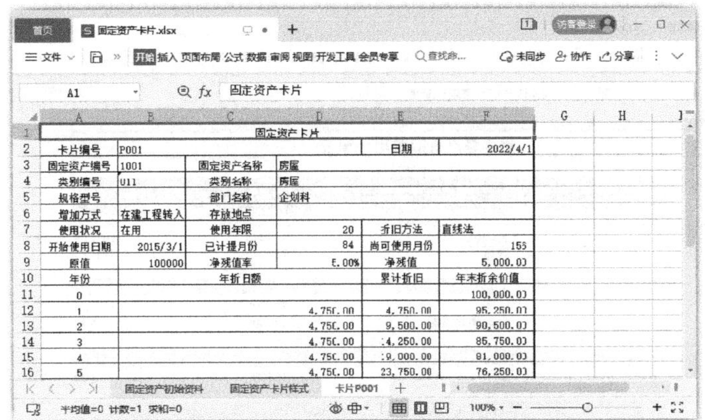

固定资产卡片					
卡片编号	P001			日期	2022/4/1
固定资产编号	1001	固定资产名称	房屋		
类别编号	U11	类别名称	房屋		
规格型号		部门名称	企划科		
增加方式	在建工程转入	存放地点			
使用状况	在用	使用年限	20	折旧方法	直线法
开始使用日期	2015/3/1	已计提月份	84	尚可使用月份	156
原值	100000	净残值率	5.00%	净残值	5,000.00
年份	年折旧额			累计折旧	年末折余价值
0					100,000.00
1			4,750.00	4,750.00	95,250.00
2			4,750.00	9,500.00	90,500.00
3			4,750.00	14,250.00	85,750.00
4			4,750.00	19,000.00	81,000.00
5			4,750.00	23,750.00	76,250.00

图 11–10　固定资产卡片 P001

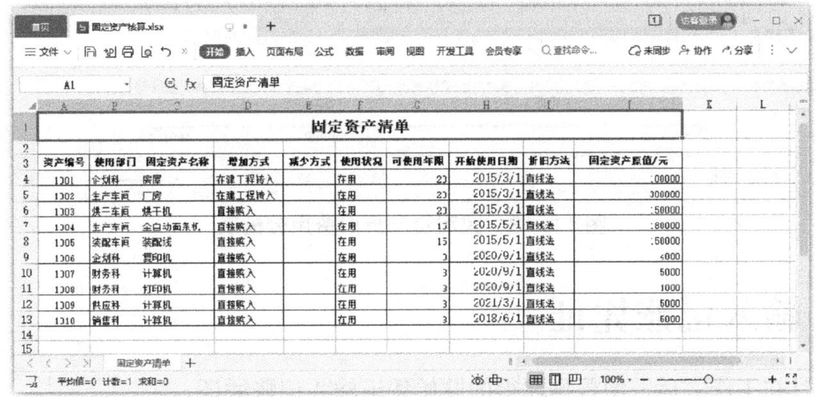

固定资产清单

资产编号	使用部门	固定资产名称	增加方式	减少方式	使用状况	可使用年限	开始使用日期	折旧方法	固定资产原值/元
1001	企划科	房屋	在建工程转入		在用	20	2015/3/1	直线法	100000
1002	生产车间	厂房	在建工程转入		在用	20	2015/3/1	直线法	300000
1003	烘干车间	烘干机	直接购入		在用	20	2015/3/1	直线法	150000
1004	生产车间	全自动面条机	直接购入		在用	15	2015/5/1	直线法	180000
1005	装配车间	装配线	直接购入		在用	15	2015/5/1	直线法	150000
1006	企划科	复印机	直接购入		在用	3	2020/9/1	直线法	4000
1007	财务科	计算机	直接购入		在用	3	2020/9/1	直线法	5000
1008	财务科	打印机	直接购入		在用	3	2020/9/1	直线法	1000
1009	供应科	计算机	直接购入		在用	3	2021/3/1	直线法	5000
1010	销售科	计算机	直接购入		在用	3	2018/6/1	直线法	5000

图 11–11　固定资产清单

（6）将在“固定资产清单”工作表后面插入的新工作表重命名为“固定资产折旧计算表”，然后将之前录入的固定资产卡片中的数据链接到该工作表中生成固定资产折旧计算表，如图 11-12 所示。

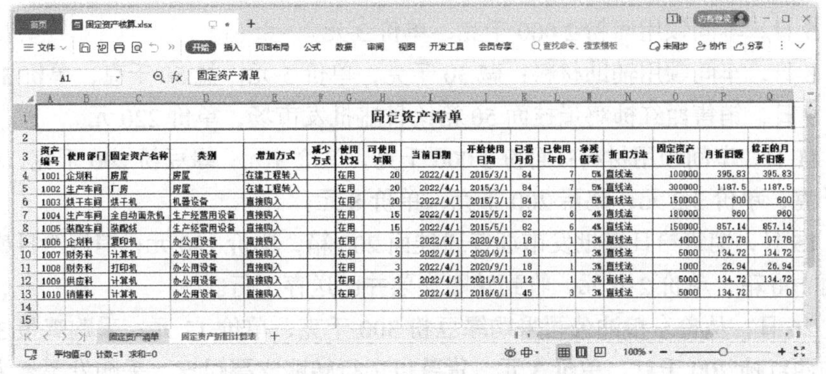

固定资产清单

资产编号	使用部门	固定资产名称	类别	增加方式	减少方式	使用状况	可使用年限	当前日期	开始使用日期	已提月份	已使用年份	净残值率	折旧方法	固定资产原值	月折旧额	修正的月折旧额
1001	企划科	房屋	房屋	在建工程转入		在用	20	2022/4/1	2015/3/1	84	7	5%	直线法	100000	395.83	395.83
1002	生产车间	厂房	房屋	在建工程转入		在用	20	2022/4/1	2015/3/1	84	7	5%	直线法	300000	1187.5	1187.5
1003	烘干车间	烘干机	机器设备	直接购入		在用	20	2022/4/1	2015/3/1	84	7	5%	直线法	150000	600	600
1004	生产车间	全自动面条机	生产经营用设备	直接购入		在用	15	2022/4/1	2015/5/1	82	6	4%	直线法	180000	960	960
1005	装配车间	装配线	生产经营用设备	直接购入		在用	15	2022/4/1	2015/5/1	82	6	4%	直线法	150000	857.14	857.14
1006	企划科	复印机	办公用设备	直接购入		在用	3	2022/4/1	2020/9/1	18	1	3%	直线法	4000	107.78	107.78
1007	财务科	计算机	办公用设备	直接购入		在用	3	2022/4/1	2020/9/1	18	1	3%	直线法	5000	134.72	134.72
1008	财务科	打印机	办公用设备	直接购入		在用	3	2022/4/1	2020/9/1	18	1	3%	直线法	1000	26.94	26.94
1009	供应科	计算机	办公用设备	直接购入		在用	3	2022/4/1	2021/3/1	12	1	3%	直线法	5000	134.72	134.72
1010	销售科	计算机	办公用设备	直接购入		在用	3	2022/4/1	2018/6/1	45	3	3%	直线法	5000	134.72	0

图 11–12　固定资产折旧计算表

（7）链接完成后使用数据透视表功能将“固定资产折旧计算表”工作表中的数据生成“固定资产折旧费用分配表”工作表，以便后续操作，如图 11-13 所示。

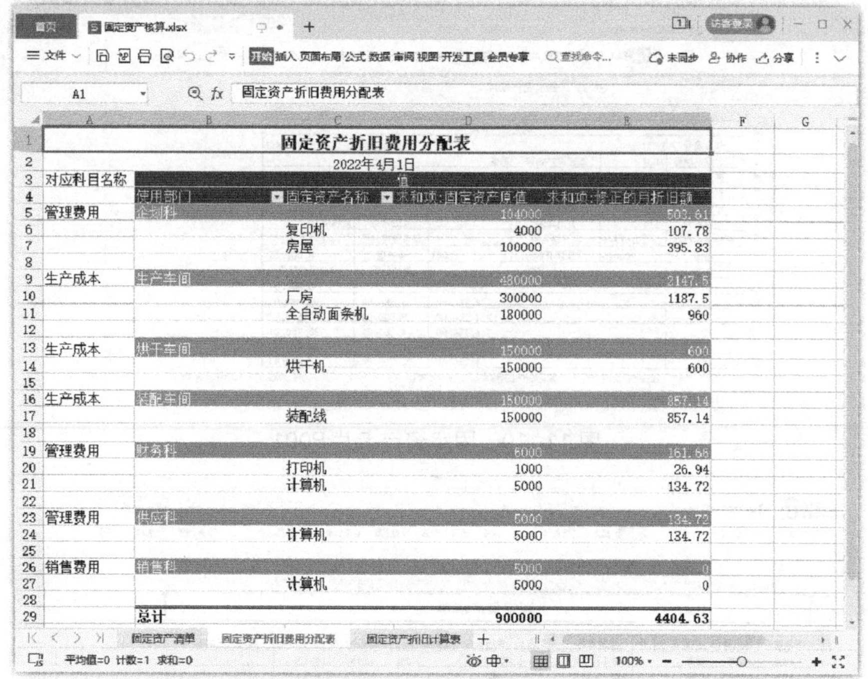

对应科目名称	使用部门	固定资产名称	求和项:固定资产原值	求和项:修正的月折旧额
管理费用	企划科		104000	503.61
		复印机	4000	107.78
		房屋	100000	395.83
生产成本	生产车间		480000	2147.5
		厂房	300000	1187.5
		全自动面条机	180000	960
生产成本	烘干车间		150000	600
		烘干机	150000	600
生产成本	装配车间		150000	857.14
		装配线	150000	857.14
管理费用	财务科		6000	161.66
		打印机	1000	26.94
		计算机	5000	134.72
管理费用	供应科		5000	134.72
		计算机	5000	134.72
销售费用	销售科		5000	0
		计算机	5000	0
	总计		900000	4404.63

固定资产折旧费用分配表 2022年4月1日

图 11-13　固定资产折旧费用分配表

任务二　输入记账凭证

杨雪完成月初工作之后，便根据取得的原始凭证输入记账凭证。

滨海市田园公司 2022 年 4 月的经济业务如下。

（1）4 月 1 日，从华龙面粉厂购入面粉 2 000 千克，单价 3 元。款项用上月预付账款结算，采购发票号为 101211。

（2）4 月 3 日，销售给泰隆商场普通挂面 50 箱，单价 180 元；销售给泰隆商场西红柿鸡蛋挂面 20 箱，单价 210 元，款项尚未收回。

（3）4 月 5 日，车间领用面粉 2 000 千克，单价 3 元。

（4）4 月 8 日，车间领用辅助材料：碱 30 千克，单价 5 元；盐 50 千克，单价 3 元。

（5）4 月 9 日，销售西红柿鸡蛋挂面 50 箱给日盛批发市场，单价 220 元。

（6）4 月 11 日，车间领用材料：面粉 3 000 千克，单价 3 元；绿豆粉 200 千克，单价 11.8 元；西红柿 200 千克，单价 3.2 元；鸡蛋 200 千克，单价 8 元。

（7）4 月 15 日，销售给日盛批发市场普通挂面 200 箱，单价 180 元；销售给日盛批发市场西红柿鸡蛋挂面 100 箱，单价 210 元，收到转账支票并已送存工行。

（8）4 月 26 日，从鲁东粮油公司采购绿豆粉 300 千克，单价 12 元；采购鸡蛋 300 千克，单价 8 元；采购西红柿 200 千克，单价 3 元。货款以工行转账支票付讫，采购发票号为 201901。

（9）4 月 27 日，报销办公费 195 元，以现金支付。

（10）4 月 30 日，分配本月工资。

（11）4 月 30 日，计提职工福利费。

（12）4 月 30 日，计提折旧。

（13）4 月 30 日，本月完工普通挂面 300 箱，共 30 000 元；完工西红柿鸡蛋挂面 200 箱，共 28 000 元；绿豆挂面尚未完工。结转完工产品成本。

（14）4 月 30 日，结转已销产品的成本。

（15）4 月 30 日，结转收入。

（16）4 月 30 日，结转成本。

1. 输入（1）～（9）经济业务的记账凭证

输入该公司 2022 年 4 月（1）～（9）经济业务的操作步骤如下。

（1）2022 年 4 月 1 日，杨雪在拿到采购发票后打开“2204 总账”工作簿，在“凭证模板”工作表后插入一张新工作表，并将其重命名为“2204 凭证”。

（2）复制“凭证模板”工作表中的 A1:L3 单元格区域到“2204 凭证”工作表中的 A1:L3 单元格区域，并输入滨海市田园公司 2022 年 4 月 1 日发生的采购业务，输入完成后的结果如图 11-14 所示。

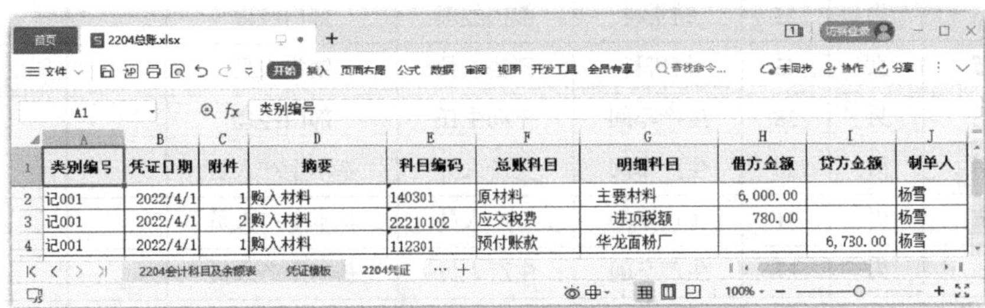

类别编号	凭证日期	附件	摘要	科目编码	总账科目	明细科目	借方金额	贷方金额	制单人
记001	2022/4/1	1	购入材料	140301	原材料	主要材料	6,000.00		杨雪
记001	2022/4/1	2	购入材料	22210102	应交税费	进项税额	780.00		杨雪
记001	2022/4/1	1	购入材料	112301	预付账款	华龙面粉厂		6,730.00	杨雪

图 11–14　输入记 001 号凭证

（3）重复步骤（2），输入 4 月 2 日—4 月 27 日的记账凭证，输入完成后的结果如图 11-15 所示。

类别编号	凭证日期	附件	摘要	科目编码	总账科目	明细科目	借方金额	贷方金额	制单人
记001	2022/4/1	1	购入材料	140301	原材料	主要材料	6,000.00		杨雪
记001	2022/4/1	2	购入材料	22210102	应交税费	进项税额	780.00		杨雪
记001	2022/4/1	1	购入材料	112301	预付账款	华龙面粉厂		6,780.00	杨雪
记002	2022/4/3	1	销售产品	112201	应收账款	泰隆商场	14,916.00		杨雪
记002	2022/4/3	1	销售产品	6001	主营业务收入	主营业务收入		13,200.00	杨雪
记002	2022/4/3	1	销售产品	22210101	应交税费	销项税额		1,716.00	杨雪
记003	2022/4/5	1	生产领料	500101	生产成本	基本生产成本	6,000.00		杨雪
记003	2022/4/5	1	生产领料	140301	原材料	主要材料		6,000.00	杨雪
记004	2022/4/8	1	生产领料	500101	生产成本	基本生产成本	300.00		杨雪
记004	2022/4/8	3	生产领料	140302	原材料	辅助材料		300.00	杨雪
记005	2022/4/9	1	销售产品	112202	应收账款	日盛批发市场	12,430.00		杨雪
记005	2022/4/9	1	销售产品	6001	主营业务收入	主营业务收入		11,000.00	杨雪
记005	2022/4/9	1	销售产品	22210101	应交税费	销项税额		1,430.00	杨雪
记006	2022/4/11	3	生产领料	500101	生产成本	基本生产成本	13,600.00		杨雪
记006	2022/4/11	1	生产领料	140301	原材料	主要材料		13,600.00	杨雪
记007	2022/4/15	1	销售产品	100201	银行存款	工行	64,410.00		杨雪
记007	2022/4/15	1	销售产品	6001	主营业务收入	主营业务收入		57,000.00	杨雪
记007	2022/4/15	1	销售产品	22210101	应交税费	销项税额		7,410.00	杨雪
记008	2022/4/26	1	购入材料	140301	原材料	主要材料	6,600.00		杨雪
记008	2022/4/26	2	购入材料	22210102	应交税费	进项税额	858.00		杨雪
记008	2022/4/26	1	购入材料	100201	银行存款	工行		7,458.00	杨雪
记009	2022/4/27	1	报销办公费	6602	管理费用	管理费用	195.00		杨雪
记009	2022/4/27	1	报销办公费	1001	库存现金	库存现金		195.00	杨雪

图 11–15　输入记 002 号～记 009 号凭证

2. 分配本月工资

分配本月工资的操作步骤如下。

（1）打开“工资核算”工作簿，选择“工资结算单”工作表，按表 11-8 输入本月基本工资和统计的事假、病假天数。

表 11-8　　4 月工资统计

职工代码	职工姓名	性别	年龄	部门	工作岗位	职工类别	事假天数	病假天数	基本工资/元
001	田丰收	男	42	企划科	公司经理	公司经理	1		3 000
002	张丽	女	35	企划科	职员	管理人员			1 200
003	李静	女	34	财务科	部门经理	部门经理		2	2 300
004	杨雪	女	22	财务科	职员	管理人员			800
005	刘娜娜	女	32	供应科	部门经理	部门经理			2 300
006	张晓敏	女	28	供应科	供应人员	管理人员			950
007	杨阳	男	25	销售科	部门经理	部门经理			2 000
008	赵慧	女	43	销售科	销售人员	销售人员			1 000
009	鲁达	男	38	生产车间	车间主任	部门经理			2 500
010	马明	男	26	生产车间	生产人员	基本生产人员			1 000
011	赵波	男	31	生产车间	生产人员	基本生产人员			1 300
012	邹强	男	27	生产车间	生产人员	基本生产人员			1 100
013	周庆	男	30	生产车间	生产人员	基本生产人员			1 200
014	张斌	女	29	生产车间	生产人员	基本生产人员	1	2	1 100
015	张路	男	32	装配车间	车间主任	部门经理			2 200
016	赵琳	男	30	装配车间	生产人员	基本生产人员			1 400
017	李辉	男	26	烘干车间	车间主任	部门经理			2 200
018	李强	男	30	烘干车间	生产人员	基本生产人员			1 300
019	张明	男	25	烘干车间	生产人员	基本生产人员	2		1 200
020	马文刚	男	22	烘干车间	生产人员	基本生产人员			1 100

（2）输入完成后的“工资结算单”如图 11-16 和图 11-17 所示。

工资结算单

职工代码	职工姓名	性别	年龄	部门	工作岗位	职工类别	事假天数	病假天数	基本工资	岗位工资	职务津贴	奖金	事假扣款	病假扣款	应发工资	住房公积金	个人所得税	实发工资
001	田丰收	男	42	企划科	公司经理	公司经理	1		3,000.00	3,500.00	650.00	500.00	136.36	0.00	7,513.64	1,127.05	75.41	6,311.18
002	张丽	女	35	企划科	职员	管理人员			1,200.00	2,900.00	410.00	500.00	0.00	0.00	5,010.00	751.50	0.30	4,258.20
003	李静	女	34	财务科	部门经理	部门经理		2	2,300.00	3,300.00	560.00	300.00	0.00	100.00	6,360.00	954.00	40.80	5,365.20

图 11-16　工资结算单（1）

工资结算单

职工代码	职工姓名	性别	年龄	部门	工作岗位	职工类别	事假天数	病假天数	基本工资	岗位工资	职务津贴	奖金	事假扣款	病假扣款	应发工资	住房公积金	个人所得税	实发工资
C04	杨雪	女	22	财务科	职员	管理人员			800.00	2,900.00	370.00	300.00	0.00	0.00	4,370.00	655.50	0.00	3,714.50
C05	刘娜娜	女	32	供应科	部门经理	部门经理			2,300.00	3,300.00	560.00	300.00	0.00	0.00	6,460.00	969.00	43.80	5,447.20
C06	张晓敏	女	28	供应科	供应人员	管理人员			950.00	2,900.00	385.00	300.00	0.00	0.00	4,535.00	680.25	0.00	3,854.75
C07	杨阳	男	25	销售科	部门经理	部门经理			2,000.00	3,300.00	530.00	300.00	0.00	0.00	6,130.00	919.50	33.90	5,176.60
C08	赵慧	女	43	销售科	销售人员	销售人员			1,000.00	2,700.00	370.00	300.00	0.00	0.00	4,370.00	655.50	0.00	3,714.50
C09	鲁达	男	38	生产车间	车间主任	部门经理			2,500.00	3,300.00	580.00	400.00	0.00	0.00	6,780.00	1,017.00	53.40	5,709.60
C10	马明	男	26	生产车间	生产人员	基本生产人员			1,000.00	2,700.00	370.00	400.00	0.00	0.00	4,470.00	670.50	0.00	3,799.50
C11	赵波	男	31	生产车间	生产人员	基本生产人员			1,300.00	2,700.00	400.00	400.00	0.00	0.00	4,800.00	720.00	0.00	4,080.00
C12	邹强	男	27	生产车间	生产人员	基本生产人员			1,100.00	2,700.00	380.00	400.00	0.00	0.00	4,580.00	687.00	0.00	3,893.00
C13	周庆	男	30	生产车间	生产人员	基本生产人员			1,200.00	2,700.00	390.00	400.00	0.00	0.00	4,690.00	703.50	0.00	3,986.50
C14	张斌	女	29	生产车间	生产人员	基本生产人员	1	2	1,100.00	2,700.00	380.00	400.00	50.00	100.00	4,430.00	664.50	0.00	3,765.50
C15	张路	男	32	装配车间	车间主任	部门经理			2,200.00	3,300.00	550.00	400.00	0.00	0.00	6,450.00	967.50	43.50	5,439.00
C16	赵琳	男	30	装配车间	生产人员	基本生产人员			1,400.00	2,700.00	410.00	400.00	0.00	0.00	4,910.00	736.50	0.00	4,173.50
C17	李辉	男	26	烘干车间	车间主任	部门经理			2,200.00	3,300.00	550.00	400.00	0.00	0.00	6,450.00	967.50	43.50	5,439.00
C18	李强	男	30	烘干车间	生产人员	基本生产人员			1,300.00	2,700.00	400.00	400.00	0.00	0.00	4,800.00	720.00	0.00	4,080.00
C19	张明	男	25	烘干车间	生产人员	基本生产人员	2		1,200.00	2,700.00	390.00	400.00	109.09	0.00	4,580.91	687.14	0.00	3,893.77
C20	马文刚	男	22	烘干车间	生产人员	基本生产人员			1,100.00	2,700.00	380.00	400.00	0.00	0.00	4,580.00	687.00	0.00	3,893.00

图 11–17 工资结算单（2）

（3）在“工资费用分配表”工作表后面插入一张新工作表，并将其重命名为“工资条”，编制该公司员工 4 月份的工资条，结果如图 11-18 所示。

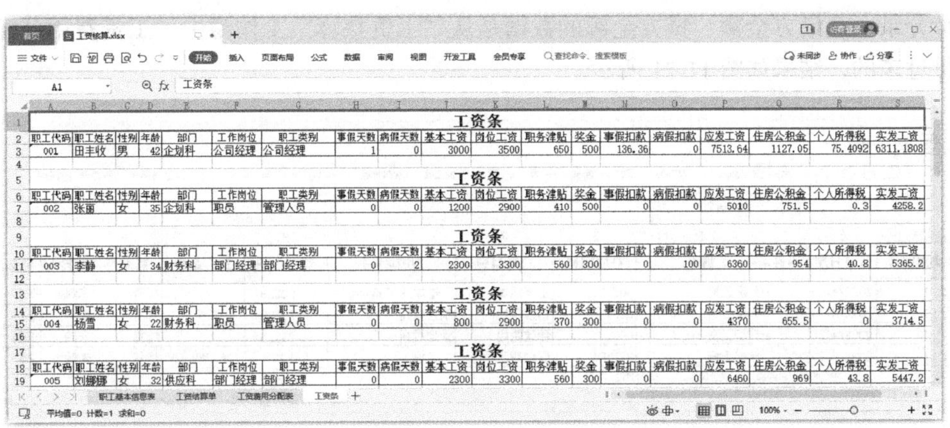

工资条

职工代码	职工姓名	性别	年龄	部门	工作岗位	职工类别	事假天数	病假天数	基本工资	岗位工资	职务津贴	奖金	事假扣款	病假扣款	应发工资	住房公积金	个人所得税	实发工资
001	田丰收	男	42	企划科	公司经理	公司经理	1	0	3000	3500	650	500	136.36	0	7513.64	1127.05	75.4092	6311.1808

工资条

职工代码	职工姓名	性别	年龄	部门	工作岗位	职工类别	事假天数	病假天数	基本工资	岗位工资	职务津贴	奖金	事假扣款	病假扣款	应发工资	住房公积金	个人所得税	实发工资
002	张丽	女	35	企划科	职员	管理人员	0	0	1200	2900	410	500	0	0	5010	751.5	0.3	4258.2

工资条

职工代码	职工姓名	性别	年龄	部门	工作岗位	职工类别	事假天数	病假天数	基本工资	岗位工资	职务津贴	奖金	事假扣款	病假扣款	应发工资	住房公积金	个人所得税	实发工资
003	李静	女	34	财务科	部门经理	部门经理	0	2	2300	3300	560	300	0	100	6360	954	40.8	5365.2

工资条

职工代码	职工姓名	性别	年龄	部门	工作岗位	职工类别	事假天数	病假天数	基本工资	岗位工资	职务津贴	奖金	事假扣款	病假扣款	应发工资	住房公积金	个人所得税	实发工资
004	杨雪	女	22	财务科	职员	管理人员	0	0	800	2900	370	300	0	0	4370	655.5	0	3714.5

工资条

职工代码	职工姓名	性别	年龄	部门	工作岗位	职工类别	事假天数	病假天数	基本工资	岗位工资	职务津贴	奖金	事假扣款	病假扣款	应发工资	住房公积金	个人所得税	实发工资
005	刘娜娜	女	32	供应科	部门经理	部门经理	0	0	2300	3300	560	300	0	0	6460	969	43.8	5447.2

图 11–18 工资条

（4）编制工资总额汇总表，汇总出不同部门的应发工资合计，结果如图 11-19 所示。

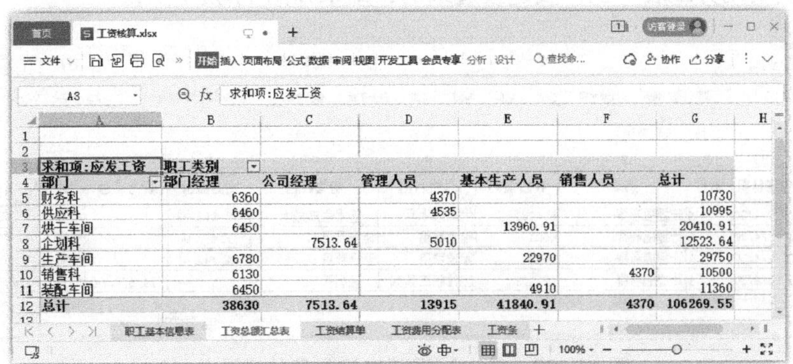

求和项:应发工资	职工类别					
部门	部门经理	公司经理	管理人员	基本生产人员	销售人员	总计
财务科	6360		4370			10730
供应科	6460		4535			10995
烘干车间	6450			13960.91		20410.91
企划科		7513.64	5010			12523.64
生产车间	6780			22970		29750
销售科	6130				4370	10500
装配车间	6450			4910		11360
总计	38630	7513.64	13915	41840.91	4370	106269.55

图 11–19 工资总额汇总表

（5）编制工资费用分配表，结果如图 11-20 所示。

部门	分配项目	
	工资总额	职工福利费（14%）
企划科	12,523.64	1,753.31
财务科	10,730.00	1,502.20
供应科	10,995.00	1,539.30
销售科	10,500.00	1,470.00
生产车间	29,750.00	4,165.00
装配车间	11,360.00	1,590.40
烘干车间	20,410.91	2,857.53
合计	106,269.55	14,877.74

工资费用分配表　2022年 4月 30 日　单位：元

图 11-20　工资费用分配表

（6）打开“2204 总账”工作簿和“工资核算”工作簿，在“2204 凭证”工作表中输入分配工资的会计分录，其借方金额、贷方金额的数据是从“工资核算”工作簿中“工资费用分配表”工作表链接过来的，结果如图 11-21 所示。

类别编号	凭证日期	附件	摘要	科目编码	总账科目	明细科目	借方金额	贷方金额	制单人	审核人	记账人
记010	2022/4/30	1	分配工资	500101	生产成本	基本生产成本	61,520.91		杨雪	李静	李静
记010	2022/4/30	1	分配工资	6601	销售费用	销售费用	10,500.00		杨雪	李静	李静
记010	2022/4/30	1	分配工资	6602	管理费用	管理费用	34,248.64		杨雪	李静	李静
记010	2022/4/30	1	分配工资	221101	应付职工薪酬	工资		106,269.55	杨雪	李静	李静

图 11-21　输入分配工资费用的会计分录

（7）输入计提职工福利费的会计分录，其借方金额与贷方金额的数据仍然是从“工资核算”工作簿中“工资费用分配表”工作表链接过来的，结果如图 11-22 所示。

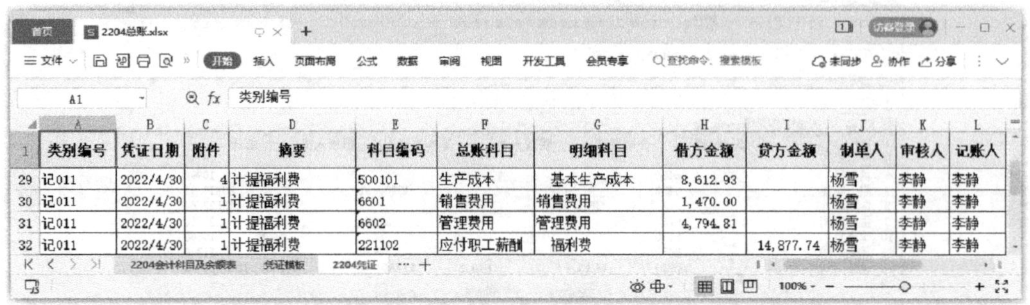

类别编号	凭证日期	附件	摘要	科目编码	总账科目	明细科目	借方金额	贷方金额	制单人	审核人	记账人
记011	2022/4/30	4	计提福利费	500101	生产成本	基本生产成本	8,612.93		杨雪	李静	李静
记011	2022/4/30	1	计提福利费	6601	销售费用	销售费用	1,470.00		杨雪	李静	李静
记011	2022/4/30	1	计提福利费	6602	管理费用	管理费用	4,794.81		杨雪	李静	李静
记011	2022/4/30	1	计提福利费	221102	应付职工薪酬	福利费		14,877.74	杨雪	李静	李静

图 11-22　输入计提职工福利费的会计分录

3. 输入计提固定资产折旧的会计分录

打开“2204 总账”工作簿和“固定资产核算”工作簿，在“2204 凭证”工作表中输入计提固定资产折旧的会计分录，其借方金额、贷方金额的数据是从“固定资产核算”工作簿中“固定资产折旧费用分配表”工作表链接过来的，结果如图 11-23 所示。

	类别编号	凭证日期	附件	摘要	科目编码	总账科目	明细科目	借方金额	贷方金额	制单人	审核人	记账人
33	记012	2022/4/30	1	计提折旧	500101	生产成本	基本生产成本	3,604.64		杨雪	李静	李静
34	记012	2022/4/30	4	计提折旧	6602	管理费用	管理费用	799.99		杨雪	李静	李静
35	记012	2022/4/30	1	计提折旧	6601	销售费用	销售费用	0.00		杨雪	李静	李静
36	记012	2022/4/30	1	计提折旧	1602	累计折旧	累计折旧		4,404.63	杨雪	李静	李静

图 11-23　输入计提固定资产折旧的会计分录

4. 输入结转成本的会计分录

输入结转成本会计分录的操作步骤如下。

（1）输入结转完工产品成本的会计分录，4 月 30 日的结转完工产品成本为普通挂面 30 000 元，西红柿鸡蛋挂面 28 000 元，如图 11-24 所示。

	类别编号	凭证日期	附件	摘要	科目编码	总账科目	明细科目	借方金额	贷方金额	制单人	审核人	记账人
37	记013	2022/4/30	1	结转完工产品成本	140501	库存商品	普通挂面	30,000.00		杨雪	李静	李静
38	记013	2022/4/30	1	结转完工产品成本	140502	库存商品	西红柿鸡蛋挂面	28,000.00		杨雪	李静	李静
39	记013	2022/4/30	1	结转完工产品成本	500101	生产成本	基本生产成本		58,000.00	杨雪	李静	李静

图 11-24　结转完工产品成本

（2）输入结转已销产品成本的会计分录，4 月 30 日的结转已销产品成本为主营业务成本 48 800 元，如图 11-25 所示。

	类别编号	凭证日期	附件	摘要	科目编码	总账科目	明细科目	借方金额	贷方金额	制单人	审核人	记账人
40	记014	2022/4/30	1	结转已销产品成本	6401	主营业务成本	主营业务成本	48,800.00		杨雪	李静	李静
41	记014	2022/4/30	1	结转已销产品成本	140501	库存商品	普通挂面		25,000.00	杨雪	李静	李静
42	记014	2022/4/30	1	结转已销产品成本	140502	库存商品	西红柿鸡蛋挂面		23,800.00	杨雪	李静	李静

图 11-25　结转已销产品成本

5. 生成会计科目及余额表

根据只有期初余额的“2204 会计科目及余额表”工作表和“2204 凭证”工作表，生成拥有期初余额、本期发生额和期末余额的“2204 会计科目及余额表”，结果如图 11-26 和图 11-27 所示。

科目编码	科目名称	期初借方余额	期初贷方余额	本期借方发生额合计	本期贷方发生额合计	期末借方余额	期末贷方余额
1001	库存现金	5,000.00		0.00	195.00	4,805.00	0.00
1002	银行存款	95,000.00		64,410.00	7,458.00	151,952.00	0.00
100201	工行	65,000.00		64,410.00	7,458.00	121,952.00	0.00
100202	建行	30,000.00		0.00	0.00	30,000.00	0.00
1101	交易性金融资产	15,000.00		0.00	0.00	15,000.00	0.00
1121	应收票据	6,000.00		0.00	0.00	6,000.00	0.00
1122	应收账款	60,000.00		27,346.00	0.00	87,346.00	0.00
112201	泰隆商场	51,000.00		14,916.00	0.00	65,916.00	0.00
112202	日盛批发市场	9,000.00		12,430.00	0.00	21,430.00	0.00
1123	预付账款	20,000.00		0.00	6,780.00	13,220.00	0.00
112301	华龙面粉厂	20,000.00		0.00	6,780.00	13,220.00	0.00
112302	鲁东粮油公司			0.00	0.00	0.00	0.00
1221	其他应收款	3,000.00		0.00	0.00	3,000.00	0.00
122101	李强	3,000.00		0.00	0.00	3,000.00	0.00
122102	张明			0.00	0.00	0.00	0.00
1231	坏账准备		1,200.00	0.00	0.00	0.00	1,200.00
1402	在途物资	5,000.00		0.00	0.00	5,000.00	0.00
1403	原材料	24,360.00		12,600.00	19,900.00	17,060.00	0.00
140301	主要材料	23,560.00		12,600.00	19,600.00	16,560.00	0.00
140302	辅助材料.	800.00		0.00	300.00	500.00	0.00
1405	库存商品	24,900.00		58,000.00	48,800.00	34,100.00	0.00
140501	普通挂面	10,000.00		30,000.00	25,000.00	15,000.00	0.00
140502	西红柿鸡蛋挂面	8,400.00		28,000.00	23,800.00	12,600.00	0.00
140503	绿豆挂面	6,500.00		0.00	0.00	6,500.00	0.00
1601	固定资产	900,000.00		0.00	0.00	900,000.00	0.00
1602	累计折旧		364,460.00	0.00	4,539.35	0.00	368,999.35
2001	短期借款		50,000.00	0.00	0.00	0.00	50,000.00
2201	应付票据		30,000.00	0.00	0.00	0.00	30,000.00
2202	应付账款		22,000.00	0.00	0.00	0.00	22,000.00
220201	华龙面粉厂			0.00	0.00	0.00	0.00
220202	鲁东粮油公司		22,000.00	0.00	0.00	0.00	22,000.00
2211	应付职工薪酬		0.00	0.00	121,147.29	0.00	121,147.29
221101	工资		0.00	0.00	106,269.55	0.00	106,269.55
221102	福利费		0.00	0.00	14,877.74	0.00	14,877.74
2221	应交税费		30,000.00	1,638.00	10,556.00	0.00	38,918.00
222101	应交增值税		0.00	1,638.00	10,556.00	0.00	8,918.00
22210101	销项税额			0.00	10,556.00	0.00	10,556.00
22210102	进项税额			1,638.00	0.00	1,638.00	0.00
22210103	已交税金			0.00	0.00	0.00	0.00
222102	未交增值税			0.00	0.00	0.00	0.00
222103	应交所得税		30,000.00	0.00	0.00	0.00	30,000.00
222108	应交城市维护建设税						
222110	应交教育费附加			0.00	0.00	0.00	0.00
2231	应付利息			0.00	0.00	0.00	0.00
2241	其他应付款		600.00	0.00	0.00	0.00	600.00
2501	长期借款		100,000.00	0.00	0.00	0.00	100,000.00
250101	本金		100,000.00	0.00	0.00	0.00	100,000.00
250102	应付利息			0.00	0.00	0.00	0.00
4001	实收资本		500,000.00	0.00	0.00	0.00	500,000.00
4002	资本公积		10,000.00	0.00	0.00	0.00	10,000.00
4101	盈余公积		0.00	0.00	0.00	0.00	0.00
410101	法定盈余公积		0.00	0.00	0.00	0.00	0.00
4103	本年利润			100,808.44	81,200.00	19,608.44	0.00
4104	利润分配		50,000.00	0.00	0.00	0.00	50,000.00
410401	未分配利润		50,000.00	0.00	0.00	0.00	50,000.00
5001	生产成本			93,638.48	58,000.00	35,638.48	0.00
500101	基本生产成本			93,638.48	58,000.00	35,638.48	0.00
500102	辅助生产成本			0.00	0.00	0.00	0.00

图 11-26　2204 会计科目及余额表（1）

科目编码	科目名称	期初借方余额	期初贷方余额	本期借方发生额合计	本期贷方发生额合计	期末借方余额	期末贷方余额
5101	制造费用			0.00	0.00	0.00	0.00
6001	主营业务收入			81,200.00	81,200.00	0.00	0.00
6111	投资收益			0.00	0.00	0.00	0.00
6401	主营业务成本			48,800.00	48,800.00	0.00	0.00
6402	其他业务成本			0.00	0.00	0.00	0.00
6403	税金及附加			0.00	0.00	0.00	0.00
6601	销售费用			12,104.72	11,970.00	134.72	0.00
6602	管理费用			40,038.44	40,038.44	0.00	0.00
6603	财务费用			0.00	0.00	0.00	0.00
6711	营业外支出			0.00	0.00	0.00	0.00
6801	所得税费用			0.00	0.00	0.00	0.00
合计		1,158,260.00	1,158,260.00	540,584.08	540,584.08	1,292,864.64	1,292,864.64

图 11–27　2204 会计科目及余额表（2）

6. 编制结转损益的会计分录

编制结转损益会计分录的操作步骤如下。

（1）4 月 30 日，编制的结转收入会计分录如图 11-28 所示。

类别编号	凭证日期	附件	摘要	科目编码	总账科目	明细科目	借方金额	贷方金额	制单人
记015	2022/4/30	1	结转收入	6001	主营业务收入	主营业务收入	81,200.00		杨雪
记015	2022/4/30	1	结转收入	4103	本年利润	本年利润		81,200.00	杨雪

图 11–28　结转收入

（2）4 月 30 日，编制的结转成本、费用会计分录如图 11-29 所示。

类别编号	凭证日期	附件	摘要	科目编码	总账科目	明细科目	借方金额	贷方金额	制单人
记016	2022/4/30	3	结转成本、费用	4103	本年利润	本年利润	100,808.44		杨雪
记016	2022/4/30	1	结转成本、费用	6401	主营业务成本	主营业务成本		48,800.00	杨雪
记016	2022/4/30	1	结转成本、费用	6601	销售费用	销售费用		11,970.00	杨雪
记016	2022/4/30	1	结转成本、费用	6602	管理费用	管理费用		40,038.44	杨雪

图 11–29　结转成本、费用

任务三　生成总账、明细账

完成输入记账凭证的工作之后，还需要登记总账和明细账。在 WPS 表格工作簿中，登记总账和明细账的工作非常简单，设置好公式之后，按【F9】键就可完成记账工作。

1. 生成总账

复制“2204 会计科目及余额表”工作表中的数值到一张新工作表中，注意只复制数值，然后将新工作表重命名为“2204 总账及试算平衡表”，删除明细科目所在的行，再设置 E、F、G、H 列的计算公式，生成“2204 总账及试算平衡表”，结果如图 11-30 所示。

滨海市田园公司2022年4月总账及试算平衡表

科目编码	科目名称	期初借方余额	期初贷方余额	本期借方发生额	本期贷方发生额	期末借方余额	期末贷方余额
1001	库存现金	5,000.00		0.00	195.00	4,805.00	0.00
1002	银行存款	95,000.00		64,410.00	7,458.00	151,952.00	0.00
1101	交易性金融资产	15,000.00		0.00	0.00	15,000.00	0.00
1121	应收票据	6,000.00		0.00	0.00	6,000.00	0.00
1122	应收账款	60,000.00		27,346.00	0.00	87,346.00	0.00
1231	坏账准备		1,200.00	0.00	0.00	0.00	1,200.00
1123	预付账款	20,000.00		0.00	6,780.00	13,220.00	0.00
1221	其他应收款	3,000.00		0.00	0.00	3,000.00	0.00
1402	在途物资	6,000.00		0.00	0.00	6,000.00	0.00
1403	原材料	24,360.00		12,600.00	19,900.00	17,060.00	0.00
1405	库存商品	24,900.00		58,000.00	48,800.00	34,100.00	0.00
1601	固定资产	900,000.00		0.00	0.00	900,000.00	0.00
1602	累计折旧		364,460.00	0.00	4,539.35	0.00	368,999.35
2001	短期借款		50,000.00	0.00	0.00	0.00	50,000.00
2201	应付票据		30,000.00	0.00	0.00	0.00	30,000.00
2202	应付账款		22,000.00	0.00	0.00	0.00	22,000.00
2211	应付职工薪酬			0.00	121,147.29	0.00	121,147.29
2221	应交税费		30,000.00	1,638.00	10,556.00	0.00	38,918.00
2231	应付利息			0.00	0.00	0.00	0.00
2241	其他应付款		600.00	0.00	0.00	0.00	600.00
2501	长期借款		100,000.00	0.00	0.00	0.00	100,000.00
4001	实收资本		500,000.00	0.00	0.00	0.00	500,000.00
4002	资本公积		10,000.00	0.00	0.00	0.00	10,000.00
4101	盈余公积			0.00	0.00	0.00	0.00
4103	本年利润			100,808.44	81,200.00	19,608.44	0.00
4104	利润分配		50,000.00	0.00	0.00	0.00	50,000.00
5001	生产成本			93,638.48	58,000.00	35,638.48	0.00
5101	制造费用			0.00	0.00	0.00	0.00
6001	主营业务收入			81,200.00	81,200.00	0.00	0.00
6111	投资收益			0.00	0.00	0.00	0.00
6401	主营业务成本			48,800.00	48,800.00	0.00	0.00
6402	其他业务成本			0.00	0.00	0.00	0.00
6403	税金及附加			0.00	0.00	0.00	0.00
6601	销售费用			12,104.72	11,970.00	134.72	0.00
6602	管理费用			40,038.44	40,038.44	0.00	0.00
6603	财务费用			0.00	0.00	0.00	0.00
6711	营业外支出			0.00	0.00	0.00	0.00
6801	所得税费用			0.00	0.00	0.00	0.00
	合计	1,168,260.00	1,168,260.00	540,584.08	540,584.08	1,202,864.64	1,202,864.64

图 11-30　2204 总账及试算平衡表

2. 生成明细账

滨海市田园公司的总账生成之后，还需要根据“2204 凭证”工作表生成该公司的明细账。即对“2204 凭证”运用数据透视表功能生成“2204 明细账”，如图 11-31 所示。

明细科目　(全部)

凭证日期	类别编号	摘要	科目编码	总账科目	求和项:借方金额	求和项:贷方金额
2022/4/1	记001	购入材料	112301	预付账款		6780
			140301	原材料	6000	
			22210102	应交税费	780	
2022/4/3	记002	销售产品	112201	应收账款	14916	
			22210101	应交税费		1716
			6001	主营业务收入		13200
2022/4/5	记003	生产领料	140301	原材料		6000
			500101	生产成本	6000	
2022/4/8	记004	生产领料	140302	原材料		300
			500101	生产成本	300	
2022/4/9	记005	销售产品	112202	应收账款	12430	
			22210101	应交税费		1430
			6001	主营业务收入		11000
2022/4/11	记006	生产领料	140301	原材料		13600
			500101	生产成本	13600	
2022/4/15	记007	销售产品	100201	银行存款	64410	
			22210101	应交税费		7410
			6001	主营业务收入		57000
2022/4/26	记008	购入材料	100201	银行存款		7458
			140301	原材料	6600	
			22210102	应交税费	858	
2022/4/27	记009	报销办公费	1001	库存现金		195
			6602	管理费用	195	
2022/4/30	记010	分配工资	221101	应付职工薪酬		106269.55
			500101	生产成本	61520.91	
			6601	销售费用	10500	
			6602	管理费用	34248.64	
	记011	计提福利费	221102	应付职工薪酬		14877.737
			500101	生产成本	8612.9274	
			6601	销售费用	1470	
			6602	管理费用	4794.8096	
	记012	计提折旧	1602	累计折旧		4404.63
			500101	生产成本	3604.64	
			6601	销售费用	0	
			6602	管理费用	799.99	
	记013	结转完工产品成本	140501	库存商品	30000	
			140502	库存商品	28000	
			500101	生产成本		58000
	记014	结转已销产品成本	140501	库存商品		25000
			140502	库存商品		23800
			6401	主营业务成本	48800	
	记015	结转收入	4103	本年利润		81200
			6001	主营业务收入	81200	
	记016	结转成本、费用	4103	本年利润	100808.44	
			6401	主营业务成本		48800
			6601	销售费用		11970
			6602	管理费用		40038.44
总计					540449.357	540449.357

图 11-31　2204 明细账

任务四　生成会计报表

完成账簿生成工作之后，月底还要编制资产负债表和利润表。在 WPS 表格工作簿中，编制报表是通过设置公式来完成的。

1. 编制资产负债表

编制的资产负债表如图 11-32 所示。

资产负债表

会企01表

编制单位：滨海市田园公司　　2022年4月30日　　单位：元

行次	资产	期末余额	期初余额	行次	负债及所有者权益	期末余额	期初余额
001	流动资产：			001	流动负债：		
002	货币资金	156,757.00	100,000.00	002	短期借款	50,000.00	50,000.00
003	交易性金融资产	15,000.00	15,000.00	003	交易性金融负债		
004	衍生金融资产			004	衍生金融负债		
005	应收票据	6,000.00	6,000.00	005	应付票据	30,000.00	30,000.00
006	应收账款	86,146.00	58,800.00	006	应付账款	22,000.00	22,000.00
007	应收款项融资			007	预收款项		
008	预付账款	13,220.00	20,000.00	008	合同负债		
009	其他应收款	3,000.00	3,000.00	009	应付职工薪酬	121,147.29	0.00
010	存货	91,798.48	54,260.00	010	应交税费	38,918.00	30,000.00
011	合同资产			011	其他应付款	600.00	600.00
012	持有待售资产			012	持有待售负债		
013	一年内到期的非流动资产			013	一年内到期的非流动负债		
014	其他流动资产			014	其他流动负债		
015	**流动资产合计**	371,921.48	257,060.00	015	**流动负债合计**	262,665.29	132,600.00
016	非流动资产：			016	非流动负债:		
017	债权投资			017	长期借款	100,000.00	100,000.00
018	其他债权投资			018	应付债券		
019	长期应收款			019	其中：优先股		
020	长期股权投资			020	永续股		
021	其他权益工具投资			021	租赁负债		
022	其他非流动金融资产			022	长期应付款		
023	投资性房地产			023	预计负债		
024	固定资产	531,135.37	535,540.00	024	递延收益		
025	在建工程			025	递延所得税负债		
026	生产性生物资产			026	其他非流动负债		
027	油气资产			027	**非流动负债合计**	100,000.00	100,000.00
028	使用权资产			028	**负债合计**	362,665.29	232,600.00
029	无形资产			029	所有者权益（或股东权益）:		
030	开发支出			030	实收资本（或股本）	500,000.00	500,000.00
031	商誉			031	其他权益工具		
032	长期待摊费用			032	其中：优先股		
033	递延所得税资产			033	永续债		
034	其他非流动资产			034	资本公积	10,000.00	10,000.00
035	**非流动资产合计**	531,135.37	535,540.00	035	减：库存股		
036				036	其他综合收益		
037				037	专项储备		
038				038	盈余公积	0.00	0.00
039				039	未分配利润	30,391.56	50,000.00
040				040	**所有者权益（或股东权益）合计：**	540,391.56	560,000.00
041	**资产总计**	903,056.85	792,600.00	041	**负债及所有者权益（或股东权益）总计**	903,056.85	792,600.00

图 11-32　资产负债表

2. 编制利润表

编制的利润表如图 11-33 和图 11-34 所示。

利润表

会企02表

编制单位：滨海市田园公司　　2022年4月　　单位：元

行次	项目	本期金额	上期金额（略）
001	一、营业收入	81,200.00	
002	减：营业成本	48,800.00	
003	税金及附加	0.00	
004	销售费用	12,104.72	
005	管理费用	40,038.44	
006	研发费用		
007	财务费用	0.00	
008	其中：利息费用		
009	利息收入		
010	加：其他收益		
011	投资收益（损失以"-"号填列）	0.00	
012	其中：对联营企业和合营企业的投资收益		
013	以摊余成本计量的金融资产终止确认收益（损失以"-"号填列）		
014	净敞口套期收益（损失以"-"号填列）		
015	公允价值变动收益（损失以"-"号填列）		
016	信用减值损失（损失以"-"号填列）		
017	资产减值损失（损失以"-"号填列）		
018	资产处置收益（损失以"-"号填列）		

图 11-33　利润表（1）

图 11–34　利润表（2）

任务五　进行财务分析

编制资产负债表和利润表后，还要利用 WPS 表格对报表进行财务分析。

（1）在“滨海市田园公司”文件夹下新建并打开“财务分析”工作簿，分别将“2204 总账”工作簿中的“2204 资产负债表”工作表和“2204 利润表”工作表复制粘贴至“财务分析”工作簿中的“资产负债表”工作表和“利润表”工作表中，然后对数据进行财务比率分析，生成“财务比率分析”工作表，结果如图 11-35 所示。

图 11–35　财务比率分析

（2）根据“财务比率分析”工作表中的数据进行财务比较分析，结果如图 11-36 所示。

财务比较分析			
项目	标准财务比率	企业财务比率	差异
流动比率	2.20	1.42	-0.78
速动比率	1.35	1.02	-0.33
应收账款周转率	2.00	1.03	-0.97
总资产周转率	0.30	0.10	-0.20
资产负债率	0.20	0.40	0.20
股东权益比率	0.80	0.60	-0.20
产权比率	1.00	0.67	-0.33
资产报酬率	0.24	-0.02	-0.26
股东权益报酬率	0.15	-0.04	-0.19
营业利润率	0.50	-0.24	-0.74

图 11-36　财务比较分析

（3）根据“资产负债表”工作表和“利润表”工作表中的数据进行杜邦体系分析，结果如图 11-37 所示。

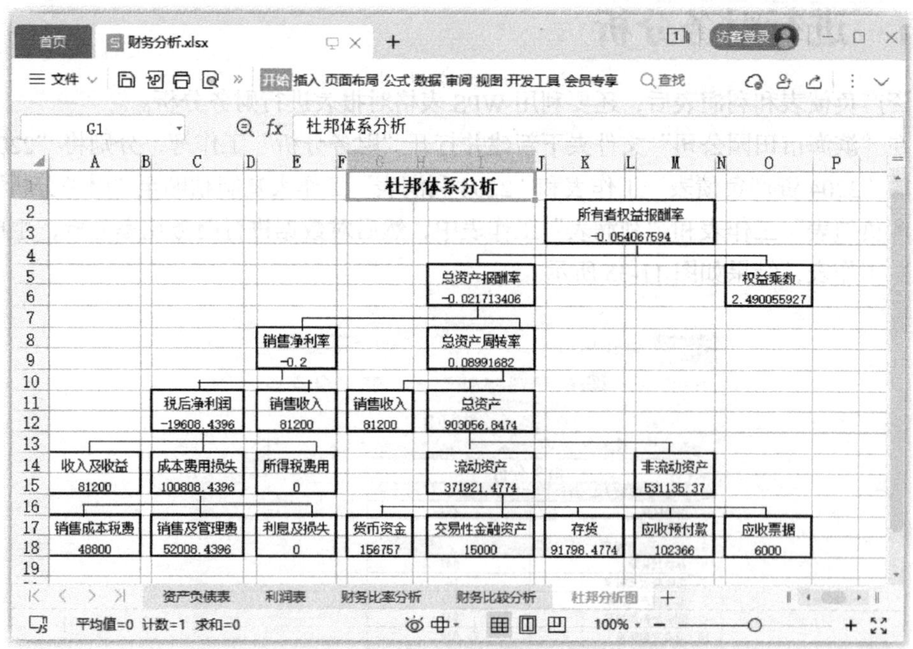

图 11-37　杜邦体系分析

任务六　进行筹资决策

滨海市田园公司欲筹资 500 万元，有 3 种方案可供选择。3 种方案的筹资组合及个别资本成本如表 11-9 所示。

表 11-9　　筹资组合及个别资本成本

筹资方式	A 方案		B 方案		C 方案	
	筹资金额/万元	个别资本成本/%	筹资金额/万元	个别资本成本/%	筹资金额/万元	个别资本成本/%
长期借款	200	6	100	6.5	100	7
长期债券	100	8	200	8	70	10
优先股	100	12	100	12	200	12
普通股	100	15	100	15	130	15
合计	500		500		500	

在“滨海市田园公司”文件夹下新建并打开“筹资管理”工作簿，输入表 11-9 中的数据，计算出综合资本成本，如图 11-38 所示。

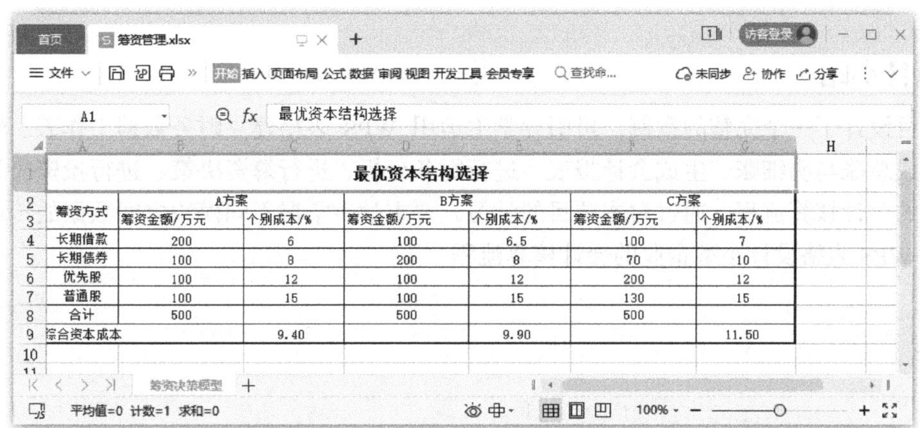

最优资本结构选择

筹资方式	A方案		B方案		C方案	
	筹资金额/万元	个别成本/%	筹资金额/万元	个别成本/%	筹资金额/万元	个别成本/%
长期借款	200	6	100	6.5	100	7
长期债券	100	8	200	8	70	10
优先股	100	12	100	12	200	12
普通股	100	15	100	15	130	15
合计	500		500		500	
综合资本成本		9.40		9.90		11.50

图 11-38　计算综合资本成本

任务七　进行投资决策

滨海市田园公司欲进行一项投资，共有 3 种方案可供选择。3 种方案的期初投资分别为 150 000 元、120 000 元、180 000 元，假设贴现率为 10%、再投资收益率为 15%，各方案 3 年的净现金流量如表 11-10 所示，试用投资决策指标对各方案进行分析，找出最优方案。

表 11-10　　投资决策净现金流量资料　　单位：元

期间	A 方案	B 方案	C 方案
0	−150 000	−120 000	−180 000
1	100 000	20 000	60 000
2	48 000	60 000	80 000
3	32 000	73 000	85 000

在“滨海市田园公司”文件夹下新建并打开“投资管理”工作簿，输入表 11-10 中的数据，计算出各方案的净现值、内含报酬率、修正内含报酬率和回收期间，如图 11-39 所示。通过比较，可以做出判断：A 方案为最优方案。

投资决策模型设计				
期间	A方案	B方案	C方案	资金成本率
	净现金流量	净现金流量	净现金流量	10%
0	-150,000	-120,000	-180,000	
1	100,000	20,000	60,000	
2	48,000	60,000	80,000	
3	32,000	73,000	85,000	
净现值	4,621	2,615	4,523	
内含报酬率	12.16%	11.04%	11.34%	
修正内含报酬率	13.52%	11.97%	12.51%	
回收期间	2.06	2.55	2.47	

图 11-39　投资决策模型

项目小结

本项目设计了一个完整的案例，可引导学生运用 WPS 表格建立财务数据工作表、输入记账凭证、生成总账与明细账、生成会计报表、进行财务分析、进行筹资决策、进行投资决策，完成小型企业的会计核算流程。通过对本项目的学习，要求学生掌握不同模块之间数据的传递操作，学会使用 WPS 表格设计小型企业的会计核算流程。